ULLSTEI

Das Buch

Jack Kornfield stellt in seinem inspirierenden Buch eine Reihe von buddhistischen Meditationen vor. Die leicht nachvollziehbaren Anleitungen lassen auch im Menschen der westlichen Kulturen ein echtes Interesse erwachen, verschiedene Themen des Lebens wie Liebe, Angst, Aggression und Heilung zu vertiefen. Der weltweit anerkannte Buddhismus-Experte Kornfield macht vor allem eines deutlich: Im ehrlichen Bemühen um Spiritualität muss der *Verstand des Herzens* im Mittelpunkt stehen.

Der Autor

Jack Kornfield ist promovierter Psychologe und Psychotherapeut. Er war Mönch in Thailand, Burma und Indien und lehrt seit 1974 weltweit Meditation. Er zählt zu den anerkanntesten Vermittlern von buddhistischem Gedankengut für den westlichen Alltag.

Von Jack Kornfield sind in unserem Hause erschienen:

Frag den Buddha und geh den Weg des Herzens
Das Tor des Erwachens

Für meine Frau Liana,

von der ich so viel gelernt habe;
für ihre Liebe, ihre Weisheit,
ihr tiefes Hinterfragen
und ihre großherzige Unterstützung
und für den Reichtum, den unsere Ehe schenkt.

Für Hameed Ali, A.H. Almaas,
dessen Lehren so zutiefst
das Leben, die Liebe und das Heilige integrieren.

Für den Geist der Erneuerung,
mit dem Achaan Chah, der Dalai Lama,
Mahasi Sayadaw
Buddhadasa Bhikkhu,
Chogyam Trungpa, Maha Ghosananda,
U Ba Khin
und so viele andere mutige moderne Meister
uns inspirieren.

Inhalt

Dank

Ohne Evelyn Sweeney wäre dieses Buch nicht möglich gewesen. Evelyn ist eine langjährige Schülerin, Lektorin, Freundin und Assistentin und stand mir während der Entstehung dieses Manuskripts in jeder Hinsicht zur Seite. Sie ist unermüdlich in ihrer Arbeit und mit ihren dreiundsiebzig Jahren ein tragender Pfeiler unserer Gemeinschaft. Diesem Buch und den Büchern mehrerer anderer Vipassana-Lehrer stellte sie ihre unerschöpfliche Energie zur Verfügung.

Ich möchte Jane Hirshfield meinen Dank für ihre außerordentliche Klarheit und tiefe Dharma-Weisheit aussprechen. Sie ist Dichterin und Schriftstellerin und eine klarsichtige Schülerin des Dharma, deren Hilfe von unschätzbarem Wert für mich war. Als Hauptlektorin und Ratgeberin trug sie wesentlich zur Struktur und zum Inhalt dieses Buches bei.

Barbara Gates, Schriftstellerin, Lektorin und Freundin im Dharma gab ebenfalls wertvolle Unterstützung, indem sie mehrere der frühen Kapitel gründlich durchforstete und aus dem Gestrüpp meiner Dharma-Vorträge einen überschaubaren und geordneten Garten gestaltete. Ich sage ihr meinen herzlichen Dank.

Das vorliegende Buch begann in der Form von Vorträgen, die ich 1986 im Rahmen des Spiritual Emergency Network hielt. Dieses Network besteht aus eine Gruppe von Psychologen und spirituellen Unterweisern; sie beraten und unterstützen diejenigen, die sich auf den gewaltigen spirituellen Umbruch einlassen, der in unserer Kultur so wenig verstanden wird und den man oft mit geistiger Krankheit verwechselt. Für die Arbeit dieser Gruppe möchte ich meine große Anerkennung zum Ausdruck bringen.

Ich möchte betonen, daß ich, was mein Dharma-Wissen betrifft, im Laufe der Jahre viel von meinen Lehrer-Kollegen gelernt habe. Besonders viel verdanke ich meinen Freunden Joseph Goldstein, Sharon Salzberg und Stephen Levine, wie auch Stan und Christina Grof – ich schätze sie zutiefst als Initiatoren bestimmter wichtiger Themenbereiche dieses Buches.

Unendlich dankbar bin ich den vielen großen Lehrern in Asien, Europa und Nordamerika für alles, was sie mir gaben.

Ich danke den vielen Schülern und Mitarbeitern, von denen ich in all den Jahren lernen durfte. Die Fallgeschichten, die ich in diesem Buch verwendet habe, sind allesamt authentisch. Allerdings wurden Namen und besondere Umstände mit Rücksicht auf die Privatsphäre geändert.

Schließlich möchte ich auch Leslie Meredith von Bantam Books danken, die sich während der gesamten Entstehung dieses Buches als hervorragende Lektorin, kluge Leserin und hilfsbereite Freundin erwies.

Spirit Rock Center,
Woodacre, Kalifornien 1992 *Jack Kornfield*

TEIL I
EIN WEG MIT HERZ:
DIE GRUNDLAGEN

Ein Anfang

Zu Beginn dieses Buches gehe ich vor allem auf meine eigene innere Reise ein, denn von all den Lektionen, die ich gelernt habe, ist die wichtigste, daß wir das Allgemeine mit dem Persönlichen verbinden müssen, um in unserem spirituellen Leben Erfüllung zu finden.

Im Sommer 1972 kehrte ich nach meinen ersten fünf Studienjahren in Asien nach Hause zu meinen Eltern zurück – mit geschorenem Kopf und in den Roben eines Mönchs. Damals gab es in Amerika noch keine theravada-buddhistischen Klöster; aber ich wollte herausfinden, wie es war, als Mönch in Amerika zu leben, und sei es auch nur für kurze Zeit.

Nachdem ich ein paar Wochen bei meinen Eltern verbracht hatte, beschloß ich, meinen Zwillingsbruder und seine Frau auf Long Island zu besuchen. Im Mönchsgewand und mit der traditionellen Bettelschale versehen, setzte ich mich in den Zug von Washington zur Grand Central Station in New York; das Ticket hatte meine Mutter für mich besorgt, denn als Theravada-Mönch durfte ich nichts mit Geld zu schaffen haben – in keinster Weise.

Es war Nachmittag, als ich in New York ankam, und ich machte mich auf den Weg entlang der Fifth Avenue zum Treffpunkt, wo meine Schwägerin mich erwarten sollte. Nach all den Jahren der Meditationspraxis befand ich mich noch in einer sehr ruhigen Verfassung. Ich ging so, wie man in der Meditation geht, und sowohl die teueren Geschäfte wie Tiffany's als auch die Menschenmengen, die an mir vorbeiströmten, waren für meinen Geist nichts anderes als der Wind und die Bäume in meiner thailändischen Klostereinsamkeit.

Wir hatten verabredet, daß ich meine Schwägerin vor dem Elizabeth-Arden-Salon treffen sollte. Ihr wurde zum Geburtstag ein Gutschein für einen ganzen Tag intensivster Schönheitspflege in diesem Etablissement geschenkt – Gesichtsmaske, neue Frisur, Massage, Maniküre und was nicht noch alles. Ich stand, wie ich versprochen hatte, Punkt vier Uhr vor dem Schönheitssalon, aber meine Schwägerin erschien nicht. Nach einigem Warten ging ich hinein. »Kann ich Ihnen helfen?« fragte die Empfangsdame ziemlich schockiert. »Aber gewiß,« erklärte ich, »ich suche Tori Kornfield.« »Oh«, bedauerte sie, »sie ist noch nicht fertig. Aber im vierten Stock ist ein Wartezimmer.« Also fuhr ich mit dem Aufzug hinauf. Dort stieß ich auf die Empfangsdame des Wartezimmers, die ebenfalls höchst verwundert fragte: »Kann ich Ihnen helfen?« Ich erklärte, daß ich auf meine Schwägerin warten wolle und wurde gebeten, Platz zu nehmen.

Ich setzte mich auf eine bequeme Couch, und nach einigen Minuten des Wartens kreuzte ich meine Beine, schloß die Augen und meditierte. Schließlich war ich ein Mönch, und was sollte ich in einer solchen Situation anderes tun? Nach zehn Minuten hörte ich Stimmen und Gelächter. Ich meditierte weiter, aber schließlich hörte ich eine laute Stimme sagen: »Ist der wirklich echt?«, und das bewog mich, die Augen zu öffnen. Im Durchgang zu dem daneben liegenden Raum standen acht oder zehn Frauen in Elizabeth Arden-Negligés (das ist die Bekleidung, mit denen man die Kundinnen während der Schönheitsbehandlungen ausstaffiert), die mich verwundert anstarrten. Die meisten hatten ihre Haare auf Wicklern; einige Gesichter waren grün von einer Paste, die wie Avocadocreme aussah, und andere braun von einer Art Schlammauflage. Ich starrte zurück und fragte mich, in welchen seltsamen Bereich ich hier wohl hineingeboren worden war, und ich hörte mich sagen: »Sind die wirklich echt?«

In diesem Augenblick wurde mir klar, daß ich eine Möglichkeit finden mußte, die uralten und wunderbaren Lehren, die ich im buddhistischen Urwaldkloster empfangen hatte, mit dem Leben in unserer modernen Welt in Einklang zu bringen. Im Laufe der Jahre wurde dieser Versuch einer harmonischen Verbindung zur interessantesten und wichtigsten aller Aufgaben – für mich wie für viele andere, die sich heute, auf der Schwelle zum einundzwanzigsten Jahrhundert, um ein echtes spirituelles Leben bemühen. Die meisten westlichen Menschen haben kein Interesse daran, als traditionelle Priester, Mönche oder Nonnen zu leben; doch viele von uns möchten das Leben in unserer eigenen Welt mit einer echten spirituellen Praxis verbinden. Dieses Buch handelt von eben dieser Möglichkeit.

Mein eigenes spirituelles Leben wurde durch ein Geschenk ausgelöst, das ich bekam, als ich vierzehn Jahre alt war: Lobsang Rampas *Das dritte Auge*, ein Roman über mystische Abenteuer in Tibet. Es war ein aufregendes Buch für mich, das mich heftig zum Nachdenken anregte und mir eine Welt eröffnete, die mir viel besser gefiel als diejenige, in der ich lebte. Ich bin an der Ostküste in einer Intellektuellen-Familie aufgewachsen. Mein Vater war Biophysiker, der künstliche Herzen und Lungen entwickelte, in der Raumfahrtmedizin arbeitete und an medizinischen Fakultäten lehrte. Man verpaßte mir eine »gute Ausbildung« und schickte mich ans Ivy League College. Ich war von einer Menge kluger und kreativer Leute umgeben; doch trotz all ihrer Erfolge und ihrer intellektuellen Errungenschaften waren viele von ihnen todunglücklich. Es wurde mir klar, daß Intelligenz und eine Stellung in der Welt wenig mit Glück oder gesunden menschlichen Beziehungen zu tun hatte. Am schmerzlichsten mußte ich das innerhalb meiner eigenen Familie erfahren. So einsam und verwirrt ich war, erkannte ich doch, daß ich das Glück woanders suchen mußte. Also wandte ich mich dem Osten zu.
Am Dartmouth College im Jahr 1963 führte mich ein freundliches Geschick zu einem klugen alten Professor, Dr. Wing Tsit Chan, der mit gekreuzten Beinen auf seinem Schreibtisch saß und Vorlesungen über Buddha und die chinesischen Klassiker hielt. Durch ihn inspiriert, belegte ich Asienkunde und fuhr nach dem Studienabschluß sofort nach Asien (mit Hilfe des Peace Corps), um den Buddhismus zu studieren und Mönch zu werden. Ich begann zu praktizieren, und als ich schließlich ordiniert war, zog ich mich in das thailändische Kloster Wat Ba Pong zurück; es wurde von dem jungen Achaan Chah geleitet, der später sehr berühmt werden sollte. Dort erwartete mich eine unerwartete Ernüchterung. Ich hatte nicht gerade angenommen, daß die Mönche levitieren würden wie in Lobsang Rampas Geschichte, aber

ich hatte mir doch gewisse Wirkungen von der Meditation erhofft – ein Gefühl des Glücks, besondere Zustände der Verzückung, außergewöhnliche Erfahrungen. Doch das war es nicht, was mein Lehrmeister in erster Linie anzubieten hatte. Er bot eine Lebensweise, einen lebenslänglichen Pfad des Aufwachens, der Aufmerksamkeit, der Hingabe und der inneren Verpflichtung. Er bot ein Glück, das nicht von irgendwelchen der sich ständig verändernden Bedingungen der Welt abhängig war, sondern allein der eigenen mühsamen und bewußten inneren Verwandlung entsprang. Als ich ins Kloster ging, hatte ich gehofft, den Qualen meines Familienlebens und den Schwierigkeiten der Welt zu entkommen, aber natürlich folgten sie mir, wohin ich auch ging. Es dauerte viele Jahre, bis mir klar wurde, daß diese Schwierigkeiten Teil meiner Praxis waren.

Ich hatte das Glück, jene weisen Anleitungen und die uralte traditionelle Schulung zu erhalten, die man in den besten buddhistischen Klöstern Asiens auch heute noch bekommen kann. Man lebt in äußerster Einfachheit, besitzt kaum mehr als eine Robe und eine Schale und geht täglich sieben Kilometer zu Fuß, um Nahrung für ein einziges Mittagessen zu sammeln. Ich verbrachte lange Perioden der Meditation nach traditioneller Art; das hieß zum Beispiel, eine ganze Nacht lang im Wald zu sitzen und zuzuschauen, wie die Leichen auf dem Friedhof verbrannten; und ich lebte ein Jahr lang in schweigender Zurückgezogenheit in einem Zimmer und praktizierte täglich zwanzig Stunden Meditation im Sitzen und Gehen.

Ich erhielt die hervorragendsten Belehrungen in großen Klöstern, deren Leiter Mahasi Sayadaw, Asabha Sayadaw und Achaan Buddhadasa waren. In diesen Zeiten der Praxis lernte ich ganz wunderbare Dinge, und ich bin diesen Lehrmeistern unendlich dankbar. Doch es zeigte sich, daß die intensive Meditation in dieser exotischen Umgebung lediglich der Beginn meiner Praxis war. Seitdem hatte ich an ganz gewöhnlichen Orten mindestens ebenso intensive Erfahrungen in der Meditation – ganz einfach als Ergebnis einer systematischen Praxis. Damals, am Anfang, wußte ich noch nicht, was vor mir lag. Ich verließ Asien mit sehr idealistischen Vorstellungen und erwartete, daß die speziellen Meditationserfahrungen, die ich dort entdeckt hatte, alle meine Probleme lösen würden.

Die darauffolgenden Jahre verbrachte ich zu weiterer Schulung in Klöstern in Thailand, Indien und Sri Lanka, und danach lernte ich bei mehreren bekannten tibetischen Lamas, Zen-Meistern und Hindu-Gurus. Im Laufe von neunzehn Jahren des Lehrens war es mir vergönnt, mit vielen anderen westlichen buddhistischen Lehrern zusammenzuarbeiten und die Einsichts-Meditation – die buddhistische Praxis der Achtsamkeit – in Amerika zu etablieren. Ich leitete Retreats (Gruppen-Meditation in Zurückgezogenheit) von einem Tag bis zu drei Monaten Dauer und arbeitete mit vielen Zentren zusammen – christlichen, buddhistischen, transpersonalen und anderen. 1976 promovierte ich in Klinischer Psychologie und arbeite seitdem als Psychotherapeut und gleichzeitig als buddhistischer Lehrer. Während all dieser Jahre habe ich versucht, die Frage zu beantworten: Wie kann ich meine spirituelle Praxis in meinem Leben umsetzen, wie kann ich sie an jedem einzelnen Tag meines Lebens zur Entfaltung bringen?

Seit ich lehre, habe ich oft gesehen, wie viele meiner Meditations-Schüler die spirituelle Praxis mißverstanden, und wie sie hofften, sie als Mittel zur Flucht vor ihrem eigenen Leben benützen zu können; ich sah, wie sie die Ideale und die Sprache ihres spirituellen Weges benützten, um dem Leiden und den Schwierigkeiten der menschlichen Existenz auszuweichen – nicht anders, als ich selbst es versucht hatte –, und wie sie in Tempeln, Klöstern und Kirchen auf die Suche nach den »special effects« gingen.
Meine eigene Praxis war eine Reise abwärts, verlief also gegensätzlich zu der Richtung, in der nach weitverbreiteter Meinung die spirituellen Erfahrungen verlaufen sollten. Während dieser Jahre konnte ich mich dabei beobachten, wie ich mich von Chakra zu Chakra (spirituelle Energiezentren des Körpers) *nach unten* arbeitete, anstatt nach oben. Meine ersten zehn Jahre systematischer spiritueller Praxis verliefen hauptsächlich unter der Kontrolle des Verstandes. Ich studierte, las und meditierte und führte das Leben eines Mönchs; dabei benützte ich ständig die Kraft meines Denkens, um alles zu verstehen. Ich entwickelte Konzentration und Samadhi (tiefe Stadien mentaler Versunkenheit) und hatte alle möglichen Erkenntnisse. Ich erlebte Visionen, Offenbarungen und eine Reihe von tiefen Zuständen des

inneren Erwachens. Im Verlauf der Entwicklung meiner Praxis wurde mein gesamtes Verständnis meiner Existenz auf den Kopf gestellt, und allmählich lernte ich die Dinge auf eine neue und klarere Weise zu sehen. Ich dachte, diese Erkenntnisse seien der Clou der Praxis, das, worauf es ankäme, und war sehr zufrieden mit meiner neuen Art des Weltverständnisses.
Doch nachdem ich als Mönch in die Vereinigten Staaten zurückgekehrt war, brach alles in Stücke. In den Wochen nach meinem Besuch im Schönheitssalon legte ich die Robe ab, schrieb mich an einer Hochschule ein, suchte einen Job als Taxifahrer und arbeitete nachts in einem Nervenkrankenhaus in Boston. Und ich ging eine intime Beziehung ein. Obwohl ich von meinem Kloster so klar, weiträumig und high zurückgekehrt war, entdeckte ich bald – in meiner Liebesbeziehung, in meiner Wohngemeinschaft, und bei meinem Krankenhauspraktikum für die Hochschule –, daß mir die Meditation recht wenig für meine menschlichen Beziehungen gebracht hatte. Noch immer war ich emotional unreif und agierte die qualvollen Muster von Schuld und Angst, Anziehung und Ablehnung aus, von denen ich vor meiner buddhistischen Schulung gefangen gewesen war; nur daß nun noch der Horror dazu kam, diese Muster weitaus klarer zu sehen. Ich konnte die Meditation der Herzenswärme für tausend Wesen irgendwo in der Welt praktizieren, aber ich bekam fürchterliche Probleme damit, mich ganz auf einen Menschen hier und jetzt einzulassen. Ich hatte die Kraft meines Denkens in der Meditation eingesetzt, um schmerzhafte Gefühle zu unterdrükken, und allzu oft bemerkte ich nicht einmal, daß ich wütend, traurig, voller Sorgen oder frustiert war; es fiel mir erst viel später auf. Die Wurzeln meines Scheiterns in Beziehungen hatte ich noch gar nicht erforscht. Ich verhielt mich alles andere als geschickt im Umgang mit meinen Gefühlen, mit Beziehungen auf einer emotionalen Ebene und überhaupt darin, mit meinen Freunden und Lieben in einer angemessenen Art zu leben.
Ich war gezwungen, meine gesamte Praxis tiefer nach unten zu verlagern, vom Verstand zum Herzen. Nun begann ein langer und mühsamer Prozeß, in dem ich mich meinen Gefühlen wieder zuwandte, meine Aufmerksamkeit auf meine Beziehungsmuster richtete und lernte, meine Gefühle zu erleben und mit den gewaltigen Kräften menschlicher Beziehung umzugehen. Das

Mittel dazu waren Gruppen- und Einzeltherapie, Herzzentrierte Meditationsmethoden, transpersonale Psychologie und eine Reihe von teils guten, teils katastrophalen Beziehungen. Ich untersuchte die Herkunft und Geschichte meiner Familie und wandte dieses Wissen und diese Erkenntnisse auf meine aktuellen Beziehungen an. Schließlich führte dies zu einer anfänglich recht schwierigen Liebesbeziehung, die sich zu einer glücklichen Ehe mit meiner Frau Liana entwickelte und mich mit einer wunderschönen Tochter, Caroline, beglückte. Nach und nach habe ich diese Arbeit des Herzens als einen völlig integralen Teil meiner spirituellen Praxis verstehen gelernt.

Nachdem ich mich zehn Jahre lang auf die emotionale Arbeit und die Entwicklung des Herzens konzentriert hatte, stellte ich fest, daß mein Körper dabei nicht zu seinem Recht gekommen war. Ebenso wie meine Gefühle, hatte ich anfangs auch meinen Körper nur oberflächlich in meine spirituelle Praxis miteinbezogen. Nun lernte ich, mir meines Atmens bewußtzuwerden und mit den Schmerzen und Empfindungen in meinem Körper zu arbeiten; denn ich hatte meinen Körper zum größten Teil nur zu athletischen Gewaltakten benützt. Ich war mit einer guten Gesundheit gesegnet gewesen, so daß ich auf Berge klettern oder zehn bis zwanzig Stunden wie ein Yogi regungslos am Ufer des Ganges sitzen konnte, ungeachtet der höllischen Schmerzen, die ich dabei hatte. Ich konnte als Mönch mit einer einzigen Mahlzeit am Tag auskommen und barfuß lange Strecken gehen; aber nun mußte ich erkennen, daß ich meinen Körper eher benützt als wirklich bewohnt hatte. Er war für mich eine Maschine gewesen, die Treibstoff brauchte und die ich bewegen mußte, damit ich mein geistiges, emotionales und spirituelles Leben gestalten konnte.

Als ich mit meinen Emotionen wieder mehr Verbindung bekam, wurde mir klar, daß auch mein Körper liebevolle Zuwendung brauchte, und daß es nicht genügte, mit Liebe und Mitgefühl zu sehen und zu verstehen oder sogar zu fühlen; ich mußte noch weiter hinunter in der Hierarchie der Chakras. Ich lernte, daß ich, um ein echtes spirituelles Leben führen zu können, in der Lage sein mußte, es mit allem, was ich tat, zu verkörpern: mit der Art und Weise, wie ich ging und stand, wie ich atmete und mit der Sorgfalt, mit der ich aß. Alle meine Aktivitäten mußten miteinbezogen sein. In diesem kostbaren Tierkörper auf dieser Erde zu leben, ist ein ebenso großer Teil des spirituellen Lebens wie alles andere. Als ich anfing, in meinem Körper wieder mehr zu Hause zu sein, entdeckte ich neue Bereiche der Angst und des Schmerzes, die mich von meinem wahren Selbst trennten – es wiederholte sich derselbe Prozeß wie zuvor, als ich neue Bereiche der Angst und des Schmerzes entdeckt hatte, während ich meinen Geist oder mein Herz öffnen lernte.

In dem Maße, in dem sich meine Praxis die Chakren abwärts bewegte, wurde sie intimer und persönlicher. Sie erforderte bei jedem Schritt auf dem Weg mehr Aufrichtigkeit. Und sie gewann einen ganzheitlicheren Charakter. Denn wie ich mit meinem Körper umgehe, ist nicht davon zu trennen, wie ich mit meiner Familie umgehe oder mit meiner Verpflichtung gegenüber dem Frieden auf unserer Erde. So erweiterte sich auf diesem Weg abwärts die Vorstellung von meiner Praxis, bis sie schließlich nicht nur meinen eigenen Körper und mein eigenes Herz, sondern das gesamte Leben umfaßte, alle Beziehungen und auch die Umwelt, die unser Leben ermöglicht.

Während dieses Prozesses der Vertiefung und Erweiterung meiner inneren Verpflichtung für das spirituelle Leben erlebte ich, wie sich sowohl mein Einsatz an Anstrengung als auch meine Motivation gewaltig veränderten. Zu Beginn meiner Praxis und meines Lehrens hatte ich den spirituellen Pfad nur als etwas gesehen, wofür man sich anstrengen und worum man ringen mußte. Ich wandte große Mühe auf, um meinen Körper stillzuhalten, mich zu konzentrieren, in der Meditation meinen Geist zu disziplinieren und Schmerzen, Gefühle und Ablenkungen zu überwinden. Ich benützte die spirituelle Praxis, um Zustände der Klarheit und des Lichts, Erkenntnisse und eine veränderte Weltsicht zu gewinnen, und am Anfang war dies auch der Inhalt dessen, was ich lehrte. Nach und nach wurde mir jedoch klar, daß bei den meisten von uns gerade dieser Kampf die Probleme noch verstärkt. Wenn wir zum Urteilen neigen, urteilen wir noch vehementer über uns selbst und unsere spirituelle Praxis. Wenn wir von uns selbst abgeschnitten sind und unsere Gefühle, unseren Körper und unser Menschsein leugnen, werden dieses Getrenntsein und der Kampf um Erleuchtung oder um irgendein spirituelles Ziel noch verstärkt. Wann immer ein Gefühl der Wertlosigkeit oder des Selbsthasses Fuß fassen kann – in der Angst vor unseren Gefühlen oder in der Beurteilung unserer Gedanken –, wird es durch das spirituelle Ringen noch intensiviert. Und doch wußte ich, daß es keine spirituelle Praxis geben kann ohne sehr viel Hingabe, Einsatz von Energie und innere Verpflichtung. Wenn die Anstrengung und der Idealismus nicht weiterhalfen – wo sollte ich diese nötigen Fähigkeiten dann hernehmen?

Was ich jedoch entdeckte, waren ganz wunderbare Neuigkeiten für mich. Um uns zutiefst zu öffnen, wie es ein echtes spirituelles Leben erfordert, brauchen wir ungeheuer viel Mut und Kraft – eine Art Kampfgeist. Doch der Ort, wo sich diese Kraft des Kriegers entfaltet, ist das Herz. Die Energie, die innere Verpflichtung und den Mut brauchen wir nicht dazu, um vor unserem Leben davonzulaufen, und auch nicht, um es mit irgendeiner Philosophie zuzudecken, sei sie materialistisch oder spirituell. Wir brauchen das Herz eines Kriegers, damit wir uns unserem Leben unmittelbar stellen und uns direkt mit unseren Schmerzen und Grenzen, unseren Freuden und Möglichkeiten befassen können. Dieser Mut macht es möglich, jeden Aspekt des Lebens in unsere spirituelle Praxis miteinzubeziehen: unseren Körper, unsere Familie, unsere Gesellschaft, die Politik, die Ökologie der Erde, Kunst, Erziehung und Ausbildung. Nur so können wir Spiritualität wirklich in unser Leben integrieren.

Als ich während meines Promotions-Studiums an einer staatlichen psychiatrischen Klinik zu arbeiten begann, dachte ich ganz naiv, ich könnte einigen Patienten Meditation beibringen. Es wurde schnell deutlich, daß Meditation nicht das war, was sie brauchten. Diese Menschen waren nicht fähig, eine ausbalancierte Aufmerksamkeit aufzubauen, und die meisten von ihnen hatten sich längst in ihrem eigenen Geist verloren. Wenn überhaupt irgendeine Art von Meditation für sie brauchbar war, mußte sie die Qualität haben, zu erden, Boden unter die Füße zu geben: Yoga, Gärtnern, Taiji – aktive Methoden, die geeignet waren, sie mit ihrem Körper in Verbindung zu bringen.

Doch dann entdeckte ich eine ganze Menge Leute in diesem Krankenhaus, die selbst dringend Meditation benötigt hätten: die Psychiater, Psychologen, Sozialarbeiter, Krankenschwestern, Pfleger und viele andere. Diese Menschen versorgten die Patienten und hielten sie nicht selten allein durch Medikamente unter Kontrolle; und sie fürchteten sich vor den Energien in den Patienten und vor den Energien in sich selbst. Einige dieser Helfer schienen jene mächtigen Kräfte, mit denen die Patienten konfrontiert waren, aus erster Hand zu kennen – aus ihrer eigenen Psyche. Doch das ist eine der grundlegenden Lektionen in der Meditation: Stelle dich deiner eigenen Gier, deinem Gefühl der Wertlosigkeit, deiner Wut, deiner Paranoia und deinem Größenwahn, dann findest du die Tür zu Weisheit und Furchtlosigkeit, die hinter diesen Kräften liegen. Das gesamte Klinikpersonal hätte viel Gewinn aus der Meditationspraxis ziehen können – den entfesselten psychischen Kräften ihrer Patienten in sich selbst zu begegnen. Daraus wäre ein neues Verständnis und Mitgefühl in der Arbeit mit ihren Patienten entstanden.

Die Notwendigkeit, das spirituelle Leben in die Behandlung einzubeziehen, wird in psychologischen und psychiatrischen Berufskreisen nach und nach erkannt. Ein Bewußtsein für die Notwendigkeit der Integration einer spirituellen Orientierung beginnt sich auch auf Gebiete wie Politik, Wirtschaft und Ökologie auszudehnen. Um jedoch positiv wirken zu können, muß diese Spiritualität in der persönlichen Erfahrung verankert sein. Für Leser, die dies lernen wollen, bieten die einzelnen Kapitel dieses Buches eine Reihe von traditionellen Methoden und zeitgemäßen Meditationen an. Diese Übungen helfen, mit den hier präsentierten Lehren direkt zu arbeiten, um eine tiefere Verbindung mit dem eigenen Körper und mit dem Herzen aufzunehmen. Der Kern der beschriebenen Meditationsmethoden stammt aus der Tradition des Theravada-Buddhismus Südostasiens. Es ist die Achtsamkeitspraxis der Einsichts-Meditation (Vipassana), die man auch als das Herz der buddhistischen Meditation bezeichnet; sie bietet eine systematische Schulung, um Körper, Herz und Geist zu wecken und uns mit der uns umgebenden Welt zu verbinden. Dies ist die Tradition, die ich viele Jahre lang befolgte und lehrte; es ist die zentrale Lehre, die fast jeder buddhistischen Praxis in aller Welt zugrunde liegt.

Dieses Buch stützt sich zwar auf meine Erfahrung innerhalb der buddhistischen Tradition, doch ich bin der Ansicht, daß die Prinzipien der spirituellen Praxis, auf die es sich bezieht, universell sind. Die erste Hälfte beschreibt die Grundlage eines umfassenden spirituellen Lebens: Praxismethoden, allgemeine Gefahren, Techniken, um mit unseren inneren Wunden und Schwierigkeiten umzugehen, und einige buddhistische Darstellungen spiritueller Zustände des menschlichen Bewußtseins und wie diese außergewöhnlichen Zustände im Boden des gesunden Menschenverstands verwurzelt werden können. Die zweite Hälfte des Buches befaßt sich unmittelbarer mit der Integration dieser Praxis in unser modernes Leben und berührt Themen wie Co-Abhängigkeit und Mitgefühl, Abgrenzungsstrategien, Psychotherapie und Meditation sowie Gewinn und Probleme im Umgang mit spirituellen Lehrern. Im letzten Teil geht es um die Früchte des spirituellen Reifungsprozesses: um die Entfaltung von Weisheit und Mitgefühl und um die Leichtigkeit und Freude, mit denen unser Leben bereichert wird.

Zu Beginn habe ich von meiner eigenen inneren Reise gesprochen und von der wichtigsten Lektion für ein spirituelles Leben: das Persönliche mit dem Allgemeinen zu verbinden. Wir sind menschliche Wesen, und das menschliche Tor zur nichtdualistischen Wahrnehmung der Heiligkeit allen Seins sind unser Körper, Herz und Geist, die Geschichte, aus der wir hervorgegangen sind, und die nächsten Beziehungen und Umstände unseres Lebens. Nur hier können wir Mitgefühl, Gerechtigkeit und Befreiung lebendig werden lassen.
Wenn wir ein Gefühl für den alles einbeziehenden Charakter der Spiritualität entwickelt haben, können wir auch verstehen, daß wir zuerst bei uns selbst anfangen müssen, wenn wir Licht oder Weisheit oder Mitgefühl in die Welt bringen wollen. Diese Auffassung der Praxis als etwas ganz auf das Persönliche Bezogenes würdigt ebenso die Einmaligkeit unseres Lebens wie das Gemeinsame und respektiert die zeitlose Qualität des großen Tanzes zwischen Geburt und Tod; sie würdigt auch unseren eigenen Körper, unsere eigene Familie und Gemeinschaft, unsere persönliche Geschichte und alle unsere Freuden und Leiden. So ist unser Erwachen unsere ureigene Angelegenheit, die zugleich alle anderen Wesen auf dieser Erde betrifft.

1

Habe ich wirklich geliebt?

Selbst die großartigsten Zustände und die außergewöhnlichsten spirituellen Errungenschaften sind wertlos, wenn wir nicht auf die allergewöhnlichste und schlichteste Weise glücklich sein können, wenn wir nicht fähig sind, einander und das Leben, das uns gegeben wurde, mit dem Herzen zu berühren.

Wenn wir uns auf ein spirituelles Leben einlassen, ist der zentrale Punkt sehr einfach: *Wir müssen dafür sorgen, daß unser Weg mit unserem Herzen verbunden ist.* In unserem modernen spirituellen Supermarkt gibt es viele verschiedene Angebote. Große spirituelle Traditionen erzählen uns Geschichten über Erleuchtung, Verzückung, Wissen, göttliche Ekstase und die Verwirklichung der allerhöchsten Möglichkeiten des menschlichen Geistes. Angesichts der reichen Auswahl von Lehren, die uns im Westen zugänglich sind, werden wir oft zuallererst von den aufregendsten und ungewöhnlichsten Aspekten angezogen. Das Versprechen solcher besonderer Zustände kann zwar eingelöst werden, und diese Zustände repräsentieren durchaus die entsprechenden Lehren, doch in gewissem Sinn gehören sie auch zu den Werbetricks des spirituellen Geschäfts. Sie stellen nicht das Ziel des spirituellen Lebens dar. Schließlich und endlich ist der spirituelle Prozeß nicht dazu da, irgendwelche außergewöhnlichen Befindlichkeiten oder besondere Macht und Fähigkeiten zu vermitteln. Solch eine Suche wird uns nur von uns selbst wegführen. Wenn wir nicht aufpassen, kann es leicht geschehen, daß wir die großen Fehler unserer modernen Gesellschaft – Ehrgeiz, Materialismus und Vereinsamung – in unserem spirituellen Leben wiederholen.

Wenn wir ein echtes spirituelles Leben beginnen wollen, müssen wir das ins Auge fassen, was sich direkt vor unserer Nase befindet und dafür sorgen, daß unser Weg mit unserer tiefsten Liebe verbunden ist. Don Juan hat dies in den Lehren, die er Carlos Castaneda gab, so ausgedrückt:
Schau dir jeden Weg ganz genau und sorgfältig an. Versuche es mit ihm so oft, wie du es für nötig hältst. Dann stelle dir selbst – und nur dir allein – eine Frage. Das ist eine Frage, die nur ein sehr alter Mensch stellt. Mein Wohltäter sprach einst davon, als ich noch sehr jung und mein Blut noch zu wild war, als daß ich sie hätte verstehen können. Jetzt verstehe ich sie. Ich sage dir, wie sie lautet: Hat dieser Weg ein Herz? Wenn ja, dann ist es ein guter Weg. Wenn nicht, ist er nutzlos.

Die Lehren in diesem Buch handeln davon, solch einen inneren Weg mit Herz zu finden, und davon, sich auf einen Weg zu begeben, der uns verwandelt und im Kern unseres Seins berührt. Dazu brauchen wir eine spirituelle Praxis, die es uns ermöglicht, ganz und gar aus dem innersten Herzen in dieser Welt zu leben.
Wenn wir fragen: »Folge ich einem Weg mit Herz?«, werden wir feststellen, daß uns niemand genau beschreiben kann, was für ein Weg das sein soll. Es bleibt uns nichts anderes übrig, als dieser Frage mit all ihren Untertönen von Geheimnis und Schönheit in unserem Wesen Raum zu geben und ihrem Klang zu lauschen. Dann werden wir irgendwo in uns selbst die Antwort hören, und wir werden sie verstehen. Wenn wir ganz still sind und ganz aufmerksam lauschen, sei es auch nur einen Augenblick lang, werden wir wissen, ob wir einem Weg mit Herz folgen oder nicht.
Es ist tatsächlich möglich, direkt mit unserem Herzen zu sprechen. Die meisten alten Kulturen wissen das. Wir können mit unserem Herzen kommunizieren, als wäre es ein guter Freund. In unserem modernen Leben sind wir so sehr mit alltäglichen Angelegenheiten und Gedanken beschäftigt, daß wir die wesentliche Kunst vergessen haben, uns die Zeit zu nehmen und mit unserem eigenen Herzen zu kommunizieren. Wenn wir es zu dem Weg befragen, auf dem wir uns befinden, sollten wir uns die Werte anschauen, nach denen wir unser Leben ausrichten. Wo investieren wir unsere Zeit,

unsere Kraft, unsere Kreativität, unsere Liebe? Wir sollten unser Leben ohne Sentimentalität, Übertreibung oder Idealismus anschauen. Spiegelt die Richtung, die wir eingeschlagen haben, wirklich das, was wir zutiefst wertschätzen?

Die buddhistische Tradition lehrt ihre Anhänger, jegliches Leben als kostbar zu betrachten. Astronauten, die unsere Erde verließen, haben diese Wahrheit ebenfalls entdeckt. Eine Gruppe russischer Kosmonauten beschrieb sie folgendermaßen: »Wir nahmen kleine Fische zu Forschungszwecken mit in die Raumstation. Drei Monate sollten wir dort verbringen. Nach etwa drei Wochen begannen die Fische zu sterben. Wie leid sie uns taten! Was stellten wir nicht alles an, um sie zu retten! Auf der Erde hatte uns das Fischen viel Spaß gemacht, aber wenn man allein und weit weg von allen Dingen der Erde ist, liegt einem alles Lebendige besonders am Herzen. Man sieht einfach, wie kostbar Leben ist.« In derselben geistigen Verfassung öffnete ein Astronaut nach der Landung seiner Kapsel die Luke und sog die feuchte Luft der Erde ein. »Ich stieg aus und beugte mich tatsächlich nieder und küßte die Erde«, erzählte er später.

Um die Kostbarkeit aller Dinge zu erkennen, müssen wir all unsere Aufmerksamkeit einsetzen. Die spirituelle Praxis kann uns zu diesem Gewahrsein führen, ohne daß wir ins Weltall hinausfliegen müssen. In dem Maße, in dem die Qualität von Gegenwärtigsein und Einfachheit unser Leben immer mehr durchdringt, beginnt unsere Liebe für die Erde und alle Wesen ihren Ausdruck zu finden und haucht unserem Weg Leben ein.

Um ein tieferes Verständnis dafür zu entwickeln, was dieses Gefühl von Kostbarkeit hervorruft und wie es einem Weg mit Herz seinen Sinn gibt, können wir mit der folgenden Meditation arbeiten. In der buddhistischen Praxis wird man dazu angehalten, über die richtige Lebensweise nachzudenken, indem man sich den eigenen Tod vor Augen hält. Während der traditionellen Meditation hierfür sitzt man ruhig da und kontempliert die Vergänglichkeit des Lebens. Tun Sie das. Schließen Sie dann die Augen und spüren Sie der Sterblichkeit dieses menschlichen Körpers nach, der Ihnen gegeben wurde. Der Tod ist uns sicher – nur die Zeit des Todes müssen wir noch entdecken. Stellen Sie sich vor, daß Sie am Ende Ihres Lebens angekommen sind. Gehen Sie nun in Gedanken zurück, und halten Sie sich zwei gute Taten aus Ihrer Vergangenheit vor Augen. Es braucht nichts Großartiges zu sein; lassen Sie einfach aufsteigen, was sich Ihnen anbietet. Während Sie sich diese guten Taten vor Augen halten, achten Sie darauf, wie diese Erinnerung auf Ihr Bewußtsein wirkt, wie sie Ihre Gefühle und den Zustand Ihres Herzens und Ihres Geistes verändert.

Schauen Sie nun die spezielle Qualität der erinnerten Situationen genau an, das, was ein Augenblick der Freundlichkeit enthält, den Sie aus einem Leben voller Worte und Aktionen herausgepickt haben. Fast jeder, der sich in dieser Meditation an gute Taten erinnern kann, stellt fest, daß sie erstaunlich einfach sind. Vielleicht war ein Augenblick der Freundlichkeit jene Situation, als ein Sohn seinem Vater vor dessen Tod sagte, daß er ihn liebte, oder als eine Frau inmitten ihres geschäftigen Lebens über den Kontinent flog, um die Kinder ihrer kranken Schwester zu versorgen. Für eine Grundschullehrerin in einem meiner Seminare war es die schlichte Erinnerung an jene Schulstunden am frühen Morgen, als sie Kinder im Arm hielt, die weinten und sich vor der Schule fürchteten. Eine andere Teilnehmerin hob nach dieser Meditation die Hand und sagte lächelnd: »Wenn ich in einer belebten Straße zugleich mit jemand anderem einen Parkplatz finde, überlasse ich den Parkplatz immer der anderen Person.«

Eine andere Frau, eine Krankenschwester in den Sechzigern, die ihre Kinder und Enkelkinder aufgezogen hatte und auf ein sehr erfülltes Leben zurückblickte, berichtete folgende Erinnerung: Sie war sechs Jahre alt, als vor ihrem Haus ein Auto stehenblieb, unter dessen Kühlerhaube Dampf hervorquoll. Zwei alte Leute stiegen aus und sahen sich die Bescherung an, und einer der beiden ging zum Telefon an der Straßenecke, um eine Werkstatt anzurufen. Dann setzten sie sich wieder ins Auto und warteten den ganzen Morgen lang auf den Abschleppwagen. Die neugierige Sechsjährige ging hinaus und redete mit ihnen, und nachdem einige Zeit vergangen war und die beiden Alten immer noch in ihrem heißen Wagen warteten, ging sie ins Haus und bereitete Eistee und ein Tablett voller Brötchen für sie zu.

Die Dinge, die in unserem Leben am meisten zählen, sind nicht phantastisch oder grandios. Es sind die Augenblicke, wenn wir einander berühren, wenn wir in einem Zustand besonderer Aufmerksamkeit und Fürsorge sind. Diese einfache und grundlegende Intimität ist die Liebe, nach der wir uns alle sehnen. Solche Augenblicke des Berührens und Berührtwerdens können zur Basis für einen Weg mit Herz werden, und sie finden immer in der unmittelbarsten und direktesten Art statt. Mutter Teresa formulierte das so: »In diesem Leben können wir keine großen Dinge tun. Wir können nur kleine Dinge mit großer Liebe tun.«

Manche Menschen empfinden diese Übung als sehr schwierig. Es fallen ihnen einfach keine guten Taten ein, oder es bieten sich einige an, die jedoch sofort zurückgewiesen werden, weil sie als oberflächlich oder geringfügig oder unvollkommen beurteilt werden. Bedeutet das, daß es nicht einmal zwei gute Momente in einem Leben der hunderttausend Aktivitäten gibt? Kaum! In jedem Leben hat sich eine ganze Menge davon angesammelt. Die Bedeutung ist eine andere, tiefere. Wir beurteilen uns selbst mit so großer Härte! Viele von uns machen die Entdeckung, daß wir sehr wenig Erbarmen mit uns selbst haben. Wir vermögen kaum anzuerkennen, daß unser Herz aufrichtige Liebe und Freundlichkeit ausstrahlt. Doch genau das tut es.

Dem Weg des Herzens zu folgen, bedeutet, so zu leben, wie wir es in dieser Meditation erfahren – indem wir zulassen, daß das Gefühl der Freundlichkeit unser Leben durchdringt. Wenn wir mit gesammelter Aufmerksamkeit handeln, wenn wir unsere Liebe zum Ausdruck bringen und die Kostbarkeit des Lebens wahrnehmen, wird die Qualität der Freundlichkeit in uns wachsen. Der Zustand eines liebevollen Gegenwärtigseins wird mehr und mehr Augenblicke in unserem Leben durchdringen. Wir können ständig unser eigenes Herz fragen: Wie wäre es, so zu leben? Führt der Weg, den ich für mein Leben gewählt habe, tatsächlich in diese Richtung?

In all dem Streß und all der Komplexität unseres Lebens vergessen wir vielleicht unsere tiefsten Bedürfnisse. Doch wenn die Menschen das Ende ihres Lebens erreichen und zurückschauen, ist die häufigste Frage, die sie sich selbst stellen, nicht etwa: »Wieviel ist auf meinem Bankkonto?« oder »Wie viele Bücher habe ich geschrieben?« oder »Was habe ich aufgebaut?« oder ähnliches. Wenn Sie das Glück haben, mit einem Menschen zusammenzusein, der sich bewußt ist, daß die Zeit seines oder ihres Todes gekommen ist, werden Sie feststellen, daß die Frage ganz einfach lautet: »Habe ich wirklich geliebt?« »Habe ich ganz gelebt?« »Habe ich gelernt loszulassen?« Diese einfachen Fragen berühren den innersten Kern unseres spirituellen Lebens. Wenn wir über richtiges Lieben und ein erfülltes Leben nachdenken, können wir erkennen, wie unsere Abhängigkeiten und Ängste uns eingeengt haben, und wir können die vielen Gelegenheiten sehen, bei denen sich unser Herz öffnen kann. Haben wir uns erlaubt, die Menschen um uns herum, unsere Familie, unsere Gesellschaft und die Erde, auf der wir leben, zu lieben? Und haben wir auch gelernt loszulassen? Haben wir gelernt, Veränderungen mit Anstand, Weisheit und Mitgefühl zu durchleben? Haben wir gelernt, zu vergeben und uns von der Inspiration des Herzens anstatt vom Geist des Urteilens lenken zu lassen?

Wenn wir uns die Kürze und die Kostbarkeit des Lebens vor Augen halten, wird klar, warum Loslassen ein zentrales Thema in der spirituellen Praxis ist. Wenn wir nicht gelernt haben loszulassen, leiden wir ungeheuer; sind wir gar am Ende unseres Lebens angelangt, kann es zum entsetzlichsten Zusammenbruch kommen.

Ich kenne eine junge Frau, die ihrer Mutter während eines langen Sterbens an Krebs beistand. Einige Zeit verbrachte die Mutter im Krankenhaus, wo sie an einem Dutzend Schläuchen und Maschinen hing. Mutter und Tochter waren sich darin einig, daß die Mutter nicht auf diese Weise sterben sollte, und als die Krankheit immer schlimmer wurde, ließ man sie schließlich nach Hause. Der Krebs wucherte weiter, doch der Mutter fiel es noch immer sehr schwer, ihre Krankheit zu akzeptieren. Sie versuchte, ihren Haushalt vom Bett aus zu führen, bezahlte die Rechnungen und kümmerte sich um alle Angelegenheiten des Alltags. Sie kämpfte gegen ihre körperlichen Schmerzen an, aber mehr noch schlug sie sich mit ihrer Unfähigkeit loszulassen herum. Eines Tages rief sie mitten in diesem verzweifelten Kampf ihre Tochter zu sich und sagte: »Tochter, Schätzchen, bitte zieh den Stecker raus«, und ihre Tochter sagte sanft: »Mutter, es gibt keinen Stecker.« Manche von uns müssen eine ganze Menge über das Loslassen lernen.

Loszulassen und sich bewußt von einer Veränderung zur nächsten durch unser Leben zu bewegen, bringt unser spirituelles Sein zur Reife. Schließlich entdecken wir, daß Lieben und Loslassen ganz dasselbe sein kann. Beides ist frei vom Impuls des Besitzenwollens. Beides ermöglicht uns, jeden Augenblick dieses in ständiger Veränderung begriffenen Lebens zu berühren und ganz da zu sein für alles, was als nächstes kommen mag.

Es gibt eine schöne alte Geschichte von einem berühmten europäischen Rabbi. Eines Tages kam ihn ein Mann besuchen, der seinetwegen per Schiff von New York nach Europa gereist war. Der Rabbi lebte mitten in einer Stadt in einem großen Mietshaus unter dem Dach, und der Mann fand den Meister schließlich in einem kleinen Zimmer mit einem Bett, einem Stuhl und ein paar Büchern. Der Mann hatte weit mehr erwartet. Nach der Begrüßung fragte er den Meister: »Rabbi, wo sind Ihre Sachen?« Der Rabbi fragte zurück: »Wo sind denn die Ihren?« »Ich bin nur auf der Durchreise«, antwortete der Mann, und der Rabbi entgegnete: »Ich auch.«

Um voll und ganz lieben und richtig leben zu können, ist es nötig zu erkennen, daß wir letztlich nichts besitzen, daß uns nichts gehört – weder unser Heim noch unser Auto noch die Menschen, die wir lieben, nicht einmal unser eigener Körper. Spirituelle Freude und Weisheit finden wir nicht durch Besitz, sondern durch die Fähigkeit, uns zu öffnen, tiefer zu lieben und unbefangen und frei durch das Leben zu gehen.

Davor können wir uns nicht drücken. Ein großer Lehrer sagte einmal: »Euer Problem ist, daß ihr meint, ihr hättet Zeit.« Wir wissen nicht, wieviel Zeit wir haben. Wie wäre es wohl, mit dem Wissen zu leben, daß dies unser letztes Jahr, unsere letzte Woche, unser letzter Tag ist? Im Licht dieser Frage sollten wir uns einen Weg mit Herz aussuchen.

Manchmal ist ein Schock nötig, um uns aufzuwecken und uns in Verbindung mit unserem Weg zu bringen. Vor ein paar Jahren bat mich eine Frau, ihren Bruder in einem Krankenhaus in San Francisco zu besuchen. Er war Ende dreißig und bereits ein reicher Mann. Es besaß eine Baugesellschaft, ein Segelboot, eine Ranch, ein Stadthaus und den Betrieb. Eines Tages hatte er am Steuer seines Autos einen Blackout. Die Untersuchung ergab, daß er an einem bösartigen, schnell wachsenden Gehirntumor litt. Der Arzt hatte zu ihm gesagt: »Wir möchten operieren, aber ich muß Sie warnen. Der Tumor befindet sich im Sprachzentrum. Wenn wir den Tumor entfernen, kann es sein, daß Sie damit die Fähigkeit verlieren, zu lesen, zu sprechen, zu schreiben und irgendeine Sprache zu verstehen. Wenn wir jedoch nicht operieren, haben Sie wahrscheinlich nur noch sechs Monate zu leben. Bitte überlegen Sie es sich. Die Operation ist für morgen früh angesetzt. Sagen Sie bis dahin Bescheid.«

Ich besuchte den Mann an diesem Abend. Er war sehr still und nachdenklich. Wie Sie sich vorstellen können, befand er sich in einem außergewöhnlichen Bewußtseinszustand. Solch ein Erwachen wird manchmal durch die spirituelle Praxis ausgelöst, doch bei ihm entstand es durch die besonderen Umstände. Als wir miteinander redeten, sprach der Mann nicht über seine Ranch, sein Segelboot oder sein Geld. An jenen Ort, der ihn erwartete, nimmt man keine Bankkonten und keine Autos mit. Alles, was in Zeiten der großen Veränderung zählt, ist die Währung des Herzens – die Fähigkeiten und Einsichten des Herzens, die wir in uns zum Wachstum gebracht haben. Zwanzig Jahre zuvor, Ende der sechziger Jahre, hatte dieser Mann ein wenig Zen-Meditation praktiziert und ein paar Bücher von Alan Watts gelesen, und in dieser Situation, der er sich nun ausgesetzt sah, waren es jene Erfahrungen, an die er wieder anknüpfte und über die er sprechen wollte – über sein spirituelles Leben und sein Verständnis von Geburt und Tod. Nach einem sehr nahen, herzlichen Gespräch schwieg er eine Weile und dachte nach. Dann sagte er: »Jetzt habe ich genug geredet. Vielleicht mehr als genug. Heute abend erscheint es mir so kostbar, einfach nur ein Glas Wasser zu trinken oder den Tauben zuzuschauen, die von der Fensterbank ins Freie hinausfliegen. Sie erscheinen mir so wunderschön. Es ist wie ein Wunder, einen Vogel fliegen zu sehen. Ich bin noch nicht fertig mit meinem Leben. Vielleicht werde ich es von nun an einfach auf stillere Weise leben.« Er entschied sich für die Operation. Ein sehr guter Chirurg operierte vierzehn Stunden lang. Als ihn danach seine Schwester auf der Intensivstation besuchte, sah er sie an und sagte: »Guten Morgen!« Das Sprachzentrum hatte die Entfernung des Tumors unbeschadet überlebt.

Nachdem er das Krankenhaus verlassen hatte und wieder gesund geworden war, änderte sich sein Leben von Grund auf. Er kam weiterhin mit der nötigen Verantwortung seinen geschäftlichen Verpflichtungen nach, aber er gehörte nicht mehr zu den Workaholics. Er verbrachte mehr Zeit mit seiner Familie und übernahm eine Beraterfunktion für andere, bei denen Krebs und ähnliche schwere Erkrankungen diagnostiziert worden waren. Er ging wieder in die Natur, und in seiner Beziehung zu anderen Menschen wurde er aufmerksam und liebevoll.

Wäre ich ihm vor diesem Abend begegnet, hätte ich ihn für eine spirituelle Niete gehalten, weil er sich lediglich ein bißchen mit spiritueller Praxis befaßt und diese dann zugunsten eines Lebens als Geschäftsmann aufgegeben hatte. Er schien alle diese spirituellen Werte vergessen zu haben. Aber als sein Leben zusammenbrach und er in diesen Augenblicken zwischen Leben und Tod innehielt und nachdachte, wurde selbst das bißchen spirituelle Praxis, das er berührt hatte, sehr wichtig für ihn. Wir wissen nie, was andere lernen, und wir können die spirituelle Praxis eines anderen Menschen nicht so einfach beurteilen. Wir können nicht mehr tun, als in unser eigenes Herz zu schauen und uns zu fragen, was in der Art, wie wir leben, wirklich zählt, was uns zu größerer Offenheit, Aufrichtigkeit und Liebesfähigkeit führen kann.

Ein Weg mit Herz gibt auch Raum für unsere Kreativität und unsere ganz persönlichen Begabungen. Der äußere Ausdruck unseres Herzens kann darin bestehen, daß wir Bücher schreiben, Häuser bauen oder Methoden entwickeln, wie Menschen einander helfen können. Er kann darin bestehen, daß wir unterrichten oder gärtnern, bedienen oder Musik machen. Wichtig ist nur, daß das, was wir tun, in unserem Herzen verwurzelt ist. Unsere Liebe ist die Quelle jeglicher Energie der Gestaltung und Verbindung. Wenn wir ohne Verbindung mit unserem Herzen handeln, werden selbst die großartigsten Dinge in unserem Leben trocken, bedeutungslos oder unfruchtbar.

Hinter all unseren Aktivitäten stehen die Sehnsucht nach Liebe und die verborgene Lebendigkeit der Liebe. Das Glück, das wir im Leben erfahren, basiert nicht auf Besitz irgendeiner Art und nicht einmal auf Wissen, sondern auf der Entdeckung unserer Fähigkeit zu lieben, eine liebevolle, freie und weise Beziehung zu allem zu haben, was das Leben bietet. Solch eine Liebe ist nicht besitzergreifend, sondern entfaltet sich aus unserem Gefühl des Wohlbefindens und der Verbindung mit allem, was ist. Deshalb ist sie großzügig und

wach und erfreut sich an der Freiheit allen Lebens. Von dieser Liebe inspiriert, können wir auf unserem Weg lernen, wie wir unsere Begabungen am besten einsetzen können, um zu heilen und zu dienen und Frieden um uns herum zu schaffen; und wir lernen, die Heiligkeit des Lebens zu würdigen, alles wertzuschätzen, was uns begegnet und allen Wesen Gutes zu wünschen.
Das spirituelle Leben mag kompliziert erscheinen, aber im Grunde ist es das nicht. Wir können selbst inmitten dieser ungeheuer komplexen Welt Klarheit und Einfachheit entdecken – wenn wir erkennen, daß die Qualität des Herzens, um deren Entfaltung wir uns bemühen, das ist, was am meisten zählt. Der Zen-Dichter Ryokan faßte das in folgenden Zeilen zusammen:

Der Regen hat aufgehört, die Wolken haben sich verzogen,
und es ist wieder klar.
Ist dein Herz rein, dann sind alle Dinge in deiner Welt rein...
Dann wirst du vom Mond und den Blumen auf deinem Weg geführt.

Alle spirituellen Lehren sind vergebens, wenn wir nicht lieben können. Selbst die erhebendsten Zustände und die außergewöhnlichsten spirituellen Errungenschaften sind bedeutungslos, wenn wir nicht fähig sind, auf ganz gewöhnliche Weise glücklich zu sein, und wenn wir einander und das Leben, das uns gegeben wurde, nicht mit unserem Herzen berühren können. Es geht darum, *wie* wir leben. Deshalb ist es so schwierig und so wichtig, uns selbst diese Frage zu stellen: »Lebe ich meinen Weg ganz und gar, lebe ich ohne Bedauern?«, so daß wir am Ende unseres Lebens, wann immer das auch sein mag, sagen können: »Ja, ich habe meinen Weg mit Herz gelebt.«

Meditation der Herzenswärme

Die Qualität der Herzenswärme ist der fruchtbare Boden, aus dem ein umfassendes spirituelles Leben wachsen kann. Mit Herzenswärme als Grundlage werden wir unsere Erfahrungen mit größerer Offenheit machen, und alles, worum wir uns bemühen, wird freier fließen. Zwar kann sie sich bei vielen Gelegenheiten auf ganz natürliche Weise entfalten; aber uns geht es darum, sie bewußt zu entwickeln.

Die folgende Meditation ist eine zweieinhalbtausend Jahre alte Übung, in der Formulierungen, Imaginationen und Gefühle eingesetzt werden, um Herzenswärme und Freundlichkeit sich selbst und anderen gegenüber anzuregen. Sie können mit dieser Praxis experimentieren und feststellen, ob sie brauchbar für Sie ist. Am besten beginnen Sie damit, sie ein paar Monate lang einmal oder zweimal täglich fünfzehn bis zwanzig Minuten lang zu wiederholen. Am Anfang empfinden Sie diese Übung vielleicht als mechanisch oder irgendwie peinlich, oder sie führt sogar gerade zum Gegenteil dessen, was sie damit bezwecken. Sie aktiviert möglicherweise Gefühle der Irritation und des Ärgers. Wenn das geschieht, ist es ganz besonders wichtig, daß Sie geduldig und freundlich zu sich selbst sind und alles, was aufsteigt, in einer liebevollen Weise annehmen. Die Herzenswärme wird sich mit Sicherheit entfalten, auch dann, wenn wir erst einmal innere Schwierigkeiten überwinden müssen.

Nehmen Sie eine bequeme Sitzhaltung ein. Entspannen Sie Ihren Körper und seien Sie gelöst. Lassen Sie Ihren Geist ruhen, so gut es geht; lassen Sie alle Pläne los und alles, womit Sie innerlich beschäftigt sind. Rezitieren Sie dann im stillen die folgenden Sätze, die Sie an sich selbst richten. Sie beginnen mit sich selbst; denn wenn Sie sich nicht selbst lieben, ist es fast unmöglich, andere zu lieben.

Möge ich mit Herzenswärme erfüllt sein.
Möge ich gesund sein.
Möge ich mich friedlich und gelassen fühlen.
Möge ich glücklich sein.

Während Sie diese Sätze bilden, können Sie auch ein Bild aus den Lehren des Buddha verwenden:
Denken Sie an sich selbst als ein geliebtes Kind oder als die Person, die Sie jetzt sind, geborgen in einem Herzen voller Liebe. Verbinden Sie die Worte mit diesen Bildern, so daß Sie genau jene Sätze finden, die am besten geeignet sind, ihr liebevolles Herz zu öffnen. Wiederholen Sie die Sätze immer wieder, und lassen Sie Ihren Körper und Ihren Geist ganz und gar von dem Gefühl, das sie wachrufen, durchdringen. Praktizieren Sie diese Meditation mehrere Wochen lang mehrmals täglich, bis ein Gefühl der Herzenswärme Ihnen selbst gegenüber wächst.
Nach einiger Zeit können Sie, wenn Sie sich dazu bereit und fähig fühlen, nach und nach Ihre Herzenswärme auf andere ausdehnen. Wählen Sie zuerst eine Person, die Ihnen sehr zugetan ist und viel Gutes für Sie getan hat. Stellen Sie sich diese Person vor und rezitieren Sie wieder dieselben Sätze: »Möge er/sie mit Herzenswärme erfüllt sein«, und so weiter. Wenn sich die Herzenswärme für diejenigen entfaltet hat, denen Sie besonders viel verdanken, beziehen Sie weitere Menschen, die Sie lieben, in derselben Weise in Ihre Meditation mit ein.
Danach können Sie Schritt für Schritt andere einbeziehen: Freunde, Familienmitglieder, Nachbarn, die Menschen in aller Welt, Tiere, die ganze Erde und alle Wesen. Und schließlich können Sie damit experimentieren, diejenigen Menschen einzubeziehen, mit denen Sie die größten Schwierigkeiten haben, und wünschen, daß auch sie mit Herzenswärme und Frieden erfüllt sein mögen. Mit einiger Übung kann sich ein beständiges Gefühl der Herzenswärme entwickeln; dann werden Sie in der Lage sein, im Laufe von fünfzehn oder zwanzig Minuten viele Wesen in Ihre Meditation einzubeziehen, angefangen bei Ihnen selbst, über Ihre Wohltäter und die Menschen, die Sie lieben, bis zu allen Wesen.
Sie können lernen, diese Meditation überall zu praktizieren: im Stau, im Bus, im Flugzeug, im Wartezimmer des Arztes und bei allen möglichen anderen Gelegenheiten. Wenn Sie diese Meditation der Herzenswärme im Beisein anderer Menschen praktizieren, werden Sie eine innige Verbindung mit ihnen fühlen – das ist die Kraft der Herzenswärme. Sie wird sich beruhigend auf Ihr Leben auswirken und dafür sorgen, daß Sie in Verbindung mit Ihrem Herzen bleiben.

2
Den Krieg beenden

Der unerwachte Geist pflegt Krieg zu führen gegen die Dinge, wie sie sind. Um einem Weg mit Herz zu folgen, müssen wir lernen, diese Haltung des Kriegführens im Innern und im Äußeren zu verstehen – wie wir sie aufbauen und wie wir sie beenden können. Unwissenheit ist die Wurzel aller Kriege. Ohne das rechte Verständnis fürchten wir uns allzu leicht vor den fließenden Veränderungen des Lebens, vor den unvermeidlichen Verlusten und Enttäuschungen, vor Alter und Tod. Wenn wir all das falsch verstehen, neigen wir dazu, das Leben zu bekämpfen, vor dem Leiden davonzulaufen oder uns an Sicherheit und Vergnügen zu klammern, deren Natur es ist, uns niemals wirklich befriedigen zu können.

Unser Krieg gegen das Leben kommt in allen Dimensionen unserer inneren und äußeren Erfahrungen zum Ausdruck. Amerikanische Kinder beispielsweise sehen im Durchschnitt achtzehntausend Morde und Gewaltakte im Fernsehen, bevor sie die höhere Schule beendet haben. Wenn in der westlichen Welt Frauen körperlich verletzt werden, so bei weitem weniger durch Unfälle als durch die Männer, mit denen sie zusammenleben. Wir führen Krieg gegen uns selbst, gegen unsere Familie und unsere Gemeinschaft, gegen andere Rassen und andere Nationen. Kriege zwischen Menschen sind eine Spiegelung innerer Konflikte und Ängste.

Mein Lehrer Achaan Chah beschrieb diesen ständigen Kampf mit folgenden Worten: »Wir menschlichen Wesen befinden uns dauernd im Krieg, um der Tatsache zu entfliehen, daß wir so begrenzt sind – eingeschränkt durch

Umstände, die wir nicht unter Kontrolle haben. Doch anstatt ihnen zu entkommen, erzeugen wir ständig nur Leiden; wir führen Krieg gegen das Gute, wir führen Krieg gegen das Böse, wir führen Krieg gegen das, was zu klein ist und gegen das, was zu groß ist, wir führen Krieg gegen das, was zu kurz und was zu lang ist, was richtig ist oder was falsch ist, und kämpfen tapfer und besinnungslos immer weiter und weiter.«

Unsere moderne Gesellschaft unterstützt die Tendenz, unsere Wahrnehmung der Wirklichkeit zu leugnen oder zu unterdrücken. Diese Haltung des Leugnens gewöhnt uns daran, uns vor allen unmittelbaren Schwierigkeiten und Unannehmlichkeiten zu schützen. Wir bringen ungeheuer viel Energie auf, um unsere Unsicherheit zu leugnen, gegen Leiden, Tod und Verlust zu kämpfen und uns vor den grundlegenden Wahrheiten der Welt und unserer eigenen Natur zu drücken.

Um uns gegen die natürliche Welt abzuschirmen, haben wir Klimaanlagen, geheizte Autos und die entsprechende Kleidung für jede Jahreszeit. Um uns gegen das Schreckgespenst des Alters und der Gebrechlichkeit abzuschirmen, präsentieren wir in der Werbung lächelnde junge Leute und verbannen die Alten in Pflegestationen und Altenwohnheime. Wir verstecken unsere psychisch Kranken in psychiatrischen Anstalten. Wir verbannen die Armen in Ghettos. Und wir bauen Schnellstraßen um diese Ghettos herum, damit diejenigen, die begünstigt sind, nicht dort leben zu müssen, nichts vom Leiden der anderen zu sehen bekommen.

Wir leugnen den Tod so gründlich, daß selbst eine 96 Jahre alte Frau, die in ein Hospiz eingeliefert wurde, anklagend sagte: »Warum gerade ich?« Wir gehen so weit, fast so zu tun, als wäre Tod nicht wirklich Tod; in den USA stecken wir die Leichen in modische Kleider und schminken sie für ihre Verbrennung, als ginge es zu einer Party. In dieser Scharade uns selbst gegenüber tun wir so, als sei Krieg nicht wirklich Krieg; wir haben das Kriegsministerium in Verteidigungsministerium umbenannt und bezeichnen eine ganze Klasse von Atomraketen als »Peace Keepers«!

Wie bringen wir es fertig, uns ständig gegen die Wahrheit unserer Existenz zu verschließen? Wir setzen das Mittel des Verleugnens ein, um den Schmerzen und Problemen des Lebens auszuweichen. Wir benützen Drogen, um dieses Verleugnen zu unterstützen. Wir sind eine Suchtgesellschaft – in süchtiger Abhängigkeit von Alkohol, Drogen, Glücksspiel, Essen, Sex, neurotischen Beziehungen und von der Hektik und Geschäftigkeit der Arbeit. Unsere Süchte sind die zwanghaft wiederholten Abhängigkeiten, mit denen wir die Schwierigkeiten unseres Lebens verleugnen können und sie nicht spüren müssen. Unsere Süchte dienen dazu, uns stumpf zu machen gegen das, was ist, und helfen uns, unsere eigenen Erfahrungen zu verhindern; und unsere Gesellschaft unterstützt dieses Suchtverhalten mit Pauken und Trompeten.

In einer Gesellschaft, die von uns erwartet, daß wir mit doppelter Geschwindigkeit leben, wird unsere Erfahrung durch Hektik und Sucht abgetötet. In solch einer Gesellschaft ist es nahezu unmöglich, in Beziehung mit dem eigenen Körper zu leben oder in Verbindung mit dem Herzen zu sein, ganz zu schweigen von der inneren Verbindung mit anderen oder mit der Erde, auf der wir leben. Statt dessen empfinden wir uns selbst als zunehmend isoliert und vereinsamt, abgeschnitten voneinander und vom natürlichen Netz des Lebens. Ein Mensch allein in seinem Auto, in seinem Haus, in einer Telefonzelle; die Ohren mit dem Walkman zugestöpselt; und überall eine abgrundtiefe Einsamkeit und das Gefühl innerer Armut. Das ist das durchdringende Leiden in unserer Gesellschaft; und dies gilt nicht nur für Individuen, sondern auch für Nationen. Die Kräfte des Separatismus und Nicht-wahr-haben-Wollens züchten Verständnislosigkeit zwischen den Völkern, ökologische Zerstörung und eine endlose Reihe von Konflikten zwischen nationalen Gruppen.

Zu einer echten spirituellen Praxis gehört, daß wir *den Krieg beenden* lernen. Dies ist ein erster Schritt, doch er muß immer wieder geübt werden, bis er zu einem Teil unseres Wesens geworden ist. Die innere Stille eines Menschen, der wirklich »in Frieden« mit sich ist, bringt Frieden in das gesamte Netzwerk des Lebens, im Inneren wie im Äußeren. Um den Krieg zu beenden, müssen wir bei uns selbst beginnen. Mahatma Gandhi war sich dessen bewußt, als er sagte:

»Ich habe nur drei Feinde. Mein liebster Feind, der sich am leichtesten zum Besseren bekehren läßt, ist das Britische Empire. Mein zweiter Feind, das indische Volk, ist viel problematischer. Aber mein raffiniertester Gegenspieler ist ein Mann namens Mohandas K. Gandhi. Auf ihn scheine ich recht wenig Einfluß zu haben.«

Durch einen Willensakt allein können wir uns selbst nur schwerlich bessern. Das ist ungefähr so, als wünschten wir, der Geist würde sich selbst loswerden, oder als würden wir uns an unserer eigenen Hand führen. Wie kurzlebig sind unsere guten Vorsätze! Wenn wir darum kämpfen, uns selbst zu ändern, wiederholen wir lediglich die Muster unserer Selbstverurteilung und Aggression und halten damit den Krieg gegen uns selbst in Gang. Willentliche Akte sind im allgemeinen ein Schuß nach hinten, und allzu oft verstärken sie die Sucht oder das Verleugnen, gegen die wir angetreten sind.
Ein junger Mann mit einem tiefen Mißtrauen gegenüber jeglicher Autorität kam zur Meditation. Er rebellierte seit langem gegen seine Familie, was durchaus verständlich war, denn seine Mutter hatte ihn enorm unter Druck gesetzt. Er war in der Schule aufsässig gewesen, lief schließlich weg und schloß sich der Gegenkultur an. Er hatte sich gegen seine Freundin gewandt, die ihn, wie er sagte, habe beherrschen wollen. Dann ging er nach Indien und Thailand, um dort seine Freiheit zu finden. Nach einigen positiven Erfahrungen mit der Meditation begab er sich für einige Zeit in ein Kloster. Er beschloß, sehr eifrig zu praktizieren und aus sich einen klaren, reinen und friedvollen Menschen zu machen. Doch nach kurzer Zeit begannen die Konflikte von neuem. Die täglichen Verpflichtungen ließen ihm nicht genug Zeit, um nonstop zu meditieren. Die Geräusche von Besuchern und gelegentlich vorbeifahrenden Autos störten seine Praxis. Der Lehrmeister gab ihm seiner Ansicht nach nicht genügend Führung, und deshalb war seine Meditation nicht intensiv genug, und sein Geist gab keine Ruhe. Er bemühte sich angestrengt, ruhiger zu werden; er beschloß, das auf seine eigene Weise zu tun, aber es kam nicht mehr dabei heraus, als daß er dauernd gegen sich selbst kämpfte.
Eines Tages ließ der Lehrmeister ihn zu sich rufen. »Du bist ständig dabei, gegen alles zu kämpfen. Wie kommt es nur, daß dich das Essen stört, daß dich die Geräusche stören, daß dich die Hausarbeiten stören, daß dich sogar

dein eigener Geist stört? Ist das nicht seltsam? Ich möchte gern wissen, wie das ist: Wenn du ein Auto vorbeifahren hörst, kommt es dann herein und stört dich? Oder gehst du hinaus und störst es? Wer stört wen?« Da mußte sogar der junge Mann lachen, und das war der Augenblick, in dem er anfing zu lernen, den Krieg zu beenden.

Der Zweck spiritueller Disziplin liegt darin, zu ermöglichen, mit dem Kriegführen aufzuhören – nicht durch die Kraft unseres Willens, sondern ganz organisch durch ein besseres Verstehen und durch regelmäßiges Training. Eine kontinuierliche spirituelle Praxis kann uns helfen, eine neue, kampflose Art der Beziehung zum Leben zu erlernen.

Wenn wir aufhören zu kämpfen, sehen wir alles ganz neu – wie das I Ging sagt: »mit Augen, die nicht von Verlangen getrübt sind.« Wir sehen, wie jeder von uns Konflikte produziert. Wir sehen unsere Vorlieben und Abneigungen und wie wir uns ständig gegen alles stellen, was uns angst macht. Wir sehen unsere Vorurteile, unsere Gier und unsere Manöver, um unser Hoheitsgebiet abzusichern. Es fällt uns nicht leicht hinzuschauen, aber das alles ist nun einmal da. Hinter dem ständigen Kampf entdecken wir ein durchdringendes Gefühl der Unvollkommenheit und der Angst. Und wir erkennen, wie sehr unser Kampf mit dem Leben unser Herz verschlossen gehalten hat.

Wenn wir aufhören zu kämpfen und unser Herz für die Dinge öffnen, wie sie sind, werden wir in die Lage versetzt, uns innerlich im gegenwärtigen Augenblick niederzulassen. Das ist der Anfang und das Ende der spirituellen Praxis. Nur in diesem Augenblick können wir das entdecken, was zeitlos ist. Nur hier können wir die Liebe finden, die wir suchen. Die Liebe der Vergangenheit ist lediglich Erinnerung, und die Liebe der Zukunft ist Fantasie. Nur in der Wirklichkeit des gegenwärtigen Augenblicks können wir lieben, aufwachen und Frieden finden, uns selbst und die Welt verstehen und mit uns selbst und allem in Verbindung sein.

Die meisten von uns haben ihr Leben damit verbracht, sich in Pläne, Erwartungen und ehrgeizige Bestrebungen für die Zukunft zu verstricken oder, was die Vergangenheit betrifft, sich mit Reue, Schuld oder Selbstvorwürfen herumzuschlagen. Wenn wir uns auf die Gegenwart einlassen, können wir das Leben um uns herum wieder fühlen, aber zugleich stoßen wir auch auf das, was wir zu umgehen versuchten. Wir müssen den Mut haben, allem gegenüberzutreten, was da ist – unserem Schmerz, unseren Wünschen, unserem Kummer, unseren Verlusten, unseren geheimen Hoffnungen, unserer Liebe – allem, was uns zutiefst bewegt. Wenn wir aufhören zu kämpfen, finden wir immer irgend etwas, wovor wir weggelaufen sind – Einsamkeit, das Gefühl der Wertlosigkeit, Langeweile, Schuldgefühle, unerfüllte Wünsche. Auch diesen Anteilen in uns selbst müssen wir uns stellen.

Sie haben vielleicht schon von »Außerkörpererfahrungen« gehört, Erfahrungen voller Licht und Visionen. Ein wahrer spiritueller Pfad erfordert jedoch viel mehr – wir könnten es die »Imkörpererfahrung« nennen. Wir müssen uns mit unserem Körper, mit unseren Gefühlen, mit unserem Jetzt-Leben verbinden, wenn wir wirklich erwachen wollen.

In der Gegenwart zu leben, erfordert eine beharrliche und unerschütterliche innere Verpflichtung. Es reicht nicht, den Krieg einmal zu beenden; wir müssen es immer von neuem tun. Immer wieder erleben wir das vertraute Ziehen und Zerren der Gedanken und Reaktionsmuster, die uns von dem gegenwärtigen Augenblick entfernen. Wenn wir innehalten und achtgeben, können wir spüren, wie das, was wir fürchten oder verfolgen (in Wirklichkeit zwei Seiten derselben Unzufriedenheit), uns aus unserem Herzen katapultiert und uns einspinnt in eine trügerische Vorstellung vom Leben, wie wir es gern haben möchten. Wenn wir noch genauer achtgeben, können wir erspüren, wie uns diese Furcht dazu gebracht hat, uns eingeengt zu fühlen, und wie wir uns mit diesem Habenwollen identifizierten. Und aus dem Gefühl heraus, so arm und gering zu sein, meinen wir oft, daß unser Glück nur darin liegen könne, etwas oder jemanden zu besitzen, oder daß es nur auf Kosten anderer möglich sei.

Wenn wir den Krieg beenden und in der Gegenwart ankommen, entdecken wir eine Größe des eigenen Herzens, welche das Glück aller Wesen untrennbar von unserem eigenen Glück umfaßt. Wenn wir zulassen, daß wir die Angst, die Unzufriedenheit und die Schwierigkeiten, denen wir immer ausgewichen sind, wirklich fühlen, wird unser Herz weicher. Uns den Problemen zu stellen, ist ebensosehr ein Akt der Tapferkeit wie des Mitgefühls.

Die buddhistischen Schriften sagen, Mitgefühl sei das »Erbeben des reinen Herzens« – weil wir zugelassen haben, daß uns der Schmerz des Lebens berührte. Die Erkenntnis, daß wir nicht daran sterben, hilft uns, die Größe unseres Herzens zu wecken. Wir können uns der Welt öffnen, ihren zehntausend Freuden und ihren zehntausend Leiden.

Wenn wir zulassen, daß die Welt uns zutiefst berührt, erkennen wir, daß jedes Leben voller Schmerz ist – das Leben anderer nicht weniger als unser eigenes. Das ist die Geburt klarer Erkenntnis. Klare Erkenntnis läßt uns verstehen, daß Leiden unvermeidlich ist, daß alles, was geboren wurde, sterben muß. Klare Erkenntnis sieht und akzeptiert das Leben als ein Ganzes. Mit klarer Erkenntnis können wir alles in uns annehmen, das Dunkle und das Lichte, und auf diese Weise Frieden finden.

Es ist das Ende des Krieges, der es uns ermöglicht, unseren Kummer und unsere Sorgen ebenso anzunehmen wie Freuden und Triumphe. Es ist die Größe des Herzens, die es uns ermöglicht, uns zu öffnen – für unsere Mitmenschen, unsere Familie, unsere Gemeinschaft, für die sozialen Probleme der Welt, für unser aller gemeinsame Geschichte. Und es ist die klare Erkenntnis, die es uns ermöglicht, in Harmonie mit unserem Leben und mit dem kosmischen Gesetz zu kommen, das wir Tao oder Dharma, die Wahrheit des Lebens nennen.

Meditation: Beendigung des inneren Krieges

Setzen Sie sich zunächst ein paar Minuten lang bequem hin und entspannen Sie sich. Lassen Sie Ihren Atem ruhig und natürlich fließen. Richten Sie Ihre Aufmerksamkeit auf die Gegenwart und nehmen Sie alle Empfindungen in Ihrem Körper wahr, vor allem diejenigen, die Sie möglicherweise bekämpft haben. Versuchen Sie nicht, sie zu ändern; beachten Sie sie lediglich mit Interesse und freundlicher Aufmerksamkeit. Entspannen Sie den Körper und lassen Sie Ihr Herz weicher werden. Öffnen Sie sich für alles, was Sie empfinden, ohne sich dagegen zu wehren. Geben Sie den Kampf auf. Atmen Sie ruhig, und lassen Sie es sein, wie es ist.

Richten Sie nach einiger Zeit Ihre Aufmerksamkeit auf Ihr Herz und Ihren Geist. Nehmen Sie Ihre gegenwärtigen Gefühle und Gedanken wahr, vor allem jene, gegen die Sie sich zur Wehr setzen, die Sie bekämpfen, leugnen oder umgehen. Beachten Sie sie mit Interesse und freundlicher Aufmerksamkeit. Lassen Sie Ihr Herz sanft werden. Öffnen Sie sich allem, was Sie erfahren. Geben Sie den Kampf auf. Atmen Sie ruhig, und lassen Sie es sein, wie es ist.

Bleiben Sie weiterhin ruhig sitzen. Richten Sie Ihre Aufmerksamkeit auf all die Kämpfe, die in Ihrem Leben immer noch im Gange sind. Wenn Sie im Streit mit Ihren Gefühlen liegen, mit Ihrer Einsamkeit, mit Angst, Verwirrung, Kummer, Ärger oder Sucht, so spüren Sie dem Gefühl des Kämpfens nach. Nehmen Sie auch den Kampf in Ihren Gedanken wahr. Seien Sie sich all dessen bewußt, was Sie in sich selbst bekämpft haben, und wie lange Sie schon in dieser Konfliktsituation leben.

Lassen Sie diese Erfahrungen mit Sanftheit und Offenheit zu. Nehmen Sie einfach eine nach der anderen mit Interesse und freundlicher Aufmerksamkeit wahr. Lassen Sie Ihren Körper, Ihr Herz und Ihren Geist weich werden. Öffnen Sie sich allem, was Sie erfahren, und lassen Sie es sein, wie es ist. Geben Sie den Kampf auf. Atmen Sie ruhig und lassen Sie sich sein. Laden Sie alle Anteile Ihrer selbst ein, sich mit Ihnen zur Friedensrunde in Ihrem Herzen zu versammeln.

3
Den einen Sitz einnehmen

Spirituelle Verwandlung ist ein tiefgreifender Prozeß, der nicht einfach durch Zufall geschieht. Es bedarf einer beharrlichen Disziplin und eines ernsthaften Trainings, um die alten Gewohnheiten unseres Geistes loszulassen und zu einer neuen Art des Wahrnehmens und Verstehens zu finden. Man kann nur dann auf dem spirituellen Pfad reifen, wenn man sich ganz systematisch darauf einläßt. Mein Lehrer Achaan Chah beschrieb die innere Verpflichtung, die man dabei eingeht, als »den einen Sitz einnehmen«. Er sagte: »Geh einfach in den Raum und stelle einen Stuhl in die Mitte. Nimm diesen Sitz in der Mitte des Raums ein, öffne die Türen und Fenster und sieh zu, wer dich besuchen kommt. Du wirst alle möglichen Szenen sehen, alle möglichen Schauspieler und Geschichten. Du hast nichts anderes zu tun, als einfach auf deinem Platz zu bleiben. Du wirst alles kommen und gehen sehen, und daraus werden Verständnis und Klarheit erwachsen.«

Achaan Chahs Beschreibung ist sowohl wörtlich als auch metaphorisch aufzufassen. Das Bild des Sitzens auf einem Platz beschreibt zwei miteinander verbundene Aspekte des spirituellen Weges. Äußerlich bedeutet es, eine Praxis und einen Lehrer aus den vielen möglichen Praxisformen und Lehrern auszuwählen, und innerlich bedeutet es, daß man sich an diese Praxis hält, welche Schwierigkeiten und Zweifel auch immer aufkommen mögen, bis man zu wirklicher Klarheit und Erkenntnis gefunden hat.

Die großen spirituellen Traditionen haben in jedem Zeitalter viele Wege und Methoden zum Erwachen angeboten. Dazu gehören körperliche Disziplin,

Gebete, Meditation, selbstloses Dienen, Zeremonien und Hingabe-Übungen, sogar bestimmte Arten moderner Psychotherapie. All das dient der Reifung, der Konfrontation mit unserem Leben und hilft uns, die Stille des Geistes und die Kraft des Herzens zu entwickeln und dadurch die Dinge auf neue Weise zu sehen. Welche dieser Praxisformen man auch anwenden mag – immer gehört die tiefe innere Verpflichtung dazu, den Krieg zu beenden und nicht mehr vor dem Leben davonzulaufen. Jede Praxis bringt uns in die Gegenwart, mit einem klareren, empfänglicheren und aufrichtigeren Bewußtseinszustand; aber wir müssen unsere Wahl treffen.

Noch während wir auswählen, begegnen wir oft anderen, die uns zu ihrem Weg bekehren möchten. Es gibt Missionare jeden Glaubens, die darauf bestehen, daß sie den einzig wahren Weg zu Gott, zum Erwachen, zur Liebe gefunden haben. Doch wir müssen unbedingt verstehen, daß viele Wege zum Gipfel des Berges führen – und daß es niemals nur einen einzigen wahren Weg gibt.

Zwei Taoisten stritten miteinander über die richtige Art der Praxis. Da sie ihr Problem nicht lösen konnten, gingen sie zu ihrem Meister, der inmitten seiner Schüler saß. Jeder der Streithähne legte seine Argumente dar. Der erste sprach über den Pfad der Anstrengung. Er sagte. »Meister, ist es nicht so, daß wir all unsere Anstrengung einsetzen müssen, um unsere alten Gewohnheiten und unbewußten Mechanismen loszuwerden? Wir müssen uns sehr bemühen, aufrichtig zu sprechen, achtsam und gegenwärtig zu sein. Das spirituelle Leben besteht nicht aus Zufällen, sondern daraus, daß wir aus ganzem Herzen alle erdenkliche Anstrengung aufbringen.« Der Meister entgegnete: »Du hast recht.«

Der zweite Schüler war empört und sagte: »Aber Meister, besteht denn nicht der wahre spirituelle Pfad darin, loszulassen, sich hinzugeben und zuzulassen, daß das Tao sich selbst offenbart?« Und er fuhr fort: »Nicht die Anstrengung ist es, durch die wir Fortschritte machen; unsere Anstrengung basiert doch nur auf unserem Verlangen und unserem Ich. Die Essenz des wahren spirituellen Pfades lautet doch: ›Nicht mein Wille geschehe.‹ Ist es nicht so?« Und wieder entgegnete der Meister: »Du hast recht.«

Ein dritter Schüler, der zugehört hatte, sagte: »Aber Meister, es können doch nicht beide recht haben.« Der Meister lächelte und sagte: »Du hast auch recht.«

Es gibt viele Wege zum Bergesgipfel, und wir müssen eine Praxis finden, die unser Herz als die richtige empfindet. Es ist nicht nötig, daß Sie die Praxismethoden beurteilen, die andere für sich gewählt haben. Vergessen Sie nicht, daß alle spirituellen Methoden nur Mittel sind, um Gewahrsein, Herzenswärme und Mitgefühl auf dem Weg zur Freiheit zu entwickeln. Das ist alles.

Wie der Buddha sagte: »Man braucht das Floß nicht weitertragen, nachdem man den Fluß damit überquert hat.« Wir müssen lernen, eine Praxis zu würdigen und anzuwenden, solange sie uns dienlich ist – was in den meisten Fällen viele, viele Jahre bedeutet –, aber wir sollten sie als das nehmen, was sie ist: ein Fahrzeug, ein Floß, um die Gewässer des Zweifels, der Verwirrung, des Verlangens und der Angst zu überqueren. Wir können dankbar sein für dieses Floß, das uns trägt, und zugleich erkennen, daß nicht jeder dasselbe Floß verwenden möchte, auch wenn es für uns persönlich sehr nützlich ist.

Der Dichter Rumi weist auf die vielen Fahrzeuge hin, die zum Erwachen führen:

Manche Menschen arbeiten und werden reich.
Andere tun dasselbe und bleiben arm.
Die Ehe gibt den einen Energie
Und laugt die anderen aus.
Vertraue nicht den Wegen, sie verändern sich.
Ein Mittel wedelt wie der Schwanz eines Esels.
Füge jedem Satz
Den Spruch der Dankbarkeit hinzu:
»So Gott will«;
dann gehe…

Wir können die Macht der großen Traditionen spiritueller Praxis erkennen, ohne den Blick dafür zu verlieren, daß jede ein Floß ist, ein Mittel zum Erwachen. Diese Perspektive sollten wir bewahren und zugleich unsere eindeutige Wahl treffen – für eine bestimmte Meditation oder devotionale Praxis, für ein Gebet oder Mantra – und uns dann mit ganzem Herzen auf diesen Praxisweg einlassen.

Zu meinen Seminaren, in denen wir die Einsichts-Meditation praktizieren, kamen viele Suchende, die zwar schon eine Menge Erfahrung besaßen, ohne sich jedoch jemals einer bestimmten Praxis verpflichtet zu haben. Statt dessen sammelten sie die vielen Traditionen, die heute im Westen zugänglich sind. Sie hatten sich von Lamas initiieren lassen, in den Bergen den Sufi-Tanz geübt, ein oder zwei Zen-Sesshin (Retreats) mitgemacht und an schamanistischen Ritualen teilgenommen; und dennoch fragten sie: »Warum bin ich immer noch unglücklich? Warum schlage ich mich immer noch mit den alten Problemen herum? Warum hat sich trotz meiner jahrelangen Praxis nichts geändert? Warum gab es keinen Fortschritt?« Dann frage ich sie: »Welche spirituelle Praxis übst du? Hast du eine Vertrauensbeziehung zu deinem Lehrer, bist du eine innere Verpflichtung ihm gegenüber und einer bestimmten Praxis gegenüber eingegangen?« Sie antworten oft, daß sie auf vielerlei Weise praktizierten oder sich noch nicht entschieden hätten. Doch wie kann sich ein tiefes Verständnis für das eigene Sein und die Welt eröffnen, ohne daß man sich wirklich auf eine bestimmte Praxis eingelassen hat? Spirituelle Arbeit bedeutet beharrliche Praxis und die klare Entscheidung, sehr tief in uns selbst und die Welt um uns herum hineinzuschauen, um zu erkennen, wie menschliches Leiden erzeugt wird und was uns tatsächlich von allen Problemen befreien kann. Wir müssen immer wieder uns selbst unter die Lupe nehmen, um lieben zu lernen, um herauszufinden, was unser Herz verschlossen gehalten hat und was es bedeutet zuzulassen, daß unser Herz sich öffnet.

Wenn wir ein bißchen dies und ein bißchen das praktizieren, kann es leicht geschehen, daß das, was wir in der einen Praxis in Gang gebracht haben, in der anderen nicht weitergeführt wird. Es ist etwa so, als würden wir viele Löcher in einen Berg bohren, anstatt einen durchgehenden Tunnel zu graben. Wenn wir ständig von einem Ansatz zum anderen wechseln, sind wir nie gezwungen, uns unserer Langeweile, Ungeduld und Angst zu stellen. So kommen wir nie in Berührung mit uns selbst. Also sollten wir einen Praxisweg wählen, der profund und bewährt ist und Verbindung mit unserem Herzen hat; dann sollten wir uns innerlich verpflichten, ihm so lange zu folgen, wie es eben dauert, bis wir uns verwandelt haben. Das ist der äußere Aspekt der Anweisung: »Nimm den einen Sitz ein.«

Wenn wir die äußere Wahl unter all den verfügbaren Wegen getroffen und mit einer systematischen Praxis begonnen haben, geschieht es oft, daß wir von Zweifeln und Ängsten und all jenen Gefühlen, an die wir uns nie herangewagt haben, überfallen werden. Irgendwann kommt jeder abgewehrte Schmerz unseres ganzen Lebens hoch. Haben wir uns einmal für eine Praxis entschieden, müssen wir den Mut und die konsequente Haltung aufbringen, ihr trotz aller Probleme treu zu bleiben und sie anzuwenden. Das ist der innere Aspekt der Anweisung: »Nimm den einen Sitz ein.«

Es gibt diverse Geschichten darüber, wie der Buddha mit seiner Praxis umging, als er von Zweifeln und Versuchungen überfallen wurde. Die Lehre von seiner inneren Verpflichtung angesichts dieser Herausforderung nennt man »das Löwengebrüll«. In der Nacht seiner Erleuchtung, so heißt es, legte der Buddha das Gelübde ab, so lange auf seinem einen Sitz zu bleiben und nicht aufzustehen, bis er die Freiheit und die Freude inmitten aller Dinge der Welt gefunden hätte. Da attackierte ihn Mara, derjenige Gott, der alle Macht der Aggression, der Täuschung und der Versuchung des Geistes verkörpert. Nachdem Mara vergeblich alle List eingesetzt hatte, um den Buddha zu verführen oder einzuschüchtern, versuchte er, ihm das Recht auf den einen Sitz streitig zu machen. Der Buddha antwortete mit dem Löwengebrüll und rief die Göttin der Erde als Zeugin an für sein Recht darauf, diesen Sitz einzunehmen – ein Recht, das er sich in Tausenden von Leben durch das Üben von Geduld, Ernsthaftigkeit, Mitgefühl, Anstrengung und Disziplin erworben hatte. Das trieb Maras Truppen auf und davon.

Später, als der Buddha bereits lehrte, beschuldigten ihn andere Yogis und Asketen, den Weg der Selbstkasteiung verlassen zu haben: »Du ißt die herrlichen Speisen, mit denen deine Anhänger jeden Morgen deine Schale füllen, und trägst ein wärmendes Gewand, während wir von ein paar Körnchen Reis am Tag leben und ohne Kleider auf Betten mit Nägeln schlafen. Was bist du denn für ein Lehrer und Yogi? Du bist verweichlicht, schwach und läßt dich gehen.« Der Buddha antwortete auch hierauf mit dem Löwengebrüll: »Auch ich habe auf Nägeln geschlafen; ich stand im heißen Sand am Ufer des Ganges, die offenen Augen dem Gleißen der Sonne ausgesetzt; ich aß so wenig, daß meine Tagesration auf einem Fingernagel Platz hatte. Ich unterzog mich jeder asketischen Übung, die menschliche Wesen je erdacht haben. Durch all das habe ich gelernt, daß der Kampf gegen sich selbst kein Weg sein kann.«

Statt dessen entdeckte der Buddha das, was er den »Mittleren Weg« nannte – einen Weg, der weder auf Ablehnung der Welt basiert noch auf Abhängigkeit, sondern auf dem Einbeziehen von allem, was ist, und auf Mitgefühl. Der Mittlere Weg ist der eine Sitz in der Mitte der Welt. Auf diesem Sitz öffnete der Buddha die Augen, um klar zu sehen, und öffnete sein Herz, um alles zu umfassen. Auf diese Weise vollendete er den Prozeß seiner Erleuchtung. Und er erklärte: »Ich habe gesehen, was zu sehen ist, und erkannt, was zu erkennen ist, und habe mich damit vollständig von Illusion und Leiden befreit.« Das war das Löwengebrüll.

Ein jeder von uns muß seine Löwenstimme erheben – mit unerschütterlichem Mut standhalten, wenn alle denkbaren Zweifel, Klagen und Ängste hochkommen, und sich auf das Recht des Erwachens berufen. Wir müssen den einen Sitz einnehmen, wie es der Buddha tat, und uns der Wahrheit des Lebens ganz und gar aussetzen. Machen Sie sich nichts vor – es ist nicht leicht! Man muß wirklich den Mut eines Löwen oder einer Löwin aufbringen, vor allem dann, wenn es darum geht, die tiefsten Tiefen unseres Schmerzes oder unserer Angst auszuhalten und unseren Sitz nicht zu verlassen.

Bei einem Meditations-Retreat traf ich einen Mann, dessen vierjährige Tochter ein paar Monate zuvor bei einem Verkehrsunfall tödlich verunglückt war. Er selbst hatte am Steuer gesessen, und seine Schuldgefühle waren ebensogroß wie seine Trauer. Als er zu unserem Retreat kam, brachte er schon einige Meditations-Erfahrungen mit; er hatte die Segnungen eines großen Swami erhalten und bei einer heiligen Nonne aus Südindien Gelübde abgelegt. Seine Meditationsmatte sah aus wie ein Nest; sie war umgeben von Kristallen, Federn, Rosenkränzen und Fotos diverser großer Gurus. Bei jedem Sitzen rezitierte er Anrufungen der Gurus und murmelte heilige Texte und Mantras. Das alles sollte dazu dienen, ihn zu heilen, wie er sagte. Aber vielleicht diente es nur dazu, den Kummer von ihm fernzuhalten. Nach ein paar Tagen fragte ich ihn, ob er sich dazu entschließen könne, einfach nur zu sitzen, ohne all die sakralen Gegenstände und ohne irgendeine andere Praxis. Beim nächsten Mal kam er tatsächlich ohne alles und saß einfach. Nach fünf Minuten kamen die Tränen. Nach zehn Minuten schluchzte er. Er hatte den Sitz in der Mitte seines Kummers eingenommen; endlich hatte er wirklich begonnen zu trauern. Diesen Mut nähren wir, wenn wir den einen Sitz einnehmen.

In der buddhistischen Praxis begegnen sich auf unserem Meditationskissen der äußere und der innere Aspekt des einen Sitzes. Wenn wir auf dem Sitzkissen sitzen und die Meditationshaltung einnehmen, verbinden wir uns mit dem gegenwärtigen Augenblick im Körper und auf dieser Erde. Wir sitzen in diesem physischen Leib zwischen Himmel und Erde, gerade und aufgerichtet. Darin kommen die uns eigene königliche Kraft und Würde zum Ausdruck, begleitet von Entspannung, Offenheit und freundlicher Bereitschaft dem Leben gegenüber. Der Körper ist ganz anwesend, das Herz sanft und offen und der Geist aufmerksam. In dieser Haltung zu sitzen bedeutet, zu sein wie der Buddha. Wir bekommen ein Gefühl für die menschliche Fähigkeit, sich zu öffnen und zu erwachen.

Wenn wir auf unserem Meditationskissen den einen Sitz einnehmen, werden wir zu unserem eigenen Kloster. Wir erzeugen den Raum des Mitgefühls, in dem sich alles zeigen darf: Kummer, Einsamkeit, Scham, Verlangen, Bedauern, Frustration, Glück. In einem Kloster tragen die Nonnen und Mönche einheitliche Roben und scheren die Köpfe als Teil ihres Weges des Loslassens. Im Kloster unserer eigenen Sitzmeditation erleben wir, wie unsere Inhalte immer wieder aufsteigen und wir sie immer wieder loslassen; und wir sagen: »Ah, das auch.« Dieses einfache »das auch, das auch« war die zentrale Meditationsanweisung einer großen Meisterin und Yogini, bei der ich lernte. Diese einfachen Worte regten uns an, sanfter und offener zu werden und den Blick vor nichts zu verschließen, was uns begegnete, bereit, die Wahrheit mit weisem und verständnisbereitem Herzen anzunehmen.

Ein eifriger junger Schüler ging zu den christlichen Wüstenvätern. Nach ein paar Tagen fragte er den Abt: »Meister, wenn wir sehen, wie ein Bruder während des heiligen Gottesdienstes einschläft, sollen wir ihn dann kneifen, damit er aufwacht?« Der alte Meister antwortete sanft: »Wenn ich einen Bruder schlafen sehe, lege ich seinen Kopf in meinen Schoß und lasse ihn ausruhen.«

Um den einen Sitz einzunehmen, braucht man Vertrauen. Wir lernen, darauf zu vertrauen, daß sich das in uns öffnen wird, was sich öffnen soll, und zwar genau in der richtigen Weise. Unser Körper, Herz und Geist wissen selbst, wie sie sich öffnen können – ganz natürlich, wie die Blätter einer Blüte. Wir brauchen nicht an den Blättern zu ziehen und keinen Druck auf die Blume auszuüben. Genau so brauchen wir nichts anderes zu tun, als gut verwurzelt und in der Gegenwart zu sein.

In dieser Art sollten wir mit jeder Praxis umgehen, für welche wir uns auch entschieden haben mögen. Wenn wir den einen Sitz einnehmen, erkennen wir unsere Fähigkeit, inmitten des bewegten Lebens wach und ohne Angst zu sein. Vielleicht befürchten wir, unser Herz sei nicht in der Lage, den Stürmen des lange angesammelten Ärgers oder Kummers oder inneren Terrors standzuhalten; vielleicht schrecken wir davor zurück, das ganze Leben anzunehmen, »die totale Katastrophe«, wie Alexis Sorbas es nannte. Wenn wir jedoch den einen Sitz einnehmen, stellen wir fest, daß wir unerschütterlich sind. Wir stellen fest, daß wir uns dem Leben ganz und gar aussetzen können, mit all seinen Leiden und Freuden – daß unser Herz groß genug ist und für alles Raum hat.

Nimm den einen Sitz auf dieser Erde ein, und die große Kraft des Lebens wird dich durchströmen. Vor einigen Jahren habe ich diese Kraft des Lebens inmitten der schrecklichsten Verzweiflung gesehen. Ich besuchte ein kambodschanisches Flüchtlingslager in einer trockenen, unfruchtbaren Gegend, um den Flüchtlingen zu helfen. Nach dem kambodschanischen Holocaust gab es nur noch Fragmente von Familien; eine Mutter mit drei Kindern hatte überlebt, oder ein Onkel mit zwei Neffen, und jede dieser kleinen Familien bekam eine winzige Bambushütte mit einem kleinen Fleckchen Erde davor. Nach nur vier Monaten des Lagerlebens waren viele Gärtchen entstanden, hier eine Kürbisstaude mit ein paar Kürbissen daran, dort eine Bohnenranke oder anderes Gemüse. Die Pflanzen wurde mit großer Sorgfalt gepflegt. Täglich marschierte jede Flüchtlingsfamilie ein bis zwei Kilometer und stand eine halbe Stunde lang in Reih und Glied an einem Wasserloch außerhalb des Lagers Schlange, um einen Eimer Wasser für die Pflanzen zu holen. Es war zauberhaft, während der Trockenzeit diese grünen Gärtchen im Lager zu sehen, denn man vermochte sich kaum vorzustellen, daß in dem rundherum ausgedörrten Land irgend etwas wachsen könne.

Als diese vom Krieg zerrissenen Familien ihre winzigen Gärten bepflanzten und bewässerten, weckten sie die unaufhaltsame Kraft des Lebens. Dasselbe können auch wir tun.

Sich ganz auf eine spirituelle Praxis einlassen bedeutet, diese Kraft zu wecken und zu lernen, daß wir ihr vollkommen vertrauen können. Ungeachtet aller inneren Schwierigkeiten und Leiden nehmen wir den einen Sitz ein und wenden uns allem, was hochkommt, mit mitfühlendem Gewahrsein zu. Wir entdecken, daß wir uns nicht nur unseren persönlichen Problemen, sondern sogar »Himmel und Hölle« stellen können – und daß wir es überleben. Wir entdecken die Fähigkeit unseres Herzens, sich zu öffnen und allem Raum zu geben. Wir entdecken unser Geburtsrecht als menschliche Wesen.

Meditation: Den einen Sitz einnehmen

Setzen Sie sich bequem auf einen Stuhl oder auf Ihr Sitzkissen und schließen Sie die Augen. Nehmen Sie eine Haltung ein, die stabil, aufgerichtet und mit der Erde verbunden ist. Sitzen Sie wie der Buddha in der Nacht seiner Erleuchtung, mit großer Würde und

Sammlung, und spüren Sie Ihrer Fähigkeit nach, alles zulassen zu können, was hochkommt. Lassen Sie die Augen geschlossen und richten Sie die Aufmerksamkeit auf Ihren Atem. Lassen Sie Ihren Atem frei durch Ihren Körper fließen. Spüren Sie nach, wie jeder Atemzug Ruhe und Ausgeglichenheit bringt, und denken Sie an Ihre Fähigkeit, Körper, Herz und Geist zu öffnen.

Öffnen Sie Ihre Sinne, Ihre Gefühle und Ihre Gedanken. Nehmen Sie wahr, was sich in Ihrem Körper eingeschlossen fühlt, und ebenso in Ihrem Herzen und in Ihrem Geist. Atmen Sie und geben Sie Raum. Lassen Sie zu, daß der Raum sich öffnet, so daß alles darin in Erscheinung treten kann. Öffnen Sie die Fenster Ihrer Sinne. Nehmen Sie alle Gefühle, Bilder, Geräusche und Geschichten wahr, die sich zeigen. Beobachten Sie alles, was sich Ihnen anbietet, mit Interesse und Gelöstheit.

Spüren Sie Ihre Festigkeit und Ihre Verbundenheit mit der Erde. Sie haben den einen Sitz im Zentrum des Lebens eingenommen und sich für die Wahrnehmung seines Tanzes geöffnet. Denken Sie daran, wie wertvoll Ausgeglichenheit und Frieden für Ihr Leben sind. Erkennen Sie Ihre Fähigkeit, im Wandel der Jahreszeiten des Lebens unerschütterlich zu bleiben. Alles, was kommt, wird wieder gehen. Halten Sie sich vor Augen, wie alle Freuden und Leiden, erfreuliche Ereignisse und unerfreuliche Ereignisse, Menschen, Völker, sogar Kulturen kommen und gehen. Nehmen Sie den einen Sitz des Buddha ein, und ruhen Sie mit einem gleichmütigen und mitfühlenden Herzen in der Mitte von alledem.

Sitzen Sie auf diese Weise, mit Würde und ganz anwesend, so lange Sie wollen. Öffnen Sie nach einer Weile – während Sie sich immer noch zentriert und gefestigt fühlen – die Augen. Stehen Sie auf, und machen Sie ein paar Schritte; gehen Sie mit derselben Zentriertheit und Würde. Praktizieren Sie derart das Sitzen und Gehen, immer im Gefühl Ihrer Fähigkeit, offen, lebendig und ganz da zu sein, was auch immer geschehen möge.

4
Heilung

Fast alle, die sich auf einen echten spirituellen Weg begeben, stellen fest, daß eine grundlegende Heilung der Persönlichkeit unausweichlich zu ihrer spirituellen Entwicklung gehört. Wenn man diese Notwendigkeit erkannt hat, kann man die spirituelle Praxis dahin ausrichten, Körper, Herz und Geist zu heilen. Das ist keine neue Idee. Seit altersher wurde der spirituelle Praxisweg als ein Prozeß der Heilung dargestellt. Sowohl der Buddha als auch Jesus galten als Heiler für Körper und Geist.

In Vietnam stieß ich während des Krieges auf ein beeindruckendes Bild der Verbindung zwischen diesen beiden spirituellen Lehrern. Ich wollte damals trotz der Kämpfe, die in dieser Gegend im Gange waren, unbedingt einen Tempel auf einer Insel im Mekong-Delta besuchen, den ein berühmter Meister – man nannte ihn den »Kokosnuß-Mönch« – dort gebaut hatte. Als unser Boot landete, begrüßten uns die Mönche, die dort lebten, und führten uns herum. Sie erklärten uns ihre Lehre des Friedens und der Gewaltlosigkeit und gingen dann mit uns zum Ende der Insel, wo auf einem Hügel eine riesige, vielleicht zwanzig Meter hohe Buddhastatue stand. Daneben stand eine ebenso große Statue von Jesus. Sie hatten einander die Arme um die Schultern gelegt und lächelten. Mitten im Krieg und unter vorbeidonnernden Kampfhubschraubern standen dort Buddha und Jesus wie Brüder, Ausdruck des Mitgefühls und der Heilung für alle, die ihrem Weg folgen.

Eine sinnvolle spirituelle Praxis erfordert, daß wir uns aktiv dem Leiden und den Konflikten in unserem Leben zuwenden, um zu innerer Ganzheit und

Harmonie zu gelangen. Mit der Hilfe eines geschickten Lehrers kann uns die Meditation zu innerer Heilung verhelfen. Ohne diese Heilung können wir im allgemeinen keine tieferen Ebenen der Meditation erreichen, oder zumindest werden wir sie nicht in unser Leben integrieren können.

Viele Leute suchen zunächst nach einer spirituellen Praxis, weil sie hoffen, damit ihrem Gefühl des Unglücklichseins, ihren seelischen Verletzungen und all den schwierigen Seiten ihres Lebens ausweichen zu können. Sie hoffen, sich darüber erheben zu können und in einem spirituellen Bereich voller göttlicher Freuden zu landen, in dem es keinerlei Probleme gibt. Manche spirituelle Richtungen unterstützen diese Vorstellung und lehren Methoden intensiver Konzentration und Inbrunst, durch die man Zustände von Verzückung und Frieden erzeugen kann. Bestimmte yogische Praktiken haben tatsächlich die Wirkung, den Geist zu transformieren. Solche Methoden besitzen zwar ihren Wert, doch es kommt unvermeidlich zu Enttäuschungen, wenn man sie nicht ständig einsetzt; denn sobald die Praktizierenden in ihrer Disziplin nachlassen, stoßen sie wieder auf all jene unbearbeiteten Probleme des Körpers und des Herzens, die sie hofften, überwunden zu haben.

Ich kenne einen Mann, der zehn Jahre lang in Indien als hinduistischer Yogi lebte. Nach seiner Scheidung war er sehr deprimiert und unglücklich gewesen und hatte sich nach Indien davongemacht. Als Yogi praktizierte er jahrelang bestimmte Atemtechniken und erreichte damit, daß er lange Phasen des Friedens und inneren Lichts erlebte. In gewisser Weise war das heilend; doch später überfiel ihn erneut das Gefühl der Einsamkeit, und es zog ihn nach Hause zurück – nur um dort festzustellen, daß die unerledigten Probleme, die zum Scheitern seiner Ehe geführt hatten, immer noch da waren. Er fühlte sich genauso unglücklich und depressiv, wie er vor seiner Indienreise gewesen war. Nach einiger Zeit wurde ihm klar, daß er nicht vor sich selbst weglaufen konnte – daß eine tiefe Heilung seines Herzens notwendig war. Er fand einen spirituellen Lehrer, der ihm die nötige Anleitung gab und ihm half, seine Depression und Einsamkeit zu einem Teil seiner Meditationspraxis zu machen. Er versöhnte sich mit seiner früheren Frau (was nicht heißt, daß er sie wieder heiratete); er suchte die Unterstützung einer therapeutischen Gruppe, um die Muster seiner Kindheit aufzudecken; und er fand eine geeignete Tätigkeit in seiner spirituellen Gemeinschaft, in der er mit Menschen zusammenarbeiten konnte, die er mochte. All dies wurde Teil eines langen Heilungsprozesses, der zwar in Indien begonnen hatte, jedoch erst zu Hause in seinem normalen Leben zum Abschluß kam.

Um auf dem spirituellen Pfad wirklich reifen zu können, müssen wir die Tiefe unserer Verletzungen erkennen: den Schmerz, den wir aus unserer Vergangenheit mitbrachten, unerfüllte Sehnsüchte, den geheimen Kummer, den wir unser Leben lang angehäuft haben. Wie Achaan Chah sagte: »Wenn du nicht viele Male aus tiefstem Herzen geweint hast, hat deine Meditation noch nicht wirklich begonnen.«

Diese Heilung ist unbedingt notwendig, um den spirituellen Weg auf liebevolle und klarsichtige Weise in das alltägliche Leben integrieren zu können. Unbearbeiteter Schmerz, gespeicherte Wut, die unaufgelösten Traumata des mißhandelten oder vernachlässigten Kindes sind mächtige unbewußte Kräfte in unserem Leben. Solange wir unsere alten Verletzungen nicht erkennen, spüren und verstehen, wiederholen wir immer wieder ihre Muster des unerfüllten Verlangens, des Ärgers und der Verwirrung. Es gibt viele Arten der Heilung, die durch ein spirituelles Leben bewirkt werden – durch Gnade, durch charismatische Erweckungen, durch Gebet oder Rituale; doch die zwei wichtigsten Arten von Heilung gibt uns eine kontinuierliche und systematische spirituelle Praxis.

Die erste Phase der Heilung geschieht dadurch, daß wir eine Vertrauensbeziehung zu einem Lehrer entwickeln. Das Bild der Statuen von Jesus und Buddha mitten im Vietnamkrieg erinnert uns daran, daß Heilung selbst unter größten Schwierigkeiten möglich ist. Es erinnert uns auch daran, daß Heilung nicht allein nur aus uns selbst kommen kann. Für den inneren Heilungsprozeß ist es unumgänglich notwendig, daß wir eine hingebungsvolle Beziehung zu einem Lehrer entwickeln. Da viele unserer größten Schmerzen aus früheren gestörten Beziehungen herrühren, können sie nur durch eine gesunde und bewußte Beziehung geheilt werden. Diese Beziehung wird in sich selbst zur Grundlage unseres inneren Öffnens für Mitgefühl und für die Freiheit des Geistes. Wenn uns das Leiden und die Enttäuschungen der

Vergangenheit isoliert und verschlossen haben, können wir durch einen weisen Lehrer lernen, wieder zu vertrauen. Wenn wir zulassen, daß unsere schlimmsten Ängste und finstersten Abgründe von jemand anderem gesehen und mitfühlend akzeptiert werden, lernen wir, sie auch selbst zu akzeptieren. Eine gesunde Beziehung zu einem spirituellen Lehrer dient uns als Modell für das Vertrauen zu anderen, zu uns selbst, zu unserem Körper, zu unserer Intuition, zu unserer eigenen unmittelbaren Erfahrung. Sie vermittelt uns das Vertrauen zum Leben selbst. Lehre und Lehrer werden zu einem heiligen Rahmen, der unseren Prozeß des Erwachens schützt und unterstützt. (In diesem Buch werde ich später noch einmal auf die Beziehung zu Lehrern zurückkommen).

Die zweite Art der Heilung findet statt, wenn wir durch die systematische Praxis der Achtsamkeit die Kraft des bewußten Gewahrseins und der liebevollen Aufmerksamkeit auf jeden Bereich unseres Lebens ausdehnen. Der Buddha sprach davon, dieses Gewahrsein in vier grundlegenden Aspekten des Lebens zu kultivieren, die er die »Vier Grundlagen der Achtsamkeit« nannte: Achtsamkeit im Bereich des Körpers und der Sinne, Achtsamkeit im Bereich des Herzens und der Gefühle, Achtsamkeit im Bereich des Geistes und der Gedanken und Achtsamkeit für die Prinzipien, die das Leben beherrschen (im Sanskrit nennt man diese Prinzipien *Dharma* oder die universellen Gesetze). *Das Entwickeln des Gewahrseins in diesen vier Bereichen ist die Basis aller buddhistischen Meditationsmethoden der Achtsamkeit und des Erwachens.*

Die Macht eines nicht nachlassenden Gewahrseins wirkt stets heilend und öffnend, und die Mittel und Wege, wie man es auf jeden Bereich des Lebens ausdehnen kann, werden in diesem Buch beschrieben.

Heilung des Körpers

Die Praxis der Meditation beginnt oft mit Techniken, durch die wir uns unseres Körpers bewußt werden. Das ist ganz besonders wichtig in einer Kultur wie der unseren, die Körper und Trieb so sehr vernachlässigt. James

Joyce schrieb über einen seiner Charaktere: »Mr. Duffy lebte ein Stück weit von seinem Körper entfernt.« Das gilt für viele von uns. In der Meditation können wir ruhig werden und still dasitzen und uns mit dem verbinden, was da ist. Mit Hilfe der Achtsamkeit können wir die Bereitschaft pflegen, uns für Körpererfahrungen zu öffnen, ohne gegen sie anzukämpfen; wir können lernen, wirklich in unserem Körper zu sein. Dann werden wir seine Freuden und Leiden viel deutlicher spüren. Da wir in unserer Kultur gelernt haben, Leiden zu vermeiden oder davor wegzulaufen, wissen wir nicht viel darüber. Um den Körper zu heilen, müssen wir den Schmerz untersuchen. Wenn wir unsere physischen Schmerzen aufmerksam beobachten, lassen sich verschiedene Arten von Schmerz erkennen. Wir können feststellen, daß Schmerzen entstehen, wenn wir eine ungewohnte Sitzhaltung einnehmen. Manchmal entstehen Schmerzen als Signal dafür, daß wir krank sind oder ein bestimmtes körperliches Problem haben. Solche Schmerzen müssen wir ganz direkt behandeln.

Doch die meisten Arten von physischen Schmerzen, mit denen wir es im Rahmen der meditativen Aufmerksamkeit zu tun haben, sind keine Hinweise auf eine körperliche Ursache. Es sind die schmerzhaften körperlichen Manifestationen unseres emotionalen, psychischen und spirituellen Festhaltens. Wilhelm Reich nannte diese Schmerzen unseren Muskelpanzer; es sind jene Bereiche des Körpers, die sich in schmerzhaften Situationen immer wieder verkrampft haben, um uns vor den unvermeidlichen Schwierigkeiten des Lebens zu schützen. Selbst jemand, der ganz gesund ist und bei der Meditation ziemlich bequem sitzt, wird wahrscheinlich früher oder später der Schmerzen in seinem Körper gewahr werden. Wenn wir stillsitzen, schmerzen vielleicht die Schultern, der Rücken, der Kiefer oder der Nacken. Wenn uns lange aufgebaute Muskelverspannungen bewußt werden, können wir auch Gefühle, Erinnerungen oder Bilder entdecken, die mit den jeweiligen verkrampften Bereichen zu tun haben.

In dem Maße, in dem wir all das, was wir zuvor ausgeschlossen und vernachlässigt haben, in unser Gewahrsein hineinnehmen, heilt unser Körper. Dieses Offenlegen gehört zur Kunst der Meditation. Wir können eine empfängliche und respektvolle Aufmerksamkeit auf die Empfindungen richten, aus denen unsere Körpererfahrung besteht. In diesem Prozeß müssen wir daran arbeiten, bewußt spüren zu lernen, was tatsächlich in unserem Körper vor sich geht. Wir können unsere Aufmerksamkeit darauf richten, unsere Atemmuster, unsere Körperhaltung, die Haltung des Rückens, der Brust, des Bauches, des Beckens wahrzunehmen. In allen diesen Bereichen können wir sorgfältig nachspüren, ob die Energie frei fließt oder ob Verspannungen da sind, die dieses Fließen verhindern.

Wenn Sie meditieren, sollten Sie versuchen, alles, was kommt, durch sich hindurchgehen zu lassen, wie es will. Ihre Aufmerksamkeit sollte sehr sanft sein. Nach und nach werden sich Schichten von Anspannung lösen, und die Energie wird zu fließen beginnen. Muster alter Krankheiten und Traumata werden sich lösen, und in dem Maße, in dem die Knoten aufgehen, reinigt sich die subtilere Ebene des Körpers, die Energiekanäle öffnen sich mehr und mehr. Dieses Öffnen wird manchmal von starken Atemstößen, von spontanem Schütteln oder anderen körperlichen Sensationen und Empfindungen begleitet.

Lassen Sie Ihre Aufmerksamkeit in tiefere Bereiche dringen als in diejenige Ebene, auf der lediglich Erfahrungen wie »angenehm«, »angespannt« oder »schmerzhaft« registriert werden. Untersuchen Sie die Schmerzen und unangenehmen Empfindungen, die Sie üblicherweise abblocken. Wenn Sie ganz achtsam sind, wird sich »Schmerz« als etwas zeigen, das mehrere Schichten hat. Als erstes können wir lernen, Schmerz wahrzunehmen, ohne weitere Spannung aufzubauen; wir erleben ihn als körperlichen Druck, als Enge, als Nadelstiche, als Klopfen oder Brennen. Dann nehmen wir die Schichten um den akuten Schmerz herum wahr. Innen finden wir Feuer oder Druck; darum herum liegt oft eine Schicht von Anspannung und Verkrampfung. Darüber hinaus gibt es oft eine emotionale Schicht von Ablehnung, Ärger oder Angst und eine Schicht von Gedanken und Einstellungen wie: »Hoffentlich geht das bald weg«, oder: »Wenn das weh tut, habe ich etwas falsch gemacht«, oder: »Leben tut immer weh«. Wir müssen uns alle diese Schichten bewußtmachen, um heil zu werden.

Es ist unumgänglich, daß wir uns irgendwann im Lauf unserer spirituellen Praxis mit körperlichem Schmerz befassen. Für manche Menschen ist es ein

ewiges Thema. Ich hatte Zeiten von großer körperlicher Erlösung, die einmal ganz organisch und voller Frieden war, sich jedoch ein anderes Mal wie eine schmerzhafte und gewaltsame Reinigung anfühlte, wobei es mich schüttelte, mein Atem flog, Hitze und Feuer durch meinen Körper tobten und heftige Gefühle und Bilder hochkamen. Bei diesen Gelegenheiten fühlte ich mich wie ausgewrungen. Wenn ich es zuließ, war es wie ein großes Öffnen in meinem Körper, begleitet von ungeheuer starken Gefühlen der Begeisterung und des Wohlbefindens. Solche Erfahrungen des ebenso sanften wie intensiven Öffnens auf der Körperebene sind eine übliche Erscheinung, die sich mit längerer Meditationspraxis ganz natürlich einstellt.
Im Rahmen meditativer Methoden gibt es auch andere Arten des Umgangs mit der Körperebene: asketische Praktiken, Kampftraining und Energie-Yoga. Manchmal empfehlen Heiler bewußt aggressive geistige Techniken zur Heilung bestimmer Krankheiten. Es gibt zum Beispiel folgende Anleitung für Krebspatienten: Man stellt sich die weißen Blutkörperchen als kleine weiße Ritter vor, die mit dem Speer auf Krebszellen losgehen und sie töten. Manchen Menschen hat das geholfen; aber ich selbst und andere, wie etwa Stephen Levine, die sehr intensiv mit Heilmeditation gearbeitet haben, machten die Erfahrung, daß Heilung tiefer geht, wenn man Herzenswärme einsetzt, anstatt mit Abwehr und Aggression auf Verletzungen und Krankheiten loszugehen. Allzu oft schon sind wir unseren Schmerzen und Krankheiten, von simplen Kopfschmerzen bis zu ernsthaften Erkrankungen, mit Haß begegnet. Beim achtsamen Heilen lenken wir unsere mitfühlende und liebevolle Achtsamkeit auf den innersten Bereich unserer Krankheit; das bringt tiefe Heilung. Wie Oscar Wilde sagte: »Es ist nicht das Vollkommene, sondern das Unvollkommene, das unserer Liebe bedarf.«
Einmal kam eine junge Frau, die Krebs im ganzen Körper hatte, zu ihrem ersten Meditationsretreat. Obwohl man ihr erklärt hatte, daß sie nur noch wenige Wochen zu leben habe, war sie fest entschlossen, sich mit Hilfe der Meditation selbst zu heilen. Sie befolgte alle Regeln der höchst wirkungsvollen chinesischen Medizin, ließ sich akupunktieren und praktizierte tägliche Heilmeditationen. Auf diese Weise stabilisierte sie ihr Immunsystem so sehr, daß sie noch weitere zehn Jahre lebte, wenn auch ihr Unter-

leib glühend heiß und vom Krebs aufgetrieben war. Für sie war die heilende Aufmerksamkeit der Schlüssel, um ihren Krebs unter Kontrolle zu halten. Wenn Sie Ihrem Körper systematische Aufmerksamkeit entgegenbringen, kann das Ihre Beziehung zu Ihrer physischen Existenz völlig verändern. Wir können den Rhythmus und die Bedürfnisse unseres Körpers viel deutlicher wahrnehmen. Ohne die feinfühlige Aufmerksamkeit unserem Körper gegenüber verstricken wir uns vielleicht so sehr in die Geschäftigkeit des Alltags, daß wir das Gefühl für richtige Ernährung, für notwendige Bewegung und für Freude an unserer körperlichen Existenz verlieren. Meditation kann uns helfen herauszufinden, auf welche Weise wir die physischen Aspekte unseres Lebens vernachlässigen und worum unser Körper uns bittet.

Den Körper ignorieren oder schlecht behandeln bedeutet, Spiritualität völlig mißzuverstehen. Wenn wir dem Körper unsere Achtung in Form von Aufmerksamkeit entgegenbringen, kommen wir wieder in den Besitz unserer Gefühle, unserer Triebe – unseres Lebens. Diese Entwicklung der Aufmerksamkeit führt auch zur Heilung unserer Sinne. Augen, Zunge, Nase, Ohren und Tastgefühl werden lebendiger. Farben sind klar, Gerüche frisch, und wir spüren die Erde unter unseren Füßen, als wären wir wieder Kinder. Diese Reinigung der Sinne läßt uns die Freude fühlen, am Leben zu sein und eine zunehmende Intimität mit dem Leben hier und jetzt zu erleben.

Heilung des Herzens

Ebenso, wie wir den Körper heilen können, indem wir auf seinen Rhythmus achten und uns ihm mit tiefer und liebevoller Aufmerksamkeit zuwenden, können wir auch andere Dimensionen unseres Wesens öffnen und heilen. Das Herz und die Gefühle durchlaufen einen ähnlichen Heilungsprozeß, wenn wir uns aufmerksam um ihren Rhythmus und ihre Bedürfnisse kümmern. Das Öffnen des Herzens beginnt meistens damit, daß wir uns für das im Laufe unseres Lebens angesammelte und unerkannte Leiden öffnen – und nicht nur für unser eigenes, sondern auch für das Leiden anderer, das

Leiden an Krieg, Hunger, Alter, Krankheit und Tod. Manchmal empfinden wir dieses Leiden vielleicht körperlich, als Spannungen und Blockaden im Herzbereich, doch häufiger fühlen wir unsere Verletzungen, unsere Verlassenheit, unseren Schmerz als ungeweinte Tränen. Die Buddhisten beschreiben dies als ein Meer von Tränen, das größer ist als alle vier großen Ozeane der Erde.

Wenn wir den *einen* Sitz einnehmen und eine meditative Aufmerksamkeit entwickeln, bietet sich das Herz von selbst zur Heilung an. Die Trauer über Verletzungen, unerfüllte Erwartungen und zerschlagene Hoffnungen, die wir so lange mit uns herumgetragen haben, bricht auf. Wir fühlen den Schmerz unserer frühen Traumata und gegenwärtigen Ängste und aller Gefühle, die wir nie bewußt zu erleben gewagt haben. Alle Scham, alle Minderwertigkeitsgefühle, die wir in uns tragen, kommen ans Licht – der Schmerz unserer Kindheit, das Leiden in unserer Familie, die Verletzungen unserer Eltern, die wir übernommen haben, Isolation, Mißbrauch und Mißhandlungen – all das ist in unserem Herzen gespeichert. Der buddhistische Lehrer und Havard-Psychologe Jack Engler beschrieb die Meditationspraxis als in ihrem Kern eine Praxis des Trauerns und des Loslassens. Bei den meisten spirituellen Retreats, die ich erlebte, war nahezu die Hälfte der Praktizierenden mit der Bearbeitung von schmerzhaften Gefühlen befaßt: mit Verleugnen, Wut, Verlustgefühlen oder Kummer. Aus dieser Trauerarbeit erwächst eine tiefe innere Erneuerung.

Viele von uns haben gelernt, daß wir uns nicht von Kummer oder Verlust beeinflussen lassen sollten, aber niemand wird davon verschont. Ein sehr erfahrener Hospizleiter war völlig überrascht, als er während eines Retreats um seine Mutter trauerte, die ein Jahr zuvor gestorben war. »Diese Trauer«, sagte er, »ist ganz anders als die Trauer über all die anderen, deren Sterben ich miterlebe. Es ist *meine* Mutter.«

Oscar Wilde schrieb: »Herzen sind dazu da, um zu brechen.« Wenn wir uns durch Meditation heilen, bricht unser Herz auf und beginnt sehr tief zu fühlen. Starke Gefühle, verborgene Teile unserer selbst kommen hoch, und unsere erste Aufgabe in der Meditation besteht darin, sie aufsteigen zu lassen, sie uns selbst einzugestehen und zuzulassen, daß sie ihre Lieder singen.

Wenn wir den Gesängen unserer Wut oder Angst, unserer Einsamkeit oder unserer Sehnsucht lauschen, stellen wir fest, daß sie sich verändern. Wut verwandelt sich in Schmerz; Schmerz verwandelt sich in Tränen; unsere Tränen fließen vielleicht recht lange, doch dann kommt die Sonne hervor. Die Erinnerung an einen Verlust singt ihr Lied für uns; unser Körper erbebt und setzt das Gefühl des Verlustes frei; danach schmilzt langsam die Panzerung, die den Verlust umgab, und inmitten des Liedes ungeheueren Kummers findet der Schmerz über diesen Verlust endlich Befreiung.

Wenn wir unseren qualvollsten Liedern lauschen, können wir die göttliche Kunst der Vergebung lernen. Es gibt eine umfassende, systematische Praxis des Vergebens (siehe Kapitel 19), und aus der Öffnung des Herzens erwachsen spontan die Fähigkeiten des Verzeihens und des Mitgefühls. Wenn wir unseren eigenen Kummer und Schmerz erleben, unser eigenes Meer von Tränen, erkennen wir, daß dies ein Schmerz ist, den wir mit anderen teilen, und daß das Mysterium, die Schönheit und der Schmerz des Lebens untrennbar zusammengehören. Dieser kosmische Schmerz ist ebenfalls ein Teil unserer Verbindung miteinander, und wenn wir ihn zulassen, können wir unsere Liebe nicht länger zurückhalten.

Wenn wir den Liedern unseres Lebens lauschen, finden wir zu einer tiefen und starken Identität, in der unser Herz für alles Raum hat – einen Raum von grenzenlosem Mitgefühl. Wir können lernen, anderen, uns selbst und dem Leben zu vergeben. Wir können lernen, unser Herz allem zu öffnen, all den Leiden und Freuden, vor denen wir uns je gefürchtet haben. Dabei entdekken wir eine bemerkenswerte Wahrheit: daß der größte Teil des spirituellen Lebens – wenn nicht gar das spirituelle Leben überhaupt – darin besteht, sich selbst anzunehmen.

Meistens ist diese Arbeit der Selbstheilung so schwierig, daß wir andere als Verbündete brauchen, die unsere Hand halten und uns inspirieren, all unseren Mut aufzubringen. Dann können Wunder geschehen.

Naomi Remen, ein Ärztin, die bei der Arbeit mit Krebspatienten bildende Kunst, Meditation und andere spirituelle Methoden einsetzt, erzählte mir eine bewegende Geschichte, die illustriert, wie die Heilung des Körpers von einer Heilung des Herzens begleitet wird. Ein junger Mann von vierund-

zwanzig Jahren, der an Knochenkrebs litt, kam zu ihr in die Therapie, nachdem man ihm ein Bein amputiert hatte. Er fühlte sich als Opfer der Ungerechtigkeit des Lebens und war von tiefem Haß gegenüber allen »gesunden« Menschen erfüllt. So früh in seinem Leben einen so grausamen Verlust erleiden zu müssen, empfand er als entsetzlich unfair. Seine Wut und Verzweiflung waren so groß, daß er erst nach Jahren kontinuierlicher Arbeit aus sich herauskommen konnte. Nicht nur seinen Körper mußte er heilen, sondern auch sein gebrochenes Herz und seinen verwundeten Geist.
Er arbeitete hart; er erzählte seine Geschichte, malte sie, meditierte und hob nach und nach sein ganzes Leben ins Licht des Bewußtseins. Im Laufe seines Heilungsprozesses entwickelte er tiefes Mitgefühl für andere, die in einer ähnlichen Lage waren wie er. Er ging in Krankenhäuser und suchte Menschen auf, die ebenfalls schwere körperliche Verluste erlitten hatten. Einmal besuchte er, wie er seiner Ärztin berichtete, eine junge Sängerin, die nach der Amputation ihrer Brüste in eine tiefe Depression gefallen war. Sie weigerte sich, ihren Besucher auch nur anzuschauen. Die Schwestern ließen das Radio laufen, um die Kranke aufzuheitern. Es war ein heißer Tag, und der junge Mann trug Joggingshorts. Schließlich nahm er seine Beinprothese ab, tanzte auf einem Bein im Zimmer herum und klickte mit den Fingern zum Rhythmus der Musik. Da hob die Sängerin den Blick, mußte lachen und sagte: »Oh, Mann, wenn du tanzen kannst, dann kann ich auch singen.«
Als dieser junge Mann mit der Maltherapie begann, machte er eine Kreidezeichnung seines Körpers in der Form einer Vase mit einem tiefen, schwarzen Sprung. Er zog den Sprung immer wieder mit der Kreide nach und biß dabei wütend die Zähne zusammen. Ein paar Jahre später zeigte ihm die Ärztin seine frühen Bilder, um ihn dazu anzuregen, seinen Heilungsprozeß zu Ende zu bringen. Er sah die Vase und sagte: »Oh, das hier ist noch nicht fertig,« und fuhr mit dem Finger über den Sprung. »Sehen Sie, hier ist die Stelle, wo das Licht hereinkommt.« Mit gelber Kreide malte er Lichtstrahlen, die durch den Sprung ins Innere der Vase drangen, und er sagte: »Unser Herz kann sehr stark werden, wo Brüche sind.«
Diese Geschichte macht deutlich, wie Kummer oder eine Verletzung heilen können, indem sie es uns ermöglichen, unsere vollständigste, mitfühlendste

Identität zu entfalten – zur Größe unseres Herzens. Wenn wir mit dem Leiden wirklich fertigwerden, wird in unserem Herzen eine große und unerschütterliche Freude geboren.

Heilung des Geistes

Ebenso wie Körper und Herz können wir auch den Geist durch bewußte Wahrnehmung heilen. So wie wir das Wesen und den Rhythmus von Empfindungen und Gefühlen kennenlernen, läßt sich auch alles über unsere Gedanken herausfinden. Wenn wir unsere Gedanken in der Meditation beobachten, stellen wir fest, daß wir sie nicht unter Kontrolle haben; wir schwimmen ständig in einem unwillkürlichen Strom von Erinnerungen, Plänen, Erwartungen, Bewertungen und reuevollem Bedauern. Wir beginnen zu sehen, wie der denkende Geist alle Möglichkeiten enthält – die zudem oft im Widerspruch zueinander stehen: die wundervollen Eigenschaften eines Heiligen und die finsteren Kräfte eines Diktators und Mörders. Aus diesem Boden wachsen unsere Planungen und Vorstellungen, und unser Geist schlägt sich endlos mit Szenarien herum, wie die Welt zu ändern sei.

Doch die Wurzel all dieser Geschäftigkeit des Geistes ist das Gefühl des Unbefriedigtseins. Wir wünschen offenbar sowohl ständige Erregung als auch vollkommenen Frieden. Anstatt daß uns das Denken zu Diensten steht, treibt es uns um – auf unbewußte und unerforschte Weise. Gedanken können ungeheuer nützlich und kreativ sein; doch meistens beherrschen sie unsere Erfahrung mit Vorstellungen von Mögen und Nichtmögen, hoch und niedrig, ich und andere. Sie erzählen uns Geschichten von unseren Erfolgen und von unserem Versagen, machen Pläne zu unserer Absicherung und legen uns ständig darauf fest, wer und was wir zu sein glauben.

Die dualistische Eigenschaft des Denkens ist die Wurzel unseres Leidens. Wann immer wir uns als getrennt definieren, entstehen Angst und Abhängigkeit, und wir werden verkrampft, abwehrend und ehrgeizig und verteidigen unser Hoheitsgebiet. Um dieses abgetrennte Selbst zu schützen, scheuchen wir weg, was uns nicht paßt, und an anderem krallen wir uns leidenschaftlich fest.

Ein Psychiater von der Stanford-Universität entdeckte diese Wahrheit bei seinem ersten intensiven Zehn-Tage-Retreat. Während seines Studiums der Psychoanalyse und in der Lehrtherapie war er seinem eigenen Geist nie in der Weise begegnet wie im Retreat während der täglichen fünfzehn Stunden Sitz- und Gehmeditation. Später verfaßte er über diese Erfahrung einen Artikel, in dem er beschrieb, wie ein Professor der Psychiatrie sich fühlte, als er auf seinem Sitzkissen saß und sich selbst zusah, wie er langsam verrückt wurde. Die nicht enden wollende Flut der Gedanken machte ihn fassungslos, und nicht minder die wilden Geschichten, die sie erzählten. Besonders aufdringlich waren Größen-Gedanken, wie etwa, ein großer Lehrer oder ein berühmter Schriftsteller oder gar ein Welterlöser zu werden. Er wußte genug, um nach dem Ursprung dieser Gedanken zu forschen, und er stellte fest, daß sie alle der Angst entsprangen. Während des Retreats hatte er ein starkes Gefühl der Unsicherheit gegenüber sich selbst und dem, was er wußte. Die Größen-Ideen waren die Kompensation für seine Unsicherheit und Furcht. In den vielen Jahren, die seitdem vergangen sind, wurde dieser Professor ein erfahrener Meditierender; doch zuerst einmal mußte er mit den geschäftigen und angstvollen Mustern seines untrainierten Geistes Frieden schließen. Und er hat seit damals auch gelernt, seine eigenen Gedanken nicht allzu ernst zu nehmen.

Die Heilung des Geistes vollzieht sich in zwei grundlegenden Schritten: Zuerst richten wir unsere Aufmerksamkeit auf den Inhalt unserer Gedanken und lernen durch Methoden der klugen Beobachtung, ihnen eine andere, sinnvollere Richtung zu geben. Durch die Praxis der Achtsamkeit lernen wir die Muster der unnötigen Sorgen und der Verbohrtheit kennen und lockern, klären unsere Verwirrung und distanzieren uns von destruktiven Betrachtungsweisen und Meinungen. Wir können unser bewußtes Denken dazu verwenden, uns Klarheit über die Priorität unserer Werte zu verschaffen. Die Frage aus dem ersten Kapitel an sich selbst: »Habe ich wirklich geliebt?« ist ein Beispiel dafür; wir können unsere Gedanken auch auf Herzenswärme, Achtung und die Entspannung des Geistes lenken. Viele buddhistische Methoden beinhalten die Wiederholung bestimmter Sätze und Formeln, um alte, zerstörerische Gewohnheitsmuster des Denkens zu durchbrechen.

Doch so sehr wir auch an der Umerziehung des Geistes arbeiten – der vollkommene Erfolg wird sich nie einstellen. Der Geist scheint einen eigenen Willen zu haben, ungeachtet dessen, wie heftig wir uns anstrengen, ihn zu lenken. Um eine tiefere Heilung der Konflikte unseres denkenden Geistes zu erreichen, müssen wir unsere Identifikation mit diesen Konflikten loslassen. Wir müssen lernen, uns von all den Geschichten zu distanzieren, die unser Geist produziert, denn die Auseinandersetzungen und Meinungsproduktionen in unserem Denken hören nie auf. Der Buddha sagte: »Leute, die Meinungen haben, laufen ständig herum und gehen einander auf die Nerven.« Wenn wir erkennen, daß es einfach die Natur des Geistes ist, zu denken, zu trennen und zu planen, können wir uns aus seinem eisernen Griff des Separatismus befreien und in Körper und Herz zur Ruhe kommen. Auf diese Weise treten wir zurück von unseren Identifikationen, unseren Erwartungen, Meinungen, Urteilen und all den Problemen, die durch sie entstehen. Der denkende Geist betrachtet das Selbst als etwas Separates, doch das Herz weiß es besser. Wie ein großer indischer Weiser, Sri Nasargadatta, sagte: »Der Geist erzeugt den Abgrund, das Herz überwindet ihn.«

Viele der großen Leiden in der Welt entstehen dadurch, daß der Geist keine Verbindung mit dem Herzen hat. In der Meditation können wir diese Verbindung wieder aufnehmen und unter allen gedanklichen Problemen ein Gefühl der inneren Weite, der Einigkeit und des Mitgefühls entdecken. Das Herz kann die Geschichten und Vorstellungen, Fantasien und Ängste des denkenden Geistes zulassen, ohne sie glauben zu müssen, ohne ihnen gehorchen oder sie erfüllen zu müssen. Wenn wir etwas jenseits all der Geschäftigkeit unserer Gedanken berühren, stellen wir fest, daß da eine zarte, heilende Stille in uns ist, ein innerer Friede, eine Wärme des Herzens und eine Kraft und Ganzheitlichkeit, die wir schon bei unserer Geburt mitbekommen haben. Dieses grundlegende Gutsein, die Güte und Wärme unseres Herzens, wird manchmal als unsere ursprüngliche Natur oder Buddha-Natur bezeichnet. Wenn wir zu unserer grundlegenden Natur zurückkehren, wenn wir alle Bewegungen unseres Geistes wahrnehmen und dennoch in Verbindung mit diesem Frieden und Gutsein bleiben können, erleben wir die Gesundheit unseres Geistes.

Heilung durch Leerheit

Der letzte Aspekt der Selbstheilung durch Achtsamkeit ist das Erkennen der Gesetze, die unser Leben beherrschen. Das bedeutet vor allem, die Wahrheit der Leerheit zu verstehen. Das kann man nur schwer mit Worten beschreiben. Ich kann zwar versuchen, Worte dafür zu finden, doch Sie werden Offenheit und Leerheit letztlich nur durch die Erfahrung innerhalb Ihrer eigenen spirituellen Praxis verstehen können.

In der buddhistischen Lehre bezieht sich der Begriff »Leerheit« auf ein grundlegendes Offensein und Nichtgetrenntsein, das wir erleben, wenn wir alle kleinkarierten und festgelegten Vorstellungen und Meinungen unseres Selbst durchschaut und aufgelöst haben. Wir erleben es, wenn wir erkennen, daß unsere Existenz einen vergänglichen Charakter hat, daß Körper, Herz und Geist Phänomene sind, die das wandelbare Netz des Lebens hervorgebracht hat, in dem es nichts voneinander Getrenntes gibt. Die tiefste Erfahrung in der Meditation führt uns zu einem intimen Gewahrsein der grundlegenden Offenheit und Leerheit des Lebens, das sich ständig verändert, das man nie besitzen kann und das nichts anderes ist als ein unaufhaltsames Fließen.

Nach der Beschreibung des Buddha besteht das menschliche Leben aus einer Reihe von Entwicklungsprozessen, die ständige Veränderung bedeuten: körperliche Entwicklung, emotionale Entwicklung, Entwicklung des Denkens und Entwicklung des Bewußtseins. Das sind dynamische und kontinuierliche Prozesse, und es gibt kein einziges Element, das wir als unser unveränderliches Selbst bezeichnen könnten. Wir selbst sind ein Entwicklungsprozeß, untrennbar mit dem Leben verwoben. Wir entstehen wie eine Welle im Ozean des Lebens, und unsere provisorische Form ist nach wie vor eins mit dem Meer. Andere Traditionen nennen das den Ozean des Tao, das Göttliche, die fruchtbare Leere oder das Nichtgeborene. Daraus tritt unser Leben hervor – als eine Spiegelung des Göttlichen, als Tanz des Bewußtseins. Die tiefste Heilung liegt im Wahrnehmen dieses Prozesses und dieser lebenspendenden Leerheit.

Je mehr sich unsere Meditationspraxis vertieft, desto fähiger werden wir, die subtileren Bewegungen unserer Erfahrung wahrzunehmen. Wir erleben aufflackernde Gefühle und stellen fest, daß sie nur ein paar Sekunden lang anhalten. Wir beobachten unsere Gedanken und stellen fest, daß sie flüchtig sind, daß sie kommen und gehen, ungebeten, wie Wolken. Wir richten unsere Aufmerksamkeit auf den Körper und stellen fest, daß seine Grenzen durchlässig sind. Im Laufe dieser Praxis beginnt sich unser Gefühl eines gesonderten Körpers oder eines gesonderten Geistes aufzulösen, und plötzlich, ganz unerwartet, bemerken wir, wie ruhig und entspannt wir sind. Vertieft sich die Praxis noch mehr, erleben wir große Weite, Freude und die Freiheit, die der Verbundenheit mit allen Dingen, mit dem Mysterium unseres Lebens entspringt.

Der tibetische Lehrmeister Kalu Rinpoche brachte das mit folgenden Worten zum Ausdruck:

Ihr lebt in der Illusion der Erscheinung der Dinge. Es gibt eine Wirklichkeit, aber Ihr kennt sie nicht. Wenn Ihr das versteht, werdet Ihr sehen, daß Ihr nichts seid, und da Ihr nichts seid, seid Ihr alles. So einfach ist das.

Heilung findet dadurch statt, daß wir diesen Bereich des Nichtgetrenntseins berühren. Wir erkennen, daß unsere Ängste und Wünsche, unsere Versuche, uns größer zu machen und uns zu verteidigen, lediglich auf Illusion beruhen – auf einem Gefühl des Getrenntseins von der Welt, das grundlegend falsch ist. Wenn wir die heilende Kraft der Leerheit entdecken, wächst in uns die Einsicht, daß alles in einer ununterbrochenen Bewegung miteinander verwoben ist, daß sich alles in bestimmten Formen manifestiert, die wir Körper oder Gedanken oder Gefühle nennen, sich dann wieder auflöst oder neue Formen annimmt. Dies wissend, können wir uns jedem Augenblick öffnen und im sich stets wandelnden Tao leben. Wir erkennen, daß wir loslassen und vertrauen können; wir können den Atem atmen lassen, und wir können uns in aller Ruhe von der natürlichen Bewegung des Lebens tragen lassen. Jede Dimension unseres Seins – Körper, Herz und Geist – wird durch dieselbe liebevolle Aufmerksamkeit und Anteilnahme geheilt. Unsere Aufmerksamkeit macht es uns möglich, den Körper wertzuschätzen und zu erkennen, welch ein Geschenk das Leben ist, das uns gegeben wurde. Aufmerksamkeit kann uns zutiefst mit dem Herzen verbinden, so daß wir die ganze Bandbreite unserer menschlichen Gefühle wertschätzen lernen. Sie kann den Geist heilen und uns helfen, das Denken wertzuschätzen, ohne daß wir ihm in die Falle gehen müssen. Und sie kann uns für das große Mysterium des Lebens öffnen – für die Erkenntnis der Leerheit und Ganzheit, die wir sind, und unseres grundlegenden Einsseins mit allen Dingen.

Heilende Aufmerksamkeit entwickeln

Sitzen Sie ruhig und bequem. Entspannen Sie Ihren Körper. Atmen Sie sanft. Lassen Sie Ihre Gedanken, die Vergangenheit und die Zukunft, Erinnerungen und Pläne davonziehen. Seien Sie einfach da. Öffnen Sie Ihre Wahrnehmung für Ihren kostbaren Körper und lassen Sie zu, daß er Ihnen all jene Bereiche enthüllt, die der Heilung bedürfen. Lassen Sie zu, daß sich die physischen Schmerzen, Spannungen, Krankheiten oder Verletzungen zeigen. Richten Sie eine sorgfältige und freundliche Aufmerksamkeit auf diese schmerzhaften Stellen. Nehmen Sie die Energie darin war. Spüren Sie tief hinein, spüren Sie das Pulsieren, das Klopfen, die Spannung, das Stechen, die Hitze, die Verkrampfung – alles, was das beinhaltet, was wir Schmerzen nennen. Lassen Sie die Empfindungen ganz und gar zu und umschließen Sie sie mit aufnahmebereiter und freundlicher Aufmerksamkeit. Achten Sie dann auch auf Verkrampfungen und Spannungen in den äußeren Bereichen Ihres Körpers. Atmen Sie sanft und lassen Sie das Öffnen zu.

Nehmen Sie in derselben Weise alle Abwehrhaltungen und Widerstände in Ihrem Geist wahr. Achten Sie auch hier wieder mit sanfter Aufmerksamkeit auf alles, ohne Widerstand; lassen Sie zu, daß es ist, wie es ist. Beobachten Sie die Gedanken und Ängste, die alle Schmerzen begleiten, die Sie empfinden, wie etwa: »Es wird nie aufhören«, »Ich kann es nicht aushalten«, »Das habe ich nicht verdient« oder »Es ist zu schwer, es sitzt zu tief« und so weiter.

Betrachten Sie diese Gedanken eine Weile im Licht Ihrer liebevollen Aufmerksamkeit. Kehren Sie dann sanft zum Körper zurück. Lassen Sie Ihre Achtsamkeit noch tiefer gehen. Spüren Sie hinein in die Schichten der schmerzenden Stellen, bis sich eine Schicht nach der anderen öffnet und von selbst in Bewegung kommt, intensiver wird oder sich auflöst. Nehmen Sie Ihren Schmerzen gegenüber die Haltung ein, als würden Sie ein Kind trösten. Atmen Sie sanft hinein und akzeptieren Sie alles, was da ist, mit heilender Sanftheit. Verharren Sie so lange in dieser Meditation, bis Sie sich mit jedem betroffenen Bereich Ihres Körpers verbunden fühlen und sich ein Gefühl von Frieden einstellt.

Wenn Ihre heilende Aufmerksamkeit wächst, können Sie sie regelmäßig auf spezielle Bereiche in Ihrem Körper richten, die krank sind oder weh tun, und Sie können Ihren Körper nach weiteren Stellen absuchen, die der Aufmerksamkeit bedürfen. In derselben Weise können Sie Ihre heilende Aufmerksamkeit auf tiefe emotionale Verletzungen richten. Trauer, Sehnsucht, Wut, Einsamkeit und Kummer lassen sich zunächst am besten in Ihrem Körper aufspüren. Mit sorgfältiger und sanfter Aufmerksamkeit können Sie tief in sie hineinspüren. Atmen Sie sanft und versuchen Sie, nichts zu verändern. Nach einer Weile öffnen Sie ihre Aufmerksamkeit für jede einzelne der Schichten von Spannung, Gefühlen und Gedanken, die diese Wunden umgeben. Wieder nehmen Sie die Haltung ein, als würden Sie ein Kind trösten, und akzeptieren alles, wie es ist, bis sich ein Gefühl des Friedens einstellt.

In derselben Weise können Sie auch mit dem Herzen arbeiten, so oft Sie wollen. Denken Sie daran: Die grundlegende Gesundheit des Körpers und des Herzens ist immer da. Sie wartet nur auf unsere mitfühlende Aufmerksamkeit, um sich manifestieren zu können.

Meditation: Besuch im Tempel der Heilung

Sitzen Sie bequem und schließen Sie die Augen. Richten Sie die Aufmerksamkeit auf den Atem. Spüren Sie Ihren Atem und Ihren Körper, ohne den Versuch, einzugreifen. Achten Sie darauf, was angenehm und was unangenehm ist. Achten Sie darauf, ob Sie schläfrig oder hellwach sind. Beachten Sie, ob es in Ihrem Geist turbulent zugeht, oder ob er ruhig ist. Nehmen Sie einfach wahr, was ist. Beobachten Sie den Zustand Ihres Herzens. Fühlt es sich verkrampft an? Empfinden Sie es als sanft und offen? Oder irgendwie dazwischen? Ist es müde, ist es heiter? Achten Sie darauf, und nehmen Sie das auf, was da ist.

Stellen Sie sich dann vor, daß Sie auf magische Weise zu einem Tempel oder Kraftort des Heilens gebracht werden, wo die Atmosphäre voller Klarheit und Liebe ist. Nehmen Sie sich Zeit, um diesen Ort zu spüren und ihn bildhaft zu gestalten, in einer Weise, die Ihnen wohltut. Seien Sie gewahr, wie Sie hier sitzen, ganz ruhig, in achtsamer Meditation. Wenn Sie nun in diesem Tempel, an diesem Ort großer Klarheit und Weisheit sitzen, betrachten Sie Ihre spirituelle Reise in ihrem ganzen Umfang. Denken Sie an alle Verletzungen, die im Laufe dieser Reise geheilt werden sollen. Atmen Sie sanft, und spüren Sie freundlich allem nach, was aufsteigt.

Nun tritt ein weises Wesen aus diesem Tempel und kommt auf Sie zu. Eine Vorstellung oder ein Bild gestaltet sich, wer oder was dieses Wesen ist. Es verbeugt sich leicht, nähert sich Ihnen und legt eine Hand sanft auf die Stelle Ihres Körpers, an der Ihre tiefste Verletzung liegt. Lernen Sie von diesem Wesen die heilende Berührung. Falls Sie diese Berührung nicht spüren können, legen Sie Ihre eigene Hand an die Stelle Ihres Kummers, als seien Sie selbst dieses wunderbare Wesen. Denken Sie daran, daß Sie sich Ihrem Schmerz letztlich öffnen können, wie oft Sie ihn auch schon vergraben oder gegen ihn angekämpft und Ihren Haß gegen ihn gerichtet haben mögen.

Lassen Sie Ihre eigene Aufmerksamkeit wie die Hand dieses weisen Wesens werden. Berühren Sie die Stelle des Schmerzes mit Sanftheit und Zärtlichkeit, und nehmen Sie dabei wahr, was da ist. Ist es warm oder kalt? Ist es hart und angespannt oder weich? Fühlen Sie Bewegung, Vibrieren, oder ist es ruhig? Lassen Sie Ihre Wahrnehmung so sein wie die liebevolle Berührung des Buddha oder der Göttin des Mitgefühls oder der Jungfrau Maria oder des Jesus von Nazareth. Welche Temperatur und Beschaffenheit hat dieser Kummer? Welche Gefühle steigen dazu auf? Nehmen Sie all Ihre Gefühle mit einem liebevollen und empfänglichen Herzen wahr. Berühren Sie sie mit reiner Zärtlichkeit, so, als seien Sie selbst die Göttin des Mitgefühls. Öffnen Sie sich dem Schmerz. Suchen Sie den innersten Kern dieses Kummers, der so lange Zeit in Ihnen verborgen lag. Lassen Sie die Erkenntnis zu, wie sehr Sie sich ihm verschlossen, ihn unterdrückt oder zurückgewiesen haben, ihn nicht fühlen und ihn loshaben wollten – wie Sie ihm mit Angst und Abwehr begegnet sind. Sitzen Sie friedlich da, und öffnen Sie diesem Schmerz endlich Ihr Herz.

Bleiben Sie in diesem Tempel, so lange Sie wollen, und ruhen Sie sich darin aus. Wenn Sie bereit sind, ihn zu verlassen, stellen Sie sich vor, daß Sie sich voller Dankbarkeit verneigen. Denken Sie beim Verlassen des Tempels daran, daß sie ihn in sich tragen. Sie können jederzeit zurückkehren.

5

Das Hündchen erziehen: Achtsamkeit gegenüber dem Atem

So wird erzählt: Als der Buddha kurz nach seiner Erleuchtung durch Indien zog, begegnete er einigen Männern, denen an dem wohlgestalten Prinz, der nun ein Mönchsgewand trug, etwas Ungewöhnliches auffiel. Sie fragten ihn: »Seid Ihr ein Gott?« »Nein«, antwortete der Buddha. »Seid Ihr ein Engel?« »Nein«, antwortete er. »Seid Ihr wohl ein Zauberer oder ein Magier?« »Nein.« »Seid Ihr ein Mensch?« »Nein.« Die Männer waren sprachlos. »Was seid Ihr denn dann?« fragten sie. Der Buddha antwortete schlicht: »Ich bin wach.« Das Wort *Buddha* bedeutet aufwachen. Wie man aufwacht – das ist alles, was er lehrte.

Man kann Meditation als eine Art von Aufwachen definieren. Wenn wir die Kunst der Meditation erlernen, entdecken wir neue Wege, um an unsere Schwierigkeiten heranzukommen und Klarheit und Freude in unser Leben zu bringen. Mit dem Instrumentarium und den Praxisformen der Meditation können wir die besten unserer spirituellen menschlichen Fähigkeiten wekken. Der Schlüssel zu dieser Kunst ist die Stabilität unserer Aufmerksamkeit. Wenn wir unsere volle Aufmerksamkeit geschult und ein dankbares und sanftes Herz entwickelt haben, entfaltet sich unser spirituelles Leben auf ganz natürliche Weise.

Wie wir sahen, muß bei vielen von uns eine Heilung von Geist und Körper vorausgehen, bevor wir still sitzen und uns konzentrieren können. Doch um diesen Heilungsprozeß überhaupt in Gang bringen und anfangen zu können, uns selbst zu verstehen, brauchen wir ein Minimum an

Aufmerksamkeit. Damit sich unsere Praxis darüber hinaus vertiefen kann, müssen wir einen methodischen Weg wählen, um unsere Aufmerksamkeit systematisch weiterzuentwickeln und uns ganz auf sie einzulassen. Andernfalls treiben wir dahin wie ein Boot ohne Ruder. Zur Entwicklung der Konzentration brauchen wir eine Praxis, und dann müssen wir uns diesem Pfad innerlich verpflichten und ihm beharrlich folgen, mit der Bereitschaft, Tag für Tag mit unserer Praxis zu arbeiten, was auch immer geschehen möge. Das fällt den meisten Menschen nicht leicht. Sie wollen, daß ihr spirituelles Leben unmittelbare Erfolge von kosmischer Größenordnung hervorbringt. Doch welche Kunst wurde jemals schnell erlernt? Jedes intensive Training wirkt genau in dem Maße, in dem wir uns ihm widmen.

Denken Sie einmal an andere Künste, zum Beispiel an Musik. Wie lange dauert es, bis man gut Klavierspielen kann? Nehmen wir an, wir hätten monate- oder jahrelang jede Woche eine Unterrichtsstunde und würden jeden Tag fleißig üben. Am Anfang plagt sich fast jeder erst einmal mit Fingerübungen und der Notenschrift ab. Nach ein paar Wochen oder Monaten können wir einfache Melodien spielen, und nach einem oder zwei Jahren spielen wir vielleicht eine kleine Sonatine. Doch um wirklich gut spielen zu können, sei es allein oder in einem Ensemble oder Orchester, müssen wir immer und immer wieder diszipliniert üben. Ob wir Computerprogrammieren, Ölmalerei, Tennis, Architektur oder sonst irgendeine Kunst erlernen wollen – stets müssen wir uns mit vollem Einsatz lange Zeit auf die Schulung, die Lehre, das Üben einlassen.

Nicht anders ist es im Fall der spirituellen Künste – wenn sie nicht gar noch mehr erfordern. Bedeutet doch diese Meisterschaft, daß wir uns selbst und unser Leben meistern. Wir lernen die menschlichste aller Künste: uns mit unserem wahren Selbst in Kontakt zu bringen.

Chögyam Trungpa Rinpoche nannte die spirituelle Praxis »Knochenarbeit«. Es ist eine Arbeit der Liebe, in der wir immer und immer wieder eine warmherzige Aufmerksamkeit auf unsere eigene Situation richten. Bei jedem inneren Wetter stabilisieren und vertiefen wir unser Gebet, unsere Meditation und Disziplin und lernen, mit Aufrichtigkeit und Mitgefühl wahrzunehmen, loszulassen, tiefer zu lieben.

Doch der Anfang sieht anders aus. Angenommen, wir unterbrechen unser Alltagsleben für eine Zeit des Alleinseins. Was geschieht, wenn wir wirklich zu meditieren versuchen? Die häufigste Erfahrung dabei – ob es sich um Gebet oder Rezitation, Meditation oder Visualisierung handelt – ist die Begegnung mit dem isolierten und zerstreuten Geist. Die buddhistische Psychologie vergleicht den untrainierten Geist mit einem aufgeregten Affen, der ununterbrochen vom Gedanken zur Erinnerung, von dem, was er sieht, zu dem, was er hört, vom Planen des Neuen zum Wiederkäuen des Vergangenen springt. Wenn wir fähig wären, eine Stunde lang stillzusitzen und zu beobachten, wo sich unser Geist überall herumtreibt – welch ein wirres Drehbuch würde da enthüllt.

Die Anfänge auf dem Weg zur Kunst der Meditation sind wahrhaftig frustrierend. Wenn unser Geist herumwandert und unser Körper die Spannung und die Hektik spürt, nach denen er süchtig ist, müssen wir oft erkennen, wie wenig innere Disziplin, Geduld und Mitgefühl wir tatsächlich haben. Es braucht nicht lange, um zu sehen, wie unstet unsere Aufmerksamkeit ist, mögen wir auch noch so sehr versuchen, sie zu lenken und zu bündeln. Üblicherweise haben wir eine Vorstellung von »unserem« Geist, doch wenn wir genau hinschauen, sehen wir, daß der Geist seinen eigenen Bedingungen und Gesetzen folgt. Dann erkennen wir, daß wir Schritt für Schritt eine klare, verständnisvolle Beziehung zu unserem Geist herstellen müssen, die Körper und Herz miteinbezieht und unser inneres Leben festigt und beruhigt.

Die Essenz dieser Verbindung liegt darin, unsere Aufmerksamkeit immer wieder auf die Praxis zu richten, für die wir uns entschieden haben. Gebet, Meditation, Rezitation oder Visualisierung sind systematische Mittel, um unsere Konzentration zu sammeln und zu stabilisieren. Alle Bereiche und Zustände des Bewußtseins, die in der traditionellen mystischen und spirituellen Literatur der Welt beschrieben werden, wurden nur durch die Kunst der Konzentration erreicht.

Diese Kunst der Konzentration – die Rückkehr zu unserer Aufgabe – führt zu der Klarheit, zu der Kraft des Geistes, zu dem Frieden und zu der grundlegenden Verbundenheit, nach denen wir suchen. Diese Stabilität und Verbundenheit wiederum aktivieren noch weit tiefere Ebenen des Verstehens und der Einsicht.

Jede meditative Praxis verlangt diese Stabilisierung und das wiederholte bewußte Zurückkehren zur Sammlung. Wenn wir lernen, dabei eine tiefere und umfassendere Aufmerksamkeit einzusetzen, ist das so ähnlich, als würden wir ein kleines Boot bei starkem Wellengang steuern. Wir halten unsere Meditation aufrecht, entspannen uns und geben uns dem Augenblick hin, zutiefst verbunden mit dem, was gerade ist. Wir lassen uns von dem spirituellen Untergrund tragen; wir trainieren die Fähigkeit, zum gegenwärtigen Augenblick zurückzukehren.

Das ist ein Prozeß, der Geduld verlangt. Der hl. Franz von Sales sagte: »Was wir brauchen, ist ein Becher Verstehen, hunderttausend Liter Liebe und ein Ozean Geduld.«

Manche halten vielleicht diese Aufgabe, in der Meditation tausendmal oder zehntausendmal in die Gegewart zurückzukommen, für eine langweilige Sache oder bezweifeln sogar ihre Notwendigkeit. Doch wie oft sind wir der Wirklichkeit unseres Lebens ausgewichen? Vielleicht eine Million Mal oder zehn Millionen Mal! Wenn wir aufwachen wollen, müssen wir unseren Weg hierher zurückfinden – mit unserem ganzen Wesen, mit unserer ganzen Aufmerksamkeit.

Meditation hat viel Ähnlichkeit mit der Erziehung eines Hündchens. Sie drücken das Hinterteil des Hündchens herunter und sagen: »Sitz!« Hört das Hündchen auf Sie? Es steht auf und läuft weg. Sie holen es zurück und setzen es wieder hin: »Sitz!« Und das Hündchen läuft immer wieder weg. Manchmal springt es auf, rennt herum, pinkelt in eine Ecke oder stellt sonst irgend etwas an. Unser Geist verhält sich ganz ähnlich wie das Hündchen, nur daß er ein noch viel größeres Durcheinander produziert. Ob wir den Geist oder ein Hündchen erziehen wollen – in beiden Fällen müssen wir ständig von vorne beginnen.

In unserer Kultur haben wir nie gelernt, unsere Aufmerksamkeit zu stabilisieren und zu beruhigen. Ein Psychologe bezeichnete uns einmal als eine Gesellschaft von geistigen Spastikern. Viele Anfänger reagieren auf die Schwierigkeit, sich zu konzentrieren, damit, daß sie ihre Aufmerksamkeit vergewaltigen und sie voller angespannter Erregung und Selbstverurteilung auf den Atem oder ein Mantra oder ein Gebet richten. Würden Sie ein Hündchen auf diese Weise erziehen? Helfen Schläge wirklich? Konzentration kann man nicht mit Gewalt erzwingen. Sie nehmen einfach das Hündchen und setzen es wieder auf seinen Platz. Sie verbinden sich wieder mit dem Hier und Jetzt.

Es gilt, ein tiefes Interesse an Ihrer spirituellen Praxis zu entwickeln; das ist einer der Schlüssel zur Kunst der Konzentration. Stabilität entsteht in Entsprechung zu dem Grad des Interesses, mit dem Sie sich der Meditation widmen. Doch für den Anfänger erscheinen viele Meditationsobjekte banal und uninteressant. Es gibt eine alte Geschichte von einem Zen-Schüler, der sich bei seinem Meister beklagte, daß es langweilig sei, dem Atem zu folgen. Der Zen-Meister packte seinen Schüler und hielt dessen Kopf eine ganze Weile unter Wasser. Der Schüler zappelte heftig, um sich zu befreien; als der Meister ihn schließlich wieder losließ, fragte er, ob er den Atem als langweilig empfunden habe, als sein Kopf unter Wasser war.

Konzentration ist eine Kombination von tiefem Interesse und der Präzision der Aufmerksamkeit. Man darf diese Aufmerksamkeit nicht damit verwechseln, distanziert oder unberührt zu sein. Aufmerksames Gewahrsein bedeutet nicht, daß wir uns von der Erfahrung abschneiden; es bedeutet vielmehr, sie zuzulassen und sie ganz und gar zu erleben. Dieses Gewahrsein ist beweglich wie eine Zoomlinse. Manchmal sind wir mitten in der Erfahrung; manchmal ist es, als würden wir uns selbst über die Schulter schauen; und manchmal nehmen wir aus großer Distanz wahr. Alle diese Aspekte des Gewahrseins sind nützlich. Jeder kann uns helfen, unser Leben in jedem Augenblick deutlicher zu spüren und zu verstehen. Je stabiler unsere Aufmerksamkeit wird, desto tiefer wird das Gefühl der Stille – ausgewogen und subtil.

Eine Meditierende erlernte die Kunst der verfeinerten Aufmerksamkeit, als sie mit ihrem Mann in einer Gemeinschaft in den Bergen von British Columbia lebte. Die junge Frau, die sich in Indien mit Yoga befaßt hatte, brachte dort in den Bergen ohne Arzt oder Hebamme ihr Kind zur Welt; nur ihr Mann war da, um zu helfen. Es wurde eine lange und komplizierte

Entbindung. Das Kind geriet in die Steißlage, und die Nabelschnur war um seinen Hals gewickelt, es kam völlig blau zur Welt und konnte nicht atmen. Die Eltern versuchten, ihr Baby zu beatmen, so gut sie konnten. Dazwischen achteten sie auf die allerkleinsten Atembewegungen des Kindes, bis es schließlich doch noch die Kraft fand, allein zu atmen. Die Mutter lächelte, als sie mir diese Geschichte erzählte, und sagte: »Damals habe ich gelernt, was es heißt, wirklich achtsam gegenüber dem Atem zu sein. Und dabei war es nicht einmal mein eigener Atem!«

Die Achtsamkeit gegenüber dem Atem ist wahrscheinlich die am meisten verbreitete unter den Hunderten von Meditationsmethoden in aller Welt. Die stetig auf die Bewegung des Lebensatems gerichtete Aufmerksamkeit ist die zentrale Methode vieler spiritueller Wege – im Yoga, in der buddhistischen und hinduistischen Meditation, im Sufismus und in der jüdischen Tradition. Andere Meditationsmethoden sind natürlich auch hilfreich, und jede hat ihre eigenen Qualitäten; doch wir wollen uns hier weiterhin mit der Praxis der Atem-Meditation befassen und anhand dieser Methode den Entwicklungsprozeß illustrieren, der für alle Praxisformen gilt. Mit der Atem-Meditation kann man den Geist beruhigen, den Körper öffnen und eine große Kraft der Konzentration entwickeln. Der Atem steht uns zu jeder Zeit und unter allen Umständen zur Verfügung. Wenn wir gelernt haben, ihn zu gebrauchen, wird er unsere Achtsamkeit in allen Lebensbereichen unterstützen.

Doch die Achtsamkeit gegenüber dem Atem stellt sich nicht ohne weiteres ein. Zuerst müssen wir stillsitzen, mit entspanntem und zugleich wachem Körper, und einfach den Atem im Körper aufspüren. Wo und wie erleben wir ihn wirklich – als kühlen Strom in der Nase, als Kribbeln tief im Hals, als Bewegung in der Brust, als Dehnen und Zusammenziehen des Bauches? Die Stelle, an der wir ihn am stärksten spüren, ist die erste Stelle, an der wir uns mit der Aufmerksamkeit niederlassen. Spüren wir ihn an mehreren Stellen, richten wir unsere Aufmerksamkeit auf seine gesamte Bewegung im Körper. Wenn er allzu zart und kaum zu spüren ist, legen wir die Handfläche auf den Bauch und nehmen die leise Bewegung unter unserer Hand wahr. Wir müssen lernen, unsere Aufmerksamkeit sorgfältig auszurichten. Wenn wir jeden Atemzug spüren, bekommen wir einen Eindruck davon, wie er sich in unserem Körper bewegt. Versuchen Sie nicht, den Atem zu kontrollieren; nehmen Sie lediglich seine natürliche Bewegung wahr. Wie ist der Rhythmus des Atems? Ist er flach oder lang und tief? Wird er schneller oder langsamer? Hat er eine bestimmte Temperatur? Der Atem kann ein großartiger Lehrer sein, da er sich ständig bewegt und verändert. Mit diesem einfachen Atmen lernen wir viel über Verkrampfung und Widerstand, über Öffnen und Loslassen. Auf diese Weise können wir ahnen, was es bedeutet, mit heiterer Gelassenheit zu leben, und wir bekommen ein Gefühl für die Wirklichkeit des Fließens von Energie und Veränderung, das wir selbst sind. Aber selbst dann, wenn wir viel Interesse aufbringen und mit dem intensiven Wunsch vorgehen, unsere Aufmerksamkeit zu stabilisieren, kommen immer wieder Ablenkungen dazwischen. Ablenkungen sind die natürliche Bewegung unseres Geistes. Sie treten auf, weil unser Geist und unser Herz zunächst nicht klar sind. Der Geist ist wie trübes oder aufgerührtes Wasser. Er hat die Gewohnheit, jedesmal, wenn eine verlockende Vorstellung oder eine interessante Erinnerung vorbeiziehen, zu reagieren, daran hängenzubleiben oder sich zu verlieren. Wenn schmerzhafte Vorstellungen oder Gefühle aufsteigen, vermeiden wir sie oder lenken uns unbewußt ab. Das geschieht ganz von selbst. Wir können die Kraft dieser Gewohnheiten spüren – der Gewohnheit der Begierde, der Selbstablenkung, der Angst und des Reagierens. In vielen von uns ist diese Kraft so stark, daß der Geist schon nach ein paar ungewohnten Augenblicken der Ruhe zu rebellieren beginnt. Immer wieder wird unsere Aufmerksamkeit von Unruhe, Geschäftigkeit, Plänen und Gefühlen gestört. Mit diesen Ablenkungen zu arbeiten, das Boot geradezuhalten und die Wellen vorbeiziehen zu lassen, immer wieder zu Ruhe und gesammelter Konzentration zurückzukommen – das ist das Herz der Meditation.

Wenn Sie die erste große Hürde überwunden haben, werden Sie immer deutlicher bemerken, daß bestimmte äußere Voraussetzungen besonders geeignet sind, die Entwicklung Ihrer Konzentration zu unterstützen. Es ist nötig, daß Sie ein ruhiges und ungestörtes Plätzchen für Ihre Praxis finden oder schaffen. Wählen Sie eine regelmäßige und passende Zeit, die Ihrem

Tagesplan am besten entspricht; experimentieren Sie, um herauszufinden, ob die Meditation am Morgen oder die abendliche Praxis eher geeignet ist, die ruhigen Aspekte Ihres inneren Lebens zu unterstützen. Vielleicht möchten Sie vor dem Sitzen zur Inspiration etwas Passendes lesen oder vorher ein paar Yoga-Übungen oder etwas ähnliches machen. Für manche ist es eine große Hilfe, mit anderen zusammen in der Gruppe zu praktizieren oder sich von Zeit zu Zeit in ein Retreat zurückzuziehen. Experimentieren Sie mit diesen äußeren Faktoren, bis Sie festgestellt haben, was Ihren inneren Frieden am meisten fördert, und machen Sie dann das zu einem Teil Ihres Lebens. Die geeigneten Bedingungen zu schaffen bedeutet, vernünftig zu leben und den besten Grund und Boden zu bieten, auf dem unser spirituelles Herz wachsen und gedeihen kann.

Wenn wir uns über Wochen und Monate hin der Kunst der Konzentration widmen, stellen wir fest, daß sie von selbst stabiler wird. Geist und Herz lassen sich nicht mehr so leicht ablenken, und gelegentlich empfinden wir beide als weniger getrübt, leichter zu handhaben und gefügiger. Wir spüren unseren Atem weitaus öfter und deutlicher, oder wir rezitieren unsere Gebete oder Mantras mit größerer Hingabe. Das ist ähnlich, wie wenn man ein Buch zu lesen beginnt. Wenn wir anfangen, werden wir oft von allen möglichen Ablenkungen unterbrochen. Aber wenn es ein spannendes Buch ist, vielleicht ein Kriminalroman, werden wir von Kapitel zu Kapitel tiefer in die Geschichte hineingezogen, so daß jemand direkt an uns vorbeigehen kann, ohne daß wir es bemerken. In der Meditation tragen uns zunächst diese und jene Gedanken davon, und wir bleiben lange an ihnen hängen. Mit wachsender Konzentration werden wir uns jedoch inmitten der Gedanken an unseren Atem erinnern. Später können wir die Gedanken schon in dem Augenblick bemerken, in dem sie aufsteigen; oder wir lassen sie im Hintergrund vorbeiziehen, während wir so gut mit dem Atem verbunden sind, daß wir von ihrer Bewegung gar nicht gestört werden.

Wenn wir weiterpraktizieren, bringt uns die Entwicklung der Konzentration dem Leben immer näher, etwa so, wie man eine Linse schärfer einstellt. Wenn wir Wasser aus einem Teich in ein Glas füllen, erscheint es klar und ruhig. Doch schon unter dem einfachsten Mikroskop offenbart es sich als

voller Leben und Bewegung. Ebenso werden unser Atem und Körper weniger fest, je tiefer unsere Aufmerksamkeit wird. An jeder Stelle in unserem Körper, an der wir den Atem spüren, erwacht Leben, vibrierend, sich bewegend, fließend. Die beständige Kraft unserer Konzentration macht uns deutlich, daß jeder Bereich unseres Lebens in Veränderung und im Fließen begriffen ist.
Je geübter wir werden, desto deutlicher wird auch, daß die Konzentration ihre eigenen Zeiten hat. Manchmal sitzen wir da und kommen ohne Schwierigkeiten zur Ruhe. Ein andermal sind Geist und Körper unruhig und angespannt. Wir können jedoch lernen, durch all diese Gewässer zu navigieren. Ist der Geist angespannt, lernen wir, weich zu werden und uns zu entspannen und die Aufmerksamkeit weiträumig zu halten. Ist er schläfrig oder schlaff, lernen wir, uns aufzurichten und mehr Energie einzusetzen. Der Buddha verglich das mit dem Stimmen einer Laute; wenn wir »verstimmt« sind, können wir unsere Energie sanft spannen oder lockern, um die Balance zu finden.
Beim Erlernen der Konzentration hat man das Gefühl, als müsse man immer von vorn beginnen. Aber es war ja nur eine Stimmung, ein Gedanke oder ein Zweifel, der durch unseren Geist wehte. Sobald wir das erkannt haben, können wir wieder loslassen und uns mit dem nächsten Augenblick verbinden. Wir können immer von neuem beginnen. Nach und nach wächst unser Interesse, und unsere Fähigkeit zur Wahrnehmung vertieft sich; dann öffnen sich weitere Schichten der meditativen Erfahrung. Wir erleben wechselnde Zustände – Perioden des tiefen Friedens und der Kraft, wie ein großes Schiff, das unbeirrt über das Meer fährt, und kurze Zeit später sind wir schon wieder abgelenkt oder in Gedanken verloren. Konzentration vertieft sich spiralförmig; immer wieder kehren wir zum Objekt unserer Meditation zurück und lernen jedesmal mehr über die Kunst des inneren Lauschens. Wenn wir sehr sorgfältig lauschen, nehmen wir ständig neue Aspekte unseres Atems wahr. Ein burmesischer Lehrer verlangt von seinen Schülern, ihm täglich etwas Neues über ihren Atem zu berichten, selbst wenn sie schon seit Jahren meditiert haben.

Achten Sie darauf, ob es zwischen den Atemzügen eine Pause gibt. Wie fühlt es sich an, wenn der Atem ansetzt? Wie ist es beim Ende des Einatmens? Welcher Raum entsteht, wenn das Ausatmen beendet ist? Wie fühlt sich der Atemimpuls an, bevor der Atem wieder neu ansetzt? Wie spiegelt der Atem Ihre Stimmungen?

Wenn wir anfangen, dem Atem nachzuspüren, erscheint er zunächst nur wie eine einzige kleine Bewegung; doch in dem Maße, in dem wir die Kunst der Konzentration entwickeln, können wir hundert Aspekte im Atem spüren: die subtilsten Empfindungen, die Variationen seiner Länge, die Temperatur, das Ausdehnen, das Zusammenziehen, das leise Kribbeln, das ihn begleitet, sein Echo in verschiedenen Bereichen des Körpers und vieles mehr.

Vergessen Sie nicht, daß wir ein Hündchen nicht nur erziehen, sondern es gleichzeitig auch zum Freund gewinnen wollen. Gleicherweise sollten wir so praktizieren, daß wir Geist und Körper als Freunde betrachten. Selbst das Umherwandern unseres Geistes können wir mit freundlichem Interesse, sogar mit Neugier in unsere Praxis miteinbeziehen. Dabei können wir feststellen, wie er sich bewegt. Der Geist produziert Wellen. Unser Atem ist eine Welle, die Empfindungen unseres Körpers sind Wellen. Wir brauchen nicht gegen Wellen kämpfen. Wir können einfach feststellen: »Hier ist eine Welle von Erinnerungen, die drei Jahre zurückliegen«, »Hier ist die Welle der Zukunftsplanung«; und dann ist es Zeit, uns wieder mit der Welle des Atems zu verbinden. Es bedarf der Freundlichkeit und des liebevollen Verständnisses, um die Kunst der Konzentration zu vertiefen. Es ist nicht möglich, lange Zeit ganz gegenwärtig zu sein, ohne daß man wirklich sanft wird, sich im Körper niederläßt und zur Ruhe kommt. Jede andere Art von Konzentration, die man mit Gewalt und durch Anspannung erzwungen hat, wird nur sehr kurzlebig sein. Die innere Einstellung oder der Geist, in dem wir unsere Meditation praktizieren, hilft uns vielleicht mehr als alles andere. Was wir brauchen, ist eine Haltung der Beharrlichkeit und Hingabe, verbunden mit grundlegender Freundlichkeit. Es bedarf der Bereitschaft, uns immer wieder auf das zu beziehen, was tatsächlich da ist, mit heiterem Herzen und einem Sinn für Humor. Wir wollen nicht, daß die Erziehung des Hündchens eine allzu ernste Angelegenheit wird.

Die christlichen Wüstenväter erzählen die Geschichte von einem Anfänger, dessen Meister von ihm verlangt hatte, daß er drei Jahre lang jedem Geld geben sollte, der ihn beleidigte. Als diese Zeit vorüber war, sagte der Meister: »Jetzt kannst Du nach Alexandria gehen und wahrhaftig Weisheit erlernen.« Als der Schüler nach Alexandria kam, begegnete er einem Weisen, dessen Lehrmethode darin bestand, daß er am Stadttor saß und jeden beschimpfte, der kam und ging. Natürlich beschimpfte er auch diesen Schüler, der daraufhin schallend lachte. »Warum lachst du, wenn ich dich beleidige?« fragte der Weise. »Weil ich jahrelang für so etwas bezahlt habe«, erwiderte der Schüler, »und jetzt bekomme ich es von dir umsonst!« »Geh in die Stadt«, sagte der Weise, »sie gehört dir.«
Meditation ist eine Praxis, die uns lehren kann, jedem Augenblick mit Weisheit, Heiterkeit und einem Sinn für Humor zu begegnen. Sie ist eine Kunst des Sichöffnens und des Loslassens und hat nichts mit Aufstauen oder Kämpfen zu tun. Richtig praktiziert, läßt sie selbst inmitten all unserer Frustrationen und Probleme ein bemerkenswertes Gefühl des Getragenseins und einer größeren Lebensperspektive heranwachsen.

Die tägliche Meditationspraxis aufbauen

Wählen Sie einen passenden Platz für Ihre regelmäßige Meditation. Jede Stelle ist recht, an der Sie einigermaßen ungestört sitzen können: eine Ecke in Ihrem Schlafzimmer oder irgendein anderes ruhiges Plätzchen in Ihrer Wohnung. Legen Sie ein Meditationskissen oder einen Stuhl an diese Stelle und arrangieren Sie alles, was nötig ist, um Sie an den Zweck Ihrer Meditation zu erinnern – es sollte ein heiliger und friedlicher Ort für Sie sein. Vielleicht möchten Sie einen einfachen kleinen Altar gestalten, mit Blumen darauf oder einem sakralen Bild oder Ihren spirituellen Lieblingsbüchern. Gönnen Sie sich die Freude, diesen Platz zu gestalten.

Entscheiden Sie sich dann für eine regelmäßige Zeit der Praxis, die in Ihren Tagesplan paßt und Ihnen entspricht. Wenn Sie ein Morgenmensch sind, ist es vielleicht gut, wenn Sie vor dem Frühstück meditieren. Falls Ihnen der Abend besser paßt, versuchen Sie es zuerst einmal damit. Sitzen Sie am Anfang zehn bis zwanzig Minuten am Stück. Später können Sie länger und öfter sitzen. Die tägliche Meditation kann etwas so Normales werden wie Duschen oder Zähneputzen. Sie ist eine regelmäßige Reinigung und Beruhigung für Herz und Geist.

Nehmen Sie auf dem Sitzkissen oder auf dem Stuhl eine aufrechte Haltung ohne Anspannung ein. Ihr Körper sollte sich fest in Erde verankert fühlen. Ihre Hände ruhen locker auf den Oberschenkeln oder im Schoß, Ihre Augen sind sanft geschlossen, Ihr Herz ist ruhig. Spüren Sie zuerst in Ihrem Körper nach und lockern Sie bewußt jede Anspannung. Lassen Sie Ihre gewohnheitsmäßigen Gedanken los. Richten Sie Ihre Aufmerksamkeit auf die Empfindungen Ihres Atems. Atmen Sie ein paarmal tief, um festzustellen, wo Sie Ihren Atem am besten spüren können – als kühlen Strom oder leises Kribbeln in der Nase oder im Hals, als Bewegung in der Brust oder als Heben und Senken des Bauches. Lassen Sie Ihren Atem dann ganz natürlich fließen. Spüren Sie den Empfindungen Ihres natürlichen Atems sorgfältig nach, und entspannen Sie sich bei jedem Atemzug. Nach ein paar Atemzügen wird Ihr Geist wahrscheinlich zu schweifen beginnen. Sobald Sie es bemerken, sei es nach kürzerer oder längerer Zeit, gehen Sie einfach zum nächsten Atemzug zurück. Bevor Sie zurückkehren, können Sie sich bewußtmachen, wo Sie waren, und das mit einem Wort wie »Denken«, »Schweifen« oder »Hören« abhaken. Danach wenden Sie sich freundlich und direkt dem nächsten Atemzug zu. Später werden Sie in der Lage sein, mit jenen Dingen zu arbeiten, zu denen Ihr Geist Sie führt, doch am Anfang Ihres Meditationstrainings ist es am besten, sie einfach mit einem Wort zu benennen und zum Atem zurückzukehren.

Lassen Sie die Veränderungen in Ihrem Atemrhythmus zu; lassen Sie ihn kurz, lang, schnell, langsam, heftig oder gelassen sein. Bringen Sie sich zur Ruhe, indem Sie sich mit dem Atem entspannen. Wenn der Atem sanft wird, lassen Sie mit ihm auch Ihre Aufmerksamkeit sanft und sorgfältig werden.

Holen Sie sich selbst freundlich tausendmal zurück, gerade so, wie Sie ein Hündchen erziehen. In den Wochen und Monaten dieser Praxis werden Sie nach und nach lernen, sich mit Hilfe des Atems zur Ruhe zu bringen und zu sammeln. Manches Mal gehen Sie im Kreis herum, und manchmal gibt es stürmische oder klare Tage. Lassen Sie es sein, wie es ist. Dann stellen Sie, wenn Sie in die Tiefe lauschen, fest, daß der Atem Ihnen hilft, Körper und Geist zu besänftigen und miteinander in Verbindung zu bringen.
Die Arbeit mit dem Atem ist eine ausgezeichnete Basis für die übrigen Meditationen, die in diesem Buch vorgestellt werden. Nachdem Sie eine gewisse Ruhe und Geschicklichkeit entwickelt und eine Verbindung mit Ihrem Atem hergestellt haben, können Sie die Meditation ausdehnen und das Gewahrsein und Heilen aller Ebenen Ihres Körpers und Geistes miteinbeziehen.

Gehmeditation

Ebenso wie die Atemmeditation ist auch die Gehmeditation eine einfache und allgemeingültige Praxis zur Entwicklung von Ruhe, Verbundensein und Achtsamkeit. Man kann sie regelmäßig vor oder nach der Sitzmeditation praktizieren, oder jederzeit auch als Praxis für sich, beispielsweise nach einem geschäftigen Arbeitstag oder an einem gemütlichen Sonntagmorgen. Die Kunst der Gehmeditation bedeutet: beim Gehen ganz da sein und die natürliche Bewegung des Gehens dazu benützen, Achtsamkeit und wache Präsenz zu schulen.
Wählen Sie einen ruhigen Ort in Ihrer Wohnung oder draußen, wo Sie jeweils etwa dreißig Schritte hin und her gehen können. Stellen Sie sich zunächst am einen Ende dieses vorgesehenen Weges hin, die Füße fest im Boden verankert. Lassen Sie die Hände locker hängen. Schließen Sie kurz die Augen, sammeln Sie sich und spüren Sie, wie Sie auf der Erde stehen. Nehmen Sie den Druck an den Fußsohlen und alle übrigen natürlichen Empfindungen beim Stehen

wahr. Öffnen Sie dann die Augen und seien Sie präsent und wach. Beginnen Sie, langsam zu gehen. Gehen Sie mit einem Gefühl der Heiterkeit und Würde. Achten Sie auf Ihren Körper. Spüren Sie bei jedem Schritt, wie Sie Fuß und Bein anheben; spüren Sie, wie Sie den Fuß auf die Erde stellen.

Entspannen Sie sich und gehen Sie locker und natürlich. Spüren Sie achtsam jeden Schritt. Machen Sie eine kleine Pause am Ende des Weges. Sammeln Sie sich, drehen Sie sich sorgfältig um und halten Sie wieder inne, so daß Sie den ersten Schritt auf dem Weg zurück bewußt wahrnehmen können. Versuchen Sie es mit verschiedenen Geschwindigkeiten; die geeignetste ist diejenige, in der es Ihnen am besten gelingt, gegenwärtig zu sein.

Gehen Sie zehn oder zwanzig Minuten oder auch länger hin und her. Wie beim Atmen im Sitzen, wird Ihr Geist auch beim Gehen viele, viele Male abschweifen. Sobald Sie es bemerken, bezeichnen Sie sanft, wo er gewesen ist: »Wandern«, »Denken«, »Hören«, »Planen«. Kehren Sie dann zurück, und spüren Sie den nächsten Schritt. Wieder werden Sie tausendmal zurückkommen müssen. Ob Sie eine Sekunde oder zehn Minuten lang abwesend waren – registrieren Sie einfach, wo Sie gewesen sind, und kommen Sie zurück, um mit dem nächsten Schritt wieder ganz hier und jetzt, wach und lebendig zu sein.

Nach einiger Übung werden Sie lernen, mit Hilfe der Gehmeditation zur Ruhe zu kommen und sich zu sammeln. Dann können Sie die Gehmeditation auch in nichtformaler Weise anwenden, etwa wenn Sie einkaufen gehen oder auf dem Weg zum Bus. Sie können lernen, das Gehen selbst zu genießen, anstatt dabei ständig zu denken und zu planen, und auf diese einfache Weise wirklich präsent sein. So verbinden Sie Körper, Herz und Geist auf dem Weg durch Ihr Leben.

Teil II
Versprechungen und Gefahren

6

Stroh in Gold verwandeln

Ein spirituelles Leben bringt diverse Schwierigkeiten mit sich, ebenso, wie ein ganz normales Leben Schwierigkeiten mit sich bringt; der Buddha nannte dies das unvermeidliche Leiden an der Existenz. In einem spirituell ausgerichteten Leben können diese unvermeidlichen Schwierigkeiten jedoch zur Quelle unseres Erwachens werden und dazu dienen, unsere Weisheit, unsere Geduld, unsere Ausgeglichenheit und unser Mitgefühl zu vertiefen. Ohne diese Orientierung schleppen wir uns einfach mit unserem Leiden dahin, wie ein Ochse mit seiner schweren Last.

Wie das Mädchen im Märchen vom Rumpelstilzchen, das in einem Raum voller Stroh eingesperrt ist, erkennen wir oft nicht, daß all das scheinbare Stroh um uns herum nichts anderes ist als Gold. Es ist das grundlegende Prinzip des spirituellen Lebens, daß gerade unsere Probleme zum Material werden, aus dem wir Weisheit und Liebe gewinnen können.

Mit einer ganz kleinen Portion spiritueller Praxis haben wir nun bereits schon die Notwendigkeit erkannt, daß wir uns heilen und den Krieg beenden müssen, daß wir uns selbst dazu erziehen müssen, geistig gegenwärtig zu sein. In dem Maße, in dem wir bewußter werden, können wir die unvermeidlichen Widersprüche des Lebens deutlicher erkennen – den Schmerz und die Kämpfe, die Freuden und die Schönheit, das unumgängliche Leiden, die Sehnsüchte, das ganze unstete Spiel von Freud und Leid, aus dem die menschliche Erfahrung besteht.

Wenn wir einem echten Praxispfad folgen, haben wir den Eindruck, daß sich unser Leiden verstärkt, da wir uns nicht mehr vor ihm oder vor uns selbst verstecken. Wenn wir nicht mehr die alten Gewohnheiten von Illusion und Flucht ausagieren, sind wir mit den tatsächlichen Problemen und Widersprüchen unseres Lebens konfrontiert.

Ein echter spiritueller Weg weicht den Schwierigkeiten oder Fehlern nicht aus, sondern führt uns vielmehr zur Kunst, unsere Fehler mit wachem Geist zu begehen und sie der verwandelnden Kraft unseres Herzens auszusetzen. Wenn wir uns an die Arbeit machen, lieben zu lernen, aufzuwachen und frei zu werden, sind wir unweigerlich mit unseren eigenen Begrenzungen konfrontiert. Wir betrachten unser Inneres und sehen immer deutlicher unsere bisher unerforschten Konflikte und Ängste, unsere Schwächen und Verwirrung. Es kann recht schwer sein, das mitansehen zu müssen. Trungpa Rinpoche beschrieb den spirituellen Fortschritt vom Standpunkt des Ich aus als »Kränkung über Kränkung«.

So betrachtet mag uns unser Leben als eine einzige Aneinanderreihung von Fehlern erscheinen. Man könnte sie auch »Probleme« oder »Herausforderungen« nennen, aber »Fehler« ist in mancher Hinsicht zutreffender. Ein berühmter Zen-Meister beschrieb die spirituelle Praxis tatsächlich als »ein Fehler nach dem anderen«; das heißt, daß wir eine Gelegenheit nach der anderen bekommen, um zu lernen. Es sind gerade die Schwierigkeiten, Fehler und Irrtümer, aus denen wir wirklich lernen. Leben bedeutet von einem Irrtum zum nächsten gehen. Es bringt große Erleichterung, wenn wir das verstehen, und macht es uns möglich, uns selbst und anderen zu vergeben; wir lernen, gelassener mit den Schwierigkeiten des Lebens umzugehen.

Doch wie gehen wir üblicherweise mit ihnen um? Wenn in unserem Leben Schwierigkeiten auftauchen, reagieren wir darauf mit Schuldgefühlen oder Schuldzuweisungen, mit Frustration oder mit dem Selbstvorwurf, versagt zu haben, und dann versuchen wir, über diese Gefühle hinwegzugehen, sie so schnell wie möglich loszuwerden und uns wieder etwas Angenehmerem zuzuwenden.

Wenn wir uns in der Meditation zur Ruhe bringen, wird unsere gewohnheitsmäßige Art, auf Schwierigkeiten zu reagieren, noch viel offensichtlicher. Doch anstatt automatisch den Schuldigen zu suchen, haben wir nun die Möglichkeit, unsere Schwierigkeiten genau anzuschauen. Es gibt zwei Arten von Schwierigkeiten. Bei manchen handelt es sich ganz eindeutig um Probleme, die man lösen muß, um Situationen, die ein mitfühlendes Handeln und ein direktes Eingreifen erfordern. Doch bei weitem mehr Probleme schaffen wir uns selbst, indem wir alles daran setzen, das Leben anders hinzubiegen, als es ist, oder indem wir uns so sehr in unserem eigenen Standpunkt verfangen, daß wir den Blick für eine weitere, klarere Perspektive verlieren.

Im allgemeinen sind wir der Meinung, es seien stets äußere Umstände an unseren Schwierigkeiten schuld. Benjamin Franklin sagte dazu:

Unsere begrenzte Perspektive, unsere Hoffnungen und Befürchtungen sind unser Maßstab für das Leben, und wenn die Umstände nicht unseren Vorstellungen entsprechen, werden sie zu unseren Problemen.

Ich kenne einen buddhistischen Schriftsteller, der vor vielen Jahren unter der Leitung eines bekannten tibetischen Lehrers zu praktizieren begann. Dieser Schriftsteller hatte wenig Ahnung von Meditation, doch nach einigen ersten Unterweisungen war er davon überzeugt, daß Erleuchtung genau das Richtige für ihn sei. Mit ein paar Büchern über Meditation und genügend Nahrungsmitteln für sechs Monate ausgerüstet, zog er sich in eine Hütte in den Bergen von Vermont zurück. Er nahm an, daß er nach einem halben Jahr wohl ein gewisses Feeling in Sachen Erleuchtung haben würde. Zu Beginn seines Retreats fand er den Wald und die Einsamkeit ganz wunderbar; aber schon nach ein paar Tagen hatte er das Gefühl, verrückt zu werden. Er saß den ganzen Tag und meditierte eifrig, aber sein geschäftiger Geist hielt partout nicht inne. Nicht nur, daß dieser Geist dachte und dachte, Pläne schmiedete und ständig Erinnerungen hervorholte – viel schlimmer: er sang! Dieser Mann hatte ein wunderschönes Plätzchen für seine »Erleuchtung« ausgesucht. Die Hütte lag direkt am Ufer eines munteren Flusses. Das Glucksen und Blubbern des Wassers gefiel ihm am ersten Tag ganz ungemein, doch nach kurzer Zeit änderte sich das. Jedesmal, wenn er sich hinsetzte und die Augen schloß, hörte er die Geräusche des Flusses, und sein Geist stimmte augenblicklich mit ein und produzierte stramme Marschlieder. Einmal wurde es so schlimm, daß er aufstand, zum Fluß hinunterging und die Gesteinsbrokken im Wasser zu verschieben versuchte, um den Rhythmus zu ändern!

Wir verhalten uns in unserem Leben oft ganz ähnlich. Wenn es Schwierigkeiten gibt, projizieren wir unsere Frustration nach außen, als seien unsere Kinder, der Regen, die Außenwelt die Ursache unseres Unbehagens. Wir meinen, wir müßten nur die Welt ändern, dann seien wir glücklich. Aber wir finden Glück und Erwachen nicht dadurch, daß wir Steine verrücken, sondern dadurch, daß wir unsere Beziehung zu ihnen ändern.

Im tibetischen Buddhismus lernen alle Anfänger eine Praxis, die man »Schwierigkeiten in den Pfad verwandeln« nennt. Das bedeutet, daß wir bewußt all unser Leiden, die schmerzhaften Probleme unseres Lebens, die Kämpfe in uns und um uns als Grundlage verwenden, um unsere Geduld und unser Mitgefühl zu kultivieren, um größere Freiheit zu entwickeln und unsere wahre Buddha-Natur freizusetzen. Schwierigkeiten gelten als derart kostbar, daß in einer tibetischen Rezitation, mit der man die Meditationspraxis einleitet, tatsächlich darum gebeten wird:

Mögen mir auf diesem Weg angemessene Schwierigkeiten und Leiden widerfahren, so daß mein Herz erwachen und meine Praxis der Befreiung und des allumfassenden Mitgefühls in Wahrheit Erfüllung finden möge.

Sehr oft enthalten gerade diejenigen Situationen, die uns mit unseren größten Schwierigkeiten und Begrenzungen konfrontieren, die beste Inspiration für unseren Mut.

Milarepa war ein berühmter tibetischer Yogi, der in seiner Jugend durch den Gebrauch okkulter Kräfte vielen Menschen schadete. Als er später einen echten Lehrer fand, verlangte ihm dieser ungeheuer viel Arbeit ab – und zwar ohne okkulte Kräfte. Ein Haus nach dem anderen mußte Milarepa mit seinen eigenen Händen aufbauen und dann Stein um Stein wieder abreißen. Dabei lernte er, geduldig, bescheiden und dankbar zu sein. Diese gewaltigen Schwierigkeiten bereiteten ihn darauf vor, die höchsten Lehren zu empfangen und zu verstehen.

Mein eigener Lehrer Achaan Chah nannte dies »gegen den Strich praktizieren«. So schickte er zum Beispiel ängstliche Mönche auf den Friedhof, um dort die ganze Nacht lang zu meditieren, wenn er das Gefühl hatte, daß sie reif dafür waren; verschlafene Mönche bekamen mit Sicherheit die Aufgabe zugeteilt, morgens um drei Uhr mit der Glocke durch das ganze Kloster zu ziehen und alle aufzuwecken.

Doch auch ohne sie zu suchen oder sie verpaßt zu bekommen, werden wir keinen Mangel an Schwierigkeiten haben! Es verlangt viel Mut und Herzensstärke, mit ihnen zu arbeiten. Castanedas Don Juan sagt:

Nur als (spiritueller) Krieger kann man auf dem Pfad des Wissens standhalten. Ein Krieger kann sich über nichts beklagen und nichts bedauern. Sein Leben ist eine endlose Herausforderung, und Herausforderungen sind nicht gut oder schlecht. Herausforderungen sind einfach Herausforderungen. Der grundlegende Unterschied zwischen einem gewöhnlichen Menschen und einem Krieger liegt darin, daß ein Krieger alles als Herausforderung sieht, während ein gewöhnlicher Mensch alles als Segen oder Fluch betrachtet.

In jedem Leben gibt es Zeiten und Situationen großer Schwierigkeiten, die unseren Lebensmut auf die Probe stellen. Manchmal sind wir mit dem Leiden oder der Krankheit eines geliebten Kindes oder Elternteils konfrontiert. Manchmal betrifft der Verlust die Familie, die Karriere, das Geschäft. Manchmal geht es einfach um unsere Einsamkeit, unsere Verwirrung, unsere Sucht, unsere Angst. Manchmal sind wir gezwungen, unter sehr unerfreulichen Bedingungen oder mit sehr schwierigen Menschen zu leben.

Eine Praktizierende, die seit fünf Jahren meditierte, hatte ständig Probleme mit ihrer Meditationspraxis, mit ihren Beziehungen und in ihrem Beruf. In der Meditation erlebte sie gelegentlich Augenblicke der Ausgeglichenheit, hatte auch diverse Einsichten, aber nie fand sie wirklich zu tieferer innerer Stille. Sie wehrte sich heftig gegen jede Meditation der Herzenswärme, empfand sie als frustrierend und künstlich. Dann wurde ihr jüngerer Bruder bei einem Autounfall schwer verletzt. Sie fuhr heim, um zu helfen, und geriet mitten in einen fürchterlichen Streit zwischen ihren geschiedenen Eltern, die bis zu diesem Unfall acht Jahre lang so gut wie nicht mehr miteinander geredet hatten. Der Bruder schwebte zwischen Leben und Tod, und die Situation zwischen ihren Eltern verbesserte sich ebenfalls nicht. Nach jedem ihrer täglichen Besuche im Krankenhaus versuchte die junge Frau, daheim in ihrem früheren Zimmer zu meditieren. Sie saß auf ihrem Sitzkissen und weinte über ihren Bruder, über ihre Eltern und über ihren eigenen Schmerz. Eines Abends kam sie mit geröteten Augen aus ihrem Zimmer, und die Eltern fragten, was mit ihr los sei. Sie brach in Tränen aus und sagte schluchzend, wie viel Leid sich in ihrer Familie angestaut habe und wie schlimm es doch für sie alle sei. Dieser Ausbruch nützte zwar nicht viel, doch ihre Eltern schränkten wenigstens aus Scham ihre Streitereien ein wenig ein. Nach und nach ging es ihrem Bruder besser. Erleichtert fuhr sie nach Hause zurück. Am ersten Tag, als sie wieder in ihrer Wohnung meditierte, kamen ihr erneut die Tränen, diesmal angesichts der Erkenntnis, wie isoliert sie lebte und wie sehr sie sich verhärtet hatte. Sie versuchte es mit einer Praxis der Herzenswärme und des Vergebens, und plötzlich wurde ihr Herz von Mitgefühl für alle Menschen überflutet, mit denen sie zu tun hatte. Nach dieser Öffnung veränderte sich alles in ihrem Leben – ihre Meditation, ihre Berufsarbeit, ihre Beziehungen.

Gerade durch Schwierigkeiten können wir etwas über die wahre Kraft unserer Praxis erfahren. In diesen Zeiten sind Klarheit, Liebe und die Fähigkeit des Vergebens, die wir entwickelt haben, unsere wichtigste Hilfsquelle. Bei solchen Gelegenheiten ist unsere spirituelle Praxis wie Balsam auf die Wunden unseres Herzens. Den gewaltigen Kräften der Begierde, des Hasses, der Angst und Ignoranz, auf die wir dabei stoßen, können wir dann mit dem ebenso großen Mut unseres Herzens begegnen.

Diese Kraft des Herzens kommt aus dem Wissen, daß das Leiden Teil des größeren Leidens ist, das alle Wesen miteinander teilen. Es ist nicht allein nur »unser« Schmerz, sondern *der* Schmerz, und wenn wir dies erkennen, erwacht unser allumfassendes Mitgefühl. Auf diese Weise öffnet das Leiden unser Herz. Mutter Teresa nennt das »Christus in seinem schmerzhaften Kleid begegnen«. Inmitten der entsetzlichsten Schwierigkeiten erkennt sie das Spiel des Göttlichen, und im Dienst an den sterbenden Armen entdeckt sie Jesu Barmherzigkeit. Ein alter tibetischer Lama, der achtzehn Jahre lang in einem chinesischen Gefängnis verbracht hat, erklärte, daß er seine Gefängniswärter und Folterknechte als seine größten Lehrer betrachtet habe. Dort, so sagte er, habe er das Mitgefühl des Buddha erlernt. Aus dieser Geisteshaltung heraus bezeichnete der Dalai Lama die kommunistischen Chinesen, die sein Land überfallen und zerstört haben, als »meine Freunde, der Feind«.

Welche Freiheit liegt in dieser Haltung! Es ist die Kraft des Herzens, alle schwierigen Umstände anzunehmen und sie in das Gold der Befreiung zu verwandeln. Das ist die Frucht der echten Praxis. Diese Freiheit und Liebe sind die Erfüllung des spirituellen Lebens, sein wahres Ziel. Der Buddha sagte:

Ebenso wie die großen Meere nur einen einzigen Geschmack haben, den Geschmack des Salzes, so haben auch alle wahren Wege nur einen Geschmack, den Geschmack der Freiheit.

Diese Freiheit erwächst aus unserer Fähigkeit, mit jeder auftretenden Energie oder Schwierigkeit umzugehen. Es ist die Freiheit, uns mit geistiger Klarheit in alle Bereiche des Lebens zu begeben, in die schönen und in die schmerzhaften, in Bereiche des Krieges und Bereiche des Friedens. Diese Freiheit finden wir nicht an einem anderen Ort oder in einer anderen Zeit, sondern jetzt, in diesem augenblicklichen Leben. Wir brauchen auch nicht auf Augenblicke extremer Schwierigkeiten warten, um diese Freiheit zu erleben. Sie läßt sich viel besser in unserem täglichen Leben kultivieren.

Wir können diese Freiheit in unserem Alltag finden, wenn wir ihn als ständige Praxissituation begreifen. Wenn wir den alltäglichen Schwierigkeiten begegnen, sollten wir uns fragen: Betrachten wir sie als Fluch, als schicksalhaftes Unglück? Verdammen wir sie? Laufen wir vor ihnen weg? Befürchten wir, von ihnen überwältigt zu werden? Wie können wir mit den Reaktionen arbeiten, die wir in uns selbst entdecken?

Oftmals sehen wir nur zwei Möglichkeiten, mit unseren Problemen umzugehen. Die eine ist, sie zu unterdrücken, zu verleugnen und zu versuchen, unser Leben nur mit Licht, Schönheit und idealen Gefühlen zu erfüllen.

Doch wir müssen feststellen, daß das auf längere Sicht nicht hilft, denn was wir auf der einen Seite niederdrücken, kommt auf der anderen wieder hoch. Wenn wir Gedanken unterdrücken, können daraus Geschwüre entstehen, und wenn wir Probleme in unserem Körper festhalten, wird unser Geist wild oder er erstarrt, angefüllt mit unbearbeiteten Ängsten. Die zweite Strategie ist das Gegenteil – allen Reaktionen freien Lauf lassen. Auch das wird zum Problem, denn wenn wir alle Gefühle ausagieren, die hochkommen, verstärkt dies unsere gewohnheitsmäßigen Reaktionen, bis sie ärgerlich, schmerzhaft, verwirrend, widersprüchlich und schließlich übermächtig werden.

Was bleibt noch übrig? Die dritte Möglichkeit ist die Kraft unseres wachen und aufmerksamen Herzens. Wir können diese Kräfte, diese Schwierigkeiten annehmen und sie in unsere spirituelle Praxis miteinbeziehen.

In der Alchemie ist die Rede davon, wie man aus Blei Gold macht; ebenso können wir unsere bleiernen Schwierigkeiten des Körpers, des Herzens oder des Geistes in das Zentrum unserer Praxis stellen. Diese Aufgabe ist im allgemeinen nicht das, was wir uns wünschen, aber es bleibt uns nichts anderes übrig. Keine noch so große Menge Meditation, Yoga, Diät oder analytische Betrachtung wird dazu führen, daß alle unsere Probleme verschwinden; doch wir können sie in unsere Praxis verwandeln, bis sie uns Schritt um Schritt auf unserem Weg voranführen.

Das Ergebnis illustriert die traditionelle Geschichte vom Baum mit den giftigen Früchten. Einige Leute sehen nur die Gefahr, die er bietet, und sagen: »Wir müssen ihn fällen, bevor jemand von seinen giftigen Früchten ißt.« Das entspricht dem ersten Impuls, wenn wir es mit Aggression, Zwang, Gier oder Angst zu tun haben, wenn wir mit Streß, Verlust, Konflikten, Depression oder Kummer in uns selbst oder anderen konfrontiert sind.

Andere, die sich schon länger auf dem spirituellen Weg befinden, reagieren auf den giftigen Baum nicht mit Aversion. Sie haben erkannt, daß sich der Raum des Lebens nur öffnet, wenn man tiefes, aus dem Herzen kommendes Mitgefühl für alles entwickelt, was uns umgibt. Sie werden also einen Zaun um den Baum ziehen, so daß andere geschützt sind und der Baum dennoch weiterleben kann. Diese zweite Haltung zeigt einen grundlegenden Wechsel des Standpunkts, von Verurteilung und Furcht hin zu Freundlichkeit und Mitgefühl. Dann gibt es eine dritte Art von Reisenden auf dem Pfad, die noch tiefer mit ihrem spirituellen Leben verbunden sind. Solch eine Person wird sagen: »Oh, ein giftiger Baum. Ausgezeichnet! Genau das, was ich gesucht habe.« Sie wird die giftigen Früchte pflücken, sie genau untersuchen, sie mit anderen Zutaten mischen und das Gift als Medizin verwenden, mit der sich alles Ungesunde in der Welt transformieren läßt. Diese Person hat Achtung und Verständnis entwickelt und sieht die Dinge aus einem ganz anderen Blickwinkel als dem üblichen; auf diese Weise entdeckt man selbst in den größten Problemen einen Wert.

Was auch immer das Leben uns bieten mag, stets haben wir die Chance, in unserem Herzen das Stroh in Gold zu verwandeln. Alles, was wir dazu brauchen, ist liebevolle Aufmerksamkeit und die Bereitschaft, aus Schwierigkeiten zu lernen. Wenn wir die Dinge mit dem Auge der Weisheit betrachten, hören wir auf zu kämpfen, und Probleme können sich als glückverheißend erweisen.

Wenn unser Körper krank ist, können wir darauf horchen, was die Krankheit uns zu sagen hat, anstatt sie zu bekämpfen, und diese Informationen lassen sich für unsere eigene Heilung verwenden. Wenn unsere Kinder jammern oder sich beklagen, befassen wir uns mit ihren tieferen Nöten, anstatt sie wegzuschicken. Wenn wir Probleme mit bestimmten Aspekten unseres Partners haben, fragen wir uns, wie wir mit diesem Anteil in uns selbst umgehen. Schwierigkeiten oder Schwächen weisen uns oft gerade auf das hin, was wir lernen müssen.

In der Meditation ist diese Geisteshaltung überaus wichtig. Ein Praktizierender litt während der Meditation ständig unter Müdigkeit. Er führte ein sehr aktives Leben und war von Natur aus ein agiler Mensch. Als er zu meditieren begann, pflegte er stocksteif gerade zu sitzen, um gegen sein Schlafbedürfnis anzugehen und es abzuwehren. Nach Monaten des Kämpfens wurde ihm klar, daß er sich selbst bekämpfte. Also ließ er seine Müdigkeit zu. Aber dadurch besserte sich nichts; bei jeder Meditation überfiel ihn das Schlafbedürfnis von neuem. Schließlich untersuchte er die Sache genauer; und diesmal ging er mit Klarheit und Mitgefühl an seine Situation heran. Es begann ein langer und umfassender Prozeß. Er erkannte, daß einfach sein Körper müde war. Dauernd war er mit irgend etwas Wichtigem beschäftigt und hatte nie genügend Ruhe. Dann wurde ihm klar, daß er Angst davor hatte, sich Ruhe zu gönnen. Ruhe bedrohte ihn; er wußte nicht, was er mit sich anfangen sollte, wenn er nicht aktiv war. Schließlich entdeckte er eine Stimme in sich (einst seines Vaters Stimme, jetzt seine eigene), die ihm erklärte, er sei faul. Er erkannte, daß diese Stimme oft da war und daß er ihr glaubte; deshalb durfte er sich nie Ruhe gönnen. Nun sah er die Schwäche in seiner ständigen Aktivität und hatte das tiefe Bedürfnis, endlich damit aufzuhören. Er betrachtete sein Leben in ganz neuem Licht.

Im Laufe eines Jahres wurde er zunehmend ruhiger. Sein täglicher Lebensablauf änderte sich völlig. Er lernte, daß Inaktivität nicht gleichbedeutend mit Faulheit ist. Er entdeckte, daß so einfache Dinge wie Musikhören, Spazierengehen und mit Freunden reden ein Gefühl von Frieden und Zufriedenheit mit sich bringen. In seiner endlosen Geschäftigkeit hatte er Erfüllung und Wohlbefinden immer außerhalb seiner selbst gesucht, doch es lag die ganze Zeit in ihm selbst bereit, wie das in Blei gebannte Gold, das nur auf seine Verwandlung wartete.

Oft läßt sich aus unseren scheinbaren Schwächen lernen, neue Wege zu finden. All das, was wir gut können und die Basis für unsere größte Selbstsicherheit liefert, kann zur Gewohnheit werden und ein Gefühl vermeintlicher Sicherheit vermitteln. Das jedoch ist nicht der Bereich, in dem sich unser spirituelles Leben am besten entwickelt und öffnet. Wenn unsere Stärke darin liegt, die Dinge genau zu durchdenken, sind Gedanken nicht unsere besten spirituellen Lehrer. Wenn wir dazu neigen, unseren starken Gefühlen zu folgen, sind Gefühle nicht das, woraus wir am besten lernen können. Der Bereich in uns, wo wir uns am besten dem Geheimnis des Lebens öffnen können, liegt in dem, was wir nicht gut können, womit wir uns herumschlagen und wo wir verletzlich sind. Gerade hier müssen wir uns ergeben und loslassen. Wenn wir unsere Verletzlichkeit zulassen, kann Neues in uns entstehen. Wenn wir das Unbekannte wagen, gewinnen wir ein unmittelbares Gefühl für das Leben selbst. Und zu unserer Verwunderung entdecken wir, daß das, was wir gesucht haben, oft schon da ist, vergraben unter eben diesem Problem und dieser Schwäche. Meditation kann uns zum Beispiel mit einem frei fluktuierenden Verlangen konfrontieren, das viele von uns das ganze Leben lang antreibt. Zuerst wird dieses Verlangen wie ein Gift erscheinen, das wir nach Möglichkeit loszuwerden versuchen. Wenn wir es jedoch genauer untersuchen, finden wir inmitten des Verlangens eine Sehnsucht nach Ganzheit und Verbundenheit. Irgendwie sind wir offenbar fähig, diese Ganzheitlichkeit in uns zu spüren. Demnach ist unser Verlangen eine Spiegelung dieser Fähigkeit. Wenn wir das Verlangen offenlegen und akzeptieren, schließen sich Verlangen und Leerheit zu einer liebevollen Ganzheit zusammen.

Ebenso können wir das Gold in unserem Ärger finden und in unserer Neigung, Urteile zu fällen, denn darin liegt zugleich eine Wertschätzung für Gerechtigkeit und Integrität. Wenn wir mit dem Ärger arbeiten, können wir ihn in brauchbare Medizin verwandeln. In verwandelter Form können unser Ärger und unser Urteilen die Klarheit liefern, zu erkennen, was nützlich ist, was getan werden muß, welche Grenzen gesetzt werden müssen. Sie enthalten immer einen Kern der unterscheidenden Weisheit und des Wissens um Ordnung und Harmonie.

So sind auch Verleugnung und Verwirrung nichts anderes als erfolglose Strategien, die wir einsetzen, um Konflikte zu vermeiden und Frieden zu finden. Wenn wir sie uns bewußtmachen und eingestehen, verwandeln sie sich. Sie können das Ausgangsmaterial zu weiträumiger Akzeptanz sein, in der alle Konfliktimpulse in harmonischem Gleichgewicht gehalten werden. Wenn wir direkt daran arbeiten, ihre Energie zu transformieren, können wir echten Frieden finden.

All unsere Schwierigkeiten enthalten einen Kern von Weisheit, Frieden und Ganzheit. In jeder Aktivität ist das Erwachen möglich. Zunächst spüren wir diese Wahrheit vielleicht nur andeutungsweise; mit zunehmender Praxis wird sie zur lebendigen Wirklichkeit. Unser spirituelles Leben vermag eine Dimension unseres Seins öffnen, in der jeder Mensch, dem wir begegnen, zu einem Lehrer für uns wird, dem Buddha gleich. So kann alles Negative in Gold verwandelt werden. Damit dies geschehen kann, müssen wir unsere

Schwierigkeiten zum Material unserer Praxis machen. Dann wird unser Leben nicht eine ständige Auseinandersetzung mit Erfolg und Versagen sein, sondern ein Tanz des Herzens. Es liegt bei uns selbst.
Es war einmal ein junger, ehrgeiziger Rabbi. Er zog in eine Stadt, in der ein berühmter Meister lebte. Da er keine Schüler fand, beschloß er, den alten Meister in der Öffentlichkeit herauszufordern und auf diese Weise Anhänger zu gewinnen. Er fing einen Vogel ein, verbarg ihn in seiner Hand und postierte sich vor dem alten Meister, der von seinen Schülern umringt war. »Wenn Ihr ein so großer Rabbi seid«, sagte er, »dann werdet Ihr wohl wissen, ob dieser Vogel tot oder lebendig ist.« Er hatte sich folgenden Plan zurechtgelegt: Falls der Meister sagte, der Vogel sei tot, würde er ihn fliegen lassen. Wenn er jedoch sagte, er sei lebendig, würde er schnell seine Faust zudrücken und den toten Vogel präsentieren. So oder so würde der alte Meister bloßgestellt und ganz gewiß Schüler verlieren.
Da stand er also vor dem Meister und seinen Schülern und fragte noch einmal: »Ist der Vogel in meiner Hand tot oder lebendig?« Der Meister saß gelassen da und antwortete: »Nun, mein Freund, das liegt bei dir.«

Meditation: Schwierigkeiten anschauen

Sitzen Sie ruhig, spüren Sie den Rhythmus Ihres Atems, und werden Sie still und empfänglich. Führen Sie sich dann eine Schwierigkeit vor Augen, mit der Sie es in Ihrer spirituellen Praxis oder in Ihrem täglichen Leben zu tun haben. Beobachten Sie, was diese Schwierigkeit in ihrem Körper, in Ihrem Herzen und in Ihrem Geist auslöst. Spüren Sie sorgfältig nach. Stellen Sie nun folgende Fragen, und achten Sie auf die Antworten aus Ihrem Innern:

Wie bin ich bis jetzt mit dieser Schwierigkeit umgegangen?
Wie habe ich unter meiner eigenen Reaktion darauf gelitten?

Was soll ich loslassen?
Inwieweit und nach welchem Maßstab akzeptiere ich das unvermeidliche Leiden, das damit verbunden ist?
Was kann ich daraus lernen?
Welches Gold ist in dieser Situation verborgen?

Wenn Sie in dieser Weise Ihre Schwierigkeiten betrachten, dauert es vielleicht eine Weile, bis alles offengelegt ist und sich Ihr Verständnis entwickelt hat. Lassen Sie sich Zeit. Wie jede Meditationspraxis sollte man auch diese mehrmals wiederholen und jedesmal auf die Antworten aus der Tiefe von Körper, Herz und Geist horchen.

Meditation: Alle Wesen als erleuchtet betrachten

Eine sehr nützliche (und gelegentlich auch humorvolle) traditionelle Betrachtung kann helfen, unsere Beziehung zu unseren Problemen zu ändern. Es ist ganz einfach, die in dieser Meditation verwendete Vorstellung aufzubauen und sie in unserem täglichen Leben anzuwenden.

Stellen Sie sich vor, daß diese Erde ausschließlich von Buddhas bewohnt wird, daß jedes Wesen, dem Sie begegnen, erleuchtet ist – mit einer Ausnahme: Sie selbst! Stellen Sie sich vor, daß alle diese Buddhas da sind, um Sie zu belehren. Jede Person, der Sie begegnen, tut alles nur zu Ihrem Wohle; jegliches Verhalten dient allein nur dazu, Ihnen diejenigen Lehren und Hindernisse zu bieten, die Sie brauchen, um zu erwachen.

Achten Sie darauf, welche Lektionen sie Ihnen erteilen. Danken Sie ihnen im Innern dafür. Praktizieren Sie diese Übung eine Woche oder einen Monat lang; stellen Sie sich immer wieder vor, daß Sie von erleuchteten Lehrern umgeben sind. Beobachten Sie, wie sich dadurch Ihre gesamte Lebensperspektive verändert.

7
Die »Dämonen« benennen

In alten Kulturen lernten die Schamanen, dem, was sie fürchteten, einen Namen zu geben, um Macht darüber zu gewinnen.

Wir haben zwar Bezeichnungen und Rituale für viele der großen Ereignisse in unserem Leben, wie Geburt und Tod, Krieg und Frieden, Hochzeit, Ehe, Abenteuer oder Krankheit; doch oft fehlen uns Benennungen für die inneren Kräfte, die so gewaltig in unserem Herzen und in unserem Leben am Werk sind.

Im letzten Kapitel ging es um das allgemeine Prinzip, Schwierigkeiten zum Material unserer Praxis zu machen. Diese Kräfte zu erkennen und zu benennen, ist eine ganz spezielle und präzise Methode, um mit ihnen zu arbeiten und ein klares Verständnis zu entwickeln. Wir können damit beginnen, all die schönen Zustände zu benennen, die unser Leben bereichern: Freude, Wohlbefinden, Friede, Liebe, Begeisterung, Freundlichkeit. Auf diese Weise würdigen und nähren wir sie. Wenn wir auch die Schwierigkeiten, mit denen wir es zu tun haben, mit Benennungen versehen, fördert dies Klarheit und Verständnis, und ihre gebundene, kostbare Energie kann freigesetzt werden.

Jeder spirituelle Weg hat seine Bezeichnungen für jene Schwierigkeiten, denen wir üblicherweise begegnen. Die Sufis nennen sie *Nafs*. Die christlichen Wüstenväter, die vor nahezu zweitausend Jahren in der ägyptischen und in der syrischen Wüste lebten und praktizierten, nannten sie Dämonen. Einer ihrer Meister, Evagrius, hinterließ einen lateinischen Text, in dem er diejenigen unterwies, die in der Wüste meditierten: »Seid wachsam gegenüber Schlemmerei und Begierde«, warnte er, »und ebenso gegen die Dämonen der Angst und Unsicherheit. Der Mittags-Dämon der Trägheit und des Schlafs kommt jeden Tag nach dem Mittagessen, und der Dämon des Stolzes erhebt sein Haupt gerade dann, wenn ihr die anderen Dämonen bezwungen habt.«

In der buddhistischen Tradition personifiziert man diese Kräfte als Mara (Gott der Dunkelheit). Anfänger werden unausweichlich mit den mächtigen Impulsen der Gier, der Angst, des Zweifels, des Urteilens und der Verwirrung konfrontiert. Auch erfahrene Praktizierende müssen mit diesen Dämonen fertigwerden, doch sie haben gelernt, klarsichtiger und geschickter mit ihnen umzugehen.

Ob es sich um Schwierigkeiten oder angenehme Erfahrungen handelt – der erste Schritt besteht immer darin, ihnen eine wache, bewußte Aufmerksamkeit entgegenzubringen. Wenn wir unsere Erfahrungen aufmerksam wahrnehmen und sie benennen, erhalten wir die Möglichkeit, unser Leben unter die Lupe nehmen und jeden seiner Aspekte, jede anstehende Problematik, zu hinterfragen. Geben Sie einfach jedem Problem, jeder Erfahrung einen Namen, wie der Buddha es angesichts seiner Schwierigkeiten tat. Der Buddha sagte: »Ich kenne dich, Mara.« In seinen Unterweisungen über Achtsamkeit empfahl er den Meditierenden, sich selbst Hinweise wie die folgenden zu geben: »Dies ist ein mit Freude erfüllter Geist«, oder »Dies ist ein mit Ärger erfüllter Geist«; so können wir jeden Zustand wahrnehmen und sein Entstehen und Vergehen beobachten. Im Raum eines solchen Gewahrseins wächst auf ganz natürliche Weise ein tieferes Verständnis heran. Wenn wir dann in der Lage sind, unsere Erfahrung völlig klar wahrzunehmen und sie zu benennen, können wir feststellen, woraus sie entsteht und wie wir geschickter und gründlicher mit ihr umgehen können.

Wie man mit dem Benennen beginnt

Richten Sie beim Sitzen Ihre Aufmerksamkeit auf den Atem. Bestätigen Sie jeden Atemzug mit einer einfachen Benennung: »einatmen, ausatmen«; sagen Sie die Worte sanft im stillen. Das hilft Ihnen, in Verbindung mit dem Atem zu bleiben, so daß Ihr Denken das bewußte Wahrnehmen unterstützen kann, anstatt in irgendeine andere Richtung davonzuwandern. Mit wachsender Geschicklichkeit werden Ihre Wahrnehmung und das Benennen präziser werden, wie »langer Atem«, »kurzer Atem«, »beengter Atem« oder »entspannter Atem«. Mit der Zeit können Sie den Prozeß des Benennens auch auf andere Erfahrungen ausdehnen, die Sie wahrnehmen – auf körperliche Energien und Empfindungen, wie »jucken«, »kitzeln«, »heiß« oder »kalt«. Sie können Gefühle benennen, wie »Angst« oder »Vergnügen«, oder auch Sinneswahrnehmungen und Gedanken, wie »hören«, »planen« oder »Erinnerung«.

Bleiben Sie, während Sie das Benennen praktizieren, mit der Aufmerksamkeit bei Ihrem Atem, sofern nicht eine stärkere Erfahrung auftaucht, die Sie ablenkt. Nehmen Sie diese Erfahrung in Ihre Meditation hinein, lassen Sie sie zu, und benennen Sie sie, solange sie währt, wie »hören, hören, hören« oder »traurig, traurig, traurig«. Wenn sie vorbei ist, kehren Sie wieder zum Benennen des Atems zurück, bis eine neue starke Erfahrung auftaucht. Die Meditation soll einfach bleiben; konzentrieren Sie sich jeweils nur auf eine Sache. Benennen Sie immer das, was im Augenblick im Vordergrund steht, und bleiben Sie des ständig wechselnden Fließens Ihres Lebens gewahr.

Am Anfang wirkt es ziemlich seltsam oder lästig, still zu sitzen und alles zu benennen, und Sie haben vielleicht den Eindruck, als würde diese Praxis mit Ihrer Aufmerksamkeit in Konflikt geraten. Denken Sie daran, das Benennen auf sehr sanfte Weise anzuwenden: fünfundneunzig Prozent Energie für die Wahrnehmung der Erfahrung, fünf Prozent für ein sanftes Benennen im Hintergrund. Wenn Sie diese Methode falsch anwenden, wird sie Ihnen wie ein Knüppel erscheinen oder wie ein Trick, jede unerfreuliche Erfahrung zu verurteilen und wegzujagen. Am Anfang kann es auch geschehen, daß Sie in Verwirrung darüber geraten, welche Benennung Sie verwenden sollen,

und dann blättern Sie möglicherweise angestrengt in Ihrem inneren Wörterbuch, anstatt das wahrzunehmen, was tatsächlich da ist. Aber denken Sie daran: Die Praxis des Benennens ist viel einfacher; es geht ja nur darum, einfach das zu erkennen und bewußt zuzulassen, was da ist.
Bald werden Sie in der Lage sein, die Praxis des Benennens und Untersuchens ganz direkt auf die Schwierigkeiten und Hindernisse anzuwenden, die in Ihrem Leben auftauchen. Die fünf verbreitetsten Schwierigkeiten, die der Buddha als die Haupthindernisse des Gewahrseins und der Klarheit bezeichnet hat, sind Ergreifen, Ärger, Schläfrigkeit, innere Unruhe und Zweifel. Natürlich werden Sie unweigerlich auch noch anderen Hindernissen und Dämonen begegnen und zudem auch noch ganz eigene schaffen. Manchmal werden sie Sie in Scharen attackieren; doch was auch geschehen möge, zuallererst müssen Sie lernen, diese grundlegenden Schwierigkeiten klar und deutlich zu erkennen, sobald sie auftreten.

Habenwollen und Festhalten

Habenwollen und Festhalten sind zwei Namen für die schmerzhaftesten Aspekte des Wünschens. Der Begriff Wunsch hat viele Facetten, deshalb ist es sinnvoll, seine verschiedenen Bedeutungen zu klären. Es gibt Wunsch im positiven Sinn, wie etwa den Wunsch, anderen zu helfen, oder den Wunsch zu erwachen. Und es gibt schmerzhafte Aspekte des Wunsches, in der Form von Verlangen – Sucht, Gier, blinder Ehrgeiz oder unstillbarer innerer Hunger. Durch meditatives Gewahrsein können wir eine Aufmerksamkeit entwickeln, die in der Lage ist, die Arten des Verlangens zu unterscheiden und zu durchschauen. Wie William Blake sagte:
Diejenigen, welche die Pforten des Himmels durchschreiten, sind nicht Wesen, denen keine Leidenschaften eigen sind oder die ihre Leidenschaften an die Kette gelegt haben, sondern jene, die sie wirklich verstanden haben.

Wenn wir damit beginnen, die Dämonen zu benennen, sollten wir unseren Blick zunächst vor allem auf die problematischen Seiten des Verlangens richten – auf den habenwollenden und festhaltenden Geist. Wenn das Habenwollen aufsteigt, erkennen wir es vielleicht zunächst nicht als Dämon, weil wir uns so leicht von ihm ködern lassen. Das Habenwollen ist als Hungergeist personifiziert, ein Geistwesen mit einem riesigen Bauch und einer winzig kleinen Mundöffnung; es kann nie genug essen, um sein unendliches Bedürfnis zu befriedigen. Wenn dieser Dämon auftritt, benennen Sie ihn einfach mit »Habenwollen« oder »Festhalten« und machen sich daran zu untersuchen, wie er seine Macht in Ihrem Leben ausübt. Wenn wir das Habenwollen näher betrachten, spüren wir einen Anteil in uns, der nie zufrieden ist, der immer sagt: »Wenn ich nur *mehr* hätte, das würde mich glücklich machen« – eine andere, bessere Beziehung, eine andere, bessere Arbeit, ein bequemeres Sitzkissen, mehr Kühle, mehr Hitze, mehr Geld, ein bißchen mehr Schlaf gestern Nacht. In der Meditation erhebt sich die Stimme des Habenwollens und sagt: »Wenn ich jetzt nur etwas zu essen hätte, dann ginge es mir gut, und dann könnte ich erleuchtet werden.« Der unbewußte Geist des Verlangens kann sich derart manifestieren, daß man auf dem benachbarten Sitzkissen eine oder einen attraktiven Praktizierenden entdeckt und eine ganze Romanze von Anfang bis Ende imaginiert – den Beginn der Beziehung, die Hochzeit, die Scheidung – und sich eine halbe Stunde später daran erinnert, daß man eigentlich dabei ist zu meditieren. Für den Geist des Habenwollens ist das, was hier und jetzt ist, nie genug.

Das Habenwollen benennen

Wenn wir damit arbeiten, das Habenwollen und Festhalten zu beobachten, ohne es zu verdammen, lernen wir, wie wir diesen Aspekt unserer Natur wahrnehmen können, ohne sein Opfer zu werden. Wir spüren ihm nach, benennen unsere Erfahrung »Hunger«, »Habenwollen«, »Sehnsucht« oder was immer es ist. Benennen Sie es sanft, solange es da ist, alle paar Sekunden, fünfmal oder zehnmal oder zwanzigmal, bis es aufhört. Achten Sie dabei genau darauf, was geschieht: Wie lange hält diese Art des Verlangens an? Wird es zuerst stärker, oder löst es sich einfach auf? Welches Gefühl erzeugt es im Körper? Welche Bereiche des Körpers werden davon beeinflußt – die Gedärme, der Atem, die Augen? Wie wirkt es auf das Herz, auf den Geist? Wie verhalten Sie sich, wenn es da ist: Sind Sie glücklich oder erregt, offen oder verschlossen? Beobachten Sie die Veränderung, die eintritt, sobald Sie es benannt haben. Tritt das Verlangen in der Form des Dämons Hunger auf, geben Sie ihm diesen Namen und stellen fest, wo Sie den Hunger spüren – im Magen, auf der Zunge, im Hals?

Wenn wir genau hinschauen, stellen wir fest, daß das Verlangen Spannung verursacht, daß es wirklich schmerzhaft ist. Wir sehen, wie es aus unserem Gefühl der Sehnsucht, des Getrenntseins und des Unvollständigseins hervorkommt. Wenn wir es noch genauer beobachten, erkennen wir, daß es fließend ist, nicht fest. Dieser Aspekt des Verlangens ist in Wirklichkeit eine Form der Vorstellung und ein Gefühl, das in unserem Körper und Geist ständig kommt und geht. Natürlich kann es gelegentlich sehr real erscheinen. Oscar Wilde sagte: »Ich kann allem widerstehen, außer der Versuchung.« Hat uns das Verlangen erst einmal im Griff, wirkt es wie eine Droge, und wir können nicht mehr klar sehen. In Indien sagt man: »Wenn ein Taschendieb einen Heiligen trifft, sieht er nur dessen Taschen.« Das Verlangen kann uns gewaltig blenden und unsere Wahrnehmungsfähigkeit extrem einengen.

Verwechseln Sie jedoch nicht Verlangen mit Freude. Es ist nichts Falsches daran, sich über angenehme Erfahrungen zu freuen. Angesichts der vielen Schwierigkeiten, mit denen wir es in unserem Leben so oft zu tun haben, ist es wunderschön, sich zu freuen. Doch der habenwollende Geist greift nach der Freude. In unserer Kultur lernt man, daß ein glückliches Leben darin besteht, möglichst schnell nach möglichst vielen erfreulichen Erfahrungen zu greifen. Ein gutes Tennismatch, dann ein leckeres Abendessen, ein netter Film, dann eine herrliche Liebesnacht und tiefer Schlaf, am nächsten Morgen angenehmes Joggen bei schönem Wetter, danach ein nettes Stündchen Meditation, ein ausgezeichnetes Frühstück, und nichts wie los zu einem spannenden Arbeitstag – das bedeutet das Glück, und so soll es bleiben! Die Menschen unserer Gesellschaft sind Weltmeister im Wiederholen dieses Tricks. Aber ist unser Herz damit zufrieden?

Was geschieht, wenn wir das Verlangen erfüllen? Oft bringt dies nur neues Verlangen mit sich. Der ganze Prozeß kann sehr ermüdend sein und ein leeres Gefühl zurücklassen. »Und was mache ich als nächstes? Na gut, das Ganze von vorn.« George Bernard Shaw sagte: »Es gibt zwei große Enttäuschungen im Leben: Nicht bekommen, was man haben möchte – und es bekommen.« Es ist eine endlose Geschichte, denn Frieden kommt nicht daher, daß wir unsere Wünsche erfüllt haben, sondern daher, daß unsere Unzufriedenheit aufhört. Wenn das Verlangen erfüllt ist, gibt es einen Augenblick der Befriedigung; doch er resultiert nicht aus der Freude, sondern daraus, daß das Habenwollen für einen Augenblick aussetzt.

Wenn Sie das Habenwollen benannt und sorgfältig erspürt haben, achten Sie darauf, was geschieht, gleich nachdem es aufgehört hat, und beobachten Sie die Zustände, die darauf folgen. »Habenwollen und Ergreifen« ist ein grundlegendes Thema. Sie werden sehen, wie oft Ihr Verlangen unangebracht ist. Ein sehr offenkundiges Beispiel dafür ist, Essen an die Stelle der ersehnten Liebe zu setzen. Mit Hilfe der Praxis des Benennens bekommen wir ein Gefühl dafür, wie sehr das Verlangen aus unterschwelliger Einsamkeit, Angst oder innerer Leere besteht.

Zu Beginn der spirituellen Praxis wird in vielen Fällen das Habenwollen erst einmal verstärkt. Haben wir einige der Schichten von Ablenkung abgetragen, entdecken wir darunter manchen gewaltigen Drang – nach Essen, nach Sex, nach Kontakt mit anderen; oder vielleicht ist ein mächtiger Ehrgeiz darunter verborgen. Anfänger haben dann oft den Eindruck, daß etwas mit ihrem spirituellen Leben nicht in Ordnung sei; aber dieser Prozeß der Demaskierung des Habenwollens ist unbedingt nötig. Wir müssen es in all seinen Verkleidungen durchschauen lernen, um richtig damit umgehen zu können. Unangemessenes Verlangen kann zu Kriegen führen; es ist der Motor unserer modernen Gesellschaft, und wenn wir uns unwissentlich von ihm führen lassen, sind wir ihm ausgeliefert. Nur wenige haben jemals innegehalten, um das Verlangen zu untersuchen, es unmittelbar zu spüren und eine weise Beziehung dazu zu entwickeln.

Beim Studium der buddhistischen Psychologie stellen wir fest, daß das Verlangen in viele Kategorien unterteilt ist. Grundlegend unterscheidet man schmerzhaftes Verlangen und sinnvolles Verlangen; beide Aspekte entstammen einer neutralen Energie – dem »Willen zur Tat«. Zum schmerzhaften Verlangen gehören Gier, Ergreifen, Mangelgefühl und Sehnsucht. Sinnvolle Wünsche basieren auf demselben Willen zur Tat, doch sind sie von Liebe, Lebensfreude, Mitgefühl, Kreativität und Weisheit gesteuert. Mit zunehmender Entwicklung des achtsamen Gewahrseins lernen wir, ungesundes Verlangen von gesunder Motivation zu unterscheiden. Wir spüren, welche Zustände frei von ungesundem Verlangen sind, und können deshalb viel spontaner und natürlicher leben, ohne inneren Kampf oder Ehrgeiz. Wenn uns das ungesunde Verlangen nicht mehr im Griff hat, wächst unsere Fähigkeit des Verstehens, und die steuernden Kräfte unseres Lebens sind gesunde Leidenschaft und Mitgefühl.

Einer meiner Lehrer, ein alter Mann, sagte einmal: »Das Problem mit dem Verlangen liegt darin, daß du nicht gründlich genug verlangst! Warum nicht alles verlangen? Du willst das nicht haben, was du hast, und du willst haben, was du nicht hast. Drehe das einfach um. Verlange nach dem, was du hast, und verlange nicht nach dem, was du nicht hast. Auf diese Weise wirst du wahre Erfüllung finden.« Verständnis, Freiheit und Freude sind die Früchte der spirituellen Praxis, unsere »Dämonen« zu benennen.

Ärger

Der zweite Dämon, mit dem wir es häufig zu tun haben, ist viel offensichtlicher schmerzhaft als das Verlangen. Das Verlangen hat etwas Verführerisches; die entgegengesetzte Energie des Ärgers und der Ablehnung hingegen erleben wir viel deutlicher als unangenehm. Vielleicht haben wir manchmal kurzfristig ein gewisses Vergnügen daran, doch auch dann können wir nicht vermeiden, daß sie unser Herz verschließt. Sie hat etwas Brennendes und Einengendes, dem wir nicht entgehen können. Als das Gegenteil des Verlangens ist der Ärger eine Kraft, die bestimmte Erfahrungen abwehrt, verdammt, verurteilt oder haßt. Der Dämon des Ärgers und der Ablehnung hat viele Gesichter und tritt in vielerlei Gestalt auf – als Angst, Langeweile, Feindseligkeit, Verurteilung und Kritik.

Der Ärger ist ebenso wie das Verlangen eine überaus starke Kraft. Wir können leicht davon vereinnahmt werden, oder aber wir fürchten ihn so sehr, daß wir seine zerstörerischen Tendenzen unbewußt ausagieren. Leider haben zu wenige von uns gelernt, unmittelbar mit ihm zu arbeiten. Seine Macht kann sich von Verdrossenheit zu tiefer Angst, zu Haß und zu Wut steigern. Er kann sich auf jemanden richten, der gerade in unserer Nähe ist, doch sein Objekt kann auch zeitlich und räumlich weit entfernt sein. Manchmal ärgern wir uns gewaltig über irgend etwas, das längst vorbei ist und an dem wir nichts mehr ändern können. Wir können sogar wütend über etwas sein, das gar nicht stattgefunden hat, aber hätte geschehen können. Wenn sich der Ärger in unserem Geist festgesetzt hat, färbt er unsere gesamte Lebenserfahrung ein. Haben wir schlechte Laune, ist uns nichts recht, wohin wir auch gehen und wem auch immer wir begegnen mögen. Ärger kann die Quelle großen Leidens sein – in unserem eigenen Geist, in der Kommunikation mit anderen und überall in der Welt.

Den Ärger benennen

Wir werden all das besser verstehen, wenn wir die Formen des Ärgers benennen, sobald sie sich zeigen. Wir können selbst spüren, daß Angst, Verurteilung und Langeweile Manifestationen von Abwehr sind. Wenn wir sie untersuchen, stellen wir fest, daß sie auf unserer Ablehnung bestimmter Aspekte unserer Erfahrung beruhen. Durch das Benennen der verschiedenen Formen des Ärgers können wir in ihrer innersten Mitte die Freiheit entdecken.

Benennen Sie zuerst sanft den Zustand, solange er andauert, wie etwa »Ärger, Ärger« oder »Haß, Haß«. Achten Sie darauf, wie lange er andauert, in welcher Weise er sich verändert, wie er erneut entsteht. Benennen Sie ihn und spüren Sie nach, wie er sich anfühlt. Wo spüren Sie ihn in ihrem Körper? Macht er den Körper hart oder weich? Können Sie verschiedene Arten von Ärger feststellen? Ist er kalt oder heiß? Wie wirkt er auf den Atem ein? Wie groß ist der Schmerz? Wie beeinflußt er den Geist? Läßt er ihn kleiner, starrer, enger werden? Spüren Sie Spannung oder Verkrampfung? Hören Sie auf die Stimmen, die ihn begleiten. Was sagen sie? »Ich habe Angst davor«, »Ich hasse das«, »Ich mag das nicht spüren«. Sind wir in der Lage, den Dämon zu benennen und unser Herz weit genug zu öffnen, so daß der Ärger und das Objekt des Ärgers uns ihren Tanz vorführen können?

Wenn man dies liest, mag es vielleicht einfach erscheinen, die Erfahrung zu benennen und ihr mit ausgeglichener Aufmerksamkeit nachzuspüren, aber es ist natürlich nicht immer so leicht. Vor einigen Jahren leitete ich ein Retreat in Kalifornien, an dem ein paar Urschrei-Therapeuten teilnahmen. Nach ein paar Tagen der Meditationspraxis sagten sie: »Diese Praxis wirkt nicht.« »Wieso nicht?« fragte ich. Sie antworteten: »Sie schaukelt die innere Energie und den Ärger auf, und wir brauchen einen Platz, um sie zu befreien. Wir würden gern in der Meditationshalle schreien; denn wenn wir den Ärger in uns behalten, wird er zu Gift.«

Wir empfahlen ihnen, sich wieder auf das Sitzkissen zu setzen, den Ärger zu benennen und ihn einfach wahrzunehmen; dann würde er sie wahrscheinlich doch nicht umbringen. Da sie ja gekommen waren, um etwas Neues zu lernen, baten wir sie, mit der Meditation weiterzumachen und zu beobachten, was geschehen würde. Das taten sie dann auch. Nach ein paar weiteren Tagen kamen sie wieder und sagten: »Höchst erstaunlich.« Ich fragte: »Was ist erstaunlich?« Sie erklärten: »Wenn man ihn eine Weile benannt hat, verändert er sich.«

Ärger, Angst, Verlangen – wir können den Entwicklungsprozeß all dieser Kräfte untersuchen. Sie entstehen auf Grund bestimmter Bedingungen und führen zu einer bestimmten Wirkung auf Körper und Geist. Wenn wir uns nicht davon einfangen lassen, können wir sie beobachten, als seien sie ein Sturm, und wir stellen fest, daß sie nach einiger Zeit wie ein Sturm vorübergehen.

Wir können auch den Ursprung des Ärgers aufspüren. Fast immer liegt die Wurzel des Ärgers in bestimmten Geisteszuständen, die kurz vor dem Auftreten des Ärgers entstehen. Wir ärgern uns, wenn wir verletzt werden, und wir ärgern uns, wenn wir vor etwas Angst haben. Richten Sie Ihre Aufmerksamkeit auf Ihr eigenes Leben und schauen Sie, ob das zutrifft. Wenn Sie das nächste Mal Ärger empfinden, sollten Sie darauf achten, ob Sie nicht kurz davor Angst oder Verletzung empfunden haben. Und wenn Sie auf diese Angst oder diesen Schmerz achten – stellt sich dann der Ärger überhaupt ein?

Der Ärger zeigt uns ganz genau, wo unsere Grenzen sind, wo wir an Meinungen und Ängsten festhalten. Abneigung ist wie ein Warnsignal, das aufblinkt und sagt: »Festhalten! Festhalten!« Die Stärke unseres Ärgers offenbart das Maß unseres Haftens daran. Doch wir wissen, daß wir uns selbst für das Festhalten entschieden haben. Wir könnten sinnvoller damit umgehen. Unser Ärger ist vergänglich, denn er ist durch den Blickwinkel bedingt, den wir gerade einnehmen,; er ist ein Gefühl, das mit Empfindungen und Gedanken verbunden ist, die kommen und gehen. Wir brauchen nicht daran zu kleben oder uns davon antreiben zu lassen. Im allgemeinen basiert unser Ärger auf unseren begrenzten Vorstellungen von dem, was geschehen sollte. Wir glauben zu wissen, wie Gott die Welt hätte erschaffen sollen, wie jemand uns hätte behandeln sollen, was wir einfach brauchen. Doch was wissen wir denn wirklich? Wissen wir so genau Bescheid über den göttlichen Plan, der für unsere Sorgen und Schwierigkeiten, für alles Schöne und alle Wunder in unserem Leben verantwortlich sein soll? Anstatt uns ständig damit zu befassen, wie wir unsere Geschichte geschrieben haben möchten, sollten wir anfangen, uns mit den Kräften zu konfrontieren, aus denen unser Ärger entsteht, und sie verstehen zu lernen. Wir können den Ärger ebenso untersuchen wie das Verlangen und herausfinden, wie er uns nützlich sein kann. Hat er überhaupt irgendeinen Wert? Ist er brauchbar als Schutz oder als Quelle unserer Stärke? Brauchen wir Ärger, um stärker sein zu können, um Grenzen zu setzen, um zu wachsen? Gibt es andere Quellen außer dem Ärger für die Stärke, nach der wir suchen?

Viele von uns haben gelernt, den Ärger zu hassen. Wenn wir ihn beobachten, entdecken wir, daß wir ihn verurteilen, unterdrücken und loswerden wollen, weil er »schlecht« und schmerzhaft oder beschämend und »unspirituell« ist. Wir sollten sehr sorgfältig darauf bedacht sein, mit einem offenen Herzen und Geist zu praktizieren und zuzulassen, daß wir wirklich fühlen und spüren, selbst wenn das bedeutet, die tiefsten Abgründe von Kummer, Sorgen und Wut in uns zu erleben. Diese Kräfte halten unser Leben in Gang, und wir müssen sie fühlen lernen, um mit ihnen zurechtzukommen. Meditation dient nicht dazu, irgend etwas loszuwerden, sondern sie ist ein Prozeß des Sichöffnens und Verstehens.

Wenn wir in der Meditation mit dem Ärger arbeiten, kann er zunächst sehr stark werden. Am Anfang spüren wir vielleicht nur ein kleines bißchen Ärger, doch wer ihn stets unterdrückt und zurückgehalten hat, wird erleben, wie er sich in wilde Wut verwandelt. Der ganze Ärger, der im Körper festgehalten wurde, wird sich als Spannung und Hitze in den Armen, im Rücken oder im Nacken manifestieren. Alle Worte, die hinuntergeschluckt wurden, können hochkommen, und gewaltige bildhafte Vorstellungen, vulkanische Wut und Beschimpfungstiraden ergießen sich in unser Bewußtsein. Dieser Prozeß des Öffnens kann Tage, Wochen oder sogar Monate dauern. Alle diese Gefühle sind in Ordnung, sogar notwendig, aber wir müssen wissen, wie man mit ihnen arbeitet. Wenn die Dämonen ihre Masken verlieren, haben Sie vielleicht das Gefühl, daß etwas schiefgegangen ist oder Sie etwas falsch machen, doch in Wirklichkeit haben Sie endlich damit begonnen, jenen Kräften gegenüberzutreten, die Sie ständig daran gehindert haben, in einer liebevollen und völlig bewußten Weise zu leben. Wir haben es mit diesen Kräften immer und immer wieder zu tun. Wahrscheinlich müssen wir in unserer Praxis tausendmal mit dem Ärger arbeiten, bevor wir in einer ausgeglichenen und achtsamen Weise mit unserem Leben umgehen können. Das ist ganz natürlich.

Angst

Diese Haltung des Aufdeckens und Benennens läßt sich auch auf die Angst, eine andere Form der Abwehr, anwenden. Wir sind so oft von Angst besetzt und vereinnahmt, aber kaum jemals haben wir den Dämon Angst untersucht und uns mit ihm auseinandergesetzt. Natürlich werden wir uns zuerst fürchten, wenn wir anfangen, mit der Angst zu arbeiten. Wir werden diesem Dämon immer wieder gegenübertreten müssen. Wenn wir jedoch unser inneres Auge und unser Herz für die Angst öffnen, sie freundlich beim Namen nennen und spüren, wie sich ihre Energie in uns bewegt, wird sich irgendwann das Gefühl der Angst verändern; und wenn wir ihr dann später wieder begegnen, werden wir einfach sagen: »Oh, Angst, da bist du ja wieder. Wie interessant.«

Die Angst benennen

Wenn Angst aufkommt, benennen Sie sie sanft und spüren Sie nach, wie sie sich auf den Atem, den Körper und das Herz auswirkt. Beobachten Sie, wie lange sie anhält. Achten Sie auf die Vorstellungen und Empfindungen, die sie begleiten, das Zittern, die Kälte, die beunruhigenden Geschichten, die sie erzählt. Angst nimmt immer Zukünftiges vorweg, indem sie Vorstellungen davon produziert. Beobachten Sie, was mit Ihrem Gefühl des Vertrauens und Wohlbefindens geschieht, und wie ihre Meinung über die Welt davon beeinflußt wird.

Als ich ein junger Mönch war, fuhr ich mit meinem Lehrer Achaan Chah zu einem seiner Klöster an der kambodschanischen Grenze, etwa zwölf Kilometer von unserem Hauptkloster entfernt. Man gab uns einen abgetakelten alten Toyota, dessen Türen nicht richtig schlossen. Unser Dorfchauffeur hatte es an diesem Tag sehr eilig und preschte in den unübersichtlichen Kurven einer unbefestigten Bergstraße verwegen an Wasserbüffeln, Bussen, Fahrrädern und Autos vorbei. Mich beschlich das sichere Gefühl, daß dies der letzte Tag meines Lebens sei; ich krallte mich an der Lehne des Sitzes vor mir fest und bereitete mich im stillen auf den unvermeidlichen Tod vor. Ich achtete auf meinen Atem und rezitierte meine klösterlichen Gebete. Irgendwann fiel mein Blick auf die Hände meines Lehrmeisters, die vom Klammergriff an der Vorderlehne ebenso weiß waren wie die meinen. Das beruhigte mich irgendwie, obwohl ich eigentlich annahm, er habe ziemlich wenig Angst vor dem Sterben. Als wir schließlich heil ankamen, lachte er und sagte einfach: »Das war ganz schön gefährlich.« In diesem Augenblick nannte er den Dämon beim Namen und half mir, Freundschaft mit ihm zu schließen.

Langeweile

Eine weitere Form der Abwehr, die wir mit Achtsamkeit beobachten können, ist die Langeweile. Üblicherweise fürchten wir die Langeweile und tun alles, um sie zu vermeiden. Wir gehen zum Kühlschrank, greifen nach dem

Telefon, setzen uns vor den Fernseher, lesen einen Roman und beschäftigen uns ständig mit irgend etwas, um der Einsamkeit, der inneren Leere, der Langeweile zu entrinnen. Wenn wir nicht wach sind, hat sie große Macht über uns, und wir kommen nie zur Ruhe. Doch wir brauchen unser Leben nicht von der Langeweile bestimmen lassen. Was ist Langeweile tatsächlich, wenn wir ihr nachspüren? Haben wir jemals innegehalten, um sie anzuschauen? Langeweile kommt von mangelnder Aufmerksamkeit. In ihr finden wir auch innere Unruhe, Entmutigung und Verurteilung. Wir langweilen uns, weil wir das, was geschieht, nicht mögen, oder weil wir uns leer und verloren fühlen. Mit Hilfe des Benennens können wir die Langeweile als das erkennen, was sie ist, und sie als einen Zustand betrachten, den zu untersuchen sich lohnt.

Die Langeweile benennen

Spüren Sie bei aufkommender Langeweile im Körper nach. Lassen Sie sie sein, wie sie ist. Benennen Sie sie sanft, so lange sie anhält. Schauen Sie hin, was für ein Dämon sie ist. Spüren Sie ihre Eigenschaft, ihre Energie, den Schmerz und die Spannung in ihr, die Widerstände gegen sie. Beobachten Sie genau, wie sie sich auf Körper und Geist auswirkt. Achten Sie darauf, welche Geschichten sie erzählt und was sich öffnet, während Sie zuhören. Wenn wir endlich nicht mehr weglaufen oder Widerstand leisten, können wir in jeder Situation Interesse entwickeln. Ist die Wahrnehmung klar und gerichtet, kann selbst die wiederholte Bewegung des Ein- und Ausatmens eine ganz wunderbare Erfahrung sein.

Urteilen

Auch jenem Aspekt der Abwehr, den wir Urteilen nennen, können wir mit der Methode des Benennens begegnen. Viele von uns beurteilen sich selbst und andere mit großer Härte und verstehen doch zugleich so wenig vom Prozeß des Urteilens. Mit meditativer Aufmerksamkeit können wir beobachten, wie das Urteilen als Gedanke, als eine Reihe von Wörtern im Geist entsteht. Wenn wir uns nicht von der Angelegenheit einfangen lassen, können wir viel über Leiden und Freiheit lernen. Für viele Menschen ist das Urteilen das Hauptthema ihres Lebens – und ein sehr schmerzhaftes dazu. Auf die meisten Situationen reagieren sie damit, den Blick auf das zu richten, was falsch daran ist, und in ihrer spirituellen Praxis sitzt ihnen ständig der Dämon des Urteilens im Genick.

Das Urteilen benennen

Wie können wir mit dem Schmerz des Urteilens arbeiten? Wenn wir versuchen, ihn loszuwerden, und sagen: »Oh, ich sollte nicht urteilen«, so ist das einfach ein neues Urteil. Statt dessen können Sie das Urteil in dem Augenblick, in dem es auftritt, als das erkennen, was es ist. Lassen Sie zu, daß es kommt und geht. Manchmal hilft es, ihm einen Namen zu geben. Wenn das Urteil Sie an jemanden aus der Vergangenheit erinnert, versuchen Sie zu sagen: »Danke, Papa« oder »Ich respektiere deine Meinung darüber, Anna« oder »Danke für deine Meinung, Karl«. Urteile sind einfach ein früher einmal aufgenommenes Tonband, das in unserem Geist immer wieder abgespielt wird. Versuchen Sie, ihren Urteilen gegenüber einen Sinn für Humor zu entwickeln; das hält sie in angemessenem Abstand.
Um die Geisteshaltung des Urteilens zu verstehen, müssen wir ihr mit verzeihendem Herzen begegnen. Wenn es sehr schwierig ist, mit ihr in Berührung zu kommen, können Sie es mit folgender Übung versuchen: Setzen Sie sich eine Stunde lang ruhig hin und beobachten Sie, wie viele Urteile auftauchen. Zählen Sie sie, eines nach dem anderen. Jemand betritt die Meditationshalle. »Ich mag sie nicht. Urteil Nummer zweiundzwanzig. Ich mag auch nicht, was sie anhat. Urteil Nummer dreiundzwanzig. Ui, ich mache das wirklich gut, alle diese Urteile zu entdecken. Oh, Nummer vierundzwanzig. Ich werde meinen Freunden davon erzählen; das ist wirklich eine tolle Übung. Hoppla, ich denke zu viel. Oh ja, Urteil Nummer fünfundzwanzig.« Dann tut plötzlich das Knie weh. »Wenn nur diese ekligen Schmerzen aufhören würden! Urteil Nummer sechsundzwanzig. Nein, ich sollte nicht urteilen. Urteil Nummer siebenundzwanzig« und so weiter.

Wir können eine sehr fruchtbare Stunde der Meditation damit verbringen, einfach den urteilenden Geist verstehen zu lernen.
Um bewußt zu werden, müssen wir jedem schwierigen Zustand, den wir jemals zurückgewiesen haben – dem urteilenden Geist, dem verlangenden Geist, dem angstvollen Geist – erlauben, sich zu zeigen und uns seine Geschichte zu erzählen, bis wir jeden von ihnen kennen und sie alle in unserem Herzen aufnehmen können. In diesem Lernprozeß, mit unseren Dämonen umzugehen, brauchen wir einen inneren Raum der Weisheit, des Gewahrseins und des Mitgefühls, eine stille Mitte innerhalb der Bewegungen des Geistes. Dann können wir das Gold sehen, das in diesen negativen Elementen verborgen liegt. Wir erkennen, wie Abwehr und Urteilen aus einer tiefen Sehnsucht nach Gerechtigkeit oder Stärke entstehen, aus einer Klarheit und unterscheidenden Weisheit, die, sind sie erst befreit, die Illusionen der Welt durchschneiden. Wenn wir die Dämonen als das erkennen, was sie sind, geben sie ihre Kräfte frei, und wir finden Klarheit ohne Urteilen und Gerechtigkeit ohne Haß. Mittels tiefer, von Herzen kommender Aufmerksamkeit ermöglichen wir es, daß der Schmerz des Ärgers, der Wut und des Hasses unser Mitgefühl und unsere Bereitschaft zum Vergeben erwachen läßt. Wenn wir uns über jemanden ärgern, können wir bedenken, daß er oder sie ein Wesen wie wir ist und ebenso wie wir selbst viel Leiden erlebt hat. Wenn wir dieselben Lebensumstände, dieselbe Leidensgeschichte erlebt hätten wie diese andere Person, würden wir uns dann nicht ebenso verhalten? So lassen wir es zu, daß wir Mitgefühl empfinden, daß wir sein oder ihr Leiden miterleben. Das bedeutet nicht, den Ärger einfach zuzudecken: Es ist vielmehr eine tiefe Bewegung des Herzens, eine Bereitschaft, über einen bestimmten Standpunkt hinauszugehen. Auf diese Weise können Ärger und Urteilen hinführen zur echten Kraft der Klarheit und Liebe, nach der wir suchen.

Schläfrigkeit

Der nächste verbreitete Dämon, den wir kennenlernen und beim Namen nennen wollen, ist recht subtil. Er tritt als ein Gefühl von Schläfrigkeit und

Dumpfheit auf; wir bezeichnen ihn im allgemeinen als Trägheit oder Lethargie. Er präsentiert sich als Schlaffheit, Müdigkeit, Mangel an Vitalität und vernebelter Zustand. Unsere Klarheit und Wachheit lassen nach, wenn der Geist vom Schlaf bedrängt wird, und unser Leben oder unsere Meditation bekommen etwas Schwerfälliges und Unklares. Unsere Müdigkeit beruht oft auf der halsbrecherischen Hektik, die unserer Kultur eigen ist; oder sie basiert darauf, daß wir den Kontakt mit unserem Körper verloren haben. Und außerdem empfinden wir häufig Schlaffheit und Widerwillen angesichts schwieriger Aufgaben.
Die Schläfrigkeit entwickelt sich meistens langsam. Wenn wir auf dem Meditationskissen sitzen, können wir spüren, wie sie einsetzt, als würden Nebelschwaden unseren Körper einhüllen und uns dann ins Ohr flüstern: »Komm, machen wir ein kleines Nickerchen.« Der Geist wird zerstreut, eine Art erschöpfter Leere stellt sich ein, und wir verlieren das Interesse an dem, was wir vorhatten. Das kommt während der Meditation sehr oft vor. Einen großen Teil unseres Lebens verbringen wir in einem halbwachen Zustand. Wieviel Zeit haben wir schlafend und schlafwandelnd verbracht! Meditation bedeutet aufwachen. Also können wir damit anfangen, der Schläfrigkeit mit Achtsamkeit entgegenzutreten.

Die Schläfrigkeit benennen

Achten Sie darauf, wie sich der Körper anfühlt, wenn er müde ist: Er wird schwer, sinkt in sich zusammen, die Augenlider wollen sich schließen. Wenn wir schläfrig sind und einnicken, ist es natürlich schwierig, das zu sehen. Versuchen Sie dennoch, so viel davon wahrzunehmen wie irgend möglich. Richten Sie Ihre Aufmerksamkeit auf den Anfang, die Mitte und das Ende der Schläfrigkeit und auf die verschiedenen Komponenten der Erfahrung. Nehmen Sie die Bedingungen wahr, die sie verursachen. Ist es Müdigkeit oder Widerstand? Manchmal genügt es schon, einfach das Interesse auf die Schläfrigkeit zu richten, um sie aufzulösen und Klarheit an ihre Stelle treten zu lassen. Bei anderen Gelegenheiten ist sie stärker und setzt sich eher durch.

Wenn wir uns diesem Dämon stellen und ihn bei seinem Namen nennen, werden wir erkennen, daß er drei Ursachen hat. Eine davon ist die Müdigkeit, die ein echtes Bedürfnis nach Schlaf signalisiert. Das geschieht oft zu Hause nach einem langen, anstrengenden Arbeitstag, oder auch in den ersten Tagen eines Retreats. Es ist ein Signal dafür, daß wir die Bedürfnisse des Körpers respektieren sollten. Unser Leben ist vielleicht nicht im Gleichgewicht, und wir sollten weniger arbeiten und mehr Zeit auf dem Land verbringen. Diese Art von Schläfrigkeit geht vorbei, wenn wir uns genügend ausgeruht haben. Die zweite Art von Schläfrigkeit ist mit dem Widerstand gegen einen unangenehmen oder angstbesetzten Zustand des Körpers oder des Geistes verbunden. Manchmal werden wir schläfrig, wenn es uns schwerfällt, etwas zu spüren oder zu fühlen, wenn wir uns an etwas Bestimmtes nicht erinnern oder eine Erfahrung nicht zulassen wollen. Eine dritte Art von Schläfrigkeit rührt daher, daß wir ruhig und still werden, aber nicht genügend wache Energie für eine klare Konzentration aufbringen können.

Die Schläfrigkeit, die dem Widerstand entspringt, sollte nicht mit Faulheit verwechselt werden. Es handelt sich dabei selten um Faulheit – wir haben einfach Angst. Der Dämon der Trägheit und Lethargie hält sich an die Vogel-Strauß-Strategie und denkt: »Was ich nicht anschaue, tut mir nicht weh.« Wenn Schläfrigkeit aufsteigt, ohne daß wir wirklich körperlich müde sind, ist dies oft ein Zeichen des Widerstands. Wir können uns selbst fragen: »Was ist hier los, was versuche ich zu vermeiden, indem ich einschlafe?« Häufig werden wir dahinter eine beträchtliche Angst oder sonstige Schwierigkeiten entdecken. Einsamkeit, Sorgen, Leere und der Verlust der Kontrolle über bestimmte Aspekte unseres Lebens sind oft der Grund, weshalb wir in den Schlaf des Vermeidens flüchten. Wenn wir das erkannt haben, kann unsere gesamte Praxis ein neues Stadium erreichen.

Auch die Entwicklung großer Ruhe und Stille im Geist kann Schläfrigkeit verursachen. Unsere aktive und an Reizen allzu reiche Kultur hat uns nicht damit vertraut gemacht, mit Zeiten der Ruhe und Stille umzugehen. Unser Geist denkt vielleicht, es sei Zeit zum Schlafengehen! Wenn nun unsere Fähigkeit zu konzentrierter Sammlung wächst, wir unseren Geist jedoch

nicht in Balance gebracht haben, weil die entsprechende Energie fehlte, können wir in einem ruhigen, aber dumpfen Zustand steckenbleiben. In diesem Fall müssen wir die Dumpfheit benennen und die Energie wecken. Wenn Sie es mit dieser Art von Schläfrigkeit zu tun haben, sollten Sie sie benennen, Ihre Haltung aufrichten und ein paarmal tief atmen. Wenn Sie schläfrig sind, meditieren Sie am besten mit weit offenen Augen. Stehen Sie auf und bleiben Sie einige Zeit stehen, oder legen Sie eine Gehmeditation ein. Wenn es ganz schlimm ist, können Sie schnellere Schritte machen oder auch rückwärts gehen; im Notfall hilft es, kaltes Wasser ins Gesicht zu spritzen. Schläfrigkeit ist etwas, womit wir kreativ umgehen sollten.
Als ich einmal längere Zeit an Schläfrigkeit während der Meditationspraxis litt, ließ mich mein Lehrer Achaan Chah auf dem Rand eines sehr tiefen Brunnens sitzend meditieren. Die Angst hinunterzufallen hielt mich ganz schön wach! Mit Schläfrigkeit kann man fertigwerden. Es hilft, wenn Sie Ihre Aufmerksamkeit schärfen, indem Sie genau auf jeden Atemzug oder Schritt achten – »Jetzt dieser Atemzug«, »Jetzt dieser Schritt«. Wenn wir in jedem einzelnen Augenblick feststellen können: »Jetzt dieser Atemzug, jetzt dieser«, wird der Geist sich ausdehnen und erfrischt fühlen, und die Trägheit wird verschwinden. Hinter der Schläfrigkeit liegt die Möglichkeit wahren Friedens und echter Ruhe. Wenn jedoch gar nichts hilft, ist es zwischendurch ganz gut, ein Schläfchen zu machen.

Innere Unruhe

Das Gegenteil der Schläfrigkeit, die innere Unruhe, manifestiert sich als der vierte mächtige Dämon; man nennt ihn den unruhig hin und her wandernden Tiger. Innere Unruhe drückt sich als innere Erregung, als Nervosität, Beunruhigung und Besorgtheit aus. Der Geist dreht sich im Kreis oder schnellt hoch wie ein Fisch aus dem Wasser. Der Körper kann von ruheloser Energie erfüllt sein, vibrierend, sprunghaft und reizbar. Wenn wir ruhelos sind, ist ständig der Drang da, aufzustehen und herumzulaufen, den Fernseher anzustellen, irgend etwas zu tun – nur nicht in unserem Körper zu sein. Wie der Schlaf kann auch die innere Unruhe eine Reaktion auf Schmerz und Sorgen sein, die wir nicht fühlen wollen. Sie kann auch als der Dämon der Besorgnis auftreten. Wir setzen uns zum Meditieren hin, und schon verfängt sich der Geist in Befürchtungen und Bedauern, und dann sind wir stundenlang mit unseren Geschichten beschäftigt. Bei allen Arten von innerer Unruhe ist unser Geist zerstreut, und es ist schwierig, in der Gegenwart zu bleiben.

Die innere Unruhe benennen

Benennen Sie diesen Zustand, wenn er auftritt, ohne ihn zu verurteilen. Registrieren Sie sanft »unruhig, unruhig«, und lassen Sie zu, daß Sie diesen Aspekt des menschlichen Lebens einfach mit Körper und Geist wahrnehmen. Spüren Sie ihm in Ihrem Körper nach. Was ist das für eine Energie? Wie stark vibriert sie? Ist sie heiß oder kalt? Dehnt sie Körper und Geist aus oder wirkt sie eher zusammenziehend? Was macht sie, wenn Sie sich ihr öffnen, wenn Sie sie benennen? Wie lange hält sie an? Welche Geschichte erzählt sie?

Lassen Sie die innere Unruhe zu, ohne sich vom Inhalt ihrer Geschichte einfangen zu lassen. Es kann fürchterlich unangenehm sein; der Körper ist voller nervöser Energie, und der Geist rotiert wie wild. Es ist nicht »meine innere Unruhe«, sondern einfach »innere Unruhe«, ein vergänglicher Zustand, der Bedingungen entspringt, die sich auf jeden Fall verändern. Wenn er allzu intensiv wird, können Sie zu sich selbst sagen: »Okay, ich bin bereit. Ich werde der erste Meditierende sein, der an innerer Unruhe stirbt.« Überlassen Sie sich ihr und beobachten Sie, was dann geschieht. Wie alles andere ist auch die innere Unruhe ein vielseitiger Prozeß, ein Bündel von Gedanken, Gefühlen und Empfindungen, aber weil wir sie für etwas Festes halten, hat sie große Macht über uns. Wenn wir uns nicht mehr dagegen wehren und mit achtsamer Aufmerksamkeit einfach zulassen, daß uns diese Energie durchströmt, erkennen wir, wie vorübergehend und substanzlos dieser Zustand tatsächlich ist.

Wenn die innere Unruhe sehr stark ist, können Sie zusätzlich zum Benennen auch versuchen, ihre Atemzüge zu zählen – eins bis zehn und dann wieder von vorn – bis der Geist wieder im Gleichgewicht ist. Falls es Ihnen hilft, atmen Sie tiefer als gewöhnlich, um Körper und Geist weicher und durchlässiger zu machen. Sie sollten verstehen, daß innere Unruhe zum normalen Auf und Ab der spirituellen Praxis gehört. Akzeptieren Sie diesen Zustand, dann werden sich Einsicht und Verständnis und ein Gefühl von Gelassenheit und Wohlbefinden entwickeln. Wenn Sie mit der inneren Unruhe Frieden schließen, wird eine tiefere Qualität dieser Energie zugänglich. Innere Unruhe ist nur die Oberfläche einer wunderbaren Energiequelle in uns, eines uneingeschränkten Flusses von Kreativität. Diese Kreativität kann uns in ganz wundervoller Weise durchströmen, wenn wir zu einem offenen Kanal für sie werden, wenn wir gelernt haben, allem Raum zu geben.

Zweifel

Der letzte der fünf allgemein verbreiteten Dämonen, die uns in unserer Praxis herausfordern, ist der Zweifel. Zweifel kann die schwierigste aller Hürden sein; denn wenn wir ihm anheimfallen, ist unsere Praxis völlig blockiert, und wir fühlen uns wie gelähmt. Alle Arten von Zweifel können uns überfallen: Zweifel an uns selbst und unseren Fähigkeiten; Zweifel an unseren spirituellen Lehrern; Zweifel an der Meditation selbst – »Hilft sie wirklich? Ich meditiere und meditiere, und es passiert nichts anderes, als daß meine Knie weh tun und ich mich schrecklich unruhig fühle. Vielleicht wußte der Buddha nicht so genau, worüber er eigentlich sprach.« Wir zweifeln vielleicht daran, daß der Übungsweg, den wir gewählt haben, der richtige ist. »Er ist zu hart, zu ernst. Vielleicht sollte ich es lieber mit Sufi-Tänzen versuchen.« Oder wir denken, es sei zwar die richtige Praxis, aber der falsche Zeitpunkt. Oder es sei die richtige Praxis und der richtige Zeitpunkt, aber unser Körper sei einfach nicht in der rechten Verfassung dafür. Es spielt keine Rolle, woran sich der Zweifel festmacht – wenn der skeptische, zweifelnde Geist uns im Griff hat, stecken wir fest.

Den Zweifel benennen

Wenn Zweifel aufkommt, benennen Sie ihn und untersuchen Sie ihn sorgfältig und objektiv. Haben Sie jemals wirklich die Stimme unter die Lupe genommen, die sagt: »Ich kann nicht! Es ist zu schwer! Es ist der falsche Zeitpunkt. Was soll das überhaupt? Vielleicht sollte ich es einfach aufgeben«? Was sehen Sie? Zweifel ist eine Kette von Wörtern im Geist, die mit einem Gefühl der Angst oder des Widerstands verbunden sind. Wir können den Zweifel als gedanklichen Prozeß wahrnehmen; wir benennen ihn »Zweifel, Zweifel«. Wenn wir uns nicht von seiner Geschichte vereinnahmen lassen, findet eine erstaunliche Verwandlung statt: Der Zweifel selbst wird zu einer Quelle des Gewahrseins! Wir können vom Zweifel viel über die wandelbare, unaufhaltsame Eigenschaft des Geistes lernen. Wir können lernen, was es bedeutet, von unseren Befindlichkeiten und Geisteszuständen beherrscht zu sein. Wenn wir vom Zweifel beherrscht sind, leiden wir sehr, doch in dem Augenblick, in dem wir ihn spüren können, ohne ihn festzuhalten, wird unser Geist insgesamt freier und klarer.

Was geschieht, wenn wir den Zweifel sorgfältig benennen? Wie lange hält er an? Wie lange beeinflußt er unseren Körper, unsere Energie? Können wir uns seine Geschichte mit derselben Gelassenheit anhören, wie wenn er sagen würde: »Der Himmel ist blau«? Um mit dem Zweifel arbeiten zu können, müssen wir uns ganz und gar sammeln und mit beharrlichem und unerschütterlichem Geist zum gegenwärtigen Augenblick zurückkehren. Nach und nach wird die Verwirrung verschwinden.

Neben dem Benennen ist auch das Entwickeln von Vertrauen ein Mittel, um den Zweifel aufzulösen. Wir können ernsthafte Fragen stellen oder gute spirituelle Bücher lesen. Wir können uns die Hunderttausende von Menschen vor Augen halten, die vor uns dem Weg des Gewahrseins und der methodischen Übung gefolgt sind. Spirituelle Praxis wurde in jeder großen Kultur als wertvoll erachtet. Mit Weisheit und Mitgefühl zu leben ist jedem möglich, der sich aufrichtig einem Training von Herz und Geist unterzieht. Was könnten wir Besseres mit unserem Leben anfangen? Es liegt zwar in der Natur des Geistes zu zweifeln, doch unser Zweifel kann uns zu tieferer Aufmerksamkeit und einer umfassenderen Suche nach Wahrheit führen.

Zunächst wird der Zweifel wahrscheinlich als Dämon und Widerstand auftreten – »Es klappt heute nicht«, »Ich bin nicht bereit«, »Es ist zu schwer«. Das könnte man als *Kleinen Zweifel* bezeichnen. Nach einiger Erfahrung mit der Praxis können wir lernen, geschickt mit ihm umzugehen. Dann erhebt sich hinter ihm eine andere Ebene des Zweifels, die sehr nützlich für uns ist. Man nennt sie den *Großen Zweifel* – das tiefe Bedürfnis, unsere wahre Natur oder die Bedeutung von Liebe oder Freiheit zu erkennen. Der große Zweifel fragt: »Wer bin ich?« oder »Was ist Freiheit?« oder »Was ist das Ende des Leidens?« Dieses große Hinterfragen ist eine Quelle der Energie und Inspiration. Eine Haltung echten Nachforschens ist grundlegend wichtig, um unsere spirituelle Praxis zu beleben und zu vertiefen, damit sie nicht nur bloßes Nachahmen ist. Wenn wir mit dieser Einstellung vorgehen, entdekken wir, daß unter dem Zweifel ein verborgener Schatz vergraben liegt. Der Dämon des kleinen Zweifels kann uns zur Begegnung mit unserem Großen Zweifel führen – und damit zu einer Klarheit, die unser Leben in seiner Gesamtheit zum Erwachen bringt.

Im Laufe der Praxis des Benennens der Dämonen stellen wir fest, daß sie sich uns immer deutlicher zeigen. Es kann Phasen geben, in denen wir nichts anderes sehen als Verlangen oder Ärger oder innere Unruhe. Wir zweifeln vielleicht an uns selbst und denken: »Oh nein, in mir gibt es ja gar nichts anderes als Habenwollen« oder »Ich habe so viele Zweifel« oder »Ich bin so ruhelos« oder »Alles, was ich tue, basiert nur auf Angst«. In meiner eigenen Meditationspraxis sah ich ein oder zwei Jahre lang nichts anderes als meinen Ärger, mein Urteilen und meine Wut. Als ich sie wirklich berührte, war es wie eine Explosion in mir. Ich verbrachte fast eine Woche, ohne auch nur eine einzige Nacht zu schlafen, rannte durch den Wald, warf mit Felsbrocken um mich und warnte alle Freunde, mir aus dem Weg zu gehen. Doch mit der Zeit ließ dieser Zustand nach und verlor seine Macht.

Wenn wir mit unserem spirituellen Leben vertrauter werden, entdecken wir die Fähigkeit, die verhärtetsten Bereiche in uns aufzudecken und zu berühren. Überall begegnen wir der Macht der Gier, der Angst, des Vorurteils, des Hasses und der Ignoranz. Diejenigen von uns, die Befreiung und Weisheit suchen, müssen die Natur dieser Kräfte im eigenen Herzen und Geist erkennen. Wir erleben, wie wir ihnen in die Falle gehen, aber

schließlich werden wir die Freiheit entdecken, die mit diesen grundlegenden und elementaren Energien verbunden ist.
Wenn die Dämonen besonders aufdringlich sind, können wir einige zusätzliche Methoden einsetzen. Ein traditionelles Mittel gegen das Verlangen ist die Betrachtung der Kürze des Lebens, der fließenden, vorübergehenden Qualität jeder Befriedigung und die Vergegenwärtigung des Todes. Ein Mittel gegen den Ärger sind liebevolle Gedanken und eine grundlegende Bereitschaft zu vergeben. Gegen Schläfrigkeit hilft es, das Energieniveau durch eine aufrechte, gerade Haltung, durch Visualisierung und bewußtes Atmen zu heben. Ein Mittel gegen innere Unruhe ist Konzentration, die durch innere Techniken der Beruhigung und Entspannung aufgebaut wird. Und ein Mittel gegen den Zweifel sind Vertrauen und Inspiration, die durch Lesen oder Gespräche mit weisen Menschen angeregt werden. Die wichtigste Praxis ist jedoch das Erkennen und Benennen dieser Dämonen, wobei sich unsere Fähigkeit zur Freiheit aus ihrem Kern heraus entfaltet. Ein Gegenmittel ist wie ein Heftpflaster, während die klare und genaue Wahrnehmung die Wunde heilt.
Wenn wir im Benennen unserer Erfahrung einige Geschicklichkeit erworben haben, eröffnet sich uns eine erstaunliche Wahrheit. Wir stellen fest, daß kein Geisteszustand, kein Gefühl länger als fünfzehn bis dreißig Sekunden anhält; dann kommt schon der nächste Zustand. Dies gilt für erfreuliche wie für unerfreuliche Zustände. Üblicherweise sind wir der Meinung, unsere Stimmungen hielten lange an – ein Tag voller Ärger oder eine traurige Woche. Doch wenn wir ganz genau hinschauen und einen Zustand benennen, etwa »Ärger, Ärger«, dann wird uns plötzlich klar, daß es schon gar nicht mehr Ärger ist, daß er nach zehn- bis zwanzigmaligem Benennen verschwunden ist. Vielleicht hat er sich in einen verwandten Zustand wie Ressentiment verwandelt. Wenn wir dann das Ressentiment benennen, beobachten wir es eine Weile, und schon hat es sich in Selbstmitleid verwandelt, und das verändert sich bald in einen depressiven Zustand. Wenn wir die Depression eine Weile beobachten, verwandelt sie sich in Denken, und dieses wird wieder zu Ärger – oder zu Erleichterung oder gar zu Lachen. Das Benennen der Schwierigkeiten lehrt uns, auch erfreuliche Zustände zu

benennen. Klarheit, Wohlbefinden, Gelassenheit, Begeisterung, Ruhe, all das können wir als Teile der vorüberziehenden Show benennen. Je mehr wir uns öffnen, desto mehr können wir das unaufhörliche Spiel dieses Stroms von Gefühlen wahrnehmen und jenseits aller sich wandelnden Befindlichkeiten die Freiheit entdecken.

Der Sinn und Zweck des spirituellen Lebens besteht nicht darin, einen besonderen Geisteszustand herzustellen. Ein Geisteszustand ist immer zeitlich begrenzt. Es geht vielmehr darum, ganz direkt mit den grundlegendsten Elementen unseres Körpers und Geistes zu arbeiten, zu verstehen, wie wir unseren Ängsten, unseren Wünschen und unserem Ärger in die Falle gehen, und schließlich unsere Fähigkeit zur Freiheit unmittelbar zu erkennen. Die Dämonen bereichern unser Leben, wenn wir mit ihnen arbeiten. Man nennt sie »geistiges Unkraut«, das wir jäten, oder »Dünger der Erleuchtung«, mit dem wir die Pflanzen nähren, die wachsen sollen.

Praktizieren bedeutet, alles, was in uns auftaucht, für das Wachstum unserer Einsicht, unseres Mitgefühls und unserer Freiheit zu verwenden. Thomas Merton schrieb: »Echte Liebe und wahres Beten lernt man in den Stunden, in denen es unmöglich ist zu lieben, und das Herz zu Stein geworden ist.« Wenn wir das nicht vergessen, können die Schwierigkeiten, mit denen wir in unserer Praxis konfrontiert sind, zu einem Teil der Meditation werden – zu einem geistigen Ort des Lernens und des Öffnens.

Meditation: Dämonen zu einem Teil des Pfades machen

Nehmen Sie sich einen der Dämonen vor, die am häufigsten während des Praktizierens auftauchen und am schwersten zu bändigen sind, wie Unsicherheit, Angst, Langeweile, Lust, Zweifel oder innere Unruhe. Seien Sie eine Woche lang bei der täglichen Meditation besonders aufmerksam, wann immer dieser Zustand auftritt. Benennen Sie ihn sorgfältig. Beobachten Sie, wie er beginnt und was ihm vorausgeht. Achten Sie darauf, ob ein bestimmter Gedanke oder eine bestimmte Vorstellung diesen Zustand aktiviert. Beobachten Sie, was ihm üblicherweise folgt. Kommt er leise und sanft? Ist er nicht mehr als ein Flüstern im Geist? Beobachten Sie, wie laut und stark er wird. Welche Energiemuster oder Spannungen im Körper stellen sich dazu ein? Lassen Sie den Widerstand zu, und weichen Sie ihn auf. Sitzen Sie schließlich ruhig da, und achten Sie auf Ihren Atem, in Erwartung des Dämons, aufmerksam und bereit für ihn. Lassen Sie ihn kommen und gehen, und begrüßen Sie ihn wie einen alten Freund.

Meditation: Impulse, die unser Leben in Bewegung halten

Die inneren Kräfte des Lebens, die Kräfte der Reaktion und der Vernunft in Ihnen sind die Quelle all Ihres Handelns. Vor jeder absichtlichen Handlung und Bewegung Ihres Körpers steht ein Gedanke, ein Impuls oder eine Orientierung, deren Ursprung in Ihrem Geist liegt. Oft sind diese Impulse unbewußt; sie wirken unterhalb der Wahrnehmungsschwelle. Sie können lernen, mit diesen Kräften und Impulsen umzugehen, indem Sie ihre Wirkung beobachten. Dabei wird die Wechselbeziehung zwischen

Körper und Geist sehr deutlich. Sie werden dabei die ganz neue Fähigkeit entdecken, angesichts dieser Schwierigkeiten gelassen zu bleiben und Ihre Freiheit nicht zu verlieren.

Eine einfache Methode zum Kennenlernen der Funktionsweise dieser Impulse besteht darin, den Blick auf diejenigen Impulse zu richten, die uns dazu drängen wollen, das Sitzkissen vorzeitig zu verlassen. Nehmen Sie sich vor, daß Sie eine Woche lang erst dann aufstehen werden, wenn ein heftiger Impuls dazu dreimal aufgetreten ist. Setzen Sie in diesem Fall keine bestimmte Zeit für das Ende der Meditation fest. Konzentrieren Sie sich wie üblich auf die Achtsamkeit auf Atem, Körper und Geist. Sitzen Sie so, bis ein heftiger Impuls Sie drängt aufzustehen. Nehmen Sie seine Eigenschaften wahr. Was ist sein Ursprung? Es kann innere Unruhe sein, Hunger, Schmerzen im Knie, der Gedanke daran, wieviel Sie zu tun haben, oder das Bedürfnis, auf die Toilette zu gehen. Benennen Sie diese Energie sanft, und spüren Sie dabei dem Impuls nach, sich zu bewegen. Nehmen Sie ihn in Ihrem Körper genau wahr, und benennen Sie ihn »aufstehen wollen, aufstehen wollen«. Bleiben Sie dabei, solange er anhält (es wird kaum länger als eine Minute dauern). Wenn der Impuls nachgelassen hat, beobachten Sie, was für ein Gefühl Sie haben, und ob Ihre Meditation sich durch das Stillhalten während dieses Prozesses vertieft hat. Bleiben Sie sitzen, bis der Impuls aufzustehen zum zweiten Mal heftig an Ihnen zieht. Beobachten Sie den ganzen Prozeß ebenso wie zuvor. Wenn Sie schließlich die Prozedur ein drittes Mal sorgfältig durchgeführt haben, stehen Sie auf. Durch diese Praxis werden Ihre Aufmerksamkeit und Sammlung nach und nach wachsen.

Sie können eine solche Methode auch auf andere starke Impulse ausdehnen: auf das Bedürfnis, sich zu kratzen, zu essen oder sonst etwas zu tun. Wenn Sie in dieser Weise achtsam sind, lernen Sie, gesammelt zu bleiben; Sie entwickeln die Fähigkeit, in den verschiedenen Alltagssituationen den wechselnden Reaktionsmustern nachzuspüren, anstatt sie automatisch auszuagieren. So werden Sie durch den bewußten Umgang mit Ihren impulsiven Kräften in deren Mitte ein Zentrum der Ausgeglichenheit und des Verstehens entdecken.

8
Hartnäckige Probleme und aufdringliche Besucher

Im Laufe unserer Praxis des Benennens der üblichen Dämonen und Hindernisse treffen wir auf die unterschwelligen Kräfte, die sie immer wieder herbeiholen. Angst, Verwirrung, Ärger und Ehrgeiz sind oft sehr hartnäckige Besucher in unserer Meditationspraxis. Selbst wenn wir das Gefühl haben, wir sollten es nun wirklich besser wissen, tauchen sie dennoch immer wieder auf. Deshalb müssen wir nun noch mehr in die Tiefe gehen, um herauszufinden, wie wir mit den wiederholten Schwierigkeiten fertigwerden können, die in unserem spirituellen Leben auftreten.

Vor Jahren wurde einmal am Ende eines zehntägigen Retreats angekündigt, daß ich eine abschließende Meditation der Herzenswärme leiten würde. Dazu gehört eine lange geführte Meditation, wobei man die Geisteshaltung des Vergebens und des Mitgefühls für andere aktiviert. Eine Viertelstunde vor Beginn rief mich meine damalige Freundin an. Sie war fürchterlich aufgebracht über die fordernde Haltung, die ich ihrer Ansicht nach ihr gegenüber einnahm. Ich meinerseits war ebenso aufgebracht über Dinge, die sie getan hatte. Wir stritten am Telefon, bis die Glocke läutete, die zur Meditation rief.

Als ich die Meditationshalle betrat und mich vor die große Gruppe von Praktizierenden setzte, fühlte ich noch die Nachwehen des Gesprächs in mir, aber dennoch begann ich pflichtgetreu, die Meditation zu leiten, und setzte meine freundlichste, warmherzigste Stimme ein. Ich führte die Meditation mit Sätzen wie »Mein Herz möge mit Liebe und Güte erfüllt sein« und

»Möge ich voller Frieden sein« und machte dann eine Pause, in der die Meditierenden diese Inhalte in sich wachrufen konnten. Doch in den Pausen kam das Telefongespräch wieder in mir hoch, und ich bemerkte, daß ich dachte: »Wenn die Meditation vorbei ist, werde ich sie anrufen und ihr mal richtig die Meinung sagen!« Und dann sagte ich laut: »Denken Sie an eine Person, die Sie lieben, und dehnen Sie Ihre Freundlichkeit und Herzenswärme auf sie aus.« In der nächsten Pause sagte es in mir: »Dieses unreife und neurotische Weib! Wenn ich das nächste Mal mit ihr rede...« Und ich begann, alle Ungerechtigkeiten aufzulisten, die sie mir jemals angetan hatte. Dann war die Pause wieder zu Ende und ich sagte: »Dehnt euer mitfühlendes Herz noch weiter aus...« Und so ging es weiter – wie ein absurdes Pingpong-Spiel in meinem Geist. Wenn die Praktizierenden, die vor mir saßen, das gewußt hätten! Ein Teil unseres Geistes hält an seinen Schmerzen und Ängsten fest, selbst wenn ein anderer Teil es besser weiß. Der Geist läßt sich auf alles ein und hat keinen Stolz. Glücklicherweise hatte ich genügend Praxis mit dem Ärger hinter mir, um dem gesamten Ablauf Raum geben und ihn mit Freundlichkeit beobachten zu können. Am Ende der Meditation konnte ich schließlich etwas Frieden finden und mich ein wenig mit ihr, mit mir selbst und mit der widersprüchlichen Natur des Geistes versöhnen. In dieser ruhigeren Verfassung rief ich sie dann an.

Wie können wir verstehen lernen, was unsere speziellen Schwierigkeiten immer wieder von neuem aktiviert? Wenn wir die Dämonen erst einmal benennen und ihr Kommen und Gehen beobachten können, trägt unser Herz leichter an ihnen. Ohne urteilen zu müssen, werden wir zu einem »Vertrauten unserer Neurose«, wie Ram Dass es nennt. Dann sind wir bereit, uns tiefer zu öffnen, und erkennen, wo ihre Wurzel liegt.

Wenn wir noch aufmerksamer sind, stellen wir fest, daß jeder Dämon und jedes Hindernis ein emotionaler oder spiritueller Krampfzustand ist und von Angst erzeugt wird. Es ist diese Verkrampfung, die der Buddha die Wurzel allen menschlichen Leidens nannte. In den ersten Praxisjahren schlug ich mich wie jeder normale Praktizierende mit innerer Unruhe, Lust, Zweifeln und Ärger herum. Irgendwie war ich überzeugt, daß diese Kräfte für mein Leiden verantwortlich seien. Als ich jedoch noch genauer achtgab, entdeck-

te ich in mir selbst – und später bei meinen Schülern –, daß hinter all diesen inneren Kämpfen die Angst stand.
Unsere Angst drückt sich als verkrampftes und falsches Selbstgefühl aus. Dieses falsche oder »kleine« Selbst klammert sich an unseren begrenzten Körper, an Gefühle und Gedanken und versucht, sie festzuhalten und zu schützen. Solch ein begrenztes Selbstgefühl ist der Nährboden für Mangelgefühle, zwanghafte Bedürfnisse und ärgerliche Abwehr wie auch für alle Barrieren, die wir zu unserem Schutz aufbauen. Wir fürchten uns davor, uns zu öffnen, uns zu ändern, das Leben ganz zu leben. Dieser »Angstkörper« wird uns zur Gewohnheit. Die Angst erzeugt Gier, Haß und Täuschung. Doch dahinter entdecken wir eine Offenheit und Ganzheit, die man als »wahres Wesen« oder »ursprünglichen Zustand« oder »Buddha-Natur« bezeichnet. Um jedoch zu unserem wahren Wesen zu gelangen, müssen wir das Verhalten dieses »Angstkörpers« untersuchen und aufschlüsseln.
Am besten läßt sich der »Angstkrampf« in der Meditation beobachten. Wir erleben, daß wir auf eine bestimmte Schwierigkeit reagieren, die wie ein aufdringlicher Besucher ständig wiederkehrt, und uns dabei verkrampfen. Ich beziehe mich hier nicht auf allgemeine Probleme wie Schläfrigkeit oder Urteilen, von denen im Kapitel über das Benennen der Dämonen die Rede war, sondern auf ganz spezielle und oft schmerzhafte Empfindungen, Gedanken, Gefühle und Geschichten, die in unserem Bewußtsein immer wieder hochkommen. Im Sanskrit nennt man sie *Samskara.*
Wenn solche Schwierigkeiten wiederholt auftreten, war unsere erste spirituelle Maßnahme, das, was da ist, anzuerkennen und es sanft zu benennen. Natürlich gibt es immer wiederkehrende Muster, die nach einer Antwort, nach einer vernünftigen Aktion verlangen. Wir müssen die Situation richtig verstehen; wie ein Zen-Meister sagte: »Sitz nicht einfach da wie ein Idiot.« Doch gibt es viele aufdringliche Besucher, die selbst dann, wenn wir sie benannt oder uns entsprechend verhalten haben, weiterhin unaufgefordert kommen, immer und immer wieder.
Wenn irgendeine Erfahrung wiederholt im Bewußtsein auftaucht, ist das ein Signal, daß dieser Besucher nach tieferer und umfassenderer Aufmerksamkeit verlangt. Es ist zwar allgemeine Regel, in der Meditation offen für den

Fluß aller auftauchenden Inhalte zu sein, doch wenn wir es mit solch hartnäckigem Besucher zu tun haben, sollten wir erkennen, daß er uns zu größerer Aufmerksamkeit auffordern will, damit wir ihn besser verstehen lernen. Dazu bedarf es des Erforschens, Akzeptierens, Verstehens und Versöhnens.

Das Feld der Aufmerksamkeit erweitern

Wenn wir Blockaden öffnen und die Verkrampfungen des Angstkörpers lösen wollen, können wir uns an ein paar grundlegende Prinzipien halten. Das erste dieser Prinzipien nennt man »das Feld der Aufmerksamkeit erweitern«. Eine wiederkehrende Schwierigkeit nehmen wir vorwiegend in einem der »vier grundlegenden Bereiche der Achtsamkeit« wahr; sie manifestiert sich im Bereich des Körpers, im Bereich der Gefühle, im Bereich des Geistes (Gedanken und Vorstellungen) oder im Bereich unserer grundlegenden Einstellungen (Habenwollen, Angst, Ablehnung usw.). Wenn wir das Feld der Aufmerksamkeit erweitern wollen, müssen wir uns einer zusätzlichen Dimension des hartnäckigen Besuchers bewußtwerden, so daß wir nicht nur seine Fassade wahrnehmen. Das Wahrnehmen und Benennen findet zunächst auf der leicht zugänglichen Ebene des Offensichtlichen statt; doch die Befreiung ist nur möglich, wenn wir zu einer anderen Wahrnehmungsebene übergehen.

Bei Retreats nennen wir diese hartnäckigen Besucher oder zwanghaft wiederholten Gedankenmuster die »Hitparade«. Wenn wir feststellen, daß wir denken, können wir es im allgemeinen einfach mit »denken, denken« benennen, und im Licht des Gewahrseins wird es sich auflösen wie Wolken am Himmel. Die Hits hingegen – ob sie als Worte, Vorstellungen oder Geschichten in Erscheinung treten – sind beharrlich und kommen zurück, ungeachtet dessen, wie oft sie bewußt wahrgenommen wurden. Sie spulen sich immer wieder ab, wie eine Tonbandschleife. Um zuerst einmal einen Überblick zu gewinnen, können wir damit beginnen, sie von eins bis zehn zu numerieren. »Oh, das ist Nummer drei der Hitparade dieser Woche.« Auf diese Weise brauchen wir nicht jedesmal die ganze Tonbandschleife durchspielen und können sie leichter loslassen. Wir können diese Technik auch abwandeln und ihnen einen humorvollen Namen oder Titel geben. Ich habe vielen meiner inzwischen vertrauten Aspekte Namen gegeben, wie »der hungrige Überlebende«, »Mister Erfolg«, »Attila der Hunne«, »Baby Jakky«, »Angst vor der Dunkelheit« oder »der ungeduldige Liebhaber«. So werden die wiederholten Muster der Angst, des Kummers, der Ungeduld oder der Einsamkeit vertrauter, und ich höre ihren Geschichten mit einer freundlicheren und offeneren Haltung zu. »Hallo, nett, dich wiederzusehen! Was willst du mir denn heute erzählen?«

Das ist jedoch noch nicht genug. Vielleicht haben wir es mit der wiederholten Geschichte der Scheidung unserer Eltern zu tun. Sie erzählt immer wieder, welche Kinder welche Sachen bekommen haben und wer was zu wem gesagt hat. Eine solche Geschichte kann sich viele Male wiederholen. In diesem Fall müssen wir das Feld unserer Aufmerksamkeit erweitern: Wie fühlt es sich im Körper an? Aha, im Zwerchfell und in der Brust ist ein Gefühl von Enge. Also benennen wir es »eng, eng« und lassen es eine Weile mit größter Aufmerksamkeit zu. Währenddessen wird es sich öffnen und anderen Empfindungen Platz machen, und weitere Vorstellungen und Gefühle werden freigesetzt. Auf diese Weise können wir zunächst die Muskelverspannungen und im Körper festgehaltenen Ängste lösen. Dann dehnen wir die Aufmerksamkeit auf neu auftretende Gefühle aus. Welche Gefühle stellen sich zu den Gedankenmustern und zu diesem Gefühl des Beengtseins ein? Zuerst mögen sie noch halb verborgen oder unbewußt sein, doch wenn wir sorgfältig nachspüren, werden sie sich deutlicher zeigen. Das Gefühl des Beengtseins in der Brust wird zu Traurigkeit, und die Traurigkeit zu innerem Schmerz. Indem wir diesen Schmerz zulassen, löst sich das Muster auf.

Wenn wir es um körperlichen Schmerz oder Mißstimmunge geht, können wir die Aufmerksamkeit ebenso erweitern – in diesem Fall beziehen wir die Gedanken der Geschichte oder die Meinung mit ein, die sich damit verbinden. Mit Hilfe dieser sorgfältigen Aufmerksamkeit spüren wir vielleicht eine heimliche Meinung auf, die wir von uns selbst hegen und die den Schmerz oder die Stimmung immer wieder provoziert – vielleicht eine Geschichte über unsere Minderwertigkeit, wie etwa: »Ich werde immer so sein.« Das Muster löst sich oft allein dadurch auf, daß wir uns dieser Geschichte oder Meinung bewußtwerden und sie als das sehen, was sie sind. Wiederholte Gedanken oder Geschichten werden fast immer durch ein zugrundeliegendes unerkanntes Gefühl angeregt. Diese nicht wahrgenommenen Gefühle sind ein Teil der treibenden Kraft, die den Gedanken immer wieder zurückkommen läßt. Pläneschmieden für die Zukunft wird im allgemeinen durch Angst angeregt. Erinnerungen an Vergangenes werden oft von Bedauern, Schuldgefühlen oder Kummer aktiviert. Viele Fantasien entstehen als Reaktion auf inneren Schmerz oder das Gefühl von innerer Leere. In der Meditation haben wir die Aufgabe, unter die Ebene der wiederholten Botschaften zu gelangen und die Energie wahrzunehmen und zu spüren, die sie nach oben treibt. Wenn uns das gelingt und wir das ursprüngliche Gefühl zulassen können, gibt es keinen Grund mehr für diesen Gedanken, und das Muster wird auf ganz natürliche Weise verschwinden.

Die Gefühle umfassend wahrnehmen

Dies ist das zweite Prinzip, um wiederholte Muster aufzulösen: daß wir offen dafür sind, die Gefühle umfassend wahrzunehmen. Die Gefühlsebene ist es, die fast unser gesamtes inneres Leben beherrscht, auch wenn wir uns unserer Gefühle oft nicht wirklich bewußt sind. In unserer Kultur haben wir gelernt, uns zu verkrampfen und Gefühle zu unterdrücken – »Gefühle zeigen« gehört sich nicht für einen Mann, und Frauen werden auch nur ganz bestimmte Gefühle zugestanden.
Wenn wir nicht lernen, über Gefühle zu sprechen oder sie überhaupt wahrzunehmen, bleiben wir ein Leben lang unfrei und in uns selbst verstrickt. Für viele Meditierende ist es ein langer und mühsamer Prozeß, eine bewußte Verbindung mit ihren Gefühlen aufzunehmen. Auch in der buddhistischen Psychologie gilt das Bewußtmachen der Gefühle als entscheidend für den Prozeß des Erwachens. In einer Lehrrede mit dem Titel »Der Kreis des bedingten Entstehens« erklärt der Buddha, wie menschliche Wesen sich in sich innerlich verstricken. Es ist der Bereich der Gefühle, in dem sich unsere

Gefangenschaft und unsere Befreiung abspielt. Wenn angenehme Gefühle entstehen und wir sie automatisch festzuhalten versuchen, oder wenn unangenehme Gefühle entstehen und wir versuchen, sie zu vermeiden, setzen wir eine Kettenreaktion von Verstrickung und Leiden in Gang. Das hält den Angstkörper in Bewegung. Wenn wir jedoch lernen, unsere Gefühle bewußt wahrzunehmen, ohne sie festzuhalten oder abzuwehren, können sie durch uns hindurchziehen wie wechselhaftes Wetter, und wir haben die Freiheit, sie zu empfinden und dann ziehen zu lassen wie den Wind. Es kann eine sehr interessante Meditationsübung sein, uns ein paar Tage lang ganz speziell auf unsere Gefühle zu konzentrieren. Wir können jedes Gefühl benennen und feststellen, welches wir fürchten, in welches wir verstrickt sind, welches Geschichten produziert und wie wir uns befreien können. »Frei« bedeutet nicht frei von Gefühlen, sondern frei, ein jedes zu empfinden und es weiterziehen zu lassen, ohne Furcht vor der Bewegung des Lebens. Das läßt sich auf alle problematischen Muster anwenden, mit denen wir es zu tun haben. Wir können wahrnehmen, welches Gefühl sich im Kern einer jeden Erfahrung befindet, und uns ihm ganz und gar öffnen. Damit nähern wir uns der Freiheit.

Erkennen, was wir akzeptieren sollen

Das alles mag nach einer sehr komplizierten und anstrengenden Art von Meditation klingen, doch in der Praxis ist es sehr einfach. Die Grundregel lautet schlicht: sitzen und alles wahrnehmen, was auftaucht. Wenn es sich um zwanghaft wiederholte Muster handelt, erweitern Sie das Feld der Wahrnehmung. Dann achten Sie darauf, was Sie akzeptieren sollen. Das ist das dritte Prinzip. Solche Muster sind deshalb so aufdringlich, weil ein gewisser Widerstand da ist: Irgendeine Abwehr oder Angst oder ein Urteil halten sie fest. Diese Verkrampfung besteht aus Angst. Um sie aufzulösen, müssen wir das erkennen, was da ist und unser Herz fragen: »Wie empfange ich es?« Wollen wir es ändern? Gibt es da ein Gefühl, eine Meinung oder eine Empfindung, worin das eingeschlossen ist, was wir loshaben wollen? Halten wir etwas fest? Ist da eine Angst?

Der Dalai Lama hat erklärt, daß der Kommunismus weltweit nicht funktioniert hat, weil er nicht auf Mitgefühl und Liebe basiert; er basiert auf Klassenkampf und diktatorischer Kontrolle, die auf längere Sicht keinen Erfolg haben können. Kampf und Diktatur haben auch in unserem inneren Leben keinen Erfolg. Deshalb müssen wir untersuchen, welcher Aspekt dieses wiederholten Musters nach Akzeptanz und Mitgefühl verlangt, und uns selbst fragen: »Kann ich all das, dem ich mein Herz verschlossen hatte, mit Liebe annehmen?« Das bedeutet nicht, es aufzulösen – es ist nur die einfache Frage: »Was soll ich akzeptieren?« Wenn wir es mit hartnäckigen Mustern von Gedanken, Emotionen oder Empfindungen zu tun haben, müssen wir uns öffnen, um ihre gesamte Energie in Körper, Herz und Geist zu spüren, wie stark sie auch sein mag. Dazu gehört auch, daß wir uns unseren Reaktionen auf diese Erfahrung öffnen und die dabei entstehende Angst, Abwehr oder Verkrampfung bewußt wahrnehmen und dann das alles akzeptieren. Nur so kann es sich lösen.
Zu Beginn meiner Praxis als zölibatärer Mönch erlebte ich lange Phasen von sexueller Begierde und sexuellen Fantasien. Mein Lehrer sagte, ich solle sie benennen, und das tat ich. Aber sie kamen immer wieder. »Das soll ich akzeptieren?« dachte ich. »Aber dann hört es ja nie mehr auf.« Dennoch versuchte ich es. Tage- und wochenlang kamen diese Vorstellungen hoch, und sie wurden immer heftiger. Schließlich beschloß ich, meine Wahrnehmung zu erweitern, um zu sehen, welche anderen Gefühle außerdem noch da waren. Zu meiner Überraschung stieß ich jedesmal, wenn die Fantasien auftauchten, auf einen Abgrund von Einsamkeit. Es war nicht allein nur Begierde, sondern es war Einsamkeit, und die sexuellen Vorstellungen sollten helfen, daß ich mich besser fühlte. Aber sie kamen weiterhin hoch. Dann bemerkte ich, wie schwer es mir fiel, das Gefühl der Einsamkeit zuzulassen. Ich haßte es; ich baute Widerstand auf. Erst als ich diesen Widerstand durchschaute und alles in Mitgefühl einbettete, ließ es nach. Dadurch, daß ich meine Aufmerksamkeit erweiterte, lernte ich, daß ein großer Teil meiner Sexualität wenig mit unmittelbarer Begierde zu tun hatte, und als ich das Gefühl meiner Einsamkeit akzeptierte, nahm die Zwanghaftigkeit der Fantasien nach und nach ab.

Von innen heraus öffnen

Grundsätzlich sollte das Akzeptieren, das ich beschrieben habe, ausreichen. Heilung, Mitgefühl und Freiheit erwachsen aus offenem Gewahrsein. Doch manchmal bedarf es einer noch sorgfältigeren Aufmerksamkeit, um die hartnäckigsten Muster und tiefsten Knoten zu lösen. Das ist das vierte Prinzip im Umgang mit hartnäckigen Besuchern, und man nennt es »von innen heraus öffnen«. Die Muster des Festhaltens in unserem Körper und Geist sind wie Energieknoten, in die körperliche Verspannungen, Gefühle, Erinnerungen und Vorstellungen hineingeflochten sind. In dieser Praxis lenken wir unsere Wahrnehmung sorgfältig zu allen Schichten eines Knotens und spüren uns hinein ins Innerste des Musters. Auf diese Weise lösen wir uns davon und entdecken eine fundamentale Offenheit und ein tiefes Wohlbefinden jenseits aller Verkrampfung.

Wie macht man das in der Praxis? Die Einsamkeit, die der Grund für meine sexuellen Fantasien war, kann als Beispiel dienen. Sie war sehr unangenehm und trat häufig auf, obwohl ich sie benannte und ihr sorgfältig nachspürte. Einsamkeit war immer besonders schmerzhaft für mich, solange ich denken kann. Ich bin ein Zwilling, und manchmal kommt mir der Gedanke, daß ich meinen Bruder mit in den Mutterschoß bekam, damit ich Gesellschaft hatte. Wie bei jeder Praxis, die ich beschrieben habe, ist es auch hier das Beste, mit der körperlichen Wahrnehmung zu beginnen. Als die Einsamkeit immer wieder auftrat, lenkte ich meine Aufmerksamkeit mit größerer Sorgfalt dorthin, wo sie festgehalten wurde. Am stärksten spürte ich sie im Bauch. Dann versuchte ich die sogenannten »Elemente« darin zu spüren: Erde (hart oder weich), Luft (Ruhe oder bestimmte Vibrationsmuster), Feuer (Temperatur) und Wasser (klebrig oder flüssig); auch Farbe und eine besondere Beschaffenheit ließen sich entdecken. Es war ein harter Bereich, der in der Mitte pulsierte, und er war heiß und feuerrot. Dann ging ich dazu über, alle damit verbundenen Gefühle genau wahrzunehmen. Angst, Schmerz, Traurigkeit, Sehnsucht und Hunger waren da, begleitet von einer allgemeinen Abneigung gegen diese Gefühle. Sanft benannte ich eines nach dem anderen. Während ich mich in das Zentrum von Feuer, Schmerz und Hunger hineinfühlte, ließ ich alle Bilder zu, die aufsteigen wollten. Es kam eine ganze Serie von Erinnerungen und Bildern des Verlassenseins und des Zurückgewiesenwerdens. Oft beziehen sich solche Bilder auf die frühe Kindheit oder vielleicht sogar auf frühere Leben. Ich fragte mich, was für Meinungen und Einstellungen ich in diesem innersten Zentrum festhielt. Die Geschichte, die sich präsentierte, klang wie ein Kind, das sagt: »Irgendwas ist mit mir nicht in Ordnung, und man wird mich immer zurückweisen.« Es waren diese Meinung und die begleitenden Gefühle, die ich in die Verkrampfung eingekapselt hatte.

Als all diese Schichten im Licht der Wahrnehmung sichtbar wurden, ließ der Schmerz langsam nach, die Gefühle wurden sanfter und das Feuer nahm ab. Als ich länger in das Innerste der Einsamkeit hineinspürte, fühlte ich eine Art Loch oder einen Raum in meinem Bauch, der vom Schmerz eingeschlossen war. Sanft benannte ich dieses zentrale Loch und spürte den tiefen Hunger und die Sehnsucht und Einsamkeit darin. Dann ließ ich all das einfach sein, wie es wollte; ich ließ es ganz und gar zu, anstatt es einzuschließen, wie ich es so viele Jahre lang getan hatte. Da wurde es größer und weicher, und die Vibrationen darum herum waren sehr zart. Das Loch verwandelte sich in Raum, und das Gefühl des Hungers, das sich damit verband, veränderte sich ebenfalls. Obwohl es leer war, erschien es mir nun eher als ein klarer, offener Raum. Nach und nach begann dieser Raum meinen Körper auszufüllen, begleitet von Licht und einem Gefühl der Erlösung. Schließlich erfüllte mich ein Gefühl von Gelassenheit, Zufriedenheit und tiefem Frieden. Als ich so in diesem offenen Raum ruhte, konnte ich jeglichen Widerstand aufgeben. Ich konnte sehen, daß alle Aspekte des Problems – die Einsamkeit, der Schmerz, die Traurigkeit, der Widerstand – eine Verkrampfung meines Körpers und Geistes waren, ausgelöst von dem begrenzten Selbstgefühl, das ich so lange mit mir herumgetragen hatte. Es war mir sogar möglich, die Szenen und Bedingungen, die zu diesem begrenzten Selbstgefühl geführt hatten, mitfühlend anzuschauen. Gewiß kam und ging der Schmerz der Einsamkeit auch weiterhin in meinem Leben, doch weiß ich nun mit Sicherheit, daß er nicht das ist, was ich bin. Ich habe gelernt, daß meine Einsamkeit auf Angst beruht und daß dahinter eine echte Ganzheit und ein tiefes Wohlbefinden liegen, die unser wahres Wesen ausmachen.

Wenn wir diese Verkrampfungen wirklich genau untersuchen, öffnen wir uns dabei. Im Innersten jeder Verkrampfung entdecken wir Gelassenheit und Raum. Diesen Raum kann man ganz körperlich spüren: Immer mehr Empfindungen werden freigesetzt, bis sich das Gefühl von körperlicher Verfestigung auflöst. Im Herzen kann man es als offenes, mitfühlendes Akzeptieren wahrnehmen und im Geist als einen klaren Raum des Gewahrseins, der alles in sich aufzunehmen vermag.

In diesem unverkrampften Zustand sind Körper und Geist mit Qualitäten erfüllt, die ihre Ganzheit spiegeln. Wir erleben Wohlbefinden, Freude, Klarheit, Weisheit und Vertrauen – die Schätze des klaren Bewußtseins. Jedesmal, wenn wir uns über unsere verkrampften und angstvollen Zustände hinaus öffnen, stoßen wir darauf. Die Probleme, mit denen wir es zunächst zu tun haben, sind die komplementären Seiten jener Qualitäten, die uns zu dem machen, wofür wir ursprünglich angelegt sind. Carl Gustav Jung wußte das, als er zu den Begründern der Anonymen Alkoholiker sagte, daß das, was sie im Geist der Flasche suchten, in Wirklichkeit die Heilung jenes Geistes sei, der unser Zuhause ist.

Wenn wir uns öffnen, können wir sehen, wie oft wir kleine Identitäten und angsterfüllte Meinungen für unser wahres Wesen gehalten haben und wie sehr uns das eingeengt hat. Von dem umfassenden und zeitlosen Blickwinkel der inneren Offenheit aus beginnen wir, den menschlichen Tanz von Geburt und Tod mit dem mitfühlenden Blick und dem verständnisvollen Herzen eines Buddha zu sehen.

Das, wonach die ganze Menschheit sich sehnt, läßt sich nicht im Bereich der verkrampften Zustände, im Geist des Habenwollens und im Kampf unseres kleinen Selbst finden. Die spirituelle Praxis ermöglicht uns jedoch eine grundlegende Verwandlung der Identität. Mit Hilfe des aufmerksamen Gewahrseins können wir lernen, uns aus unserer abhängigen, angsterfüllten oder zwanghaften Identität zu befreien; dann entdecken wir unsere Ganzheitlichkeit, unsere Freiheit und das natürliche Fließen unseres Seins.

Diese Ebene der spirituellen Praxis ist ein umwälzender Prozeß des Erforschens und Entdeckens. Gerade die Schwierigkeiten, die sich so hartnäckig wiederholen, können uns zu dieser neuen Offenheit hinführen. Konflikte

und Schmerzen, die wir so lange mit uns herumgetragen haben, können uns neue Ebenen der Freiheit zugänglich machen. Jede schwierige Situation birgt in sich eine spezielle Lektion des Erwachens. Wir müssen nur bereit sein, ins Innerste unseres Wesens zu gehen.
Denken Sie daran, daß die Konfrontation mit unseren Wiederholungsmustern und die Erforschung unserer Identität harte Arbeit bedeutet. Oft braucht man dazu die Unterstützung durch einen Lehrer oder Führer. Darauf werden wir später noch zurückkommen.

Fünf weitere geeignete Mittel

Dieses Leben ist ein Test – nur ein Test.
Wäre es wirkliches Leben, hättest du
mehr Hinweise bekommen, wohin du gehen und was du tun sollst.
Denk daran, dieses Leben ist nur ein Test.

Mit derselben Geisteshaltung der Bereitschaft zu Abenteuer und Forschung wollen wir fünf weitere Prinzipien der Arbeit mit unangenehmen Erfahrungen betrachten, die in der traditionellen buddhistischen Praxis gelehrt werden. Mit ihrer Hilfe können wir die Muster unserer Schwierigkeiten wahrnehmen, ihrer Wiederholung mit mehr Bewußtheit begegnen und sie untersuchen oder uns aus unserer Verstrickung mit ihnen lösen. Diese fünf Methoden beginnen mit dem grundlegenden Akt des Loslassens; im weiteren Verlauf werden sowohl die Energie als auch die Herausforderung größer.

Loslassen

Loslassen ist das erste und wichtigste dieser Prinzipien. Wenn Schwierigkeiten auftreten, können wir sie loslassen – falls wir dazu fähig sind. Aber Vorsicht! Das ist nicht so leicht, wie es klingt. Oft haften wir zu sehr an der Geschichte oder dem Gefühl oder sind zu tief darin verstrickt. Oder wir versuchen »loszulassen«, weil wir etwas nicht mögen. Doch das ist kein wirkliches Loslassen; es ist einfach Abwehr. In den anfänglichen Phasen der spirituellen Praxis sind unsere Versuche, Schwierigkeiten loszulassen, von diesem Mißverständnis bestimmt. Sie sind in Wirklichkeit Gesten des Urteilens und des Vermeidens.

Nur wenn der Geist im Gleichgewicht und unser Herz von Mitgefühl erfüllt ist, ist echtes Loslassen möglich. Wenn wir im Laufe unserer Meditationspraxis mehr Geschicklichkeit entwickelt haben, sind wir tatsächlich in der Lage, bestimmte negative Zustände einfach loszulassen, sobald sie in Erscheinung treten. In diesem Loslassen liegt keine Abwehr; es ist vielmehr die Entscheidung, einen bestimmten Geisteszustand zu verlassen und unsere Konzentration im nächsten Augenblick ruhig und mit mehr Genauigkeit zu sammeln. Diese Fähigkeit entwickelt sich durch die Praxis. Sie wächst mit unserer inneren Ruhe und Gelassenheit. Man kann sie schulen, aber nie erzwingen.

Wenn das Loslassen nicht gelingt, versuchen Sie es mit einer sanfteren Version, die man »geschehen lassen« nennt. Nehmen Sie alles wahr, was auftaucht, sei es Schmerz oder Kampf, und lassen Sie es kommen und gehen. Lassen Sie es geschehen. Geschehen lassen bedeutet nicht, daß Sie es loswerden oder vermeiden; Sie geben es einfach frei. Lassen Sie zu, daß das, was da ist, kommt und geht wie die Wellen des Meeres. Wenn Weinen hochkommt, lassen sie das Weinen geschehen. Wenn Kummer oder Ärger hochkommen, lassen Sie Kummer oder Ärger geschehen. Das ist der Buddha in allen Formen und Gestalten, Sonnen-Buddha, Mond-Buddha, Glück-Buddha, Trauer-Buddha. Es ist das Universum, das uns alles anbietet, damit wir aufwachen und unser Herz öffnen.

Die Energie umwandeln

Manchmal erweist es sich jedoch als zu schwierig, loszulassen oder geschehen zu lassen. Vielleicht haben Sie versucht, eine bestimmte Schwierigkeit zu akzeptieren; sie haben sie zugelassen, haben versucht, tief in sie hineinzuspüren, und dennoch schlagen Sie sich immer noch damit herum. Doch es gibt noch weitere Alternativen, mit hartnäckig wiederkehrenden

Schwierigkeiten umzugehen. Eine davon ist die Verwandlung der Energie, was bedeutet, die Energie der Schwierigkeit in wünschenswerte Gefühle und Handlungen umzuwandeln. Das kann auf innere oder äußere Weise geschehen. Wenn wir beispielsweise mit den Kräften der Wut und Aggression arbeiten, die oft tief im Körper und Geist gespeichert sind, werden sie manchmal sehr heftig. Eine äußere Möglichkeit, sie umzuwandeln, ist zum Beispiel, diesen Ärger zum Holzhacken für das winterliche Kaminfeuer zu verwenden: Wir setzen die Energie frei und lenken sie geschickt in eine andere Richtung, so daß wir ihre Kraft durch die Bewegung unseres Körpers für eine kreative oder nützliche Arbeit verwenden können. Erst durch die Umwandlung können wir somit die Energien klar und deutlich erkennen und auf diese Weise auch lernen, sie direkt zum Ausdruck zu bringen. Dieses Sichtbarmachen ist besonders wichtig für viele Menschen in unserer Kultur, die ständig trainiert wurden, ihre Gefühle zu unterdrücken, so daß sie Angst davor haben, sie jemals zu zeigen. Wenn wir uns ein Leben lang vor der Wut gefürchtet haben, müssen wir sie untersuchen und mit ihr experimentieren – natürlich nicht in einer Art und Weise, die andere verletzt, sondern um ihre Energie umwandeln zu können. Das gilt für alle unsere Schwierigkeiten.

Die Umwandlung kann auch innerlich stattfinden. Nehmen wir als Beispiel die zwanghafte sexuelle Begierde, die immer wiederkehrende und machtvolle Lust, die so stark ist, daß wir nicht mehr zur Achtsamkeitspraxis fähig sind. Im Falle der inneren Umwandlung lassen wir die körperliche Erfahrung der Energie ganz zu und ziehen sie dabei von den Genitalien hoch zum Herzen. Wir können diese Energie durch innere Aufmerksamkeit steuern, bis wir spüren, daß sie nicht nur mit den Sexualorganen, sondern auch mit unserem Herzen verbunden ist. Ebenso, wie wir unsere Wut zum Holzhakken verwenden können, nehmen wir die Kraft dieses Verlangens, das in Wirklichkeit das Verlangen nach Verbindung ist, und lenken die Energie vom Ort der Abhängigkeit zum Ort der Liebe. Wenn wir unsere Sexualität dann zum Ausdruck bringen, ist sie mit dieser Liebe verbunden, anstatt mit Angst, Zwanghaftigkeit oder blindem Drang.

Beiseite legen

Eine dritte traditionelle Methode in der Arbeit mit Schwierigkeiten nennt man »beiseite legen«. Das bedeutet, daß man das Problem vorübergehend unterdrückt. Bewußtes Unterdrücken hat seinen Wert. Es gibt gute Zeiten, um mit unseren Schwierigkeiten zu arbeiten, und es gibt schlechte Zeiten dafür; es gibt passende Gelegenheiten und unpassende Gelegenheiten. Oft befinden wir uns mit unseren Familienangehörigen, unseren Arbeitskollegen, unseren Geliebten in Situationen, in denen es nicht gut wäre, uns mit unserem Problem direkt zu befassen. Es ist sehr wichtig, daß wir die richtige Zeit und den richtigen Ort für die Arbeit mit unseren Schwierigkeiten wählen. Wenn wir verstehen, daß wir Schwierigkeiten beiseite legen können, ist das eine große Hilfe. Für unser Herz und für unseren Geist gilt dasselbe wie für alle Dinge der Natur: Sie brauchen den richtigen Ort und die richtigen Bedingungen, um wachsen und gedeihen zu können.

Auf unserer spirituellen Reise wird es unweigerlich Zeiten geben, in denen wir von unserem inneren Entwicklungsprozeß überrollt werden und mit unseren Schwierigkeiten nicht ohne weiteres fertigwerden können. Wir befinden uns vielleicht inmitten einer Lebenskrise; oder wir sind von Leuten umgeben, die uns nicht mögen; oder es gibt weit und breit keine Unterstützung; oder vielleicht sind wir einfach nur müde und erschöpft. In Zeiten wie diesen sollten wir unsere Schwierigkeiten in den Hintergrund schieben und auf eine angemessenere Zeit warten, um mit ihnen zu arbeiten. Wir legen sie ganz bewußt beiseite, wohl wissend, daß wir uns ihnen zu einem späteren Zeitpunkt mit voller Aufmerksamkeit zuwenden müssen. Es ist wichtig, unsere Verletzlichkeit zu berücksichtigen und zu erkennen, daß wir eine vertrauenswürdige Situation brauchen, um mit unseren tiefsten Gefühlen zu arbeiten. Als menschliche Wesen, die wir sind, sind wir verletzt worden und haben um viele unserer Schwierigkeiten Schutzwälle gebaut. Der Schlüssel zum Öffnen ist Liebe – und damit Vertrauen. Wir können unsere Schwierigkeiten durch Liebe zum Schmelzen bringen. Aber wir werden sie nicht lösen, indem wir sie gegen die Wand werfen.

In der Vorstellung ausagieren

Von Impulsen gesteuert handeln ist das, was wir unser ganzes Leben lang ständig tun. Um dies zu einem Teil unserer spirituellen Praxis zu machen, müssen wir lernen, den Impulsen mit achtsamer Aufmerksamkeit zu folgen. Ohne Achtsamkeit wiederholen und verstärken wir lediglich unsere Gewohnheiten und nähren die Kräfte des Festhaltens und des Ärgers ständig mit unbewußter Energie. Mit Hilfe der Achtsamkeit hingegen kann das von Impulsen gesteuerte Handeln die Tür zur Freiheit öffnen.

Die vierte geeignete Methode, mit Schwierigkeiten zu arbeiten, nennt man »in der Vorstellung ausagieren«. Wenn wir es zum Beispiel mit besonders viel Angst, Verlangen, Zweifel oder Aggression zu tun haben, agieren wir sie in der Vorstellung aus. Wir stellen uns zum Beispiel vor, daß unser Verlangen optimal erfüllt wird, in allen Variationen, immer und immer wieder, hundertmal, tausendmal. Wir spüren es, imaginieren es mit vollkommener Aufmerksamkeit und Achtsamkeit, um zu verhindern, daß wir es einfach nur verstärken. Wenn wir voller Wut sind, können wir uns vorstellen, daß wir die Person, die das Objekt dieser Wut ist, schlagen, beißen, treten und so weiter. Mit dieser Praxis erkennen wir die innere Energie, als würden wir sagen: »Laß mal sehen, wie stark dieses Verlangen ist, wie groß diese Wut ist.« Imaginieren Sie das Ausagieren dieser Impulse und erleben Sie sie in ihrer extremsten Form. Wenn wir zulassen, ins äußerste Extrem zu gehen, erkennen wir, daß wir fähig sind, diese Kräfte auszuhalten und eine Beziehung zu ihnen aufzunehmen. Dann verlieren sie ihre Macht über uns. Wir lernen, sie als unpersönlich zu betrachten – »der Schmerz«, »die Angst«, »die Begierde«, die wir als menschliche Wesen alle miteinander teilen.

Die Kraft dieser inneren Aufmerksamkeit ist ganz außerordentlich. Indem wir unsere inneren Schwierigkeiten imaginieren und bildhaft ausagieren, bearbeiten wir Verletzungen und Konflikte der Vergangenheit. Wir werden ihrer bewußt und nehmen sie im Körper wahr, und schließlich können wir zulassen, daß wir die volle Wirkung ihrer Energien tatsächlich spüren. Wir sind nicht länger nur mit einem Teil des Bildes identifiziert, sondern entdecken nun viel größere Perspektiven. Beispielsweise wird das Problem vom Standpunkt anderer Menschen oder vom Standpunkt anderer Ebenen unseres Lebens aus gesehen. Durch das aktive Imaginieren der Konflikte, Schwierigkeiten und Begierden, die wir in uns tragen, bringen wir einen tiefgreifenden und umfassenden Heilprozeß in Gang. Wenn wir sie imaginiert und völlig akzeptiert haben, sehen wir auch ihre Begrenztheit und erleben eine größere Freiheit unseres Bewußtseins.

Ein Mann, der von einem gewaltigen Gefühl von Wut und Frustration durchdrungen war, arbeitete jahrelang mit dieser Methode. Als wir gemeinsam praktizierten, forderte ich ihn auf, zu visualisieren, wie groß seine Wut war. Er sagte, sie fühle sich an wie eine Bombe und dann wie eine Atomexplosion. Ich wies ihn an, seine Wut uneingeschränkt zuzulassen, und er berichtete, daß sie das ganze Universum zerstöre. Das Universum wurde dunkel und tot und war voller Asche. Eine ungeheuere Angst stieg in ihm auf. Er erkannte, daß ein großer Teil seines Lebens schon lange Zeit tot war; jetzt spürte er dieses Totsein stärker, als würde sein Leben für immer so bleiben. Ich schlug ihm vor, in seiner Vorstellung das Universum mit dem Totsein und der Asche für immer erfüllt sein zu lassen und zu schauen, was dann geschah. Er saß lange da und stellte sich vor, es würde zehn, fünfzig, fünfhundert Millionen Jahre lang anhalten.

Dann erschien zu seinem Erstaunen in weiter Ferne ein grünes Licht, das ihn mit Angst erfüllte; also ließ er den toten Zustand noch weitere hundert Millionen Jahre lang dauern. Schließlich wurde das grüne Licht so stark, daß er es nicht mehr ignorieren konnte. Es war ein neuer Planet, der geboren wurde, mit Meeren, grünen Pflanzen und kleinen Kindern. Als er das sah, wurde ihm klar, daß es selbst für seinen gewaltigen Schmerz ein Ende gab. Die Wut und Frustration, die er so lange mit sich herumgetragen hatte, begannen ihre Macht über ihn zu verlieren, und eine unaufhaltsame Erneuerung bahnte sich an.

Ebenso, wie wir unsere Schwierigkeiten mit Hilfe der Imagination und Visualisation untersuchen können, ist es auch möglich, diese Methode zu verwenden, um die großen Kräfte der kosmischen Weisheit und des Mitgefühls wachzurufen, die in unserem Herzen bereitliegen. Viele der fortgeschrittenen buddhistischen Praxisformen (Samadhi und Tantras) basieren auf diesem Prinzip. Dabei personifizieren wir die großen Symbole des Erwachens als Buddha oder Jesus oder visualisieren, daß wir das Mitgefühl unseres Herzens auf alle lebenden Wesen ausdehnen. Die richtige Visualisierung mit Herz und Geist ist ein machtvolles Mittel, mit dem wir unsere Welt verwandeln können.

Achtsam inszenieren

Das fünfte geeignete Mittel, um mit Schwierigkeiten zu arbeiten, nennt man »achtsam inszenieren«. Seien wir uns darüber im klaren: Die meisten unserer Begierden leben wir sowieso aus. Bei der fünften Methode handeln wir tatsächlich, während wir gleichzeitig den gesamten Ablauf völlig bewußt wahrnehmen. Es gibt dabei zwei Einschränkungen. Erstens darf damit weder uns selbst noch einem anderen Wesen geschadet werden; zweitens muß es mit voller Achtsamkeit geschehen. Wenn es sich um ein Verlangen handelt, erfüllen wir es, behalten dabei jedoch eine minutiöse Aufmerksamkeit bei. Wenn es etwas ist, das ausgedrückt werden möchte, geben wir ihm Ausdruck und beobachten dabei den Grad unserer Aufmerksamkeit, den Geisteszustand, die Empfindung im Körper und das Maß der Verbarrikadierung oder Offenheit unseres Herzens. Wir beobachten den gesamten Prozeß und lassen die Erfahrung, die körperlichen Empfindungen und auch die Folgen, die sich aus dem Handeln ergeben, zu unserem Lehrer werden. Das ist eine sehr wirkungsvolle Methode, um aufzuwachen. Noch einmal: Denken Sie jedoch unbedingt daran, daß Sie weder sich selbst noch jemandem anderem damit schaden dürfen.

Als ersten Schritt kann man damit beginnen, einfach die Schwierigkeit zu übertreiben. In Thailand wies Achaan Chah einen häufig verärgerten Schüler an, diesen Prozeß damit einzuleiten, daß er sich an einem heißen Tropentag in eine winzige Hütte zurückzog. Er mußte seine Winterkleidung anziehen und es den ganzen Tag lang mit seinem Ärger in der Hütte aushalten, und er hatte die Aufgabe, den Ärger voll und ganz zuzulassen.

Die achtsame Inszenierung verlangt einen weiteren Schritt. Ein Lehrer, der mich in Indien unterrichtete, war ganz wild auf Süßigkeiten. Ganz besonders gern mochte er *Gulab jaman*. Gulab jaman ist so süß, daß Baklava dagegen wie trockener Toast schmeckt. Nachdem er es ohne Erfolg mit innerer Disziplin und Meditation versucht hatte, beschloß er, mit dem Ausagieren zu arbeiten. Eines Tages ging er zum Markt und kaufte für dreißig Rupien Gulab jaman. Das ist ein Berg von Süßigkeiten in einem Meer von zuckersüßem Sirup. Er setzte sich mit diesem Schatz hin und machte sich mit großer Achtsamkeit daran, so viel davon zu essen, wie er nur konnte, und er beobachtete alles, was dabei mit ihm geschah. Er sah das friedliche Gefühl, das ihn in dem Augenblick überkam, als die Begierde ihr Ende fand (beim ersten Bissen). Er spürte die Pein der Begierde. Er spürte das Vergnügen an der Süße. Er erlebte, wie sich das Vergnügen in schmerzhaften Druck verwandelte, als er damit fortfuhr, das begehrte Objekt, diesen Berg von Gulab jaman, zu verschlingen. Danach wurde er nie wieder von dem unstillbaren Verlangen nach Gulab jaman geplagt.

Dies ist eine ziemlich fortgeschritte Praxisform. Sie bedeutet natürlich nicht, daß wir unsere Zwanghaftigkeiten immer wieder ausagieren sollen. Es bedeutet, es einmal zu tun und dabei wirklich ganz aufmerksam auf alles zu achten, was geschieht, und vom ersten Schritt bis zur letzten Konsequenz daraus zu lernen.

Wie Sie sehen, gibt es viele Methoden, mit unseren Schwierigkeiten umzugehen. Jede beinhaltet einen Prozeß von Unbewußtheit bis zu vollständiger, aufmerksamer Wachheit. Wir können unsere Probleme untersuchen oder sie einfach loslassen; wir können sie umwandeln und lernen, ihre Energien zu einem nützlichen Teil unserer Praxis zu machen. Wenn wir gerade nicht in der Lage sind, das zu tun, können wir sie beiseite legen und auf eine passende und geschützte Situation für die Arbeit an ihnen warten. Zudem können wir sie in unserer Vorstellung übertreiben, um richtig mit ihnen umgehen zu lernen. Und wir können sie achtsam inszenieren. Alle diese Möglichkeiten verhelfen uns dazu, voller Lebendigkeit und in Verbindung mit unserem Herzen auf unserem Praxisweg voranzugehen.

9
Die spirituelle Achterbahn: Kundalini und andere Nebenwirkungen

Wie sind die spektakulären und exotischen spirituellen Erfahrungen zu verstehen, von denen in der Literatur der großen mystischen Traditionen so viel die Rede ist? Widerfahren sie auch den Menschen unserer modernen Zeit? Welchen Wert haben solche Erfahrungen? In den vorangegangenen Kapiteln haben wir uns mit den körperlichen Energien, den Emotionen und den Gedankenmustern im Rahmen unseres gewöhnlichen Bewußtseinszustands befaßt. Wenn diese nun freigesetzt werden, stellt sich ein neues Niveau der Ruhe und der Klarheit ein, und mit zunehmender Praxis verändert sich unser Bewußtseinszustand von Grund auf. Weitere systematische spirituelle Praxis kann zu sehr intensiven Erfahrungen veränderter Zustände des Körpers, des Herzens und des Geistes führen. Im folgenden wird versucht, diese kaum zu beschreibenden Erfahrungen in Worte zu fassen und sie als Teil unseres spirituellen Pfades einzuordnen.

Verschiedene Einstellungen gegenüber veränderten Bewußtseinszuständen

In den spirituellen Traditionen gibt es zwei divergierende Perspektiven, was den Wert außergewöhnlicher Bewußtseinszustände für die Transformation und Befreiung des Bewußtseins betrifft. Bestimmte spirituelle Systeme behaupten, daß außergewöhnliche Bewußtseinszustände nötig sind, damit wir eine »transzendente« Sichtweise entwickeln können, uns über die Grenzen unseres Körpers und Geistes hinaus öffnen und die göttliche Qualität der Befreiung erkennen. Diese Schulen sprechen von wichtigen »Erleuchtungserfahrungen« und erklären, man müsse den Gipfel erklimmen, kosmische Visionen haben und das »kleine Selbst« transzendieren. Viele Traditionen beziehen sich primär auf solche visionären und transzendenten Erfahrungen.

Im Zen legt die Rinzai-Schule besonderen Wert auf die sehr wirkungsvolle *Koan*-Praxis und auf rigorose Retreats, um das gewöhnliche Bewußtsein aufzubrechen und Erfahrungen zu aktivieren, die man *Satori* und *Kensho* – Augenblicke von tiefgreifendem Erwachen – nennt. In der Schule der Einsichts-Meditation (Vipassana) gibt es Zweige, die wirkungsvolle Konzentrationstechniken und lange, intensive Retreats als Mittel verwenden, um ein Erwachen jenseits des alltäglichen Bewußtseins zu provozieren. Raja-Yoga und Kundalini-Yoga, bestimmte schamanistische Praktiken sowie die »Tiefe Nacht«-Erfahrung intensiver christlicher Gebetspraxis gehören ebenfalls zu dieser Richtung. Dazu werden Techniken wie Wiederholung, Schmerz, extremes Atmen, »einspitzige« Konzentration, *Koans*, Schlafentzug und das Einleiten von visionären Erfahrungen verwendet.

Viele andere Schulen hingegen halten es nicht für nötig, die Gipfel der Transzendenz zu stürmen, sondern bemühen sich, den Geist des Gipfels im Hier und Jetzt, in jedem Augenblick lebendig werden zu lassen. In deren Lehren heißt es, daß Befreiung und Transzendenz hier und jetzt entdeckt werden müssen, denn wenn man es nicht hier und in der Gegenwart findet, wo sollte es sonst sein? Anstatt des Strebens nach Transzendenz lehren die Immanenz-Schulen, daß Wirklichkeit, Erleuchtung oder das Göttliche jeden Augenblick erhellen müssen, wenn sie wirklich echt sein sollen.

Die Schulen, die sich auf das Erwachen »hier und jetzt« beziehen, lehren, daß das Göttliche und die Erleuchtung stets gegenwärtig sind. Allein nur der habenwollende und festhaltende Geist – zu dessen Domäne auch das Verlangen nach Transzendenz gehört – hält uns davon ab, diese Wirklichkeit zu erfahren. Die Soto-Schule des Zen lehrt dies durch eine Meditationsform, die man *Zazen*, »einfach Sitzen« nennt; das bezeichnet ein tiefgreifendes

Sich-Öffnen für das, was gerade jetzt ist. In dieser Praxis verzichtet man auf jegliche Vorstellung von veränderten Bewußtseinszuständen oder davon, Erleuchtung oder Satori zu erlangen. Einer der größten Soto-Zen-Meister, der in Amerika lehrte, Shunryu Suzuki Roshi, sprach nie von Satori; seine Frau meinte scherzhaft, das sei deshalb so, weil er nie Satori erfahren habe. In der Soto-Zen-Tradition nennt man alle Wahrnehmungen und Visionen eines veränderten Zustands *Makyo* oder Illusion und ignoriert sie einfach. In der Einsichts-Meditation gibt es viele Lehrer, die eine ähnliche Haltung vertreten. Sie betrachten veränderte Bewußtseinszustände einfach als Erfahrung, als ein vergängliches Phänomen, oder wie Achaan Chah sagte: »Einfach etwas anderes, das man loslassen soll«. Die Lehren des Advaita Vedanta und des Karma Yoga sowie die Lehren von Krishnamurti gehen in dieselbe Richtung.

Die immanenten wie die transzendenten Wege sind Ausdruck des Großen Weges. Sie alle sind Ausdrucksformen spiritueller Praxis, die zu einem tiefgreifenden Loslassen und zu wahrer Befreiung führen kann. Die meisten von Ihnen, die konsequent praktizieren, werden irgendwann beide Perspektiven selbst erleben. Jede hat ihren Wert, und jede hat ihre Gefahren.

Der Wert transzendenter Bewußtseinszustände liegt in der großen Inspiration und überwältigenden Schau, die sie in unser Leben bringen können. Sie bieten eine beeindruckende Erfahrung der Wirklichkeit jenseits unseres Alltagsbewußtseins und führen dazu, daß die Ebene dieser höchsten Wahrheit unser Leben bestimmt. Die Erfahrung transzendenter Zustände kann unter Umständen eine zutiefst heilende und verwandelnde Wirkung haben, doch ihre Gefahren und die Möglichkeiten des Mißbrauchs sind ebenso groß. Vielleicht entwickeln wir das Gefühl, jemand ganz Besonderer zu sein, weil wir sie erlebt haben; wir können leicht von ihnen abhängig werden; und die dramatischen Erlebnisse, körperliche Sensationen, Erregung und Visionen können süchtig machen und unsere Gier und unser Leiden noch verstärken. Die größte Gefahr ist jedoch der Mythos, daß diese Erfahrungen uns von Grund auf verwandeln würden, daß von einem Augenblick der »Erleuchtung« oder Transzendenz an unser Leben ganz

und gar besser sei. Das trifft in den seltensten Fällen zu, und das Haften an solchen Erfahrungen führt allzu leicht zu Selbstzufriedenheit, Hybris und Selbsttäuschung.
Der Wert der Immanenz-Praxis liegt in einer starken Orientierung zur Ganzheitlichkeit. Sie erweckt den Geist im Hier und Jetzt und durchdringt unser gesamtes Leben mit einem Gefühl des Heiligen. Zu den Gefahren gehören Täuschung und Selbstgefälligkeit. Es ist so leicht zu glauben, wir seien »ganz da«, während wir in Wirklichkeit in einem Dämmerzustand leben und uns den alten, bequemen Mustern überlassen. Die einmalige oder gelegentliche Erfahrung von Liebe und Licht kann zur Ausrede werden, daß doch alles bereits göttlich oder vollkommen sei, und uns dazu verführen, alle Konflikte und Schwierigkeiten wegzuinterpretieren. Manche Schüler praktizieren jahrelang mit dieser Einstellung und sind dabei weit davon entfernt, echte Weisheit zu entwickeln. Sie treten auf der Stelle, ohne es zu wissen, und obwohl sie vielleicht ein Gefühl von Frieden haben, hat in ihrem Leben keine Transformation stattgefunden; unter diesen Umständen werden sie möglicherweise nie zur Erfüllung ihres spirituellen Weges gelangen – nie wahre Befreiung inmitten der Welt finden.
Mit diesen beiden Einstellungen gegenüber veränderten Bewußtseinszuständen vor Augen wollen wir nun einige dieser häufig auftretenden Zustände genauer betrachten und überlegen, wie man am besten mit ihnen umgehen kann. Eines sollten wir jedoch nicht vergessen: Da die mentalen, emotionalen und spirituellen Gebiete, mit denen wir uns in diesem und dem nächsten Kapitel befassen, unserem gewöhnlichen Bewußtsein sehr fremd sind, brauchen wir unbedingt einen Lehrer oder Begleiter und die Unterstützung durch eine angemessene Situation, um bei der Navigation durch dieses unbekannte Gewässer nicht aus dem Gleichgewicht zu geraten. Das ist entscheidend wichtig. Man unternimmt ja auch keine Trekkingtour in den Himalaya ohne einen Führer, der die alten Pfade kennt.

Wenn wir mit einer spirituellen Praxis beginnen, schlagen wir uns mit den körperlichen Schmerzen und mit der inneren Panzerung herum, die wir im Laufe der Jahre aufgebaut haben; wir sind emotionalen Stürmen ausgesetzt und mit einer Prozession der fünf üblichen Hindernisse konfrontiert. Wenn wir jedoch mehr Erfahrung mit der spirituellen Praxis gewonnen haben, wenn wir mit unseren tiefsitzenden Schwierigkeiten vertrauter geworden sind und mitfühlender damit umgehen, verlieren selbst die eingefleischtesten Muster des Festhaltens und der Angst nach und nach ihre Macht über uns. Wir entwickeln eine Geisteshaltung von Ruhe und Unerschütterlichkeit, welchem speziellen Praxisweg wir auch immer folgen mögen.

Diese Ruhe ist nicht das Ende der Praxis, aber sie kann ein Anfang sein. Dieses Bei-sich-Sein und die Standhaftigkeit von Herz und Geist sind ein Tor zu anderen Bereichen der Erfahrung. Durch unsere beständige Praxis der Meditation, des Gebets, des Yoga, der Konzentration oder bestimmter Atemtechniken – manchmal auch unter anderen extremen Umständen, wie nach einem Unfall oder unter dem Einfluß psychedelischer Drogen – erleben wir uns als außerordentlich wach und völlig unbeeinträchtigt von irgendwelchen inneren Ablenkungen. Dank dieser neuen, umfassenden Aufmerksamkeit verlagert sich unser Bewußtsein in einen Bereich andersartiger und völlig neuer Wahrnehmungen.

Erregung

Wenn durch die spirituelle Praxis starke Konzentration aufgebaut und Energie angeregt wird, kann sich eine ganze Reihe von neuen und aufregenden Sinneswahrnehmungen einstellen. Das ist weder bei jedem so noch sind sie für die spirituelle Entwicklung nötig. Diese neuen Bewußtseinszustände sind eher Nebenwirkungen der Meditation, und je besser wir sie verstehen, desto weniger laufen wir Gefahr, an ihnen hängenzubleiben oder sie mit dem Ziel des spirituellen Lebens zu verwechseln.

Das erste, was sich bei vielen Praktizierenden einstellt, ist eine ganze Palette von veränderten körperlichen Empfindungen. Viele davon findet man in buddhistischen Texten unter der Kategorie der »fünf vertieften Ebenen der Erregung«. In diesem Zusammenhang ist »Erregung« eine allgemeine Bezeichnung für alle möglichen Arten von Schauern, inneren Bewegungen, Licht, Fließen, Vibrieren, Verzückung und anderes mehr, das bei tiefer Konzentration auftreten kann.

Erregung stellt sich im allgemeinen während intensiver Perioden der Meditation oder einer anderen spirituellen Praxis ein; aber sie kann auch durch eine wirkungsvolle Zeremonie oder einen Lehrer, der über große geistige Kraft verfügt, ausgelöst werden. Manchmal beginnt die Erregung als subtiles Gefühl der Kühle oder als Wellen zarter, angenehmer Schwingungen im Körper. Durch Konzentration oder andere Techniken erlebt man oft, wie sich eine große Energie im Körper aufbaut. Wenn diese Energie in Bewegung kommt, produziert sie Gefühle der Freude, und wenn sie auf verkrampfte, blockierte Bereiche stößt, staut sie sich an, bis sie sich befreien kann. Auf diese Weise kann die Erregung zu Zittern, Schütteln oder heftigen Entladungen körperlicher Energie führen; in einigen yogischen Traditionen bezeichnet man dies als *Kriyas*. Das sind spontane Bewegungen, die in unterschiedlichen Mustern auftreten. Manchmal ist es eine einzige unwillkürliche Bewegung, die das Lösen eines Knotens oder einer Spannung im Körper begleitet. Es kann aber auch die Form länger dauernder dramatischer Bewegungen annehmen; sie können sogar tagelang anhalten.

In einem frühen einjährigen Retreat erlebte ich eine Periode sehr heftiger Befreiungen dieser Art, wobei mein Kopf stundenlang in eine schüttelnde Bewegung verfiel. Ein paar Tage später begannen meine Arme unwillkürlich zu flattern wie die Schwingen eines Vogels. Wenn ich sie anhalten wollte, gehorchten sie kaum. Wenn ich mich einfach entspannte, flatterten sie dauernd weiter. So ging das mehrere Tage lang. Als ich mit meinem Lehrer darüber sprach, fragte er, ob meine Wahrnehmung ganz wach sei. Ich sagte: »Aber gewiß.« Später sagte er: »Deine Wahrnehmung ist nicht wirklich wach. Schau genauer hin, dann wirst du sehen, daß du diesen Zustand nicht magst. Insgeheim möchtest du ihn gern loswerden.« Als ich feststellte, daß er recht hatte, sagte er: »Geh einfach zu deinem Sitzkissen zurück und beobachte ihn.« In den folgenden zwei Tagen nahmen die spontanen Bewegungen immer mehr ab; und dann saß ich da und spürte, wie meine Arme herabsanken, und es folgten Stunden von tiefer körperlicher Befreiung.

Diese spontanen Erfahrungen körperlicher Befreiung haben weder eine erleuchtende noch eine schädigende Wirkung. Sie zeigen lediglich, wie Energie gegen Blockaden und Verspannungen stößt, die ihren Fluß behindern. Sie sind ein Teil jenes Prozesses des körperlichen Öffnens, die wir im 4. Kapitel unter »Heilung« besprochen haben. Wenn diese spontanen Bewegungen auftreten, lernen wir zu respektieren, wie tief unsere Muster des Festhaltens verwurzelt sein können. Bei vielen Praktizierenden dauert der Prozeß des Lösens körperlicher Blockaden Monate oder Jahre. Am besten begegnet man diesen Bewegungen mit Entspannung; vor allem der Rücken und der Bereich am Ansatz der Wirbelsäule sollten entspannt werden. Ist die Bewegung nicht allzu heftig, genügt es oft, den Körper entspannt und dabei ruhig zu halten und zuzulassen, daß die Energie neue Kanäle im Körper durchstößt, anstatt daß man sie in Bewegungen freisetzt. Bei heftigeren Manifestationen ist das nicht möglich; es gibt jedoch Mittel und Wege, um das Stauen und den Fluß der Energie zu zügeln und zu besänftigen. Wenn wir uns konzentrieren, folgt die Energie unseres körperlichen Systems einem natürlichen Prozeß des Freisetzens und des Ausgleichs. Wir spüren, wie die Hitze, das Pulsieren und Vibrieren spontan an unserer Wirbelsäule aufsteigen und dabei blockierte Energiekanäle öffnen und schließlich bis in jeden Nerv und jede Zelle der Körpers dringen. Wir entdecken, daß die tiefgreifendsten Heilprozesse und intensivste Körperarbeit stattfinden können, während wir nichts anderes tun als stillsitzen und meditieren. Denken Sie daran, daß dies ein langwieriger Prozeß sein kann, und haben Sie Geduld mit ihrem Körper.

Außer *Kriyas* und spontanen Bewegungen können noch viele andere Arten von Erregung auftreten. Dazu gehören angenehme Arten von Schauern, Prickeln, Wellen der Verzückung und herrliches Funkensprühen. Die Haut kann vibrieren; es kann eine Gefühl sein, als würden Ameisen oder kleine Käfer auf uns herumkrabbeln oder als würden Akupunkturnadeln in die Haut gesteckt; es kann ein Gefühl von großer Hitze sein, als stünde die

Wirbelsäule in Flammen. Manche tibetische Yogis entwickeln diese Ansätze der inneren Hitze im Yoga so geschickt weiter, daß sie sich in den Schnee setzen und ihn um sich herum zum Schmelzen bringen können. Das Gefühl der Hitze kann sich mit Kältegefühlen abwechseln, die mit einem leisen Frösteln beginnen und sich zu starker Erregung mit Eiseskälte steigern können. Manchmal sind diese Erfahrungen des Temperaturwechsels so intensiv, daß wir an heißen Sommertagen vor Kälte zittern.

Diese kinetischen Formen der Erregung können von visuellen Phänomenen begleitet sein; man sieht farbiges Licht, zuerst Blau, Grün und Purpurrot, und später, wenn die Konzentration stärker wird, goldenes und weißes Licht. Viele Praktizierende sehen schließlich extrem intensives weißes Licht, als würden sie in sehr starke Scheinwerfer schauen oder als wäre der ganze Himmel von einer gleißenden Sonne ausgefüllt. Verschiedene farbige Lichtphänomene treten oft im Zusammenhang mit bestimmten Bewußtseinszuständen auf: Grün in Verbindung mit Mitgefühl, Rot mit Liebe, Blau mit Weisheit. Einige Lehrsysteme befassen sich mit diesen inneren Farben; wenn ihre Erklärungen auch nicht immer übereinstimmen, so sind sie sich doch alle darüber einig, daß das Sehen von Farben im allgemeinen die Wirkung einer tiefgreifenden Öffnung des Bewußtseins ist.

Auf noch tieferen Ebenen der Konzentration kann das Gefühl entstehen, als löse sich der Körper völlig in Licht auf. Wir spüren vielleicht ein Kribbeln und Vibrieren, das so subtil ist, daß wir uns wie Lichtmuster im Raum fühlen, oder wir werden zu Farben eines sehr intensiven Lichts. Diese Lichterfahrungen und Empfindungen sind spezielle Ergebnisse starker geistiger Konzentration. Sie vermitteln das Gefühl von Reinigung und Öffnung und können uns zeigen, daß Geist und Körper und das gesamte Bewußtsein auf einer bestimmten Ebene aus Licht bestehen.

Zudem können sich diverse ungewöhnliche Sinneswahrnehmungen einstellen. Viele davon sind mit Veränderungen der bereits beschriebenen Elemente Erde, Luft, Feuer und Wasser im Bereich der körperlichen Wahrnehmung verbunden. Wir fühlen uns vielleicht sehr schwer oder hart und fest wie ein Stein oder als würden wir von einem großen Gewicht erdrückt. Es kann aber auch das Gefühl von Gewicht völlig verschwinden, und wir fühlen uns wie fließend und müssen die Augen öffnen, um uns zu vergewissern, daß wir immer noch auf dem Sitzkissen sitzen. Ähnliche Erfahrungen sind auch bei der Gehmeditation möglich. Wenn wir in sehr konzentrierter Weise gehen, kann das Gefühl entstehen, als würde der Raum schwanken wie ein Schiff im Sturm oder als seien wir betrunken. Manchmal scheint sich alles in Funken aufzulösen, und es entsteht der Eindruck, als könnten wir durch die Wände gehen. Wir sehen uns von merkwürdigen Mustern und Farben umgeben. Die Körpergrenzen scheinen zu verschwimmen; auch Temperatur und Konsistenz können sich verändern.

Der Körper scheint ungeheuer groß oder sehr klein zu werden. Der Kopf ist irgendwo neben dem Körper, jede Zelle des Körpers scheint zu atmen, oder wir atmen plötzlich durch die Fußsohlen. Es gibt hundert Variationen solcher veränderter körperlicher Wahrnehmungen, die bei der Praxis auftreten können.

Auch unsere Sinne können sich für neue Erfahrungen öffnen. Das Hörvermögen wird vielleicht extrem scharf, wir hören die zartesten Geräusche oder gewaltige innere Klänge wie Glocken oder Chöre. Viele Praktizierende hören innere Musik. Manchmal hört man klare und deutliche Stimmen, Worte oder gar spezifische Belehrungen. Alle unsere Sinne können sich in bisher nie erlebter Weise öffnen und eine ganz neue, tiefgreifende Sensibilität erreichen.

Tiefe Konzentration kann zu allen möglichen Arten von Visionen und visionären Erfahrungen führen. Sturzfluten von Erinnerungen, Bilder aus vergangenen Leben, Szenerien aus fremden Ländern, aus Himmeln und Höllen, die Energien aller großen Archetypen können sich vor unserem inneren Auge entfalten. Es ist möglich, daß wir uns als andere Wesen in anderen Körpern, anderen Zeiten und Bereichen erleben. Wir können Tieren, Engeln, Dämonen und Göttern begegnen. Solche Visionen erscheinen ebenso wirklich wie unsere alltägliche Realität. Sie entstehen oft spontan, aber man kann sie auch durch bestimmte meditative Übungen gezielt hervorrufen, um die positive Energie eines bestimmten Bereichs zu wecken.

Dieses Aufbrechen der Visionen und der physischen Sinne kann von heftigen Gefühlen begleitet sein – von Trauer und Verzweiflung bis zu Verzückung und Ekstase. Meditation wird möglicherweise zur Achterbahn, wenn wir uns in unbewußte Gefühle fallen lassen. Überaus lebhafte und in die Tiefe gehende Träume sowie eine Vielfalt von Angstzuständen sind ebenfalls häufige Phänomene. Dabei handelt es sich nicht um Gefühle der Alltagsebene, sondern um das Öffnen des gesamten Emotionskörpers. Man begegnet dem höchsten Entzücken und der tiefsten Dunkelheit der Einsamkeit, und jedes dieser Gefühle, die unser ganzes Bewußtsein ausfüllen, ist sehr real. Sie freizusetzen erfordert die Führung durch einen erfahrenen Lehrer, der uns mit der nötigen Rückendeckung durch diesen Prozeß hindurchbegleitet.

Die Chakren

Es ist auch möglich, daß wir durch das Sich-Öffnen der Energiezentren des Körpers, die traditionell als Chakren bezeichnet werden, große Veränderungen erleben. Doch auch das findet durchaus nicht bei jedem statt, und es ist keineswegs eine Notwendigkeit für den spirituellen Entwicklungsprozeß. Solch ein dramatisches ungesteuertes Sich-Öffnen des Energiekörpers und der Chakren geschieht einfach nur deshalb, weil jemand in diesen Bereichen blockiert war. Es gibt in den buddhistischen und hinduistischen Traditionen yogische Methoden, um solche energetischen Prozesse und Erfahrungen absichtlich herbeizuführen und zu steuern, aber oft öffnen sie sich auch ganz spontan. Chakra-Energie zeigt sich unter anderem wie folgt:
Das erste Chakra liegt an der Wurzel des Wirbelsäule und wird mit der Energie der Sicherheit oder der »Erdung« assoziiert. In der Meditation kann es geschehen, daß wir dieses Chakra durch starke Empfindungen im Beckenboden körperlich zu spüren beginnen. Wenn es sich öffnet, bringt dies ein intensives Gefühl von körperlicher Befreiung mit sich und löst Gefühle und Vorstellungen aus, die etwas mit Sicherheit und Überleben zu tun haben. Solche Vorstellungen können die Wertschätzung für unseren Körper und unser Leben auf dieser Erde anregen. Sie können aber auch das Gegenteil provozieren: Angst vor Tod und dem Verlust der Kontrolle, dem Verlust von allem, woran wir hängen. Wenn sich dieses Chakra öffnet, bewirkt dies, daß wir uns in unserem Körper auf dieser Erde wirklich zu Hause fühlen und lernen, uns in der echten Sicherheit unseres Seins zu entspannen.

Das zweite Chakra, das etwas höher liegt, befindet sich im Bereich der inneren Zeugungsorgane. Ihre Energie öffnet uns im allgemeinen für Aspekte der Sexualität, der Reproduktion und der Zeugung. Wenn sich die sexuelle Energie in diesem Zentrum befreit, kann es geschehen, daß wir stunden-, tage- oder gar wochenlang von sexuellen Vorstellungen und Empfindungen überschwemmt werden. Manche mögen das als angenehm empfinden. Andere, die vielleicht mit einer unaufgearbeiteten sexuellen Problematik belastet sind, wie sexuellem Mißbrauch oder anderen leidensvollen sexuellen Erfahrungen, müssen sich mit der angsterregenden und destruktiven Seite dieser Energien auseinandersetzen.
Die Visionen von sexuellen Begegnungen können von gewaltigen Wellen von Lust und Erregung begleitet sein. In einem Retreat erlebte eine Frau das Öffnen dieses Chakras zunächst als stundenlanges heftiges erotisches und orgasmisches Vibrieren. Dann hatte sie Visionen von kopulierenden Menschen und Tieren. Es war, als würden die Bäume mit dem Himmel kopulieren, und in der Meditation hatte sie das Gefühl, als ströme die ganze Welt in einem ungeheueren sexuellen Akt in ihre Vagina hinein und wieder aus ihr heraus. Zunächst war sie davon völlig überwältigt, doch im Verlauf einiger Tage begann sie sich nach und nach zu entspannen und konnte zulassen, daß dieser Prozeß in einen empfindsamen und ruhigen Zustand mündete, in dem sie von einem wundervollen Gefühl der Verbundenheit mit allen Dingen erfüllt war. Das zweite Chakra verbindet uns mit den grenzenlosen reproduktiven Fähigkeiten der Welt.
Das dritte Chakra im Bereich des Solarplexus wird oft mit Willenskraft assoziiert, und sein Öffnen kann sich durch Gefühle von Spannung, Angst, Schmerz, Enge, Verkrampfung oder Atembeschwerden ankündigen. Möglicherweise erleben wir eine Wiederholung der Art und Weise, wie wir uns selbst am Handeln gehindert haben oder wie wir unseren Atem vor Angst anhielten.
Wenn sich dieses Chakra öffnet, können Angst und Frustration hochschießen. Das kann zu einer gewaltigen Befreiung von Energie führen: Wir spüren vielleicht eine ungeheuere inhärente Kraft in uns; und unser Atem und unser Handeln wird von neuer Klarheit und Spontaneität belebt.

Das vierte Chakra, das Herz-Chakra, kann sich sowohl auf körperlichen wie auf emotionalen Ebenen öffnen. Körperlich empfinden wir vielleicht zunächst Schmerzen, Ringe von Spannung und Festhalten, die unser Herz seit vielen Jahren umklammert hielten. Viele Praktizierende berichten, daß sie das Öffnen des Herzens wie eine Herzattacke erlebten und ernstlich überlegten, ob sie nicht einen Notarzt rufen sollten. Auch tiefster Kummer, ein Überfließen von Mitgefühl und danach Lachen und Freude können das Öffnen der emotionalen Schleusen des Herzens begleiten. Hier begegnen wir den großen Themen Liebe, Nähe und Einsamkeit, und die tiefen Muster unseres Herzens werden sichtbar. Unser ganzes Wesen ist von Zärtlichkeit und Liebe erfüllt. Das Öffnen des Herzens geschieht langsam oder schnell; es kann wie das Öffnen einer Knospe sein oder wie eine gewaltige Gefühlsexplosion. Am Ende hüllt das Herz das gesamte Universum in Liebe und Mitgefühl ein. Es kann zum Zentrum werden, das alles belebt.
Das fünfte Chakra, das Kehlchakra, wird oft mit Kreativität assoziiert. Wenn es sich öffnet, kommen zuerst die Bilder und all die Energie hoch, die man zurückgehalten hat, alles, was man nicht ausgesprochen oder nicht gewürdigt hat. Auf der körperlichen Ebene kann dieses Öffnen stunden- oder tagelang von dem Drang zu schlucken und von Husten begleitet sein, oder wir geben spontane Geräusche von uns. Öffnet sich dieses Zentrum, so finden wir die richtigen Worte und unsere echte Stimme, und wir bekommen ein Gefühl dafür, wie es ist, über einen freien Kanal zu verfügen, so daß wir unsere kreativen Impulse zum Ausdruck bringen können.
Das sechste Chakra liegt zwischen den Augen und wird mit innerer Schau und klarem Verstehen assoziiert. Auch hier kann sich zuerst körperlicher Schmerz einstellen, wie Brennen und Spannung um die Augen oder sogar zeitweiliges Erblinden. Lichterscheinungen und Visionen können auftreten; wir erleben vielleicht ein intensives Gefühl der Klarheit oder die Entfaltung unserer übersinnlichen Wahrnehmungsfähigkeit. Wir sehen plötzlich Farben, Chakren, die Aura anderer und all die subtilen Energien des Lebens um uns herum. Wenn sich dieses Chakra öffnet, kann es geschehen, daß der Fluß der Gedanken innehält, daß wir desorientiert werden und kein Gefühl mehr dafür haben, wo wir uns befinden oder welche Rolle wir im Leben

spielen. Vielleicht sehen wir in diesem klaren Raum des Geistes die Inhalte im Geist anderer, oder wir haben intuitive Einsichten über uns selbst und die Welt, als hätte sich eine ganz neue Sinnesfunktion geöffnet.

Mit der Öffnung des siebten Chakras oder Scheitelchakras am obersten Punkt des Kopfes kann sich das Gefühl einstellen, als befinde sich an dieser Stelle ein offenes Loch. Zuerst äußert sich dies als Druck und Spannung, und wenn es sich öffnet, können Schwindelgefühle auftreten; mit der Zeit lernen wir, uns in der Klarheit des Bewußtseins zu entspannen. Energie fließt in unseren Kopf hinein und wieder heraus; wir sind von einem tiefen Gefühl der Sammlung, des Wohlbefindens und der Verbindung mit allem erfüllt. Wir haben vielleicht das Gefühl, daß ein gewaltiges klares Licht durch dieses Chakra in uns eindringt, oder daß die Schädeldecke ein Mandala oder eine vielblättrige Lotosblüte im Zentrum der Welt ist. Von diesem Chakra aus gesehen, erscheinen alle Dinge des Lebens als ein Tanz der Harmonie.

Außer den zentralen Chakren gibt es noch weitere Kanäle und kleinere Energiezentren im ganzen Körper, die sich im weiteren Verlauf des spirituellen Prozesses öffnen können. Es existiert zwar ein Grundmuster, nach dem sich das Öffnen der Chakren und das Freisetzen der Energie vollzieht, doch es gibt viele verschiedene Äußerungsformen, in denen es sich manifestiert. Das Sich-Öffnen der Chakren und die Befreiung der Energie wird in allen großen spirituellen Traditionen beschrieben: in der mystischen Tradition der Kabbala, in der Tradition der Sufi-Derwische, in christlichen mythischen Texten und in buddhistischen Praxis-Handbüchern. Eine der ausführlichsten Beschreibungen dieser Befreiung der Energie findet sich in den hinduistischen Lehren des Kundalini-Yoga. *Kundalini* ist die Bezeichnung für die spirituelle Energie (oder Bewußtsein), die Körper und Geist lebendig erhält. Sie bezieht sich im besonderen auf das gewaltige Freisetzen der Energie in der Wirbelsäule, in den Chakren und in allen feinstofflichen Kanälen des Körpers.

Diese energetischen Prozesse können sich innerhalb von Stunden, aber auch von Wochen und Monaten abspielen; bei vielen halten sie sogar jahrelang an. Sie stellen Aspekte des Öffnens und der Reinigung dar, die das natürliche Produkt tiefer spiritueller Praxis sind.

Die geeigneten Mittel im Umgang mit dem energetischen und emotionalen Öffnungsprozeß

Wenn die energetischen, visionären und emotionalen Energien befreit werden, kann es zu heftigen Reaktionen im Form von Verwirrung, Angst, Inflationierung des Ich oder Abhängigkeit kommen. In diesem Fall brauchen wir die Hilfe eines speziellen spirituellen Pfades mit seinem alten Wissen, seiner Tradition und seinen erprobten Praxismethoden und, was noch wichtiger ist, eines Lehrers, der diese Dimensionen der Psyche selbst erlebt hat und versteht. Wir müssen jemanden finden, dem wir vertrauen können und uns dann seiner oder ihrer Führung überlassen.

Alle Erfahrungen sind Nebenwirkungen

Selbst wenn wir einen Lehrer haben, sollten wir drei Prinzipien im Auge behalten, wenn wir uns mit diesen unvertrauten Bereichen unseres spirituellen Lebens befassen. Das erste Prinzip ist die Erkenntnis, daß alle spirituellen Phänomene Nebenwirkungen sind. In der buddhistischen Tradition wird berichtet, daß der Buddha seinen Schülern immer wieder erklärte, es sei nicht der Zweck seiner Lehren, bestimmte gute Taten und gutes Karma anzusammeln oder Erregungszustände, Einsichten oder Verzückungen zu provozieren, sondern es gehe allein nur um die Befreiung des Herzens – um eine echte Befreiung unseres Wesens in jedem Bereich. Dieses Erwachen und diese Freiheit – und nur diese allein – sind der Sinn und Zweck eines echten spirituellen Weges.

Die beeindruckende Wirkung von Lichterscheinungen und Visionen, die Erregungszustände durch das gewaltige Freisetzen von Energie – all das sind wunderbare Zeichen des Zusammenbruchs alter, einengender Strukturen in Körper und Geist. Doch als solche bringen sie keine Weisheit hervor. Manche Menschen hatten schon viele Erfahrungen dieser Art, ohne dabei sonderlich viel gelernt zu haben. Selbst große Erlebnisse einer Öffnung des Herzens, eines Kundalini-Phänomens oder fantastischer Visionen können sich in spirituellen Stolz umkehren oder einfach zu Erinnerung werden. Wie

Nahtod-Erfahrungen oder schwere Unfälle bewirken sie unter Umständen bei den einen tiefe Veränderungen, während andere bald darauf zu den alten, festgefahrenen Gewohnheiten zurückkehren. Spirituelle Erfahrungen als solche haben wenig Bedeutung. Was wirklich zählt, sind der Lernprozeß und die Integration des Gelernten in das alltägliche Leben.

»Außergewöhnliche Erfahrungen« können zu Fallen auf unserer spirituellen Reise werden. Mit unseren Reaktionen darauf läßt sich sogar unsere Meditationspraxis korrumpieren, wenn wir gierig nach solchen Erfahrungen greifen oder versuchen, sie zu wiederholen und festzuhalten und dann meinen, wir seien erleuchtet; oder aber wir fühlen uns durch sie gestört und versuchen sie wegzuscheuchen. All dies sind Fallen.

Die Bremse ziehen

In Zeiten intensiven spirituellen Trainings oder unter extremen Umständen können sich veränderte Zustände und energetische Prozesse mit einer Macht und Geschwindigkeit entfalten, die es uns unmöglich macht, angemessen mit ihnen umzugehen. Dann müssen wir unsere Grenzen sehen – sei es mit der Hilfe eines Lehrers oder allein – und mitfühlend darauf eingehen. Wir müssen eine Möglichkeit finden, den Prozeß zu verlangsamen und zu dämpfen, uns zu erden, die Bremse zu ziehen. Hierfür gibt es ebenso spezielle spirituelle Methoden und Praxisformen wie für die Aktivierung des Öffnungsprozesses.

Ein allzu schnelles Sich-Öffnen kann zu Tage und Wochen dauernden Zuständen von heftigem Agitieren, Schlaflosigkeit, Paranoia, Orientierungslosigkeit und – wie bereits beschrieben – sogar zu körperlichen Phänomenen wie schmerzhaften inneren Geräuschen, starker Hitze oder zeitweiligem Erblinden führen. (Wer nicht glauben mag, daß sich spirituelle Prozesse auf den physischen Körper auswirken können, sollte die Literatur über Phänomene wie Stigmata und ähnliches studieren.) Eine weitere problematische Manifestation ist die Erfahrung des Grenzverlustes, wobei sich das Gefühl von »ich selbst« und »andere« in so überwältigender Weise auflöst, daß man die Gefühle anderer fühlt, die Bewegungen in der Außenwelt – wie etwa den

Verkehr – so wahrnimmt, als fänden sie im eigenen Körper statt und große Schwierigkeiten hat, sich im Chaos des täglichen Lebens noch irgendwie zusammenzuhalten. Es ist eine Erfahrung von extremer Verletzlichkeit, von Kontrollverlust und körperlichen Empfindungen des Aufbrechens, die uns zu zerreißen drohen. Ein weiteres Problem ergibt sich, wenn stark geladene Teilbereiche unseres Selbst aktiviert werden, die von unserem gewöhnlichen Bewußtsein abgespalten sind. Sie können sich als Stimmenhören, Visionen und Halluzinationen manifestieren oder auch als Wiederholungen früherer »psychotischer« Erfahrungen, wenn es solche gegeben hat.
An einem Dreimonatsretreat, das ich leitete, nahm ein übereifriger junger Karateschüler teil. Er war auf der Jagd nach den Extremen spiritueller Intensität und wollte nach eigenem Strickmuster so schnell wie möglich erleuchtet werden. Etwa in der Mitte des Retreats beschloß er, die Angelegenheit zu beschleunigen und sich einen Tag und eine Nacht lang nicht zu bewegen. Nach den ersten paar Stunden erlebte er Hitze und extreme Schmerzen. Er blieb den ganzen Nachmittag und die Nacht lang bis zum nächsten Vormittag sitzen. Wenn man lange genug durchhält, werden die Schmerzen und das Feuer so stark, daß das Bewußtsein dissoziiert und aus dem Körper katapultiert wird. Es gibt sanftere Arten der out-of-body-Erfahrung, aber bei ihm geschah es höchst abrupt. Er erlebte alle möglichen veränderten Bewußtseinszustände. Als er nach vierundzwanzig Stunden aufstand, war er mit explosiver Energie angefüllt. Er marschierte in die Mitte des Speiseraums, in dem hundert stille Praktizierende saßen, und begann zu schreien und seine Karateübungen mit dreifacher Geschwindigkeit abzuspulen. Seine Energie füllte den Raum zum Bersten, und in der Stille konnte er die Angst spüren, die in vielen aufstieg – seine Mitpraktizierenden waren nach zwei Monaten Stille natürlich außerordentlich sensibilisiert. Er begleitete seine Karatefiguren mit heftigen Lauten; seine Energie schien das dritte und das sechste Chakra überschwemmt zu haben. Dann sagte er: »Ich sehe hinter jedem von euch eine ganze Schlange von Körpern eurer früheren Leben.« Er hatte sich dadurch, daß er seinen Körper an die Grenzen trieb, in einen außergewöhnlichen Bewußtseinszustand hineinmanövriert. Jetzt konnte er nicht einen Augenblick lang

stillsitzen und sich sammeln. Statt dessen war er voller Angst und Unruhe und bewegte sich in einer wilden und manischen Art, als wäre er verrückt geworden.
Was sollten wir mit ihm anfangen? Da er ein Athlet war, ließen wir ihn joggen. Wir verordneten ihm morgens und nachmittags je fünfzehn Kilometer und veränderten seine Ernährung. Während alle anderen vegetarisches Essen bekamen, gaben wir ihm Braten und Hamburger. Er mußte mehrmals am Tag heiß baden und duschen. Wir ließen ihn arbeiten und einen großen Teil des Gartens umgraben. Und wir sorgten dafür, daß ständig mindestens eine Person bei ihm war. Nach etwa drei Tagen konnte er wieder schlafen. Dann durfte er in kleinen Portionen wieder mit der Meditationspraxis beginnen. Seine Erfahrungen mögen Ausdruck echter spiritueller und übersinnlicher Öffnungen gewesen sein, aber sie kamen nicht auf natürliche und ausgeglichene Weise zustande, und so konnte er sie nicht in sein gesamtes Bewußtsein integrieren.
Wenn es nötig ist, die Bremse zu ziehen, um einen allzu heftigen energetischen Prozeß zu dämpfen oder zusammengebrochene Grenzen wieder aufzubauen und in Balance zu kommen, sollten Sie sofort aufhören zu meditieren. Befassen Sie sich mit irgend etwas Handfestem, das Sie wieder in Verbindung mit Ihrem Körper bringt. Nehmen Sie jede Art von Bewegung zu Hilfe, die exzessive Energie freisetzen kann – die Erde umgraben, Taiji, Laufen und Spazierengehen. Lenken Sie bewußt die Aufmerksamkeit durch den Körper nach unten, und spüren Sie die Füße und die Erde. Manchmal hilft sexueller Orgasmus. Auch Körperarbeit oder Massage kann sinnvoll sein. Akupunktur- und Akupressurbehandlungen stellen sehr wirkungsvoll die Balance wieder her. Ändern Sie Ihre Ernährung: Nehmen Sie schweres Essen zu sich, Getreideprodukte und Fleisch, um Ihren Körper zu erden. Versuchen Sie, wieder normal zu schlafen; dabei helfen Entspannungsübungen, beruhigende Kräutertees, Bäder und eine Massage nach einem ermüdenden Tag voller körperlicher Aktivität wie Wandern oder Gartenarbeit. All das sollte möglichst in einer geschützten Umgebung stattfinden, wo Menschen in Ihrer Nähe sind, die Ihnen helfen, zur Ruhe zu kommen und wieder Verbindung aufzunehmen.

Ein Buch mit dem Titel *The Tiger's Cave*, das die Erfahrungen des großen Zen-Meisters Hakuin (18. Jh.) beschreibt, ist einer der bekanntesten Berichte über solch ein Erlebnis. Nach Jahren hingebungsvoller Praxis erlebte Hakuin eine tiefgreifende Erleuchtung, wobei die Welt von strahlender Klarheit durchdrungen war. Als er jedoch weiterpraktizierte, verschwand diese Harmonie wieder. Weder in der Ruhe noch in der Aktivität fühlte er sich frei oder in Ordnung. Er stürzte sich mit zusammengebissenen Zähnen weiterhin auf die Praxis und versuchte, sich von der Flut der Gedanken, den Störungen und der Schlaflosigkeit zu befreien, aber es wurde nur noch schlimmer. Seine Mundhöhle brannte; seine Beine waren eiskalt; in seinen Ohren schwang das Tosen eines gewaltigen Flusses; er schwitzte übermäßig und war unfähig, sich irgendwie zur Ruhe zu bringen.

Nachdem er ohne Erfolg bei den berühmtesten Zen-Meistern seiner Zeit Hilfe gesucht hatte, hörte er von einem weisen taoistischen Einsiedler, der in den Bergen lebte. Er stieg auf den Berg und bat so lange beharrlich um Hilfe, bis der Einsiedler seine mißliche Lage und seine Ernsthaftigkeit erkannte und ihm zeigte, was er zur Erdung und Ausbalancierung seiner inneren Energie tun konnte. Er lehrte ihn eine Methode, die Energie mit Hilfe bestimmter Atemtechniken vom Scheitelchakra in den Bauch hinunterzuziehen, um die Energie im physischen Körper zu verwurzeln. Außerdem zeigte er ihm eine Reihe von Übungen zur Aktivierung des Energiekreislaufs im Körper, die zum Ausgleich der Energien dienen.

Meditierende und Yogis sind in allen Zeitaltern und im Rahmen aller bedeutenden Praxiswege den diversen Schwierigkeiten begegnet, die untrennbar mit spirituellen Erfahrungen verbunden sind. Sie wußten, wie grundlegend wichtig es ist, einen Begleiter zu haben, jemanden, der um seine eigenen Möglichkeiten des Wahnsinns weiß, der den tiefsten Schmerz und den Verlust der Grenzen erlebt hat und uns Schritt für Schritt und ohne Furcht zurück auf den Grund unseres wahren Wesens führen kann.

Den Tanz wahrnehmen

Das dritte Prinzip im Umgang mit veränderten Bewußtseinszuständen kann man »Wahrnehmung des Tanzes« nennen. Wenn solche Zustände auftreten, geht es darum, sich für die Erfahrung mit voller Bewußtheit zu öffnen und sie als einen Aspekt des Tanzes unseres menschlichen Lebens wahrzunehmen.

Veränderte Bewußtseinszustände können uns angst machen; dann setzen wir ihnen Widerstand entgegen und urteilen: »Mein Körper löst sich auf«, »Ich habe überall Gänsehaut«, »Ich verbrenne«, »Mir ist zu kalt«, »Die Klänge sind zu laut«, »Meine Sinne sind zu intensiv«, »Ich halte diese Energiewellen nicht aus«. Angst, Abwehr und Unverständnis bringen uns dazu, sie möglicherweise lange zu bekämpfen; wir wollen sie verhindern, verändern, sie hinter uns lassen oder sie davonjagen, und gerade dieser Widerstand hält uns in ihnen gefangen.

Ebenso wie wir am Anfang unserer Meditationspraxis lernen können, die Schmerzen und Spannungen des Körpers mit heilender und mitfühlender Aufmerksamkeit zuzulassen, ohne Widerstand zu bieten oder sie festzuhalten, können wir auch den beängstigenden veränderten Bewußtseinszuständen mit derselben mitfühlenden und ausgeglichenen Aufmerksamkeit begegnen. Und wie wir am Anfang gelernt haben, die verführerischen Stimmen des Habenwollens wahrzunehmen, ohne uns von ihnen einfangen zu lassen, müssen wir nun auch der zauberischen und machtvollen Verführung der Erregung, der Lichterscheinungen und der visionären Erfahrungen diese ausgeglichene Bewußtheit entgegenbringen.

Wenn wir auf eine Erfahrung mit Widerstand reagieren oder sie festzuhalten versuchen, bringt dies unsere Praxis zum Stillstand und verhindert, daß wir uns für die Wahrheit öffnen. Eine Praktizierende hatte große Angst vor dem Gefühl des leeren Raums, das während der Meditation über sie kam, und sie dachte, sie würde sich selbst verlieren, verrückt werden und nicht mehr normal funktionieren können. Zwei Jahre lang wehrte sie sich dagegen, bis sie schließlich in einer geführten Meditation die Angst und den Raum zulassen konnte. Es war unglaublich: Ihr Geist wurde ruhig, ihr Herz öffnete sich und

ihre Meditation erreichte eine neue Stufe des Friedens und der Entspannung. Wenn wir neuen Erfahrungen mit achtsamer und einsichtiger Aufmerksamkeit begegnen, stellen wir fest, daß stets eine von drei Möglichkeiten eintritt: sie verschwinden, sie bleiben, wie sie sind, oder ihre Intensität nimmt zu. Es spielt keine Rolle, mit welcher der drei wir es zu tun haben. Wenn wir unsere Praxis darauf ausdehnen, jeden wie auch immer gearteten Zustand und unsere Reaktion darauf aufmerksam wahrzunehmen, können wir sie alle zu einem Teil des Tanzes werden lassen. Eine große Hilfe ist dabei die Methode des Benennens. In diesem Fall können wir die veränderten Bewußtseinszustände genauso bewußt benennen: »Erregung, Erregung« oder »Vision, Vision«. In dem Augenblick, in dem wir den Zustand beim Namen nennen und den Raum zur Verfügung stellen, in welchem diese Erfahrung entstehen und wieder vergehen kann, entsteht ein Gefühl von Vertrauen. Wir haben uns erneut mit der klaren Einsicht verbunden, die sich keiner Erfahrung bemächtigen will, und öffnen uns für das, was Alan Watts einmal »die Weisheit der Ungewißheit« genannt hat, die Weisheit aller Zeiten.
Den Weg des Herzens gehen bedeutet, daß wir die Welt der Erscheinungen in all ihrer unendlichen Fülle erfahren, sie sehen, hören, riechen, schmecken, berühren, über sie nachdenken und die Freiheit und Größe des Herzens inmitten von allem finden. Da sich jeder von uns als menschliche Blüte in seiner eigenen, einmaligen Weise und zu seiner angemessenen Zeit öffnet, brauchen wir die spezifischen Energien unseres Körpers und Geistes nicht willentlich zu steuern. Unser Weg bedeutet, weder nach ihnen begierig zu sein noch sie zu fürchten. Der wahre Weg ist der des Loslassens.
Wenn wir Raum, Vertrauen und einen weiten Blickwinkel entwickeln, können wir durch alle Bewußtseinszustände hindurchgehen und in ihnen eine zeitlose Weisheit und ein tiefes und liebevolles Herz entdecken.

Meditation: Die eigene Einstellung gegenüber veränderten Bewußtseinszuständen betrachten

Welche Beziehung haben Sie zu außergewöhnlichen Bewußtseinszuständen in der Meditation? Beobachten Sie, wenn Sie die Beschreibung dieser Erfahrungen lesen, welche davon Sie besonders anspricht; achten Sie darauf, welche Sie anzieht oder welche Sie an frühere Erfahrungen erinnert. Wie gehen Sie mit solchen Erfahrungen um, wenn sie auftreten? Haften Sie daran, und sind Sie stolz darauf? Versuchen Sie, sie zu wiederholen, weil Sie sie als ein Zeichen Ihres Fortschritts oder Erfolgs betrachten? Mit wieviel Einsicht sind Sie ihnen begegnet? Bedeuten sie für Sie etwas, das Sie festhält, oder etwas, das Ihnen Freiheit gibt? Empfinden Sie sie als wohltuend und heilend, oder lösen sie Angst aus? Der Mißbrauch solcher Zustände besteht darin, daß Sie an ihnen haften oder sie zu vermeiden und abzuwürgen versuchen. Wenn das der Fall ist, sollten Sie sich fragen, ob sich Ihre Meditation vertiefen kann, indem Sie sich für diese Zustände öffnen. Spüren Sie dem nach, was sie Ihnen schenken können – Inspiration, neue Perspektiven, Einsicht, Heilung oder tiefes Vertrauen. Machen Sie sich klar, welche Lehren Ihnen Führung geben können. Wenn Sie das Gefühl haben, daß Ihnen eine klare und weise Perspektive fehlt – wo können Sie sie finden? Wie würdigen Sie diese Erfahrungen am besten und verwenden sie zu Ihrem Vorteil?

10
Das Selbst erweitern und auflösen: Tiefe Nacht und Wiedergeburt

Das Gebiet der spirituellen Praxis ist so groß wie das Universum, so groß wie das Bewußtsein, aus dem sie entstanden ist. Es gibt Zeiten, in denen wir über die energetischen und emotionalen Phänomene hinausgehen, die im vorangegangenen Kapitel beschrieben wurden, und erleben, wie sich noch weitere außergewöhnliche Dimensionen des Bewußtseins öffnen.

Der Psychologe William James schrieb über solche Augenblicke: »Unser gewöhnliches Wachbewußtsein ist nur eine Form des Bewußtseins. Um uns herum gibt es unendliche Welten, von denen wir nur durch dünne Schleier getrennt sind.«

In den spirituellen Traditionen des Hinduismus werden diese Zustände als die verschiedenen Ebenen des *Samadhi* beschrieben. Texte und Darstellungen theoretischer und praktischer Art in den christlichen, sufistischen und jüdischen mystischen Traditionen beschreiben die Bewußtseinszustände, die durch Gebet, Hingabe, Konzentration und Stille hervorgerufen werden.

Unter den »Reiseführern« zu diesen Bereichen sind die bekanntesten *Die Wolke des Nichtwissens*, *Die tiefe Nacht der Seele*, die mystischen Ausführungen der *Kabbalah* und der Sufi-Weg durch die sieben Täler in Attars *Gespräche der Vögel*. Die buddhistische Tradition bietet Hunderte von Techniken zum Öffnen des Bewußtseins, darunter die Konzentration auf den Atem und den Körper, die Verwendung von Visualisierung oder Klängen, die Wiederholung von Mantras und die *Koans*, »unlösbare« Rätsel-

fragen, die so lange wiederholt werden, bis das Denken kollabiert und die Bereiche des Nichtwissens und der Stille zugänglich werden.
Neue Räume des Bewußtseins können sich auch durch das, was man Gnade nennt, spontan öffnen, oder es geschieht unter dem Druck von extremen Umständen wie etwa einer Nahtod-Erfahrung. Sie können durch heilige Orte der Kraft, durch die Anwesenheit eines großen Lehrers und durch psychedelische Substanzen aktiviert werden; man kann sie durch das systematische und direkte Mittel der spirituellen Praxis erreichen, indem man sich an eine präzise spirituelle Disziplin hält; und sie werden durch die Kontinuität der Meditation oder des Gebets oder durch tiefe Stille hervorgerufen. Wenn unsere innere Verpflichtung und die Hingabe an solche Praxisformen so stark geworden sind, daß unser ganzes Wesen von der Praxis durchdrungen ist, können sich Geist und Körper für zuvor unbekannte Dimensionen des Lebens öffnen. Der Sufi-Dichter Rumi lädt in diese Räume ein, wenn er sagt: »Jenseits von falsch und richtig gibt es ein Land strahlender Bewußtheit. Dort wollen wir uns treffen.«
Bei der Expedition durch diese Gebiete können uns Lehrer und »Landkarten« helfen, die uns das Wissen all jener vermitteln, die vor uns dorthin gegangen sind. Eine der umfassendsten Darstellungen buddhistischer Meditation ist die Sammlung über höhere Bewußtseinsformen des Theravada (Schule der Alten). Theravada ist die einzige der frühen Schulen des Buddhismus, die bis heute überlebt hat. Ihre Lehren gelten noch immer als die Hauptform des Buddhismus in Indien und Südostasien. Die folgenden Ausführungen sind eine Zusammenfassung der Texte und Lehren der »Alten«, in denen meditative Zustände beschrieben werden.

Buddhistische Beschreibungen von Zuständen der Versenkung und Einsicht

Die Darstellung der Alten unterteilt die mystischen Bereiche in zwei Hauptkategorien: diejenigen, die man durch die Erweiterung des Selbst erreicht, und diejenigen, die man durch die Auflösung des Selbst erreicht. Im Zusammenhang mit der Erweiterung des Selbst werden acht subtile Bewußtseinsebenen genannt – die »Bereiche der Versenkung« (»höhere Samadhis«). Innerhalb dieser Bereiche der Versenkung gibt es den Zugang zu den »sechs Bereichen der Existenz«, wobei man alle Formen erlebt, die das Leben annehmen kann. Die acht Bereiche der höheren Versenkung und die sechs Bereiche der Existenz können durch die Kraft der meditativen Konzentration vom erweiterten Selbst erfahren werden. Das führt zu Zuständen himmlischen Lichts und zu einem erweiterten Raum des Bewußtseins, in dem man außergewöhnlich Gefühle, visionäre Einsichten und Zustände einer geläuterten Stille erlebt.

Die zweite Kategorie umfaßt die mystischen Bereiche der Auflösung des Selbst. Diese Bereiche treten in Erscheinung, wenn wir unser Bewußtsein immer tiefer mit der Wurzel unseres Seins in Verbindung bringen, wobei die gesamte Identität und das Gefühl eines individuellen Selbst nach und nach im Prozeß der Erfahrung von Tod und Wiedergeburt aufgelöst werden. Hierzu wird die Meditation darauf ausgerichtet, den gesamten geheimnisvollen Vorgang aufzurollen, durch den das Bewußtsein eine eigene Identität erschafft, um schließlich hinter allem die Ichlosigkeit und Freiheit zu entdecken.

Verwendet werden diese Lehren der Alten in der Einsichts-Meditation. Solche Kartographien sind hilfreich, aber auch begrenzt. Je nach Art der Praxis und der Person kann sich die Meditation in recht unterschiedlicher Weise entwickeln. Mystische Texte außerhalb des Buddhismus beschreiben ebenfalls den Prozeß des Erwachens, in anderer Sprache und auf andere Landschaften bezogen, aber dennoch sind bestimmte allgemeine Elemente für alle verbindlich.

Tor zum erweiterten Bewußtsein: Schwellen-Konzentration

Das Tor zum Bereich der Versenkung und zum Bereich der Auflösung bedeutet die Stabilisierung von Herz und Geist, die man als Schwellen-Konzentration bezeichnet. Sie ist die erste tragfähige Ebene von Gegenwärtigsein und Standfestigkeit, die sich durch die Praxis von Gebet oder Meditation entwickelt. Wenn wir die Schwellen-Konzentration entwickelt haben, wird unsere spirituelle Praxis für eine gewisse Zeit unerschütterlich und gesammelt, unbeeinträchtigt von inneren Hindernissen oder der Wechselhaftigkeit des alltäglichen Lebens. In der Schwellen-Konzentration verschmelzen wir mit der Meditation; dadurch erfährt unser Bewußtsein eine starke Veränderung, und unsere Praxis gewinnt zunehmend die Qualität von Klarheit, Gelöstheit und Konzentration.

Um die Schwellen-Konzentration entwickeln zu können, bedarf es einer grundlegenden Fähigkeit zur Konzentration, verbunden mit Beharrlichkeit und Disziplin. Manche Praktizierende können durch intensives Training mit einem guten Lehrer die Ebene der Schwellen-Konzentration innerhalb weniger Monate oder gar Wochen erreichen. Die meditativen Prinzipien hierfür sind immer dieselben: Wiederholung, Konzentration und Hingabe. Man konzentriert sich auf ein Gebet oder ein Mantra, auf Licht oder auf eine Visualisation, auf den Atem oder den Körper oder auf ein bestimmtes Gefühl wie etwa Herzenswärme oder Mitgefühl und hält dies aufrecht oder wiederholt es immer und immer wieder, durch alle Stadien des Widerstands und der Schwierigkeiten hindurch, bis Herz und Geist still, miteinander vereinigt und eins mit der Praxis geworden sind.

Wenn wir anfangen, die Schwellen-Konzentration zu entwickeln, kann es erst einmal auf und ab gehen. Wir fühlen uns vielleicht intensiv gesammelt, aber ähnlich wie ein Anfänger auf dem Fahrrad drohen wir noch gelegentlich aus dem Gleichgewicht zu geraten, abgelenkt durch irgendwelche Dinge im Hintergrund. Weitere beharrliche Praxis führt zu sicherer Balance. Indem wir uns dieser Erfahrung immer wieder überlassen, lernen wir, wie man konzentrierte Aufmerksamkeit fördern und unterstützen kann.

Die Schwellen-Konzentration wurde von den Alten deshalb so genannt, weil wir auf dieser Ebene der Konzentration so viel Stabilität des Herzens und des Geistes entwickeln, daß wir die Schwelle zu den höheren Bewußtseinsbereichen überschreiten können. Von der Schwellen-Konzentration aus können wir das Selbst von einer Ebene zur nächsten ausdehnen, wobei es einen Prozeß der Verfeinerung durchläuft, bis man schließlich zur Einheit mit außergewöhnlichen Zuständen des strahlenden, klaren Bewußtseins gelangt (»die acht Stadien der Versenkung«). Dieses Ausdehnen des Bewußtseins in verfeinerte Bereiche der Versenkung ermöglicht uns den Zugang zu visionären Stadien, einschließlich der sechs Bereiche der Existenz, zu himmlischen Lichterfahrungen und Gefühlen und zu noch subtileren Bewußtseinszuständen.

Von der Ebene der Schwellen-Konzentration aus haben wir auch Zugang zu einer ganz anderen Dimension des Bewußtseins – den Bereichen der Auflösung des Selbst. Hier wird das Selbst nicht erweitert und verfeinert, sondern wir schauen in die Tiefe der Natur des Selbst und des Bewußtseins, bis sich selbst die subtilsten und höchsten Wahrnehmungen von einem Selbst und von Getrenntsein aufgelöst haben.

Stadien der Versenkung

Um das Selbst erweitern zu können und Zugang zu den acht Ebenen der Versenkung zu bekommen, überlassen wir uns bewußt noch vollständiger dem Objekt unserer Meditation. Haben wir die Schwellen-Konzentration entwickelt, müssen wir uns fortwährend konzentrieren, so daß die Versenkung immer tiefer wird. Herz und Geist können dann spontan von positiven Qualitäten durchdrungen werden, die sowohl beruhigend sind als auch wach machen. Diese Qualitäten nennt man die »fünf Faktoren der Versenkung«: gezielte und nicht nachlassende Aufmerksamkeit, Erregung, Glücksgefühl und Konzentration.

Die ersten vier Ebenen der Versenkung lassen sich durch Konzentration auf verschiedene Meditationsobjekte erreichen: visualisierte Bilder des Buddha und bestimmter Gottheiten, Gefühle der Liebe, Atem, Körper, Chakras, Farben oder Licht. Jedes Meditationsobjekt beeinflußt die Versenkungszustände in einer bestimmten Weise, aber die Erfahrung des einheitlichen und erweiterten Bewußtseins ist immer dieselbe.

Nachdem man sich mit Hilfe dieser Meditationsobjekte mit den ersten vier Ebenen der Versenkung vertraut gemacht hat, werden noch subtilere Zustände zugänglich. Die Alten nannten die vier nächsten Ebenen »Versenkungen jenseits von Form«; hier läßt das Bewußtsein jegliches Meditationsobjekt los und weitet sich zur Erfahrung der grenzenlosen Dimensionen stillen und reinen Gewahrseins aus. Diese Erfahrungen sind überaus beeindruckend. Traditionell beschreibt man sie als »eins mit den Göttern werden«.

Um nach den ersten vier Ebenen der Versenkung zu diesen vier höheren Ebenen zu gelangen, müssen wir bewußt alle früheren Erfahrungen von Glück und Ausgeglichenheit loslassen und uns dahin orientieren, unser Bewußtsein mit dem grenzenlosen Raum verschmelzen zu lassen. Grenzenloser Raum ist die erste Ebene der formlosen Versenkung. Dann verfeinern wir unser Bewußtsein von Stufe zu Stufe weiter, um mit dem grenzenlosen Bewußtsein zu verschmelzen, welches das gesamte Universum durchdringt, bis wir die Versenkung in einen Zustand vollkommener Leere erreicht haben oder in einem Zustand jenseits aller Wahrnehmung angekommen sind. Diese formlosen Versenkungen sind große yogische Ziele, und es gehören beträchtliche Fähigkeiten dazu, sie zu erreichen und zu beherrschen. Wer diese Ebenen der Versenkung zu meistern versteht, kann dadurch auch eine Vielzahl außergewöhnlicher Fähigkeiten entwickeln, wie Telepathie, Telekinese, Erinnerungen an frühere Leben und anderes mehr. Solche Fähigkeiten treten gelegentlich spontan auf, doch nach den Lehren der Alten kann man sie durch Disziplin und die Praxis der konzentrierten Versenkung systematisch entwickeln.

In der buddhistischen Literatur gibt es viele detaillierte Beschreibungen der Faktoren der Versenkung, der Ebenen der Versenkung und der Entwicklung außergewöhnlicher Fähigkeiten. Eine der besten ist Buddhagosas Text in *The Path of Purification*.

Das vereinheitlichte Bewußtsein, das durch die Versenkungszustände entsteht, hat zwar viele positive Wirkungen, wie tiefer Friede, Heilung und Wohlbefinden, doch sollte man sich darüber im klaren sein, daß es auch Gefahren bietet. Wie schon ausgeführt, neigen wir manchmal dazu, unsere Einsichten und Erfahrungen festzuhalten und Stolz, Gier und Selbsttäuschung damit zu nähren. Wir können von diesen Zuständen fasziniert sein und sie immer wieder provozieren, und dann meinen wir, das sei das Ende unseres Pfades und die Erfüllung unseres inneren Lebens, während sie in Wirklichkeit einfach nur tiefgreifende Zustände der Einheit und der Entspannung sind, die wir oft gar nicht in unser übriges Leben integrieren können. Wie wir sehen werden, müssen wir sie für die Entwicklung von klarem Verstehen und Weisheit einsetzen, sonst haben sie nur sehr begrenzten Wert.

Die Bereiche der Existenz

Zusätzlich zu den acht Stadien der Versenkung beschreiben die buddhistischen Landkarten des Bewußtseins die Erfahrung der sechs großen archetypischen Bereiche des Lebens als Teil der Erweiterung des Selbst. Wenn sich das Bewußtsein auf diese Dimension ausdehnt, sei es durch Konzentration oder auf spontane Weise, entstehen Visionen von Göttern und Göttinnen, von vergangenen Leben, von Tempeln oder Zeremonien, von Kämpfen und Krieg oder von früheren Geburten und Toden. Nicht nur die buddhistischen Traditionen, sondern auch die der Hindus, Taoisten, Christen, Juden und Moslems beschreiben solche visionären Erfahrungen und erklären, daß die Bereiche der Schönheit und die Bereiche des Schreckens, die Himmel und Höllen als Wirklichkeiten dieses Universums zu verstehen sind.

Im Buddhismus werden sechs Lebensbereiche beschrieben, die das Bewußtsein erfahren kann. Der schmerzhafteste Bereich besteht aus einer Anzahl von Höllen voller extremer Pein durch Feuer, Eiseskälte und Folter. Der höchste Bereich besteht aus den himmlischen Gefilden, Zuständen voller Freude, Erregung, himmlischer Musik, Engel, Seligkeit und Frieden. Zwischen diesen Extremen gibt es zwei sichtbare Bereiche, den Tierbereich und den Menschenbereich. Der Tierbereich wird oft mit Angst (fressen und gefressen werden) und Dumpfheit assoziiert, und vom Menschenbereich heißt es, er habe die rechte Balance von Freude und Schmerz, um am besten für das spirituelle Erwachen geeignet zu sein. Die beiden letzten Bereiche sind Bereiche der Geister. Der eine davon ist der Bereich der Machtkämpfe, der Bereich der eifersüchtigen Götter; der andere ist ein Bereich intensiver Begierde, genannt der Bereich der Hungergeister, illustriert durch Wesen mit winzigen Mündern und riesigen Bäuchen, deren Verlangen nie gestillt wird. Man kann diese Bereiche ganz einfach als mythische und poetische Beschreibungen der menschlichen Erfahrung betrachten. Großer Ärger, Groll und Wut werfen uns in den Höllenbereich, Sucht macht uns zu Hungergeistern, und herrliche sinnliche Freuden oder angenehme Gedanken transportieren uns in den Himmel. Das läßt sich sogar auf die geografische Ebene übertragen. Das Paradies einer Südseeinsel ist vielleicht der Bereich des Himmels, Zentralafrika mit seinen Hungersnöten und Kriegen der Höllenbereich, den Bereich der eifersüchtigen Götter finden wir in Washington und den der Hungergeister in Las Vegas.

Doch das ist nicht nur metaphorisch zu verstehen. Diese sechs Bereiche können sehr komplex im spirituellen Leben in Erscheinung treten, als Erfahrungen, die ebenso wirklich und überwältigend sind wie irgend etwas, das wir in der sogenannten gewöhnlichen Welt erleben. Wenn sich unser Bewußtsein erweitert, kann es geschehen, daß wir in einer Hölle landen oder uns in einer der Himmelswelten vergnügen; wir können ganz realistisch das Bewußtsein eines Tieres erleben oder vom unstillbaren Verlangen eines Hungergeists besessen sein. Die Macht bestimmter spiritueller Praxisformen, uns in diese Bereiche zu schleudern, verlangt von uns, daß wir – als wichtigen Aspekt unserer Entwicklung – lernen, sie bewußt zu durchqueren. Wer sich in die Bereiche der Versenkung und der Visionen begeben will, braucht einen klaren Verstand und die richtige Führung. Wir müssen ihnen, ob wir sie als verlockend oder furchterregend empfinden, in jedem Fall wach und mit weiser Vernunft begegnen, um sie als das Spiel des Bewußtseins selbst zu erkennen. In der Zen-Tradition nennt man alle veränderten Bewußtseinszustände und alle visionären Erfahrungen *Makyo* oder Illusion. Die höchsten Himmelreiche und die tiefsten Höllen sind vergänglich, nicht anders als die Jahreszeiten und der Stand der Sterne. Welche yogischen Fähigkeiten sich auch in diesen Zuständen manifestieren mögen – sie sind vergänglich und bringen uns nicht die ersehnte Freiheit in allen Lebensbereichen. Deshalb werden in der buddhistischen Tradition die Versenkungen hauptsächlich als Vorbereitung für eine weitere Entwicklung der Einsicht verwendet. Für die meisten Praktizierenden sind sie nicht nötig; wer jedoch in diese Zustände gerät, kann daraus Nutzen ziehen, denn sie reinigen und harmonisieren Körper und Geist, beruhigen und klären das Bewußtsein und bringen es in eine einheitliche Verfassung. Doch um der wahren Befreiung willen muß die Meditation, die bisher auf die Beruhigung und Erweiterung des Selbst ausgerichtet war, jetzt zu einem Mittel der Forschung werden und sichtbar machen, wie das Bewußtsein ein Selbst und alle seine Formen der Erfahrung erschafft. Von der Stille der Versenkung müssen wir zurückkehren zur Schwellen-Konzentration und unsere Aufmerksamkeit auf den Atem, den Körper, die Sinneswahrnehmungen und den Geist richten. Damit beginnt der Pfad der Auflösung des Selbst – der Pfad der Einsicht in die Natur des Selbst.

Das Selbst auflösen

Die Auflösung des Selbst ist die zweite wichtige Dimension des meditativen Bewußtseins, die in den Lehren der Alten beschrieben wird, und sie ist das Zentrum vieler Variationen der Einsichts-Meditation. Anstatt daß man das Selbst erweitert und auf extrem subtile Zustände der Versenkung oder die Reise durch die sechs Bereiche ausdehnt, wird in dieser nächsten Dimension der spirituellen Praxis das Bewußtsein darauf gerichtet, die Natur des Selbst und der separaten Identität zu erkennen. Nach einiger Zeit erscheinen selbst der Götterbereich oder die Erfahrung von grenzenlosem Licht und Frieden als nicht sonderlich befreiend, da jeder Zustand, wie außergewöhnlich er auch sein mag, ein Ende hat. Jedesmal, wenn man solch einen Zustand erreicht hat und wieder zurückgekehrt ist, taucht die Frage auf: »Wer erlebt diesen Tanz?« Dann ist es so, als würden wir uns von einer Projektionsleinwand abwenden, die unsere wechselnden Erfahrungen zeigt (viele Arten von himmlischen bis höllischen Dramen), und erkennen, daß alle diese Erfahrungen nicht anders sind, als säßen wir im Kino. Wir drehen uns um und entdecken den Projektor, das Licht und den Zelluloidstreifen – den Ursprung des ganzen Dramas vor unseren Augen.

An einem bestimmten Punkt sehen wir ein, daß alle Arten meditativer Erfahrung begrenzt sind. Diese Erkenntnis markiert einen Scheideweg. Anstatt das Bewußtsein auf irgendeinen Bereich der Erfahrung auszudehnen, müssen wir nun unsere Aufmerksamkeit darauf richten, die Frage nach unserem wahren Wesen zu beantworten, und damit beginnt der Pfad der Auflösung des Selbst.

Spirituelle Traditionen bieten viele Mittel und Wege, um das Selbst – das Gefühl unserer separaten Identität – aufzulösen oder zu transzendieren. Eine dieser Methoden ist die wiederholte Frage: »Wer bin ich?«. Eine andere ist die Praxis der transzendenten Hingabe, und eine weitere die Auflösung des Selbst durch Rituale und visionäre Prozesse. In der Einsichts-Meditation beginnt man mit einem allgemein üblichen Pfad der Auflösung des Selbst, indem man zum Beispiel das Selbst von der Ebene der Schwellen-Konzentration aus erweitert. Für die meisten Praktizierenden bedeutet dies, das Stadium der Schwellen-Konzentration Schritt für Schritt zu entwickeln, wie es zuvor beschrieben wurde. Wer die höheren Ebenen der Versenkung erreicht hat, muß auch diese Zustände wieder verlassen und die Kraft seiner Konzentration achtsam und bewußt auf den Prozeß des Lebens selbst richten.

Auf der Grundlage der Schwellen-Konzentration muß nun die Aufmerksamkeit alle anderen Meditationsobjekte loslassen und statt dessen die sinnlichen Erfahrungen des Augenblicks in einer unabgelenkten Weise untersuchen. Wenn wir das tun, verbinden sich die vier Elemente der Ruhe, der Konzentration, der Erregung und der Gleichmütigkeit auf natürliche Weise mit den Qualitäten der klaren Achtsamkeit, der Energie und des Erforschens. Das wird zusammenfassend »die sieben Faktoren der Erleuchtung« genannt. Auf dem weiteren Pfad der Meditation wächst nun die Kraft der Stille und der Klarheit. Die Entwicklung der sieben Faktoren habe ich in detaillierter Form in meinem Buch *Seeking the Heart of Wisdom (Einsicht durch Meditation)* beschrieben. Für den Pfad der Auflösung ist von besonderer Wichtigkeit, daß Ruhe und Konzentration, die eine große Unerschütterlichkeit des Geistes mit sich bringen, mit einer ebenso großen Energie des Erforschens und Prüfens verbunden werden.

Wenn wir die Kraft der Konzentration verwenden, um das Selbst zu untersuchen, ist dies kein Erweitern des Bewußtseins mit der Wirkung eines Teleskops, sondern unsere Meditation und Aufmerksamkeit haben eher die Funktion eines Mikroskops. Wir richten unsere Aufmerksamkeit auf die Erforschung des Atems, des Körpers, der Sinneserfahrungen, des Herzens und Geistes, als würden wir im stillen fragen: Was ist eigentlich dieses ganze Leben, wie funktioniert es? Wohin wir mit unserer klaren Aufmerksamkeit auch schauen, überall zeigen Körper und Geist ihre wechselhafte Eigenschaft. Da unsere Aufmerksamkeit mit starker Konzentration verbunden ist, empfinden wir im Körper nichts mehr als fest; es ist, als könnten wir plötzlich die ständigen körperlichen Veränderungen auf einer molekularen Ebene wahrnehmen. Gleichzeitig sind unsere Sinneswahrnehmungen klar und unabgelenkt. Wir spüren ganz direkt das Sosein des Lebens, die unmittelbaren Eindrücke, die unsere Sinne in jedem Augenblick aufnehmen, ohne die Bearbeitung durch Gedanken und ohne die Verschleierung durch unsere gewohnte Identität.

Dieses Sich-Öffnen von Körper und Geist ist der Anfang dessen, was die Alten den »Pfad der Auflösung in der Einsichts-Meditation« nannten. In dieser Darstellung werden mehr als ein Dutzend Ebenen beschrieben, die durch die stetige Vertiefung der Konzentration zugänglich werden. Das Wesen von Körper und Geist wird deutlich, und es stellen sich klar unterschiedene Bewußtseinszustände ein, von denen ein jeder eine ganz einzigartige Perspektive vermittelt. Diese Ebenen treten oft mit einer Stichflamme von Einsicht in Erscheinung; es ist aber auch möglich, daß sie einfach ineinander übergehen.

Nachdem das Stadium der Schwellen-Konzentration erreicht wurde, entsteht die erste und sehr bedeutende Ebene der Einsicht, genannt »Einsicht in Körper und Geist«. Wenn sich die Aufmerksamkeit weiter vertieft, zeigt die nächste Ebene der Einsicht, wie jedes der geistigen und körperlichen Elemente in einem Prozeß von Ursache und Wirkung entsteht, ebenso wie ein Augenblick des Denkens, der Vorstellung oder der akustischen Wahrnehmung zur Bedingung für den nächsten Augenblick wird. Auf dieser neuen Stufe erleben wir Körper und Geist als etwas Mechanisches, und wohin wir schauen, zeigt uns das Universum bedingte Prozesse, wie etwa Samen, die im einen Augenblick in die Erde gelegt werden und im nächsten Keime treiben. Vertieft sich die Aufmerksamkeit noch mehr, eröffnet sich – wie durch eine stärkere Linse im Mikroskop – eine Bewußtseinsebene, auf der sich das Leben in immer subtilere Augenblicke der Erfahrung auflöst, ähnlich wie auf den Bildern des Impressionisten Seurat. Was uns zuvor als unsere solide Existenz erschien – Gefühle, Objekte, Ich und andere/anderes –, befindet sich, wie wir nun viel deutlicher sehen, in ständiger Veränderung. Unser Körper ist einfach nur ein Fließen von Empfindungen.

Unsere Sinne, Gefühle und Gedanken zeigen ihre drei grundlegendsten Eigenschaften: Erstens ihre Unbeständigkeit, wie wechselnde Muster im Sand. Zweitens ihre Unzuverlässigkeit, ihre grundlegend unbefriedigende Natur; denn da sich unsere Erfahrung verändert, kann sie uns keine Sicherheit oder bleibende Befriedigung verschaffen, wie angenehm oder wunderbar sie im Augenblick auch sein mag. Drittens ihr Mangel an Selbst; alle Phänomene tanzen miteinander und verändern sich, so daß nichts zu finden ist, das unverändert oder getrennt für sich bliebe und das wir besitzen oder kontrollieren könnten – nichts, auf das wir uns als »ich« oder »mein« oder »dein« festlegen könnten.

Danach entsteht eine noch tiefere und stabilere Ebene des Gewahrseins, genannt »der Bereich des Entstehens und Vergehens«. Hier ist unsere Aufmerksamkeit sehr ausgeglichen, und das Leben gleicht einem Tanz augenblicklicher Erfahrungen, wie Regentropfen. Dieser Bereich hat mehrere Eigenschaften. Erstens nehmen wir das Leben präzise als reines Entstehen und Vergehen wahr; alles wird ständig neu geboren und endet wieder, von einem Augenblick zum nächsten. Zweitens sind die Aufmerksamkeit und Konzentration in diesem Stadium so stark, daß Herz und Geist vollkommen klar und atemberaubend strahlend sind. Alle Fähigkeiten und Eigenschaften der Erleuchtung entstehen spontan: Erregung, Energie, klares Durchschauen, Ruhe, Konzentration, Einsicht und Gleichmütigkeit. In diesem Zustand stellt sich das bewußte Gewahrsein so selbstverständlich und leicht ein, daß der Geist zu fließen scheint, völlig frei und unbehindert von allem, was geschieht. Wir sind von ungeheuerer Freude durchdrungen und erleben eine wunderbare Freiheit und Ausgeglichenheit. Wir erkennen ganz deutlich die Natur des Lebens, und das daraus entstehende Wohlgefühl wird von unendlichem Vertrauen und leuchtender Klarheit begleitet. Geist und Herz öffnen sich so sehr, daß man nur noch eine oder zwei Stunden Schlaf pro Nacht benötigt. Manchmal stellen sich auf dieser Stufe spontan übersinnliche Fähigkeiten ein. Luzides Träumen und Außerkörper-Erfahrungen sind häufige Phänomene. Auf dieser Ebene kann man sogar lernen, die Meditation während des Träumens aufrechtzuerhalten.

Wenn dieses Stadium eintritt, meinen Praktizierende oft, sie seien erleuchtet. Das nennt man »vorläufige Erleuchtung« oder »Pseudo-Nirvana«: Wenn sich solche wunderbaren meditativen Zustände einstellen, haben wir das Gefühl, wir seien frei von unserer alltäglichen Identität; doch dann greifen wir, ohne daß wir es wissen, nach diesem Zustand und erschaffen ein neues Gefühl von Selbst. Pseudo-Nirvana erscheint wie Freiheit, aber es ist zugleich auch eine Sackgasse, in der Praktizierende lange festsitzen können. Im Pseudo-Nirvana können sich die echten Qualitäten der Freude, der Klarheit, des Vertrauens, der Konzentration und der Achtsamkeit allzu leicht in »Fälschungen der Einsicht« verwandeln.

»Fälschungen der Einsicht« bezieht sich darauf, daß wir an den positiven Phänomenen, die in der Praxis auftreten, haften und sie mißbrauchen. Don Juan sprach von den Gefahren der Macht und der Klarheit, denen alle Männer und Frauen des Wissens begegnen. Im Pseudo-Nirvana bleiben die Praktizierenden in positiven Zuständen stecken, weil sie versuchen, sie aufrechtzuerhalten; sie halten die Klarheit, die Macht oder den Frieden fest und benützen sie dazu, ihr subtiles Gefühl zu verstärken, jemand zu sein, der erwacht, vervollkommnet und frei ist. Die einzige Möglichkeit, dieser Ebene des Festhaltens zu entkommen, ist ein radikales Loslassen. Das zu verstehen, ist eine der größten Einsichten auf dem spirituellen Weg. Wir müssen lernen, diese Zustände frei kommen und gehen zu lassen, wissend, daß sie nicht das Ziel der Meditation sind. Dann können wir dank unseres eigenen Verständnisses und der Führung durch einen Lehrer auch die Zustände von Freude, Gleichmütigkeit und Klarheit einfach als einen Teil unserer Achtsamkeit annehmen und beobachten, wie sie entstehen und vergehen.

Wenn wir so weit gekommen sind, bedeutet dies, daß wir zu der tiefgreifenden Erkenntnis erwacht sind, daß der wahre Weg zur Erleuchtung darin besteht, alles loszulassen, sogar die Zustände und Früchte der Praxis selbst, und uns für das zu öffnen, was über alle Identität hinausgeht.

Die tiefe Nacht

Nach der Darstellung der Alten verändert sich unsere gesamte Praxis, wenn wir die Fälschungen der Einsicht loslassen. Unser Bewußtsein ist nun zeitweilig frei vom Greifen nach einer spirituellen Identität, ebenso wie uns die früheren Stadien der Schwellen-Konzentration zeitweilig von unseren weltlichen Gedanken und unserer alltäglichen Identität befreiten. Dieses Öffnen zeigt innerhalb der spirituellen Praxis den Beginn eines spontanen und tiefgreifenden Prozesses von Tod und Wiedergeburt an. Alle Entwicklungsprozesse, die bisher in diesem Buch beschrieben wurden, können auf diese Weise erlebt werden. Heilung, Erweiterung des Bewußtseins im Innersten der Probleme, energetische Zustände des Erwachens, Visionen und das Öffnen der Chakren haben immer mit einem Loslassen unserer alten Identität und der Wiedergeburt in der Form eines neuen Selbstgefühls zu tun. Doch auf der Ebene der Einsichts-Meditation jenseits des Pseudo-Nirvana ist der Prozeß von Tod und Wiedergeburt allumfassend; er bezieht unser gesamtes Sein mit ein. Nachdem wir unsere spirituelle Identität verlassen haben, führt uns die Meditation durch die völlige Auflösung unseres Selbstgefühls, durch eine so »tiefe Nacht« wie der Tod selbst.

Die spirituelle Umschreibung von Tod und Wiedergeburt als »tiefe Nacht« stammt aus den Schriften des großen christlichen Mystikers Johannes vom Kreuz. Anschaulich beschreibt er die tiefe Nacht als eine lange Phase des Nichtwissens, des Verlorenseins und der Verzweiflung, die der spirituelle Sucher durchleben muß, bis er leer und bescheiden genug geworden ist, um die göttliche Inspiration empfangen zu können. Er sagt: »Die Seele, die an irgend etwas hängt – wieviel Gutes auch darin sein mag –, wird die Freiheit des Göttlichen nicht erlangen.«

Der Tradition nach stellt sich die tiefe Nacht erst dann ein, wenn wir bereits ein gewisses spirituelles Öffnen erlebt haben. Im ersten Aufflammen der Praxis können Freude, Klarheit, Liebe und ein Gefühl des Heiligen entstehen, und dann sind wir natürlich enorm begeistert über unseren spirituellen Fortschritt. Diese Zustände vergehen jedoch unweigerlich wieder. Es ist, als würden wir sie als ein Eintrittsgeschenk erhalten, doch dann entdecken wir, wieviel Disziplin und Hingabe nötig sind, um in diesen Bereichen verweilen und leben zu können. Im Innern berühren wir oft das Licht, um es dann wieder zu verlieren und zurückzufallen in das Getrenntsein, die Verzweiflung oder die Unbewußtheit. Das kann sich viele Male in den wiederkehrenden Zyklen von Öffnen und Loslassen, von Tod und Wiedergeburt wiederholen, die unseren spirituellen Weg kennzeichnen. Doch es ist gerade dieser Prozeß von Tod und Wiedergeburt, der uns zur Freiheit führt.
In der Einsichts-Meditation öffnen wir uns, nachdem wir den strahlenden Zustand des Entstehens und Vergehens verlassen haben, einem tiefgreifenden Zyklus von Auflösung, Tod und Wiedergeburt.
Wenn sich unsere äußere und innere Welt auflösen, verlieren wir das Gefühl für Bezugspunkte. Beunruhigung und Angst steigen auf und führen den Praktizierenden in einen Bereich von Furcht und Schrecken. »Wo gibt es noch irgendeine Sicherheit?« »Wohin ich schaue, löst sich alles auf.« In diesem Stadium können wir die Auflösung und das Sterben in unserem eigenen Körper erleben. Wir schauen vielleicht an uns herunter und sehen, wie Stücke unseres Körpers abzusterben und zu verfallen scheinen, als wären wir eine Leiche. Wir schauen zu, wie wir sterben, auf tausend verschiedene Arten, durch Krankheit, im Kampf oder durch sonstiges Unheil. Andere gewaltige Visionen können dazukommen: Visionen vom Tod anderer, Visionen von Kriegen, sterbenden Armeen, Bestattungsfeuern, Schädelstätten. Das Bewußtsein scheint sich für den Bereich des Todes geöffnet zu haben, um uns zu zeigen, wie sich die ganze Schöpfung in Zyklen bewegt und alles in den Tod mündet. Wir erleben, wie jeder Aspekt dieser Welt ins Sein tritt und unerbittlich wieder vergeht.
Dieser Bereich des Schreckens und des Todes vermittelt uns eine tiefe Erkenntnis des Leidens, das untrennbar mit dem Leben verbunden ist: das

Leiden an Schmerzen, das Leiden am Verlust dessen, woran man hängt, und über allem das ungeheuere Leiden am Tod von allem, was existiert und was wir lieben. Das kann zu einer außerordentlich tiefen Sympathie für alle leidenden Wesen in der Welt führen. Es scheint, daß alle und alles in der Welt – unsere Gemeinschaft, unsere Familie, all jene, die wir lieben, unser eigener Körper und unser eigenes Ich – fragil sind und daß wir alle und alles verlieren werden.

Wenn wir tiefer in den Bereich des Schreckens gelangen, können Phasen der Paranoia auftreten. In diesem Stadium wird jede Wahrnehmung Angst vor Gefahr auslösen. Wir haben das Gefühl, es könnte etwas über uns herfallen, wenn wir zur Türe hinausgehen, oder Mikroben würden uns töten, wenn wir ein Glas Wasser trinken. An diesem Ort in der tiefen Nacht enthält alles potentiellen Tod oder Zerstörung. Man kann diese Gefühle auf unterschiedlichste Weise erleben: als Druck, Klaustrophobie, Beklemmung, Enge, Ruhelosigkeit oder Kampf, oder auch als die unerträgliche Wiederholung von Erfahrungen; es ist ein ständiges Sterben. Wir haben vielleicht das Gefühl, als hingen wir in einem sinnlosen Kreislauf des Lebens fest. Die Existenz kann flach, schal und leblos erscheinen. Es ist so, als würden wir nicht existieren.

Wie man sich vorstellen kann, wird es schwer, während solcher Stadien zu meditieren. Doch kontinuierliche weitere Praxis, die uns hilft, diese neuen Bewußtseinsebenen mit Klarheit und Akzeptanz wahrzunehmen, ist der einzige Weg, der durch sie hindurchführt. Wir müssen jede einzelne Ebene präzise benennen und zulassen, daß sie entsteht und vergeht. Jede andere Reaktion hält uns gefangen. Wenn wir lernen, auch hier jeden Zustand zu erkennen, zu benennen und ihm mit Achtsamkeit zu begegnen, stellen wir fest, daß wir immer wieder sterben. Wir brauchen nichts anderes zu tun, als uns diesem Tod zu öffnen und zu jemandem zu werden, die oder der den Bereich des Todes betreten hat und Angesicht zu Angesicht mit ihm erwacht ist.

Während man durch diese qualvollen Stadien geht, erhebt sich als nächstes ein tiefes Verlangen nach Freiheit. In diesem Zustand sehnen wir uns nach der Befreiung von der Angst und Beklemmung des ständigen Geborenwerdens und Sterbens. Wir ahnen, daß es eine Freiheit geben muß, die nicht an unser Sehen, Hören, Riechen, Schmecken und Berühren gebunden ist, die jenseits unseres Planens und Erinnerns, unseres Körpers und Geistes und der ganzen Identität liegt, die wir für »ich selbst« gehalten hatten. Denn auf jeder Ebene der tiefen Nacht hat die wachsende Kraft unseres bewußten Gewahrseins nach und nach unsere Identität entwirrt und entschlüsselt und unseren Griff von allem gelöst, an dem wir festgehalten hatten.

Doch obwohl wir uns nach Freiheit sehnen, stellt sich oft das Gefühl ein, daß es nicht möglich ist, noch weiter zu gehen, daß wir einfach nicht noch mehr loslassen können. Wir kommen in das Stadium des Großen Zweifels. Wir wollen aufhören. Wir werden ruhelos. In einem Text wird dies als das Stadium des Aufrollens der Matte bezeichnet. Die Welt ist allzu schwierig; unsere spirituelle Praxis verlangt zuviel von uns; wir möchten die Sache beenden und heimgehen in unser Bett oder zu unserer Mutter.

Da die extremen Stadien der Angst und der Auflösung derart schmerzhafte Saiten in uns zum Klingen bringen, kann es leicht geschehen, daß wir steckenbleiben oder uns verirren. Es ist sehr wichtig, in diesem Prozeß einen Lehrer zur Seite zu haben; im andern Fall werden wir von diesen Zuständen überwältigt und geben auf. Und wenn wir die Meditation inmitten der Stadien von Verlust, Tod, Auflösung und Angst aufgeben, werden sie uns verfolgen. Allzu leicht können sie sich mit unseren persönlichen Verlustgefühlen und Alltagsängsten verflechten. Dann werden sie zu Unterströmungen in unserem Bewußtsein, und diese unaufgelösten Gefühle können sich monate- oder jahrelang festsetzen, bis wir etwas unternehmen, um diesen Prozeß wieder zu aktivieren und ihn zum Abschluß zu bringen.

Dasselbe kann bei schamanistischen inneren Reisen oder bei sehr tiefgehenden Therapien geschehen. Wenn ein Prozeß nicht abgeschlossen ist, sind seine Wirkungen untergründig immer noch vorhanden und dringen teilweise an die Oberfläche; deshalb kann man lange Zeit in Zuständen von Depression, Angst oder Ärger gefangen sein, bis man zur tiefsten Ebene zurückkehrt und den Prozeß auflöst. Etwas auflösen bedeutet, ganz hineingehen. Wir müssen der Angelegenheit direkt ins Auge schauen und sagen: »Jawohl, auch hierfür kann ich mich öffnen«, und dann befassen wir uns mit einem offenen Herzen damit, das weder irgend etwas festhält noch Widerstand leistet.

Wenn wir uns schließlich dem Schrecken und der Freude, unserer Geburt und unserem Tod, dem Gewinn und Verlust aller Dinge mit ruhigem Herzen und offenem Geist aussetzen, stellt sich ein Zustand von wundervoller und tiefer Gelassenheit ein. Wir gelangen in einen Bereich, wo das Bewußtsein ganz offen und wach und völlig ausgeglichen ist. Eine Ebene herrlichen Friedens; wir können stundenlang gelassen sitzen, und nichts verursacht die geringste Störung im Raum des Bewußtseins. Das Bewußtsein ist strahlend, jenseits von Pseudo-Nirvana, denn jetzt wird alles offen und frei, und wir greifen nach nichts mehr. Wie es im Diamant-Sutra heißt: Die Welt erscheint wie ein Spiel von Licht und Farben, als ein Stern in der Abenddämmerung, als ein Regenbogen, als Wolken und als eine Fata Morgana. Alles, was in Erscheinung tritt, singt das eine Lied, das Lied der Leerheit und der Fülle. Wir erleben die Welt der Erscheinungen und des Bewußtseins, des Lichts und der Dunkelheit, und sie spielen sich selbst in einem Tanz ohne Trennung.

Diesen Zustand völliger innerer Balance nannten die Alten »hohe Gleichmütigkeit«. Unser Geist wird wie eine Kristallkugel oder wie der klare Himmel, in dem alles ungehindert in Erscheinung tritt. Wir werden völlig transparent, als würde jedes Phänomen einfach durch unseren Geist und Körper hindurchziehen. Wir sind nur noch Raum, und unsere ganze Identität öffnet sich, um die wahre Natur des Bewußtseins offenbar zu machen, wie sie war, bevor wir uns mit Körper und Geist identifiziert hatten.

Dieser Zustand wird in vielen Traditionen beschrieben. Bestimmte Praxisformen im Zen und im tibetischen Buddhismus trainieren diese raumhafte Wahrnehmung durch Methoden wie *Shikantaza* oder *Mahamudra* und andere hohe Tantras. Im Hinduismus wird es im Advaita Vedanta als »das Nicht-Duale, das alles und nichts beinhaltet« bezeichnet und auch »höheres Selbst« genannt. In der christlichen mystischen Tradition heißt solch ein Zustand »göttliche Apathie«. Dieses Bewußtsein wird mit dem Auge Gottes verglichen, das die Erschaffung und Zerstörung der Welt, das Licht und die

Dunkelheit mit einem Herzen sieht, das alles einschließt, das all dies *ist*. Von dieser Mitte aus sehen wir, daß wir nichts sind und daß wir alles sind, und wir erfahren, was es bedeutet, in der Welt zu sein, ohne sich von irgend etwas darin festhalten zu lassen.

Der Bereich des Erwachens

Wenn wir in diesem vollkommenen Gleichgewicht zur Ruhe gekommen sind, sei es durch Meditation oder durch einen anderen spirituellen Entwicklungsprozeß, können wir noch weitere außergewöhnliche Bewußtseinszustände erleben, spontane Zustände des Erwachens, die unaufgefordert das offene Herz und den ausgeglichenen Geist erfassen, wie ein Akt der Gnade oder gar wie ein Blitz aus heiterem Himmel. Dieses Erwachen kann in vielen Formen auftreten. Alle bringen sie das Ende der alten Art, in der wir uns selbst verstanden haben, und eine erstaunliche neue Sicht des Lebens mit sich. Dieser Prozeß von Tod und Wiedergeburt kann sich in jedem denkbaren Zeitraum vollziehen. Manchmal sind Wochen, Monate oder Jahre der Meditation oder des Gebets vorausgegangen, aber es kann auch ganz plötzlich geschehen, auf dem Operationstisch oder durch ein machtvolles Ritual oder andere außergewöhnliche Umstände. Manchen Menschen widerfährt es mitten im Alltag, daß sie dieses vollkommene Gleichgewicht und die Größe entdecken, die dem menschlichen Herzen möglich sind. Doch wie und wann auch immer es geschieht – stets beginnt es, uns zu verwandeln. Auch wenn wir nicht dauernd in diesem Zustand bleiben, haben wir einen Eindruck von jener inneren Freiheit gewonnen, die unser gesamtes folgendes Leben beeinflußt. Wir werden uns niemals mehr isoliert fühlen. In dem Maße, in dem wir bereits gestorben sind, haben wir auch keine Angst vor dem Sterben mehr. Das nennt man »Sterben vor dem Tod«. Es bringt eine wunderbare Art von Ganzheit und Gleichmütigkeit in unser Leben.

Dieser Prozeß schenkt uns schließlich die Fähigkeit, die tiefsten Lehren des Dharma, des Gesetzes, des Tao zu realisieren. Wir erkennen ganz deutlich, was der Buddha lehrte: daß alles Leiden durch Ergreifen, Angst und be-

grenzte Identifikation verursacht wird. Und wir entdecken, daß jedes menschliche Herz die Möglichkeit der Befreiung hat; das war in alten Zeiten so, und es geschieht immer noch, bis heute.
Und schließlich erkennen wir, daß die spirituelle Praxis in Wirklichkeit ganz einfach ist. Dieser ganze Entwicklungsprozeß ist ein Weg des Sich-Öffnens und des Loslassens, bis wir fähig sind, alles wahrzunehmen, ohne an irgend etwas zu hängen. Diese Lehre führt uns über alle Territorien der Verführung und der Dämonen hinaus, durch den gesamten Prozeß von Leben und Tod hindurch. Mein Lehrer Achaan Chah lehrte:
Wenn du ein bißchen losläßt, gewinnst du ein bißchen Frieden. Wenn du viel losläßt, gewinnst du mehr Frieden. Wann immer du also an etwas hängst, laß es los und kehre zur Mitte zurück. Lerne alle Bewegungen des Lebens mit Ausgeglichenheit und Offenheit wahrzunehmen.

Denken Sie daran, daß die hier zusammengefaßte Darstellung der Alten nur einen Pfad unter vielen Pfaden des spirituellen Öffnens beschreibt. Selbst diejenigen, die eine natürliche Fähigkeit haben, diese Bereiche zu betreten, entdecken, daß solche Erfahrungen zwar eine Hilfe sind, aber auch ihre Grenzen haben. Wie gewaltig die Erfahrung des Sich-Öffnens und die Erleuchtungszustände auch sein mögen – man kommt unweigerlich wieder herunter. Und sehr oft begegnet man bei diesem Abstieg wieder allen Schwierigkeiten der spirituellen Reise.
Wenn wir anschließend wieder in unser gewöhnliches Bewußtsein zurückkehren, sind wir manchmal zutiefst verändert – und manchmal nicht! Im besten Fall haben wir ein stärkeres Gefühl für innere Balance und Furchtlosigkeit und mehr Ruhe und Zärtlichkeit des Herzens und des Geistes gewonnen. Aber letztlich können wir nichts anderes tun, als auch dies loszulassen. Das ist es, was wir gelernt haben, wenn die Lektionen echt waren.
Davon erzählt die Geschichte eines chinesischen Zen-Mönchs, der nach vielen Jahren friedlicher Meditation erkannte, daß er nicht wirklich erleuchtet war. Er ging zu seinem Meister und sagte: »Darf ich mich bitte in eine Hütte auf dem Berg zurückziehen und dort bleiben, bis ich meine Praxis zu Ende gebracht habe?« Der Meister, der wußte, daß sein Schüler reif für die

Erleuchtung war, gab seine Erlaubnis. Auf dem Weg den Berg hinauf begegnete der Mönch einem alten Mann, der vom Gipfel des Berges herabkam und ein großes Bündel trug. Der alte Mann fragte: »Wohin gehst du, Mönch?« Der Mönch antwortete: »Ich gehe auf den Berg, um zu sitzen und entweder erleuchtet zu werden oder zu sterben.« Der alte Mann, der in Wirklichkeit der Bodhisattva Manjushri war – von dem es heißt, daß er denjenigen erscheint, die bereit sind für die Erleuchtung –, ließ sein Bündel los, und es fiel auf den Boden. Wie in allen guten Zen-Geschichten wurde der Mönch in diesem Augenblick erleuchtet. »Du meinst, es ist so einfach? Loslassen und nichts ergreifen!« Der frisch erleuchtete Mönch schaute den alten Mann an und fragte: »Und was jetzt?« Als Antwort hob der alte Mann sein Bündel wieder auf und ging weiter den Berg hinunter in Richtung Stadt.

Die Geschichte zeigt beide Seiten der spirituellen Praxis. Sie lehrt uns loszulassen, unser Ergreifen und Identifizieren ganz und gar aufzugeben, und sie erinnert uns daran, daß wir dieses Haus ja nur für eine gewisse Zeit gemietet haben. Sobald wir das erkannt haben, so lehrt sie uns, müssen wir mit einem mitfühlenden und um andere besorgten Herzen in die Welt zurückkehren. Wir müssen unser Bündel aufheben und es zurück in den Bereich des menschlichen Lebens tragen. Doch nun reisen wir als Bodhisattva weiter, als einer, der das Reich des Lebens und des Todes durchquert und eine neue Freiheit mitgebracht hat. Diese Freiheit macht es uns möglich, ein Herz voller Verständnis und Mitgefühl in die Welt zu bringen, die es so sehr braucht.

Meditation: Tod und Wiedergeburt

Wenn Ihr geistiger Blick klar wird und Ihr Herz sich öffnet, entdecken Sie, daß Sie in einem ständigen Prozeß von Anfang und Ende leben. Ihre Kinder verlassen ihr Zuhause; Ihre Ehe oder Ehen mögen einen Anfang und ein Ende haben; Ihr Haus wird verkauft; der berufliche Weg beginnt, und dann endet er mit der Pensionierung. Jedes neue Jahr, jeder Tag, jeder Augenblick ist ein Loslassen des Alten und eine Geburt des Neuen. Die spirituelle Praxis bringt Sie in den intimsten Kontakt mit diesem Mysterium. Wenn Sie still sitzen, erleben Sie das unaufhaltsame Entstehen und Vergehen Ihres Atems, Ihrer Gefühle, Gedanken und Vorstellungen. Ist die Stille noch tiefer, entdecken Sie, daß sich Ihr Bewußtsein selbst verändern und tausend verschiedene Perspektiven hervorbringen kann. Schließlich wird sich alles, was Sie für »ich selbst« gehalten haben – Ihren Körper, Ihren separaten Geist und Ihre Individualität – vor Ihrem inneren Auge entblättern, bis Sie entdecken, daß Ihre begrenzte Identität nicht Ihre wahre Natur ist.

Der große buddhistische Text *Das Tibetische Totenbuch* ist ein wunderbarer Führer durch den Prozeß von Tod, Wiedergeburt und Erwachen zu unserer wahren Natur.

Dieser Text wird denjenigen vorgelesen, die gerade gestorben sind. Da es im Grunde keine Trennung zwischen Geburt und Tod gibt, vermitteln seine Lehren, die sich auf den Übergang von einem körperlichen Leben zum nächsten beziehen, zugleich auch Anweisungen für das Leben in dieser gegenwärtigen Existenz, von einem Tag zum anderen, von einem Augenblick zum anderen, von einem Atemzug zum nächsten. Ich habe den Text Freunden vorgelesen, die im Sterben lagen, und solchen, die eine Scheidung durchmachten, solchen, die durch visionäre Erfahrungen gingen, und Praktizierenden im Retreat.

Sie können sich still hinsetzen und ihn selber lesen. Sie können ihn auch auf Tonband aufnehmen und ihn anhören, oder Sie können einen Freund bitten, ihn langsam vorzulesen. Lassen Sie die Worte

in Ihr Bewußtsein einsickern; hören Sie zu, lassen Sie Ihr ganzes Wesen empfänglich und offen dafür sein.
Erinnern Sie sich an das klare Licht, das reine, klare Licht, aus dem alles im Universum hervorkommt und zu dem alles wieder zurückkehrt. Es ist die ursprüngliche Natur Ihres eigenen Geistes, der natürliche Zustand des nicht manifestierten Universums. Überlassen Sie sich dem klaren Licht. Vertrauen Sie ihm, verschmelzen Sie mit ihm. Es ist Ihre eigene wahre Natur, Ihr Zuhause. Die Visionen, die Sie erleben, sind Teil Ihres Bewußtseins. Die Formen, die sie annehmen, sind von Ihren früheren Abhängigkeiten, Ihren früheren Begierden, Ihren früheren Ängsten, Ihrem früheren Karma bestimmt. Diese Visionen haben keine Realität außerhalb Ihres Bewußtseins. Ungeachtet, wie furchterregend manche von ihnen erscheinen mögen, keine kann Ihnen etwas antun. Lassen Sie sie durch Ihr Bewußtsein ziehen. Sie werden vergehen. Sie brauchen sich von den wundervollsten Visionen weder anziehen noch von den furchterregenden abstoßen zu lassen; Sie brauchen an keiner von ihnen zu haften, denn wenn Sie sich hineinziehen lassen, werden Sie möglicherweise lange verwirrt sein. Also lassen Sie sie durch Ihr Bewußtsein hindurchziehen wie Wolken am leeren Himmel. Sie haben nicht mehr Realität als diese. Wenn Sie in Angst oder Verwirrung geraten, können Sie sich immer an irgendein Lichtwesen, dem Sie vertrauen, um Schutz und Führung wenden.
Denken Sie an diese Lehren, denken Sie an das klare Licht, das reine strahlende Licht Ihrer eigenen Natur. Es kennt keinen Tod. Wenn Sie zutiefst erkennen, daß die Visionen, die Sie erleben, aus demselben klaren Licht bestehen wie alles andere im Universum, sind Sie befreit. Immer ist das Licht nur einen Bruchteil einer Sekunde, einen halben Atemzug weit von uns entfernt. Es ist nie zu spät, das klare Licht zu erkennen.

11

Auf der Suche nach dem Buddha: Eine Leuchte für uns selbst

Alle, die gegenwärtig auf der spirituellen Suche sind, leben in einer außergewöhnlichen Zeit. Spirituelle Buchhandlungen sind voll mit Texten über Praxismethoden der Christen, Juden, Sufis und Hindus. Die vorangegangenen Kapitel über die spirituelle Achterbahn und das Erweitern und Auflösen des Selbst sind nur eine weitere Darstellung unter Hunderten von spirituellen Geschichten.

Doch viele dieser Darstellungen sind widersprüchlich. Wir haben bereits gesehen, wie unterschiedlich die Perspektiven allein schon innerhalb der buddhistischen Traditionen sein können; sie reichen von Schulen, die Erleuchtung durch Reinigung und veränderte Bewußtseinszustände suchen, bis zu solchen, die sagen, daß gerade die Suche uns von der Verwirklichung unserer wahren Erleuchtung hier und jetzt abhalte. Diese vielen gegensätzlichen Perspektiven präsentieren eines der großen Dilemmas des spirituellen Lebens: Was soll man glauben?

Am Anfang unseres Weges neigen wir in der ersten Begeisterung dazu, uns alles, was wir hören oder lesen, als eine Art Evangelium zu eigen zu machen. Diese Haltung wird oft noch ausgeprägter, wenn wir uns einer spirituellen Gemeinschaft anschließen, einem Lehrer folgen und uns einer bestimmten Disziplin unterziehen.

Doch alle Lehren, die uns Bücher und Glaubenssysteme bieten, haben mit Weisheit oder Mitgefühl nicht viel zu tun. Im besten Fall sind sie Wegweiser, ein Finger, der zum Mond zeigt oder ein übriggebliebener Dialog aus einer Zeit, als jemand eine echte spirituelle Belebung erfahren hat. Um die spirituelle Praxis lebendig zu machen, müssen wir unseren eigenen Weg entdecken, der hilft, unser Bewußtsein zu wecken.

Vor einigen Jahren besuchte mich in Massachusetts Jean, die mit uns Meditation praktiziert hatte. Sie war völlig durcheinander. Ihr Mann, Arzt und Vater ihrer zwei Kinder, beging nach wiederholten Anfällen von Depression im Jahr zuvor Selbstmord. Die Familie hatte nahe Amherst gewohnt und mit vielen der spirituellen Gemeinschaften in dieser Gegend Verbindung gepflegt. Sie praktizierten mit Anhängern des tibetischen Buddhismus, des Sufismus und auch mit einer christlichen Gemeinschaft. Nach dem Selbstmord eilte dieses spirituelle Netz der Familie zu Hilfe. Viele Wochen lang kamen täglich Freunde, um zu kochen, sich um die Kinder zu kümmern und Jean äußerlich und innerlich zu entlasten. Einige hielten auch spirituelle Zeremonien für die Familie und den verstorbenen Vater ab.

Eines Tages kam ein guter Freund, der zu einer tibetischen Gemeinschaft gehörte, ganz aufgeregt zu Jean und sagte: »Ich habe in den vergangenen vierzig Tagen die tibetische Texte für die Toten gelesen, und letzte Nacht sah ich ihn. Deinem Mann geht es gut. Die Vision war ganz klar. Im Bardo ging er in das rote Licht, in den Westlichen Bereich des Buddha Amitabha. Ich konnte es ganz deutlich sehen. Alles ist gut.« Jean war natürlich sehr glücklich darüber. Ein paar Tage später traf sie jedoch in der Stadt einen Freund aus der christlichen mystischen Gemeinschaft. Dieser Freund eilte auf Jean zu und sagte begeistert: »Es geht ihm gut. Ich habe ihn gesehen. Ich hatte in der vergangenen Nacht im Gebet eine ganz starke Vision; er ist bei den in den Himmel aufgestiegenen Meistern, und er ist ganz von weißem Licht umgeben.« Jean war nun recht verwirrt.

Sie beschloß, einen ihrer spirituellen Lehrer, einen alten und verehrten Sufi-Meister, aufzusuchen. Als sie bei ihm ankam, verkündete er ihr, noch bevor sie von ihrem Problem erzählen konnte: »Du mußt wissen, deinem Mann geht es gut. Er hat bereits einen Mutterschoß aufgesucht und wird von Eltern in der Nähe von Washington D.C. in weiblicher Form wiedergeboren werden. Ich bin in der Meditation seinem Bewußtsein gefolgt.« Nun wußte sie überhaupt nicht mehr, was sie glauben sollte, und bat mich um Rat.

Ich empfahl ihr, einmal gründlich darüber nachzudenken, was sie denn selbst wußte. Wenn sie die tibetischen Lehren, die Sufi-Lehren und die christlichen mystischen Lehren beiseite ließ und in ihr eigenes Wesen und Herz schaute, was würde sie dort finden? Gab es irgend etwas, dessen sie sich so sicher war, daß sie selbst, im Falle Jesus und der Buddha säßen neben ihr und sagten: »Nein, so ist es nicht!«, ihnen in die Augen schauen und erwidern könnte: »Doch, so ist es!«? Ich forderte sie auf, alle ihre philosophischen Überzeugungen, Vorstellungen von vergangenen und zukünftigen Leben und alles übrige aus dem Spiel zu lassen, und ich machte sie darauf aufmerksam, daß das, was sie wußte, möglicherweise sehr einfach war. Sie dachte in aller Ruhe nach und sagte schließlich: »Ich weiß, daß sich alles verändert; viel mehr weiß ich nicht. Alles, was geboren wurde, stirbt, alles im Leben befindet sich in einem ständigen Prozeß der Veränderung.«

Das, worum ich Jean gebeten hatte, ist eine Aufgabe, die sich uns allen stellt. Oft ist das, was wir zutiefst wissen, sehr einfach, doch gerade in dieser Einfachheit, die der koreanische Zen-Meister Seung Sahn den »Weiß-nicht-Geist« genannt hat, können wir den lebendigen Geist spüren. Wir können das Mysterium erkennen, in diesem Körper geboren worden zu sein. In dieser Einfachheit erneuert sich etwas, vervollständigt sich etwas, das in Wirklichkeit bereits vollständig ist.

Elisabeth Kübler-Ross schreibt, daß man dies im Augenblick des Todes erkennt. Wer die Kraft und die Liebe hat, mit einem Sterbenden die Stille zu teilen, in der keine Worte mehr nötig sind, weiß, daß dieser Augenblick weder furchterregend noch schmerzhaft ist; es ist nichts anderes als ein friedliches Nachlassen der Körperfunktionen. Wenn wir Zeuge eines friedlichen Todes sind, kommt das dem Frieden gleich, den man beim Betrachten einer Sternschnuppe empfindet.

In dem Augenblick, als Jean erkannte, daß sich alles verändert, fand sie irgendwie zu ihrem Weg zurück. Religion und Philosophie haben ihren Wert, aber letztlich können wir nichts anderes tun, als uns dem Mysterium zu öffnen und dem Weg des Herzens zu folgen – nicht auf ideale Weise und nicht ohne Schwierigkeiten, sondern wie ein Buddha es tat, inmitten des Menschseins auf dieser Erde. Es lohnt sich die Frage: Was ist es, das wir selbst ganz unmittelbar verstehen und wissen? Sind diese einfachen Wahrheiten nicht genug? Ich habe diese Frage vielen Praktizierenden in Meditationsgruppen gestellt, und die meisten gaben sehr einfache Antworten, wie zum Beispiel: »Welche Anschauung oder Meinung ich auch habe, immer erkenne ich, daß es auch eine andere gibt«, oder: »In dieser Welt gibt es Tag und Nacht und Licht und Dunkelheit und Freude und Schmerz«, oder: »Liebe ist das, was wirklich Glück in mein Leben gebracht hat.«

Unsere Freiheit und unser Glück gewinnen wir aus unserem eigenen tiefen Wissen, und es spielt keine Rolle, was irgend jemand dagegen sagt. Unser spirituelles Leben wird nur dann stabil und unerschütterlich, wenn wir mit unserer eigenen Erkenntnis der Wahrheit verbunden sind.

In unserer modernen Zeit finden wir manche Parallelen zum spirituellen Klima im alten Indien. Zur Zeit des Buddha gab es, wie aus historischen Berichten hervorgeht, viele spirituelle Lehrer, Yogis, Weise und Meister, die ganz verschiedene Methoden und Praxisformen anboten. Und ebenso wie heute hat es die Leute zur Zeit des Buddha in Verwirrung versetzt, wenn sie feststellten, wie unterschiedlich die Lehren der diversen Meister waren.

Der Buddha gab eine seiner berühmtesten Belehrungen im Dorf der Kalamas. Nachdem die Dorfbewohner eine Reihe von Meistern beherbergt hatten, deren spirituelle Lehren einander widersprachen, wußten sie nicht, was sie davon halten sollten. Als nun der Buddha durch das Dorf kam und davon hörte, sagte er:

Seid nicht zufrieden mit dem, was man euch erzählt oder was die Traditionen sagen. Glaubt nicht den verehrungswürdigen Meistern. Glaubt auch mir nicht. Schaut in euch selbst. Nur das, was ihr gründlich geprüft und als euch und anderen zum Wohle dienend erkannt habt, das nehmt an.

Und so könnt ihr denken: Wenn es andere Leben gibt, wird die Frucht des Guten in diesem Leben das Gute im nächsten Leben sein, und wenn es keine anderen Leben gibt, wird die Frucht des Guten in diesem Leben geerntet.

Wenn wir mit vielen verschiedenen spirituellen Lehren und Praxisformen konfrontiert sind, sollten wir eine echte Haltung des Fragens und des Wissenwollens einnehmen: Welche Wirkung hat diese Lehre und diese Praxis auf mich und andere? Wie funktioniert sie? Welche Beziehung habe ich dazu? Bin ich gefangen, habe ich Angst, bin ich verwirrt? Hilft sie mir, mehr Freundlichkeit, Einsicht und Frieden oder Freiheit zu entwickeln? Nur wir selbst können entscheiden, ob uns unser innerer Weg zu den höchsten Stadien von *Samadhi* oder zur Heilung der Wunden unseres Herzens führen soll. In der letzten Rede vor seinem Tod wies der Buddha darauf hin, daß wir für uns selbst eine Leuchte sein und unseren eigenen wahren Weg finden müssen.

Man darf spirituelle Praxis nicht mit der Imitation einer äußeren Form verwechseln. Das würde uns nur dazu verführen, eine spirituelle Show zu veranstalten. Das Beispiel großer Lehrer kann uns zwar begeistern, doch gerade diese Begeisterung kann auch Probleme mit sich bringen. Wir möchten so sein wie sie und imitieren sie, anstatt ehrlich und aufrichtig bei uns selbst zu sein. Bewußt oder unbewußt versuchen wir, wie sie zu gehen, wie sie zu sprechen, uns wie sie zu verhalten. Unser spirituelles Leben wird ein Kampf ohne Ende, wenn wir das Bild, das wir von uns selbst haben, mit unseren Vorstellungen von erleuchteten Lehrern oder von Gestalten wie Buddha, Jesus, Gandhi oder Mutter Teresa vergleichen. Unser Herz sehnt sich natürlich nach Ganzheit, Schönheit und Vollkommenheit, aber wenn wir versuchen, uns wie diese großen Meister zu verhalten, drängen wir uns selbst ein Ideal auf, das letztlich sehr entmutigend ist; denn wir sind nun einmal nicht sie.

Am Anfang unseres Weges haben wir vielleicht sogar den Eindruck, daß die spirituelle Praxis uns in die falsche Richtung führt. Wenn wir aufzuwachen beginnen, sehen wir im allgemeinen unsere Fehler und Ängste, unser Begrenzungen und unsere Selbstbezogenheit viel deutlicher als je zuvor. Zu den ersten Schwierigkeiten auf dem spirituellen Weg gehört so manches unsanfte Erwachen. Wir fragen uns vielleicht, ob wir uns wirklich auf einem Weg des Herzens befinden oder gar, ob wir überhaupt auf dem richtigen Weg sind. Zweifel können aufkommen. Wir haben vielleicht den Eindruck, daß die spirituelle Praxis eher Schwerarbeit als eine Arbeit der Liebe ist, und unsere Vorstellungen von Vollkommenheit entmutigen uns noch mehr. Wenn wir ganz direkt auf unsere Grenzen stoßen, halten wir möglicherweise nach einer anderen Praxis Ausschau, die uns schneller voranbringen soll, oder wir sehen den einzigen Ausweg darin, unser Leben radikal zu ändern – den Ort zu wechseln, uns scheiden zu lassen oder ins Kloster zu gehen.

In unserer ersten Enttäuschung geben wir vielleicht unserer Praxis oder unserer Gemeinschaft oder unserem Lehrer die Schuld. So erging es mir in meinem ersten Jahr als Mönch. Ich praktizierte sehr eifrig, aber nach einiger Zeit wurde ich immer frustrierter. Innere Unruhe, Zweifel, Urteilen und der Impuls, ständig zu reagieren, waren ein großes Problem für mich. Zwar war ich bereit einzusehen, daß dies teilweise mein eigener Fehler war, hatte jedoch das Gefühl, daß es zum größeren Teil an meiner Umgebung lag. Ich lebte in einem Dschungelkloster unter der Führung eines bekannten Meditationsmeisters, und abgesehen von fünf Stunden Meditation war unser Tag damit ausgefüllt, daß wir Texte rezitierten, Wasser vom Brunnen holten, Roben nähten und jeden Morgen zusammen loszogen, um Nahrungsspenden einzusammeln. All das galt als Teil unserer Meditationspraxis. Ich hatte jedoch von anderen Klöstern gehört, wo man sich in ein Zimmer einschließen und in ungestörter Stille zwanzig Stunden am Tag meditieren konnte. Ich dachte, wenn ich nur an einem solchen Ort wäre, würde sich meine Meditation gründlich vertiefen, und dann könnte ich wirklich erleuchtet werden.

Je frustrierter ich wurde, desto mehr empfand ich das Kloster als disziplinlos und für Leute wie mich, die wirklich nach Erleuchtung strebten, nicht geeignet. Selbst mein Bild des Meisters begann zunehmend in diesen Rahmen zu passen. Wie konnte er nur ein Kloster in dieser Weise leiten? Warum meditierte er nicht die ganze Zeit, um ein besseres Beispiel zu geben, anstatt den ganzen Tag von Mönchen umringt herumzusitzen und die Dörfler zu belehren, die ihn aufsuchten? Also beschloß ich, zu ihm zu gehen und ihm meine Meinung zu sagen. Ich verbeugte mich vor ihm und erklärte, ich wolle das Kloster verlassen und ein anderes suchen, das strenger geführt werde, und daß es hier nicht genug Zeit für die Meditation gäbe. »Aha«, sagte er, »es gibt also nicht genug Zeit, um wach und aufmerksam zu sein?« »Nein«, antwortete ich, durch seine Frage etwas aus der Fassung gebracht. Aber meine Frustration war so groß, daß ich fortfuhr: »Außerdem sind die Mönche zu undiszipliniert, und sogar Sie selbst sind nicht still genug. Sie sind inkonsequent und voller Widersprüche. Das scheint mir nicht das zu sein, was der Buddha gelehrt hat.« Nur ein Westler konnte so etwas sagen, und er mußte darüber lachen. »Es ist gut, daß ich dir nicht wie der Buddha vorkomme«, entgegnete er. Ungehalten fragte ich: »Aha, und warum das?« »Weil du dann darin befangen bliebest, außerhalb deiner selbst nach dem Buddha zu suchen«, antwortete er. »Aber hier draußen ist er nicht!« Damit schickte er mich zu meiner Meditation zurück.

»Es ist die Suche nach Vollkommenheit außerhalb unserer selbst, die unser Leiden verursacht«, sagte der Buddha. Die Welt der sich verändernden Erscheinungen, deren Zyklen er das nicht-endende Samsara nannte, ist schon ihrer Natur nach ein frustrierender Anschlag auf alle Vorstellungen von Vollkommenheit. Selbst der vollkommenste Augenblick verändert sich bereits einen Augenblick später. Es ist nicht Vollkommenheit, die wir suchen sollen, sondern die Freiheit des Herzens. Erinnern Sie sich an die schon zitierten Worte des Buddha: »Ebenso wie das Wasser der großen Meere nur einen Geschmack hat – den Geschmack des Salzes, so haben auch alle wahren Wege nur einen Geschmack – den Geschmack der Befreiung.«

Der dritte Patriarch des Zen-Buddhismus erklärte, die Befreiung finde dann statt, wenn wir »frei von Angst vor Unvollkommenheit« seien. Die Welt wird nie so perfekt sein wie unsere Vorstellungen. Wir haben so lange versucht, die Welt zu verändern; doch die Befreiung geschieht nicht dadurch, daß wir sie ändern, daß wir sie oder uns selbst einer Vorstellung von Vollkommenheit anpassen. Doch wo sollen wir den Buddha finden? Der Buddha ist da, wenn wir uns selbst und der Welt mit Aufrichtigkeit und Mitgefühl begegnen. In vielen spirituellen Traditionen gibt es nur eine einzige wichtige Frage zu beantworten; sie lautet: Wer bin ich? Wenn wir nach der Antwort suchen, finden wir in uns zunächst alle möglichen Vorstellungen und Ideale. Da gibt es das negative Selbstbild, das wir ändern und bis zur Vollkommenheit verbessern möchten, oder das positive Selbstbild mit einem ungeheueren spirituellen Potential. Doch auf dem spirituellen Weg geht es nicht so sehr um Veränderung unserer selbst, als darum, auf das zu achten, was unser Wesen ausmacht.

Eine moderne Mullah Nasrudin-Geschichte (Mullah Nasrudin ist ein legendärer Sufi-Lehrmeister und heiliger Narr) erzählt, daß der Weise eine Bank betrat und einen Scheck einlösen wollte. Der Bankangestellte forderte ihn auf, sich auszuweisen. »Wieso?« fragte Nasrudin. »Wir müssen wissen, ob Sie es auch wirklich sind«, antwortete der Mann. Nasrudin griff in seine Tasche und zog einen kleinen Spiegel heraus. Er schaute hinein und sagte: »Oh gewiß, ich bin es, alles in Ordnung.«

Das ist spirituelle Praxis – in den Spiegel schauen. Zunächst neigen wir dazu, uns selbst und die Welt in der gewohnten Art und Weise zu sehen, eben den Vorstellungen und Modellen entsprechend, an denen wir so lange festgehalten haben. »Ich bin gescheit«, »Ich bin so schwerfällig«, »Ich bin liebenswert«, »Ich bin wertlos«, »Ich bin klarsichtig und großzügig« oder »Ich bin ängstlich und schüchtern«. Dann versuchen wir vielleicht, unser Selbstbild zu verstärken oder aber ein neues aufzubauen; aber ein solch mechanisches Vorgehen hilft auch nicht. Ich kenne Leute, die sich ein Jahr lang ernsthaft auf Meditation als den wahren Weg stürzten und dann plötzlich eine Kehrtwendung machten und sich mit ebenso großem Eifer dem Sufi-Tanz widmeten, natürlich ebenfalls mit der Überzeugung, das sei der absolut wahre Weg.

Welche Vorstellungen haben wir von uns selbst, von unserem spirituellen Weg, von anderen? Sind diese Vorstellungen und Meinungen das, was wir wirklich sind? Ist das unser wahres Wesen? Die Befreiung ist nicht das Produkt der Selbstverbesserung oder der Bemühung, den Körper oder die Persönlichkeit zu etwas Vollkommenem zu machen. Vielmehr fordert uns ein spirituelles Leben dazu heraus, eine andere Art des Sehens zu entwickeln, anstatt weiterhin durch die Brille unserer üblichen Vorstellungen, Ideale und Hoffnungen zu schauen. Wir lernen, mit dem Herzen zu sehen, das liebt, anstatt mit dem denkenden Geist, der vergleicht und abgrenzt. Das ist eine radikale Art des Seins, die uns weit über alle Vollkommenheit hinausführt. Dann ist es, als würde unserer ganzen spirituellen Praxis mit all ihrem Auf und Ab im Herzen des Buddha Raum gegeben. So gesehen kann alles Praxis sein.

In der Mitte eines unserer jährlichen Dreimonats-Retreats kam ein Freund zu Besuch, um sich nach einigen Mitgliedern seiner Gruppe zu erkundigen, die mit uns praktizierten. »Wie geht es Jill?« fragte er. Ich sagte: »Gut.« »Und wie geht es Sam?« »Ihm geht es auch gut.« »Und Claudia?« »Na ja, sie hatte es ziemlich schwer, aber jetzt kommt sie ganz gut zurecht.« In dieser Art beantwortete ich die Fragen nach sechs Leuten; jedem ging es gut. Schließlich fragte der Freund: »Sag mal, was meinst du damit, wenn du sagst, es ginge ihnen gut?« Ich dachte einen Augenblick lang nach und sagte dann: »Das bedeutet, daß sie bis jetzt noch nicht weggelaufen sind.« Wir lachten beide, doch die Antwort war durchaus ernst gemeint. Im Bereich des Erwachens geht es nicht um so oder so geartete Erfahrungen, sondern darum, daß wir sie alle zu unserer Praxis machen können, daß wir offen bleiben können für das, was da ist, und daß wir lieben lernen – hier und jetzt ebensogut wie irgendwo und irgendwann.
Von den Anfängen unserer Sitzpraxis und dem Prozeß der Selbstheilung an öffnen wir uns nach und nach einer neuen und unvertrauten inneren Welt. Dort erleben wir vielleicht veränderte Bewußtseinszustände, vielleicht auch nicht, aber schließlich werden wir das, was wir immer gesucht haben, in dem Augenblick finden, in dem wir zur Ruhe kommen – in unserem innersten Selbst, unserer Buddha-Natur, unserer grundlegenden Gutheit, wie immer wir es nennen. Wir entdecken es, wenn wir ganz da sind, aber nichts mehr suchen, wenn wir in diesem gegenwärtigen Augenblick zur Ruhe gekommen sind. Dann stellt sich ein Gefühl von Ganzheit und Vollständigkeit, von Kraft und von Schönheit ein. Das, was wir gesucht haben, indem wir in der Welt herumrannten, liegt hier, direkt vor unserer Türe. Immer wieder berühren wir diese Einfachheit.
Wenn wir glaubten, die Kraft durch die Kontrolle über uns selbst und andere zu finden, stellen wir nun fest, daß das die falsche Art von Kraft war; die Wahrheit und die innerste, natürliche Kraft tritt in den Augenblicken tiefer Stille und Ganzheit hervor, in denen wir unerschütterlich die Dinge sein lassen können, wie sie sind. Wir waren vielleicht der Meinung, Schönheit und Liebe nur durch andere oder nur in bestimmten Bewußtseinszuständen zu finden; doch auch damit werden wir erst dann in aller Fülle beschenkt,

wenn das Verlangen und die Sehnsucht selbst zur Ruhe gekommen sind. Das ist das Erwachen zu unserer Buddha-Natur.
Meditation ist nichts anderes, als daß wir die Verbindung mit unserem wahren Wesen aufnehmen und inmitten des täglichen Lebens ein großes Gefühl von Ruhe und Frieden und einen weiten Raum in unserem Herzen entdekken; daß wir zulassen, transparent für das Licht zu werden, das immer scheint. »Es ist nicht weit weg«, sagt ein Zen-Meister, »es ist näher als nah.« Es geht nicht darum, etwas zu verändern, sondern darum, nicht mehr nach etwas zu greifen; und es geht um das Öffnen unserer Augen und unseres Herzens.
Vor Jahren traf ich in einem Dschungelkloster in Südostasien einen alten Mönch. Wir standen bei Nacht in einer Lichtung und sahen zu, wie ein von Menschenhand geschaffener Satellit auf seiner Bahn zwischen den Sternen dahinzog. Der Mönch erzählte mir, daß solche Sterne erst seit neuem am Himmel erschienen seien. Ich versuchte, ihm die Sache mit den Raketen und den Satelliten zu erklären, aber zu meinem großen Erstaunen hielt er die Idee, daß die Erde rund sei, für höchst fragwürdig. Sie war ihm immer flach erschienen. Die minimale Schulbildung, die er in den zwanziger Jahren erhalten hatte, konnte ihm offensichtlich nichts Gegenteiliges vermitteln; aber viele Leute betrachteten ihn als einen weisen Mann. Sein Herz war voller Mitgefühl und Weisheit, und viele Menschen fühlten sich von ihm angezogen. Sie schütteten ihm ihr Herz aus und baten um seinen Rat. Sein Verständnis der menschlichen Natur und des Lebens war tief und klar, obwohl er nicht einmal wußte, daß die Erde rund ist.
Die Weisheit des Herzens kann man in allen Lebensumständen und auf jedem Planeten finden, sei er rund oder viereckig. Sie entsteht nicht durch Wissen oder Vorstellungen von Vollkommenheit oder durch Vergleichen und Urteilen, sondern dadurch, daß man mit dem Auge der Weisheit und mit dem Herzen der liebevollen Aufmerksamkeit sieht und sich von allem, was in unserer Welt existiert, berühren läßt.
Die Weisheit des Herzens ist hier, gerade jetzt, in jedem Augenblick. Sie ist immer schon dagewesen, und es ist nie zu spät, sie zu suchen. Jene Ganzheit und Freiheit, nach der wir uns sehnen, sind unser eigenes wahres Wesen, das, was wir wirklich sind. Wann immer wir mit einer spirituellen Praxis

beginnen, ein spirituelles Buch lesen oder darüber nachdenken, was es bedeutet, richtig zu leben, haben wir den natürlichen Prozeß des Sich-Öffnens für diese Wahrheit – die Wahrheit des Lebens selbst – in Gang gesetzt.
Ich möchte dieses Kapitel mit einer ermutigenden Geschichte beenden. Ein junger Mann fand den Weg zu der kleinen Wohnung von Nisargadatta, meinem alten Hindu-Guru in Bombay, stellte ihm eine spirituelle Frage und ging wieder, nachdem er die Antwort erhalten hatte. Einer der anwesenden Schüler fragte: »Was wird mit diesem Mann geschehen? Wird er jemals erleuchtet werden, oder wird er vom Pfad abkommen und wieder einschlafen?« Nisargadatta sagte: »Dazu ist es zu spät! Er hat bereits angefangen. Allein die Tatsache, daß er hierher kam und eine einzige Frage nach seiner eigenen wahren Natur stellte, bedeutet, daß diese Instanz in ihm, die weiß, wer er wirklich ist, schon dabei ist aufzuwachen. Selbst wenn es sehr, sehr lange dauert, gibt es kein Zurück mehr.«

Meditation: Einfach und transparent werden

Wenn Sie Ihr spirituelles Leben überprüfen, können Sie sich selbst fragen: »Was weißt du in deinem Herzen über die Wahrheit des Lebens? Brauchst du wirklich mehr Wissen als dieses, oder genügt dir diese einfache, fundamentale Weisheit? Was hält dich davon ab, gemäß den einfachen Wahrheiten zu leben, die du kennst? Was müßtest du loslassen, um so leben zu können? Welche Verwirrungen und Ängste behindern dein Mitgefühl? Wieviel Kraft und Vertrauen wären nötig, damit du gut und richtig leben könntest? Wie würdest du dein Leben ändern wollen, damit dein Körper, Herz und Geist ›nichtwissender‹ werden, transparenter für dieses innere Licht? Kannst du dir vorstellen, weniger zu wissen und weiser zu werden?«
Spüren Sie dem einfachen, liebevollen Gegenwärtigsein nach, mit dem Sie jeden Augenblick erfüllen können. Horchen Sie darauf, wie Ihr spiritueller Weg Sie dorthin führen kann.

Teil III

Das Feld erweitern

12

Die Zyklen des spirituellen Lebens annehmen

Jedes der alten Weisheitssysteme lehrt, daß sich das menschliche Leben in einer Folge von Stadien vollzieht: Zuerst kommt die Kindheit, dann eine Zeit der Ausbildung und des Lernens, dann die Zeit des Familienlebens und produktiver Arbeit und schließlich eine Zeit für die kontemplative Praxis. In den indianischen Traditionen wurden diese aufeinanderfolgenden Zyklen mit entsprechenden Übergangsriten gewürdigt, die es jedem Mitglied der Gemeinschaft ermöglichten, neue Lebensstadien bewußt und mit kollektiver Unterstützung zu beginnen. Moderne Psychologen wie etwa Erik Erikson sprechen ebenfalls von einer natürlichen Folge von Stadien, die ein sinnvolles Leben ausmachen.

Ebenso wie der Wechsel der Jahreszeiten seine Schönheit hat und eine innere Würde in der respektvollen Anerkennung der Zyklen des Lebens liegt, ist unser spirituelles Leben nur dann im harmonischen Gleichgewicht, wenn wir ein Gefühl dafür haben, wann zum Beispiel die rechte Zeit für Rückzug und wann die rechte Zeit für Reisen gekommen ist, oder wann es Zeit ist, sich niederzulassen und Wurzeln zu schlagen, eine Familie zu gründen und Kinder aufzuziehen. Diese Zyklen zu berücksichtigen bedeutet, das natürliche Gesetz des Universums im Tao oder im Dharma oder in unserem individuellen Leben zu respektieren.

Am Anfang stellen wir uns die spirituelle Praxis vielleicht als eine lineare Reise vor, als eine Wanderschaft zum weit entfernten Ziel der Erleuchtung.

Doch man könnte sie eher als einen sich ständig erweiternden Kreis oder als eine Spirale beschreiben, in deren Verlauf sich unser Herz zunehmend öffnet und unser Bewußtsein nach und nach lernt, das gesamte Leben als ein spirituelles Ganzes einzubeziehen. In den vorangegangenen Kapiteln war davon die Rede, daß wir es im Lauf unserer Praxis auf jeder neuen Ebene, die wir erreichen, immer wieder mit denselben Themen und Problemen zu tun haben. Ebenso wird sich auch unweigerlich immer wieder die Frage stellen, wie wir mit den Übergangsphasen sowohl in unserem Lebensablauf als auch in unserer Praxis umgehen sollen.

Die Veränderungen in unserem Leben beruhen nicht nur auf Verlagerungen unserer Bedürfnisse und inneren Notwendigkeiten, sondern auch auf sich verändernden äußeren Umständen. Existenz ist immerwährende Wandlung, lehrte der Buddha. Wie können wir diese natürlichen Zyklen des Lebens innerhalb unserer spirituellen Praxis angemessen würdigen? Als erstes sollten wir die Zyklen, die uns das Leben bietet, respektieren und die inneren Aufgaben, die sie mit sich bringen, akzeptieren. Auf diese Weise entwickelt sich unser spirituelles Wachstum in natürlicher Verbindung mit ihnen. Das mag zwar selbstverständlich klingen, doch unsere Gesellschaft hat den Kontakt mit diesen Rhythmen verloren, und wir lernen auf vielfältige Weise, sie zu ignorieren. Kindern wird allzu früh eine intellektuelle Schulung aufgezwungen, anstatt daß man ihnen die Freiheit gewährt, zu spielen und auf gesunde Weise zu lernen. Viele Männer mittleren Alters leben eine verlängerte Pubertät aus, und viele Frauen geben sich entsetzliche Mühe, jung zu bleiben, als ginge es darum, Reife überhaupt zu vermeiden. Alter wird als eine Niederlage betrachtet, die man fürchten und mit allen Mitteln verhindern muß. Wir verfügen kaum über Vorbilder weiser Männer und Frauen in irgendeinem Lebensstadium; es gibt in unserer Kultur keine unterstützenden Initiationen und nur sehr wenige Übergangsriten.

Wenn man die natürlichen Zyklen des Lebens respektiert, erkennt man, daß jedes dieser Stadien auch eine spirituelle Dimension hat. Jedes Stadium vermittelt Weisheit und Erfahrung, auf die wir uns in unserem spirituellen Wachstumsprozeß beziehen können. Zum Beispiel liegt eine der wichtigsten Wurzeln unseres spirituellen Lebens im frühesten Lebensanfang – in der zutiefst wohltuenden Einheit der Existenz im Schoß unserer Mutter. Unser Bewußtsein bewahrt in seiner Tiefe diese Erinnerung und das Wissen um die Möglichkeit der Einheit, und in der Meditation schließen wir uns daran an. Später, als kleines Kind, erleben wir zum erstenmal die Frische der Wahrnehmung – das Sehen, Fühlen, Berühren der Welt, die unmittelbare körperliche Präsenz unserer Sinne und Bedürfnisse. Diese Unmittelbarkeit wiederzuerwecken und ein spontanes, ungebrochenes Vertrauen auf das, was wir wissen und fühlen, wiederzugewinnen, ist unumgänglich, wenn wir im weiteren Verlauf der Praxis unsere spirituelle Basis finden wollen.

Viele Menschen machen ihre ersten spirituellen Erfahrungen in der Kindheit; es ist die Erfahrung einer angeborenen und natürlichen Verbindung mit dem, was heilig ist. Das Spielerische, die Freude und die Neugier unserer Kindheit können zur Grundlage für das entzückte Wiederentdecken dieser Geisteshaltung in unserer Praxis werden. Wenn wir eine liebevolle Beziehung zu unseren Eltern haben und sie respektieren, ist dies auch das Vorbild und Grundlage für Respekt und Vertrauen in allen anderen Beziehungen. Wenn unsere Erfahrungen im Mutterschoß, als Säugling oder als Kind hingegen negativ waren, werden wir uns unausweichlich um eine tiefe Heilung bemühen müssen. Doch können diese schmerzhaften Erfahrungen auch unsere Sehnsucht nach Heilsein anregen; und in jeder Kindheit gibt es bestimmte Augenblicke, die den Keim des Erwachens in sich tragen.

Der Drang nach Unabhängigkeit und der rebellische Geist der Pubertät enthalten weitere Qualitäten, die für unseren Weg von zentraler Wichtigkeit sind: das beharrliche Bestreben, die Wahrheit selbst herauszufinden und nichts zu akzeptieren, das nicht von unserer eigenen Erfahrung bestätigt wurde. Wenn wir dann in die Verantwortlichkeit eines jungen Erwachsenen hineinwachsen, entwickeln wir ein mitfühlendes Interesse für andere. Dieser Reifungsprozeß vermittelt uns ein Gefühl für die Notwendigkeit gegenseitiger Achtung und sozialer Gerechtigkeit, und das kann zur treibenden Kraft auf dem Weg des Erwachens zum allumfassenden Mitgefühl werden.

Das Leben des Erwachsenen bringt seine eigenen natürlichen spirituellen Aufgaben und Möglichkeiten des Sich-Öffnens mit sich. Wir entwickeln Fürsorge und Verantwortlichkeit für unsere Familie, die Gemeinschaft, unsere Welt. Wir spüren ein starkes Verlangen, einen ganz einmaligen Ausdruck unseres Lebendigseins zu finden. Mit zunehmender Reife bekommt unser Leben eine natürliche kontemplative Qualität. Wir haben das Bedürfnis, uns hin und wieder Zeit und Ruhe zu gönnen, um nachzudenken, die Orientierung zu klären und Verbindung mit unserem Herzen aufzunehmen. Und wenn wir alt werden und viele Zyklen von Werden und Vergehen gesehen haben, beginnen Losgelöstheit und Weisheit in uns zu wachsen.

Jedes Stadium unseres Lebens enthält den Keim für spirituelles Wachstum. Unser spirituelles Leben kommt nur dann zur Reife, wenn wir bewußt unsere speziellen Lebensaufgaben akzeptieren. Leider gibt es in vielen spirituellen Gemeinschaften Leute, die hoffen, diesen Aufgaben ausweichen zu können. Sie haben vielleicht Mitte Zwanzig angefangen, ihren Körper und ihre Kreativität zu ignorieren, und stellen dann mit vierzig Jahren plötzlich und schmerzhaft fest, daß sie doch lieber eine Familie oder eine berufliche Karriere gehabt hätten. Oder sie treten einer spirituellen Gemeinschaft bei und stellen sich vor, ihr Leben wie der Buddha als ein Wanderer oder als Eremit in der Einsamkeit zu verbringen. Sie vergessen jedoch, daß sich der Buddha nach einer gewissen Zeit der Wanderschaft niederließ und fünfundzwanzig Jahre in ein und demselben Kloster verbrachte, wo er lehrte und die Aufgaben eines Leiters der Gemeinschaft erfüllte. Selbst jene, die sich einem Leben im Kloster verschreiben, sind in unvermeidliche Zyklen eingebunden; da gibt es anfängliche Perioden des Praktizierens und des Alleinseins, nach denen jedoch größere Verantwortung auf sie zukommt; sie müssen lehren, in der Verwaltung arbeiten oder eine leitende Funktion übernehmen

Ob im Kloster, am Arbeitsplatz oder in der Familie – überall müssen wir darauf horchen, was ein jeder Zyklus mit seinen spirituellen Aufgaben von uns fordert und sie akzeptieren. Die natürlichen Zyklen des Werdens – Ausbildung und Berufsbeginn, Umzug in ein neues Heim, die Geburt eines Kindes, der Eintritt in eine spirituelle Gemeinschaft – bringen solche spirituellen Aufgaben mit sich; wir müssen Bereitschaft zu innerer Verpflichtung sowie Furchtlosigkeit, Geduld und Aufmerksamkeit entwickeln, so daß unser Herz wachsen kann. Die Zyklen des Vergehens – wenn die Kinder das Zuhause verlassen, das Altern und der Tod unserer Eltern, berufliche Verluste, das Ende einer Ehe oder der Verbindung mit einer Gemeinschaft – stellen unserem Herzen die spirituellen Aufgaben des Trauerns, des würdevollen Loslassens und des Aufgebens der Kontrolle, um angesichts allen Verlusts Gleichmütigkeit und tiefes Mitgefühl zu entwickeln.

Gelegentlich bestimmen wir selbst die Zyklen, denen wir uns stellen müssen, wie etwa, wenn wir heiraten oder eine berufliche Laufbahn beginnen. Dann ist es gut, zu meditieren und darüber nachzudenken, welche Richtung uns dem Weg des Herzens näherbringt und uns die spirituelle Lektion auferlegt, für die es in unserem Leben an der Zeit ist.

Doch bei weitem häufiger haben wir keine Wahl. Die großen Zyklen unseres Lebens rollen über uns hinweg und präsentieren Herausforderungen und schwierige Übergangsphasen, die viel größer dimensioniert sind als unsere Vorstellungen davon, wohin uns das Leben führen mag. Midlife-Krise, drohende Scheidung, eigene Krankheiten oder die der Kinder, finanzielle Probleme oder einfach die wiederholte Konfrontation mit unserer eigenen Unsicherheit oder unseren unerfüllten Ambitionen mögen uns als schwierige, aber doch weltliche Angelegenheiten des Lebens erscheinen; wir stellen uns vor, daß wir irgendwie schnell mit ihnen fertigwerden müssen, um uns dann wieder in Ruhe und Frieden unserer spirituellen Praxis widmen zu können. Wenn wir jedoch mit Aufmerksamkeit und Respekt an diese Aufgaben herangehen, entdecken wir in jeder eine spirituelle Lektion. Es kann die Lektion sein, trotz großer Verwirrung gesammelt zu bleiben, oder eine Lektion in Nachsicht, wobei wir gegenüber jemandem, der uns verletzt hat, eine Haltung des Vergebens entwickeln und unser Herz nicht verschließen sollen. Es kann eine Lektion der Akzeptanz oder eine Lektion des Mutes sein, so daß wir die Kraft des Herzens finden, bei uns selbst zu bleiben und uns an unsere tiefsten, echtesten Werte zu halten.

Spirituelle Lehrer und Gurus sind solchen unerwarteten Zyklen nicht minder ausgesetzt; auch sie erleben Zeiten, in denen unerfüllte Sehnsüchte in ihnen hochkommen, oder in denen es Schwierigkeiten in ihren Gemeinschaften gibt. Ein zuhöchst verehrter Guru in Indien sah sich gezwungen, alles, was er je gelehrt hatte, in Frage zu stellen, als er entdecken mußte, wie sehr seine Schüler von Eifersucht und Konkurrenzdenken beherrscht wurden. Ein anderer Lehrer hatte sich lange danach gesehnt, ein paar Jahre in den Bergen im Retreat zu verbringen, doch statt dessen wurde er nach dem Tod seines eigenen Meisters zum Abt eines berühmten Tempels ernannt. Manche Lehrer müssen sich mit der Abhängigkeit auseinandersetzen, die sie selbst in ihrer Gemeinschaft gezüchtet haben, oder sie sehen sich in bestimmten Entwicklungsphasen ihrer Praxis gar mit der Abhängigkeit von ihrer eigenen Lehrerrolle konfrontiert. Schwierige Zyklen sind für jedermann eine Praxis des Lebens.

Gemeinhin wird angenommen, daß jeder spirituelle Weg seine ganz bestimmte eigene Praxis habe, wie etwa den Dienst an den Armen, Gebet und Hingabe, Yogaübungen, Rückzug von der Welt oder Studium und Analyse. Doch unsere spirituelle Reise wird wahrscheinlich dazu führen, daß wir im Laufe unseres inneren Wachstums mehrere dieser Dimensionen der Praxis miteinbeziehen müssen. In einer bestimmten Phase unserer Praxis ist es vielleicht sehr wichtig, daß wir hingebungsvoll einem Lehrer folgen; später durchleben wir dann vielleicht eine Periode, in der wir den Drang haben, allein zu praktizieren und uns selbst und unseren Weg zu erforschen. In einer bestimmten Phase mögen Loslösung und Alleinsein wichtig sein, und in einer anderen Phase ist es nötig, daß wir unsere Herzenswärme durch den Dienst an anderen vertiefen. Wir mögen Zeiten der verstärkten Aufmerksamkeit für unseren Körper durchleben, Zeiten des Betens und der Hingabe oder Zeiten des Studiums und des Nachdenkens.

Wie in Kapitel 6 bemerkt, pflegte mein Lehrer Achaan Chah diese zyklischen Abläufe bei seinen Schülern zu spüren und sorgte für entsprechende Praxisbedingungen, so daß sie bewußt mit ihnen arbeiten konnten. Wenn er das Gefühl hatte, daß die Zeit reif war, schickte er zum Beispiel Praktizierende, die sich vor der Einsamkeit fürchteten, in ein abgelegenes Höhlenkloster. Wer wiederum an der Stille haftete und Schwierigkeiten mit menschlichen Begegnungen hatte, fand sich in einem Kloster an der Schnellstraße von Bangkok wieder, wo täglich Hunderte von Pilgern haltmachten. Diejenigen, die ständig etwas am Essen auszusetzen hatten, mußten den Küchendienst übernehmen, und den Stolzen wurde das Säubern der Waschräume und Toiletten als reguläre Achtsamkeitspraxis verordnet. Solche Zyklen gehören in bestimmten Zen-Klöstern zur formalen Praxis. Mitglieder der Gemeinschaft müssen ein oder zwei Jahre lang eine bestimmte Rolle übernehmen, wie etwa die, den Meister zu betreuen; das bedeutet, Dienen, Verantwortung und Hingabe zu lernen, aber zugleich auch von der Nähe des Lehrers zu profitieren. Eine andere Position ist die des Wächters der Disziplin. Er muß den Zen-Stock tragen und ihn einsetzen, wenn Meditierende beim Sitzen einschlafen. Er ruft zur Ordnung, dirigiert die Praktizierenden in Reih und Glied und gestattet keine undisziplinierte Praxis. Der Helfer des Tempels hat die entgegengesetzte Rolle. Er holt fehlende Sitzkissen herbei, kümmert sich um Kranke, hilft beim Organisieren der Sesshins (Retreats) und ist stets zur Stelle, wenn irgendeine Art von Hilfe benötigt wird. Jeder Praktizierende hat nacheinander jede Rolle zu übernehmen und sie entsprechend zu erfüllen, ohne Rücksicht auf sein oder ihr Temperament. So kann es geschehen, daß jemand nach einem Jahr als strikter und erbarmungsloser Wächter der Disziplin zum Helfer ernannt wird und über Nacht lernen muß, sanft und freundlich zu sein. Es wird erwartet, daß man als Teil der spirituellen Praxis alle diese Rollen lernt – daß man Holz hackt oder Wasser holt, daß man sitzt wie ein Berg, kocht wie eine Großmutter und lächelt wie ein Buddha.

Unser Bewußtsein trägt alle diese Rollen und noch viele andere in sich – den Helden, die weise Frau, den Liebenden, den Einsiedler, den Diktator, den Narren. Auch ohne einen Lehrer oder eine Gemeinschaft, die uns in die verschiedenen Dimensionen der Praxis geleiten, begegnen wir ihnen auf ganz natürliche Weise in der Meditation. Körper, Herz und Geist scheinen sich zyklisch zu öffnen, als gäbe es eine natürliche Intelligenz, die uns an das heranführt, was am meisten unseres Annehmens und Verstehens bedarf. Mit der Meditation wird für einige Zeit große Stille und die Befreiung vom Drama des Lebens möglich. Daraus kann sich eine neue Bewußtheit für unsere Familienprobleme und für die Leidenserfahrungen in der frühen Kindheit entwickeln; anschließend folgt eine lange Periode der Arbeit mit

Trauer und Vergebung. Danach beginnt vielleicht ein Zyklus tiefer Konzentration und weiträumiger Einsicht. Doch dann öffnet sich möglicherweise unser Körper auf eine ganz neue Art und präsentiert uns Schmerzen oder das Freisetzen von Energie als Material unserer Praxis. Wenn der persönliche Heilungsprozeß in eine neue Phase eintritt, sind wir vielleicht mit Visionen des Leidens der Welt konfrontiert und sehen uns genötigt, mit dieser Erfahrung umzugehen und sie in unsere Praxis miteinzubeziehen. Es gibt in diesen Zyklen keine festgelegte Ordnung, kein »höher« oder »tiefer«. Wenn wir die inneren Zyklen wahrzunehmen beginnen, ist es unsere spirituelle Aufgabe, auf jeden einzelnen mit Liebe und Achtsamkeit einzugehen.

Einige der kostbarsten Lehren in der spirituellen Praxis werden uns dann erteilt, wenn alles anders kommt, als wir es geplant hatten. Zum Beispiel war ein Praktizierender zutiefst von den Erfahrungen während eines zehntägigen Meditations-Retreats berührt und beschloß, auf eine Zeit langer, intensiver Praxis hinzuarbeiten. Zwei Jahre lang sparte er eisern und nahm sich dann frei, um ein dreimonatiges Schweigeretreat zu absolvieren und danach eine längere Reise nach Thailand und Burma zu unternehmen. Er hatte gerade acht Tage im Retreat verbracht, als er durch einen Anruf erfuhr, daß sein Vater nach einem schweren Herzanfall im Krankenhaus lag und seine Mutter und Geschwister ihn dringend zu Hause brauchten. Er liebte seinen Vater sehr, und es zog ihn heim, um ihm beizustehen, aber zugleich war er auch entsetzlich enttäuscht. Er hatte so lange auf dieses Jahr der Praxis gewartet, und nun wurde es ihm genommen, und wer weiß, wann er noch einmal solch eine Chance haben würde. Doch ich bin sicher, daß jeder Leser das Ende der Geschichte bereits ahnt. Die neun Monate, in denen er zu Hause lebte, für seinen Vater sorgte, sich um die Familie kümmerte und – als sein Vater starb – mit dem Mysterium des Todes konfrontiert wurde, war eine so tiefe, bedeutungsvolle und befreiende Periode spiritueller Praxis, wie sie fruchtbarer wohl kaum hätte sein können.

Die gegenteilige Version erlebte ein Mann mittleren Alters, der zu uns ins Retreat kam. Er hatte sich ein erfolgreiches Berufsleben aufgebaut, seine drei Kinder waren bereits im Teenageralter, und in einer intensiven Therapie konnte er seine unglücklichen Kindheitserfahrungen in einer Alkoholikerfamilie aufarbeiten. Als er ins Retreat kam, gab es jedoch große Schwierigkeiten mit seinen Söhnen, die gerade die stürmischsten Phase der Pubertät durchmachten. Mit Hilfe der Meditationspraxis hoffte er, sich selbst und seine Jungen besser verstehen zu lernen. Doch die Erfahrung, die er dabei machte, nahm eine ganz andere Wendung. Er erlebte sich selbst als erfüllt von Hingabe, sein Körper war voller Licht, die Bäume um ihn herum begannen zu leuchten, und sein Bewußtsein wurde von einer tiefen mystischen Schau überflutet. Er wollte Gedichte und Lieder schreiben. Zu seiner großen Überraschung entdeckte er in sich den Wunsch, in einer spirituellen Gemeinschaft zu leben, und entschloß sich, das zu tun, sobald seine Kinder ihn nicht mehr brauchten. Sein Leben hatte eine völlig neue Orientierung und neue Werte gewonnen. So kehrte er nach dem Retreat mit einer neuen, gesammelten Ruhe nach Hause zu seinen Söhnen zurück.

Eine junge Frau kam zu unserem buddhistischen Retreat, nachdem sie viele Jahre lang ein einfaches Leben in der Einsamkeit auf dem Land geführt hatte. Nach diesem Retreat verbrachte sie einige Jahre mit intensiver Meditationspraxis. Dank einer natürlichen Fähigkeit, sich zur Ruhe zu bringen, erlebte sie tiefe Freiheit, Freude und einen erfüllten Zustand von Leerheit. Dann ging sie intensive nahe Beziehungen ein und kehrte wieder in die Welt der Arbeit zurück, wobei ihr die Meditation als angenehme Unterstützung diente. Nach einem oder zwei Jahren dieses Lebens in der Welt kam sie wieder ins Retreat und praktizierte zwei Monate lang unter der Leitung eines Gastlehrers. Diesmal gab es keine großartigen, strahlenden Bewußtseinszustände mehr; statt dessen wurde sie von qualvollen Erinnerungen aus ihrer Kindheit bedrängt. Erinnerungen an Mißhandlungen, an Verlassenheit, an den Alkoholismus ihrer Eltern und entsetzliche Leidenserfahrungen vom Augenblick der Empfängnis an drohten sie zu überwältigen. Die fünf Jahre, die sie zuvor in meditativer Glückseligkeit verbracht hatte, machten nun einem neuen und schmerzhaften Entwicklungsprozeß Platz, der ebenfalls fünf Jahre lang andauerte. Nun hieß es, den Schmerz und das Leiden an ihrer persönlichen Geschichte in demselben Maß zuzulassen und in ihr Leben zu integrieren, wie sie zuvor die beglückenden Zustände genossen hatte, die dieser Entwicklung vorausgegangen waren. In diesem zweiten Zyklus von fünf Jahren lag das Schwergewicht ihrer Praxis auf der Meditation der Herzenswärme, auf Therapie, künstlerischem Gestalten und einer tiefen inneren Heilung. Dies führte wiederum zu einem neuen Zyklus, in dem sie heiratete und ein Heim aufbaute. Jeder dieser Zyklen stellte sich ganz von selbst ein, und sie konnte nicht mehr tun, als jeden anzunehmen und das zu lernen, was er für sie bereithielt.

Wenn wir uns Vorstellungen machen, wie sich unsere Praxis entfalten solle, verstellt uns das oft den Weg und hält uns davon ab, die Phase zu würdigen, in der wir uns tatsächlich gerade befinden. Oft wünschen wir uns, mit der emotionalen Arbeit fertig zu sein, so daß wir uns für eine andere Ebene öffnen können. In Retreats habe ich häufig erlebt, daß Praktizierende zu mir kamen und sagten: »Warum trauere ich immer noch? Ich habe monatelang über diesen Verlust getrauert. Ich sollte jetzt langsam zu einem Ende kommen.« Doch auch die Trauer kommt in Wellen und Zyklen und benötigt ihre eigene Zeit. Sie ist erst dann vorbei, wenn wir sie so zutiefst akzeptiert haben, daß es keine Rolle mehr spielt, ob sie auftaucht oder nicht. Oft wird auch die Klage wiederholt: »Ich habe mich so gründlich mit meiner Sexualität befaßt. Warum kommt dieses Thema dennoch immer wieder hoch?« Oder: »Ich dachte, ich hätte das Leiden endlich bewältigt, aber nun stelle ich fest, daß es Ebenen des Leidens gibt, die ich erst jetzt kennenlerne.«

Unser spiritueller Weg kann nicht unseren Idealvorstellungen folgen; er folgt nur den Gesetzen des Lebens. Wir meinen vielleicht ganz naiv, unser Herz könne wie eine gigantische Sonnenblume Tag für Tag unveränderlich weit geöffnet sein, erfüllt von Wärme, Mitgefühl und innerem Verbundensein; aber unser Herz und unsere Gefühle haben ebenfalls ihre eigenen Rhythmen und Zyklen. Das Herz atmet wie alles übrige; manchmal öffnet es sich und manchmal schließt es sich, wie Blüten, die sich am Abend zusammenfalten.

Unser Körper spiegelt die zyklischen Bewegungen der Gestirne. Wir wachen und schlafen, die Erde dreht sich, die Sonne geht auf und unter, Frauen haben menstruelle Zyklen in Entsprechung zum Mond, unser Herz schlägt, unser Atem kommt und geht, die cerebrale Flüssigkeit durchströmt unsere Wirbelsäule und unser Gehirn, und all das geschieht in natürlichen Rhythmen.

Ebenso wie die Zyklen des Herzens präsentieren sich uns auch die Zyklen des Körpers – ohne Rücksicht auf unsere Vorstellungen von »Transzendierung«. Wenn wir sie beachten und würdigen, wird unsere Praxis freier und offener. Eine Praktizierende, die während vieler Jahre der meditativen Praxis versucht hatte, ihren Körper zu ignorieren, war ständig krank, was zum größten Teil auf die Zwanghaftigkeit ihres spirituellen Kämpfens und Ringens zurückgeführt werden konnte. Schließlich ging es ihr so schlecht, daß sie sich gezwungen sah, körperliche Bewegung, achtsame Ernährung und Yogaübungen in ihre Praxis miteinzubeziehen. Sobald sie eine aufmerksame Wertschätzung ihrem Körper gegenüber entwickelt hatte, bedankte er sich, indem er ihr Wohlbefinden in allen Lebensbereichen unterstützte, und damit wurde auch ihre Meditationspraxis intensiver, reicher und tiefer.
Ein anderer Praktizierender hatte hingegen lange Zeit einen aufwendigen Körperkult betrieben, sich besessen auf Gymnastik, Gewichtheben und Fitneßtraining aller Art gestürzt und übertriebenen Wert auf seine äußere Erscheinung gelegt. In der Meditation wurde er zwanghaft von Gedanken über diesen Aspekt seiner selbst überfallen. Schließlich mußte er sich von diesem Zwang befreien und das Körperimage loslassen, an dem er so lange festgehalten hatte. Erst dann konnte er seine Aufmerksamkeit auf sein Herz und auf die Ängste richten, die seine Meditationspraxis unterminiert hatten. Und als hätte sich ein Nebel gelichtet, wurden nun sein Leben und seine Meditation von einer ganz neuen Erfahrung mitfühlender Wärme und schlichten Wohlbefindens erfüllt.

Nach dem Retreat: Die Praxis des Übergangs

Ob wir mit unerwarteten äußeren oder natürlichen inneren Zyklen konfrontiert sind, immer verlangt die spirituelle Praxis von uns, daß wir diese Veränderungen wach und respektvoll berücksichtigen und dafür sorgen, daß sich der Rhythmus unseres Lebensatems den Zyklen unserer Praxis anpaßt. Eine der besten Gelegenheiten, um das zu lernen, ist die Übergangszeit nach dem Ende eines Gruppenretreats, eines Einzelretreats oder eines spirituellen Seminars. Im allgemeinen ist es heute üblich, zusammen mit einer spirituellen Gemeinschaft zu praktizieren und dann nach einigen Tagen, Wochen oder Monaten wieder nach Hause zurückzukehren. Dieser Übergang von der offenen und unterstützenden Situation, die das Retreat und die spirituelle Gemeinschaft uns boten, zurück zu den Anforderungen unseres Alltags kann schwierig sein, zumal wenn wir der Meinung sind, die eine Phase sei »spiritueller« als die andere. Mit der nötigen Aufmerksamkeit können wir jedoch alle Aspekte des Übergangs – die inneren wie die äußeren – zu einem Teil der Praxis unseres Herzens machen.

Wenn wir ein Retreat verlassen, ist das eine natürliche Verlustsituation. Im Retreat erlebten wir wahrscheinlich eine Beruhigung unseres Geistes, ein Sich-Öffnen des Herzens und eine wohltuende Einfachheit des Lebens, und nun befürchten wir, diese Qualitäten wieder zu verlieren, wenn wir in unser kompliziertes Alltagsleben zurückkehren. Wir stellen uns vielleicht vor, daß all die spirituelle Sensibilität, die in der geschützten Situation des Retreats geweckt wurde, wieder verschwinden wird. Unsere Sinne und Gefühle sind offen oder verletzlich, wie aufgerissen, oder sehr zart, und wir befürchten, daß wir von den täglichen Schwierigkeiten überwältigt werden könnten. Je intensiver das Retreat war, desto größer sind wahrscheinlich diese Ängste. Wir haben vielleicht auch Angst, daß niemand uns verstehen wird. Wir wünschen uns, daß das Leben so bleiben möge, wie es am Ende des Retreats war. Wir versuchen vielleicht, an den schönen Zuständen festzuhalten, die wir erlebt haben. Auch nach Erfahrungen eines sehr tiefgreifenden Erwachens kann es geschehen, daß man sie festhalten möchte oder stolz auf sie ist, was im Zen als »Gestank der Erleuchtung« bezeichnet wird. Angst, Festhalten und Stolz hindern uns daran, uns für den nächsten Zyklus unserer Praxis zu öffnen. Doch gerade dieser Übergang ist eine hervorragende Gelegenheit zu lernen, mit den Zyklen in der Praxis umzugehen.

Als erstes ist Geduld nötig, denn solch ein Übergang kann ein langwieriger Prozeß sein. Wenn das Retreat tiefe Wirkungen hatte oder wir längere Zeit in Zurückgezogenheit verbracht haben, können Wochen oder gar Monate voller Schwierigkeiten und Verwirrung folgen, bis wir uns wieder in Verbindung mit unserem normalen Leben fühlen. Die wichtigste Aufgabe ist dabei, daß wir den Verlust bewußt erkennen und erleben. Auf diese Weise können wir zulassen, daß unser Herz die Trauer und das unvermeidliche Festhalten an dem, was wir gerade beendet haben, wirklich spürt. Wenn wir unsere Verlustgefühle zulassen und uns die Möglichkeit geben, die Tendenz des Festhaltens zu erkennen, richten wir damit das Licht des Gewahrseins auf den Prozeß des Loslassens.

Ebenso sollten wir auch unsere Verletzlichkeit berücksichtigen. Nach spirituellen Retreats sind wir, wie gesagt, oftmals sehr offen und empfinden die Wucht des Alltagslebens als brutal und schockierend. Wenn wir wieder in die Welt zurückgeworfen werden, fühlen wir uns vielleicht wie ein Neugeborenes, das auf Schutz und Pflege angewiesen ist. Manchmal braucht das Baby ein heißes Bad und beruhigende Musik als Brücke zwischen der Zeit in einem tibetischen Kloster und der Rückkehr zur Arbeit. Die Rücksicht auf diese Sensibilität verlangt, daß wir gut darauf achten, wie wir den Übergang gestalten. Das bedeutet oft, unseren Tagesplan so einzurichten, daß uns genügend Zeit für Stille und Kontemplation bleibt, und dann sollten wir unsere schwierigeren Angelegenheiten und Begegnungen erst einmal zurückstellen, um einen sanften Übergang von der Stille zur Aktivität zu ermöglichen. Regelmäßiger Kontakt mit anderen Mitgliedern unserer spirituellen Gemeinschaft kann dabei helfen. Dann können wir gemeinsam trauern und uns gemeinsam freuen und einander beim Durchgang durch den Zyklus der Veränderung unterstützen.

Nachdem wir von einer Zeit der stillen Kontemplation zurückgekehrt sind, nehmen wir oft das Leiden in der Welt – unser eigenes und das der anderen – viel klarer und eindringlicher wahr. Es ist ein wichtiger Teil unseres spirituellen Weges, es deutlich zu sehen und unser Herz dafür zu öffnen. Wir stellen vielleicht fest, daß wir alte, unbewußte Muster wiederholen, wenn wir mit problematischen oder unabgeschlossenen Angelegenheiten konfrontiert sind, und dann bedarf es des Mitgefühls für die vielen schmerzhaften Anteile in uns selbst. Auch mag die Welt um uns herum unserem frischen, klaren Blick als sehr unbewußt und getrieben erscheinen. Wir sehen auf den Gesichtern der Menschen, denen wir begegnen, den gejagten, irritierten oder angsterfüllten Zug, der die Spannung und Hektik des modernen Lebens und die unterschwellige Wahnhaftigkeit und Ungeheuerlichkeit des

Leidens daran sichtbar macht. Wenn wir bewußt zulassen, daß unser Herz davon berührt wird, kann diese schmerzliche Erfahrung zugleich zu einer Quelle außerordentlich großen Mitgefühls werden.
Selbst dann, wenn wir das Retreat ohne Schwierigkeiten verlassen können, treten wir in einen neuen Zyklus ein. Es ist vielleicht ein Übergang voller Licht, wobei wir uns wie vom Mysterium des Lebens getragen fühlen und von Entzücken und Freude erfüllt sind. Wir fühlen uns zutiefst berührt vom Wunder der vergänglichen Schönheit des Lebens, oder wir erleben unser Herz als weit geöffnet und voller Liebe für alle Wesen.
Jeder Zustand, dem wir begegnen, wird vergehen und einem anderen Platz machen. Wir können die Übergänge in unserem Leben nicht verhindern. Das Wichtigste ist, immer wieder achtsam durch sie hindurchzugehen. Das ist dem Reiten ähnlich: Gehen, Traben, Galoppieren, über einfaches und über schwieriges Terrain, aufsteigen und absteigen, Zügel geben und Zügel anziehen; so lernen wir, unser Leben mit Würde und Anmut zu leben. Beim Durchgang durch die schwierigen Passagen unseres Lebens können wir unser Herz lehren, diesen Zyklen und ihrer Entfaltung zu vertrauen, mit derselben Gewißheit, mit der wir den Wurzeln vertrauen können, daß sie ihren Weg in die Erde finden, und den Schößlingen, daß sie nach oben dem Licht entgegenstreben. Wir können darauf vertrauen, daß sich jedes Blütenblatt in der richtigen Ordnung von außen nach innen öffnet. Und wir können darauf vertrauen, daß alles, was im Retreat oder im Alltag nach unserer Aufmerksamkeit verlangt – unser Körper, unsere persönliche Geschichte, die Menschen um uns – genau das bietet, was wir brauchen, um voll und ganz im zeitlosen Hier und Jetzt zu leben.
In gewisser Hinsicht gehen wir nirgendwohin. Die großartige Geschichte der Erleuchtung des Buddha erzählt, wie er die Vervollkommnung des Mitgefühls, der Geduld, der Beharrlichkeit und der Gleichmütigkeit hunderttausend unermeßliche Äonen oder Kalpas lang praktizierte, bis er schließlich ein Buddha wurde. Ein Kalpa wird so beschrieben, daß man sich einen Berg vorstellen soll, der noch höher und breiter ist als der höchste Berg des Himalaya, und dann stelle man sich vor, daß alle hundert Jahre einmal ein Rabe mit einem Seidenschal im Schnabel über ihn hinwegfliegt und mit dem

Schal die Spitze des Berges streift. Wenn der Berg auf diese Weise völlig abgetragen wurde, ist ein Kalpa vergangen.
Man könnte sagen, daß der Buddha sehr, sehr lange praktizierte; doch die tiefere Bedeutung dieses Bildes liegt darin, auf die Zeitlosigkeit der Praxis hinzuweisen. Wir versuchen nicht, innerhalb des nächsten Jahres oder in zwanzig Jahren oder gar im nächsten Leben irgend etwas Besseres zu erreichen. Wir lernen, uns für die zeitlose Entfaltung unseres Lebens zu öffnen und in immer vollständigerer Harmonie mit dem zu sein, was ist, und wir kultivieren die Fähigkeit unseres Herzens, allen Jahreszeiten unseres Lebens gerecht zu werden.

In alle zehn Richtungen
von Buddhas Universum
führt nur ein einziger Weg.
Wenn wir klar sehen,
finden wir keine Unterschiede in den Lehren.
Was gibt es zu verlieren? Was gibt es zu gewinnen?
Wenn wir etwas gewinnen, war es schon
von Anfang an da.
Wenn wir etwas verlieren, ist es ganz in der Nähe verborgen.

Ryokan

*

Meditation: Betrachtung der Zyklen unseres spirituellen Lebens

Nehmen Sie eine bequeme und natürliche Sitzhaltung ein, und lassen Sie Ihren Geist in der Gegenwart ruhen. Lassen Sie alle Überlegungen ziehen, und nehmen Sie den natürlichen Rhythmus ihres Atems wahr, bis Sie ruhig geworden sind. Führen Sie sich dann Ihr ganzes

spirituelles Leben vor Augen. Erinnern Sie sich daran, wie Sie zum erstenmal zum Leben des Herzens und Geistes erwacht sind. Erinnern Sie sich an das ahnungsvolle Gefühl, das Sie damals von den Möglichkeiten, dem Mysterium, dem Göttlichen hatten. Denken Sie an die darauffolgenden Jahre, an Ihre ersten spirituellen Lehrer und an die heiligen Orte, die Ihnen Inspiration vermittelt haben. Verfolgen Sie im Geist all die Jahre systematischer Praxis, und erinnern Sie sich an die Zyklen, durch die Sie hindurchgegangen sind, an die Situationen, durch die Sie am meisten gelernt haben, an die unerwarteten Lektionen, an die Zeiten der Einsamkeit und die Zeiten der Gemeinschaft, an Ihre Prüfungen, Ihre Helfer, Ihre Führer. Denken Sie dabei auch an die Probleme, denen Sie begegneten, und an all die Schwierigkeiten und Lehren, die sie mit sich brachten.
Lassen Sie sich mit Freude auf diese Betrachtung ein, wie auf eine spannende Geschichte oder ein Abenteuer; würdigen Sie die Zyklen und Veränderungen voller Dankbarkeit und offen für den Aspekt des Wunderbaren. Verweilen Sie dann in diesem Augenblick mit einer Haltung der Offenheit für das Leben, das noch vor Ihnen liegt. Spüren Sie ahnend voraus, was kommen mag: die nächsten natürlichen Stufen Ihres Lebens, die zu bewältigenden Aufgaben, die Dimensionen der spirituellen Praxis, die vielleicht noch integriert werden müssen. Betrachten Sie sich als Ihren eigenen spirituellen Führer, und machen Sie sich bewußt, welche Situation hilfreich für Sie sein könnte. Erlaubt Ihr gegenwärtiges Leben, daß Sie sich die Zeit für Rückzug und Einsamkeit nehmen? Oder ist es vielleicht der rechte Augenblick, um sich einer spirituellen Gemeinschaft anzuschließen? Verlangt Ihre spirituelle Praxis eine Periode des Dienstes an anderen, oder sollten Sie sich jetzt besonders Ihrem Beruf, Ihrer Kreativität, Ihrem Heim und Ihrer Familie widmen? Brauchen Sie einen Lehrer, oder ist es jetzt gerade am besten für Sie, aus sich selbst zu schöpfen? Falls Ihr gegenwärtiges Leben Ihnen keine Wahl dieser Art läßt, sollten Sie nach dem Zyklus fragen, durch den Sie gerade hindurchgehen. Wie können Sie Ihren Wünschen und Ihrer Lebenssituation am besten gerecht werden und sie in den Prozeß der Öffnung Ihres Herzens und in die Zyklen Ihrer spirituellen Praxis einbeziehen? Finden Sie heraus, wie Sie aufrichtig und wahrhaftig sein können – gegenüber sich selbst und gegenüber dem Dharma oder Tao, das sich in Ihrem Leben entfaltet.

13
Keine Grenzen des Heiligen

Um Spiritualität wirklich ganzheitlich leben zu können, müssen wir aufhören, unser Leben in abgegrenzte Sektionen einzuteilen. Üblicherweise ist unser Leben aufgeteilt in Perioden der Arbeit, der Freizeit und der Erholung. Wir haben ein Arbeitsleben, ein Liebesleben und ein spirituelles Leben; wir nehmen uns gesonderte Zeit für den Körper, für Sport, Bewegung und Vergnügungen. Die Gesellschaft, in der wir leben, spiegelt und übertreibt dieses »Sektionieren«, wie wir es hier nennen wollen. Wir haben Kirchen für das Heilige und Rathäuser für das Profane; wir haben die Trennung von Ausbildung und Familienleben; die Interessen im Bereich von Geschäft und Profit sind getrennt von denen der Erde und der Umwelt, von denen sie abhängig sind. Die Gewohnheit der Sektionierung des Lebens ist so stark, daß wir ständig nur Bruchstücke des Lebens sehen, wohin wir auch schauen.
In der spirituellen Praxis kann sich dieses Muster des Sektionierens fortsetzen, wenn wir etikettieren, was heilig ist und was nicht, wenn wir bestimmte Haltungen, Praxisformen, Techniken, Orte, Gebete und Phrasen »spirituell« nennen und alles andere, was zu uns gehört und was wir sind, ausklammern. Wir können sogar unser allerinnerstes Leben sektionieren.
Als ich Thailand bereiste, lernte ich einen buddhistischen Lehrer kennen, der demonstrierte, welch gefährliche Auswirkungen solch ein Ausgrenzen des spirituellen Lebens haben kann. Er war ein vierundvierzigjähriger burmesischer Mönch, der sich an den prodemokratischen Aufständen und Demonstrationen in Rangoon beteiligt hatte und nach Jahren großer Schwierig-

keiten schließlich vor der repressiven Diktatur seines Landes geflohen war, um sein Leben zu retten. Er landete in den Flüchtlingslagern an der Grenze zwischen Burma und Thailand. In diesen Lagern lehrte er das Dharma und setzte sich aktiv dafür ein, daß bei aller entsetzlichen Not dennoch Gerechtigkeit, Mitgefühl und eine spirituelle Lebensführung aufrechterhalten wurden. Seine Schüler und die anderen Lagerinsassen waren oft dem Verhungern nah oder litten an tropischen Erkrankungen, für die entsprechende Medikamente fehlten. Dazu kamen noch die regelmäßigen Überfälle burmesischer Truppen. Trotz alledem blieb dieser Mönch ein unerschütterlicher spiritueller Führer und Helfer. In dieser Zeit stand ihm eine junge Frau aus einem thailändischen Dorf zur Seite. Zuerst brachte sie ihm Nahrungsmittel und Spenden und unterstützte ihn bei seiner Arbeit. Obwohl er nie etwas anderes sein wollte als ihr Lehrer, verliebten sie sich ineinander. Einige Monate später hörte ich, daß dieser Mönch die Absicht geäußert hatte, sich auf den Stufen der burmesischen Gesandtschaft in Bangkok zu verbrennen, um gegen das große Unrecht und das Leiden der Menschen in den Flüchtlingslagern an der Grenze und in seinem ganzen Land zu demonstrieren.

Ich fuhr sofort zu ihm, und wir sprachen lange miteinander. Dabei machte ich eine bestürzende Entdeckung: Er behauptete zwar, daß er sich das Leben nehmen wolle, um gegen das Unrecht zu protestieren, gegen das er viele Jahre lang gekämpft hatte, doch war dies nicht der wahre Grund für seine Entscheidung. In Wirklichkeit wollte er sterben, weil er sich in die junge Frau verliebt hatte. Seit seinem vierzehnten Lebensjahr trug er das Mönchsgewand, und bereits neunundzwanzig Jahre lang widmete er sein Leben nun dem Orden. Er hatte nie etwas anderes gelernt, und er konnte sich eine Ehe und ein Familienleben gar nicht vorstellen. Aber dennoch liebte er die Frau. Er wußte nicht, was er tun sollte, und so sah er nur den einen Ausweg, sich aus politischen Gründen selbst zu verbrennen.

Ich wollte meinen Ohren nicht trauen. Hier war ein Mensch, der unglaubliche Entbehrungen ertragen und mutig inmitten größter Gefahr und menschlicher Not ausgeharrt und all seine Kraft für andere eingesetzt hatte; als er sich jedoch seiner eigenen inneren Not stellen sollte – in diesem Fall einer innigen Beziehung zu einer Frau und entsprechend starken Gefühlen – wollte er lieber sterben. Das Ausgrenzen seines spirituellen Weges hatte dazu geführt, daß er nicht dafür vorbereitet war, mit der Macht dieser Gefühle und den damit einhergehenden Konflikten umzugehen. Es erschien ihm leichter, eine Nation zu bekämpfen, als den Kampf in seinem eigenen Herzen durchzustehen.

Wir besprachen ausführlich, wie er ein Mönch bleiben und dennoch diese starken Gefühle von Liebe und Sehnsucht durchleben könne. Er bearbeitete das Problem in seiner Praxis, und die junge Frau zog sich mit großem Feingefühl zurück, um ihm Zeit zur Beruhigung zu geben. Obwohl es für beide sehr schwer war, beendeten sie die Beziehung, und die Frau zog in eine andere Gegend. Er erneuerte seine innere Verpflichtung gegenüber seiner Lehrtätigkeit mit einer neuen Bewußtheit und lernte, seine Leidenschaft für die geliebte Frau ebenso wie seine Leidenschaft für das Dharma in die Praxis seines Herzens einzubeziehen. Im Lauf der Jahre ist er ein sehr beeindruckender Lehrer geworden.

Diese Geschichte mag Ihnen vielleicht einen Eindruck davon vermitteln, wie groß die Macht der Identifikation mit den Sektionen sein kann und wie sehr es sich anbietet, »spirituelle« Rationalisierungen zu benützen, um sie aufrechtzuerhalten..

Sektionieren führt unvermeidlich zu Schwierigkeiten. Die moderne Ökologie zeigt uns die schrecklichen Auswirkungen einer engen und sektionierenden Weltanschauung. Allzu lange haben wir schon vergessen, daß wir in einem Netz gegenseitiger Bezogenheit leben, das alle Ebenen der Existenz umfaßt.

Meine Frau und ich besuchten vor ein paar Jahren auf einer Indienreise die berühmte Yogini und Lehrerin Vimala Thakar in ihrem Ashram auf dem Mount Abu. Sie hatte viele Jahre lang mit Vinoba Bhave und anderen Ghandi-Schülern an Entwicklungsprojekten für die Landbevölkerung Indiens gearbeitet. Doch als sie Krishnamurti begegnete, nahm ihr spirituelles Leben eine andere Richtung. Sie schloß sich ihm auf seinen Reisen an, und seine Lehren bewirkten eine tiefe Veränderung in ihr. Mit seiner Autorisierung wurde sie Meditationslehrerin und leitete Retreats und Seminare in aller Welt.

Als wir sie besuchten, erfuhren wir jedoch, daß sie in die Dörfer zurückgekehrt war und wieder an den Entwicklungsprojekten arbeitete. Ich fragte sie, ob sie zu dem Ergebnis gekommen sei, daß die Meditation nicht genüge und sie nun damit aufgehört habe und zum Dienst an anderen als dem wahren spirituellen Leben zurückgekehrt sei. Sie fand diese Frage geradezu schokkierend und antwortete:

Ich liebe das Leben, und deshalb kann ich mich aus keinem Lebensbereich heraushalten. Wenn ich also durch ein armes Dorf in Indien gehe und sehe, daß die Menschen hungern und Lebensmittel brauchen oder krank sind, weil sie kein sauberes Wasser haben, wie könnte ich da nicht anhalten und versuchen, ihre Not zu lindern! Wir graben neue Brunnen, sorgen für Kläranlagen und bringen ihnen einen effektiveren Anbau von Getreide bei.

Wenn ich nach London oder Chicago oder San Diego komme, begegne ich ebenfalls großer Not, aber dort ist es nicht der Mangel an sauberem Wasser, sondern das Leiden an innerer Vereinsamung, der Mangel an spiritueller Nahrung und Erkenntnis. Ebenso wie man ganz natürlich etwas gegen Mangel an sauberem Wasser in den Dörfern tut, kann man etwas gegen den Mangel an Erkenntnis und an Frieden in den Herzen der Menschen im Westen tun. Wie könnte ich als eine Frau, die das Leben liebt, irgendeinen Teil vom Ganzen trennen?

Vimala brachte die Ganzheitlichkeit und Verbundenheit zum Ausdruck, die das Merkmal eines reifen spirituellen Wesens ist. Doch manchmal fehlen der Sprache und den Metaphern der Spiritualität diese Ganzheit; unter Umständen unterstützen sie sogar unser sektionierendes Denken und falsche Vorstellungen, was spirituell sei und was nicht. Es ist die Rede vom Transzendieren des Ich und davon, ein göttliches Bewußtsein und vollkommene Reinheit zu entwickeln, jenseits des Körpers, jenseits des Verlangens; man lehrt uns, zur Erleuchtung gelange man durch Entsagung; und wir glauben, sie sei irgendwo jenseits oder außerhalb unserer selbst zu finden. Das paßt leider allzu gut zu neurotischen, ängstlichen oder idealistischen Tendenzen. In dem Maß, in dem wir uns selbst als unrein oder unwert betrachten, benützen wir spirituelle Methoden und Reinheitsvorstellungen, um vor uns selbst

wegzulaufen. Wir hoffen, eine reine spirituelle Identität zu schaffen, indem wir uns rigide an die religiösen Regeln und Formen halten. In Indien nennt man das die »goldene Kette«. Zwar nicht aus Eisen, ist es dennoch eine Kette.
Der tibetische Lehrmeister Chögyam Trungpa Rinpoche warnte vor diesem »spirituellen Materialismus« und beschrieb, wie man äußere Formen der spirituellen Praxis – die Kleidung, die Überzeugungen, die Kultur und die Meditation – imitieren kann, um der Welt zu entkommen oder das eigene Ich anzureichern.
Für die meisten von uns, die schwere seelische Verletzungen und inneren Schmerz erlitten haben, scheint die spirituelle Praxis einen Fluchtweg zu bieten, eine Möglichkeit, unsere Probleme zusammen mit diesem irdischen Körper und Geist zu verlassen und dem Leiden an unserer Biografie und der Einsamkeit unserer Existenz auszuweichen. Je glorioser die angebotene spirituelle Vision daherkommt, desto willkommener ist sie denen, die sowieso nicht hier sein wollen. In der Stille ihres Horchens nach innen entdecken viele Meditierende, daß ihre Lebenserfahrung von frühestem Kindesalter an so qualvoll war, daß sie sich wünschten, nicht geboren worden zu sein. Sie suchen in der Spiritualität eine Möglichkeit zur Flucht. Doch wohin führen uns die Ideen von Reinheit, von der Transzendierung unseres Körpers, unseres weltlichen Verlangens, unserer Unreinheiten? Führen sie uns wirklich zur Freiheit, oder verstärken sie nur Abwehr, Angst und Begrenztheit?
Wo ist die Befreiung zu finden? Der Buddha lehrte, daß sowohl das menschliche Leiden als auch die menschliche Erleuchtung nirgendwo anders stattfinden kann als in unserem eigenen Körper mit seinen Sinnen und seinem Geist. Wir haben nur das Jetzt, nur diesen einzigen ewigen Augenblick, der sich vor uns öffnet und entfaltet, bei Tag und bei Nacht. Wenn wir diese Wahrheit verstehen, erkennen wir, daß das Heilige und das Weltliche nicht zu trennen sind. Selbst die allerhöchsten transzendenten Visionen der Spiritualität müssen durch das Hier und Jetzt hindurchscheinen, und sie müssen lebendig werden in der Art, wie wir gehen, wie wir essen, wie wir einander lieben.
Das ist nicht einfach. Oft verbinden wir unsere Spiritualität unbewußt mit der vertrauten Polarität von gut und schlecht, heilig und profan. Unwissent-

lich wiederholen wir frühe Muster, die uns halfen, die seelischen Verletzungen und die Verstörung zu überleben, unter denen viele von uns als Kinder leiden mußten. Wenn wir aus Angst eine Strategie des Rückzugs aufgebaut haben, benützen wir vielleicht unseren spirituellen Weg, um weiterhin in der Schutzhaltung zu verharren, während wir uns vormachen, dem Leben entsagt zu haben. Wenn wir in unserer Kindheit den Schmerz damit abgewehrt haben, daß wir uns in Fantasien verloren, suchen wir vielleicht nach einem spirituellen Leben voller Visionen, um uns darin zu verlieren. Wenn wir versucht haben, drohenden Beschuldigungen auszuweichen, indem wir »brav« waren, wiederholen wir dieses Muster vielleicht, indem wir versuchen, spirituell rein oder heilig zu sein. Wenn wir Einsamkeit und Minderwertigkeitsgefühle durch Zwanghaftigkeit oder Übereifer kompensierten, kann auch dies sich in unserer Spiritualität niederschlagen. Und wir können die Spiritualität dazu benützen, das Leben zu sektionieren.

Ein Meditierender, der eine schwere Kindheit mit einem unberechenbaren und gewalttätigen Vater erlebte, hatte eine sehr empfindliche Antenne für sich anbahnende Schwierigkeiten entwickelt und war ausgesprochen paranoid. In seinem spirituellen Leben verhielt er sich nach demselben Muster; er teilte Lehrer und Mitpraktizierende in Gute und Böse ein, in Gefährliche und Verbündete, in solche, die er nicht leiden konnte, und solche, die er auf einen Thron setzte und nachzuahmen versuchte. Jeder, der sich so verhielt, wie er es selbst in seinen wilden jungen Jahren getan hatte, wurde von ihm ganz besonders nachdrücklich verurteilt, mißachtet oder gefürchtet – gerade so, wie er diese Anteile in sich selbst verurteilte, mißachtete oder fürchtete. Er trieb es so weit, daß seine Paranoia und seine Ängste sich zu bestätigen schienen. Einige der Mitpraktizierenden wurden wirklich wütend auf ihn, und es dauerte gar nicht lange, da hatte er die explosive Situation reproduziert, wie sie ursprünglich in seiner Familie geherrscht hatte. Er benützte alles, was er in spirituellen Texten las, zur Bestätigung seiner Besserwisserei; ständig verkündete er sein Urteil darüber, welches Verhalten, welche Methoden heilig seien und welche auf Begierde, Haß und Täuschung beruhten.

Ohne richtige Anleitung kann es geschehen, daß jemand jahrelang in dieser Weise weitermacht und seinen spirituellen Weg dazu benützt, die traumatische Szenerie seiner Kindheit immer wieder zu inszenieren. Im Fall dieses Mannes versuchten wir, seine Aufmerksamkeit sehr vorsichtig auf die inneren Vorgänge zu richten, die sein Verhalten beeinflußten, so daß er herausfinden konnte, welche Ängste dafür verantwortlich waren. Als er erkannte, daß er selbst derjenige war, der all die Angst und Paranoia, die Abgrenzung und das Leiden in sein Leben brachte, begann sein altes Selbstbild von ihm abzufallen, und es erwachte eine neue Fähigkeit in ihm, sich selbst und die Welt zu verstehen.

Eine andere Meditierende, eine junge Frau, litt unter heftigen Gefühlen der Unsicherheit und Angst, als sie mit der Meditationspraxis begann. In ihrer frühen Kindheit, in der sie extrem gelitten hatte, war die einzige Quelle für Frieden die, sich in Schweigen und Tagträume zurückzuziehen. Denn durch die Strategie des Schweigens gelang es ihr, Konflikte zu vermeiden. Als sie nun zu meditieren begann, fühlte sie Erleichterung. Hier waren ihr Schweigen und ihre Introvertiertheit offiziell sanktioniert, und ihr Rückzug von der Welt wurde noch unterstützt. Ihren Lehrern erschien sie zunächst als eine hervorragende Meditierende, die keine Schwierigkeiten mit den Regeln und mit dem Schweigen hatte, die sich leicht zur Ruhe bringen konnte und von tiefen Einsichten in die vergängliche Natur des Lebens sprach, und davon, wie man die Gefahren des Anhaftens vermeiden könne. Sie ging zu einem Retreat nach dem anderen, aber irgendwann wurde deutlich, daß sie ihre Praxis dazu benützte, der Welt auszuweichen. Als man ihr das klarmachte, beklagte sie sich bitterlich. Hatte der Buddha nicht vom Wert des Alleinseins und des Rückzugs vom Leben gesprochen? Wie konnten wir als ihre Lehrer irgend etwas anderes empfehlen?

Ihre Abwehr war so stark, daß sie viele Jahre lang von einer spirituellen Gemeinschaft zur nächsten zog. Erst nach zehn Jahren, nachdem ihre Frustration und Unzufriedenheit unerträglich geworden waren, fand sie die nötige Motivation, um ihr Leben zu ändern und ihre Haltung des Sektionierens aufzubrechen.

Die Mauern unserer inneren Sektionen bestehen aus Ängsten, Gewohnheiten und aus Vorstellungen, was sein sollte oder nicht sein sollte, was spirituell sei und was nicht. Wir haben bestimmte Aspekte unseres Lebens eingemauert, weil wir sie nicht bewältigen konnten. Im allgemeinen ist es nicht das große, universale Leiden der Welt, das wir einmauern, wie Unrecht, Krieg und Bigotterie, sondern eher unseren eigenen unmittelbaren Schmerz. Wir fürchten uns vor unseren eigenen Erfahrungen, denn diese haben uns zutiefst verletzt; deshalb sind sie es, die wir untersuchen müssen, um zu erkennen, welche entsprechenden Sektionen wir in uns abgetrennt haben. Erst wenn wir uns der Mauern in unserem eigenen Herzen bewußt geworden sind, können wir eine spirituelle Praxis entwickeln, die uns für das gesamte Leben öffnet.

Die nahen Feinde

In der buddhistischen Tradition gibt es eine spezielle Lehre, mit deren Hilfe wir verstehen können, wie sich unser alltägliches Sektionieren und Abgrenzen im spirituellen Leben wiederholt. Man nennt das »die nahen Feinde«. Die nahen Feinde sind bestimmte Qualitäten, die im Geist auftauchen und sich als echte spirituelle Verwirklichungen maskieren, während sie in Wirklichkeit nur Imitationen sind und uns von unseren echten Gefühlen trennen, anstatt uns mit ihnen zu verbinden.
Ein Beispiel für die nahen Feinde finden wir in Verbindung mit den vier »hervorragenden Zuständen«, wie sie der Buddha beschrieb: Herzenswärme, Mitgefühl, mitfühlende Freude und Gleichmütigkeit. Jeder dieser hervorragenden Zustände ist ein Zeichen der Wachheit und Offenheit des Herzens, doch jeder hat zugleich auch einen nahen Feind, der die echte Eigenschaft nachahmt, in Wirklichkeit jedoch innerer Isolation und Angst entspringt, anstatt einer wahren, aus dem Herzen kommenden Verbindung.
Der nahe Feind der Herzenswärme ist Abhängigkeit. Wir wissen alle, wie sich Abhängigkeit in unsere Liebesbeziehungen einschleichen kann. Wahre Liebe ist ein Ausdruck von Offenheit: »Ich liebe dich, wie du bist, ohne

Erwartungen und Forderungen.« In der Abhängigkeit verbirgt sich immer der Geist des Trennens: »Weil du von mir getrennt bist, brauche ich dich.« Zunächst mag Abhängigkeit wie Liebe erscheinen, aber wenn sie wächst, wird immer deutlicher, daß sie das Gegenteil ist und auf Beherrschenwollen und Angst beruht.

Der nahe Feind des Mitgefühls erscheint in einer bestimmten Art von Mitleid, das uns ebenfalls von anderen trennt. Mitleid bedeutet hier, »diese arme Person dort« zu bedauern, als handle es sich um jemanden, der anders ist als wir selbst; wahres Mitgefühl hingegen bedeutet, wie schon beschrieben, das Mitklingen unseres Herzens mit dem Leiden anderer: »Ja, wir teilen den Schmerz des Lebens miteinander.«

Der nahe Feind der mitfühlenden Freude (die Freude am Glück anderer) fördert das Vergleichen, das darauf aus ist festzustellen, ob wir mehr, ebensoviel oder weniger als andere haben. Eine subtile Stimme fragt: »Ist meines ebensogut wie seines?« oder »Und wann bin ich dran?« Auch auf diese Weise manifestiert sich inneres Getrenntsein von anderen.

Der nahe Feind der Gleichmütigkeit ist Indifferenz. Wahre Gleichmütigkeit bedeutet die innere Balance inmitten jeder Erfahrung, während Indifferenz Rückzug ist und auf Angst beruht. Indifferenz heißt, vor dem Leben wegzulaufen. Im Zustand der Gleichmütigkeit ist das Herz offen und läßt sich von allem berühren, von Freude und von Schmerz. Die Stimme der Indifferenz hingegen sagt: »Das geht mich nichts an. Ich werde es nicht an mich heranlassen.«

Jeder dieser nahen Feinde kann sich als spirituelle Eigenschaft maskieren; doch wenn wir unsere Indifferenz als spirituell deklarieren oder auf den Schmerz anderer mit Mitleidigkeit von oben herab reagieren, bestärken wir damit lediglich unsere Getrenntsein und mißbrauchen »Spiritualität« als Rechtfertigung dafür. Unsere Kultur verstärkt diese Tendenz, indem wir lernen, daß wir stark und unabhängig werden, wenn wir unsere Gefühle verleugnen und Ideale und die Kraft des Geistes einsetzen, um uns Sicherheit zu verschaffen. Wenn wir unsere nahen Feinde nicht erkennen und verstehen lernen, werden sie unsere spirituelle Praxis abtöten. Die von ihnen produzierten Sektionen können uns auf Dauer nicht vom Schmerz und der

Unberechenbarkeit des Lebens abschirmen; und mit Sicherheit berauben sie uns der Freude echter Beziehungen. Die Macht des Sektionierens trennt unseren Körper von unserem Geist, unser innerstes Wesen von unseren Gefühlen, unser spirituelles Leben von unseren Beziehungen. Die Fähigkeit des Gewahrseins kann sich nicht weiterentwickeln.

Eine katholische Nonne erzählte mir von einem kollektiven Beispiel für spirituelles Sektionieren. Sie hatte vierundzwanzig Jahre in einem sehr abgeschlossenen klösterlichen Orden verbracht. Während der ersten vierzehn Jahre hielten sie und ihre Mitschwestern strikte Schweigepraxis ein, und auf eine oberflächliche Weise lief alles ganz gut. Als dann die klösterlichen Orden geöffnet wurden, legten die Nonnen ihres Ordens die Roben ab und gaben das Schweigen auf. Sie berichtete, daß die ersten Jahre des Sprechens eine Katastrophe für die ganze Gemeinschaft war, die sie fast zerstörte. Unzufriedenheit, kleinlicher Haß, Neid, Mißgunst und all die unerledigten Angelegenheiten aus Jahrzehnten entluden sich. Für diese Menschen begann ein langer, schmerzhafter Prozeß, in dem sie lernen mußten, das Sprechen zu einem Teil ihrer Praxis zu machen, denn niemand von ihnen hatte gelernt, sprachlichen Ausdruck mit Achtsamkeit und Bewußtheit zu handhaben. Viele der Nonnen gingen weg mit dem Gefühl, einen Teil ihres Lebens verschwendet zu haben. Glücklicherweise konnten diejenigen, die blieben, ihre Gemeinschaft in einem neuen Geist der inneren Verpflichtung zu Wahrheit und schwesterlicher Liebe neu beleben. Sie holten gute Mentoren zu Hilfe und lernten, ihre Konflikte und das Gespräch miteinander in ihr Leben des Gebets einzubeziehen.

Alle Sektionen, die wir aufbauen, präsentieren im Laufe des Lebens ihre Rechnung. Phasen der Heiligkeit und spirituellen Inbrunst können sich später mit entgegengesetzten Extremen abwechseln – Gier nach Essen, Sex und anderen Dingen – und sich zu einer Art von spiritueller Bulimie aufschaukeln. Sogar in einer ganzen Gesellschaft manifestiert sich dieses Phänomen: da gibt es »spirituelle« Enklaven, wo man achtsam, bewußt und wach ist, und andere Orte, wo das Gegenteil gelebt wird – mit übermäßigem Alkoholgenuß, Promiskuität und anderem unbewußtem Verhalten.

Sektionieren erzeugt einen gegensätzlichen Schatten, einen Bereich, der uns verborgen bleibt, weil wir so nachdrücklich in eine andere Richtung schauen. Der Schatten der religiösen Pietät kann weltliche Leidenschaft und Begierde enthalten, der Schatten eines glühenden Atheisten eine heimliche Sehnsucht nach Gottesglauben. Jeder von uns hat einen inneren Schatten, der teilweise aus denjenigen Kräften und Gefühlen besteht, die wir außen ignorieren oder ablehnen. Je heftiger wir etwas glauben und das Gegenteil davon ablehnen, desto mehr Energie wird dem Schatten zugeführt. Der Schatten wächst, wenn wir versuchen, die Spiritualität als Schutz gegen die Schwierigkeiten und Konflikte des Lebens zu benützen.

Die spirituelle Praxis bewahrt uns nicht vor Leiden und Verwirrung; sie ermöglicht uns lediglich zu verstehen, daß das Vermeiden von Leiden nicht hilft. Nur wenn wir unsere wahre Situation anerkennen und würdigen, kann uns die spirituelle Praxis den Weg zeigen, der durch sie hindurchführt. Das kam in einer leidensvollen Phase im Leben eines wundervollen tibetischen Lehrers zum Ausdruck. Lama Yeshe war ein hoch angesehener Meditationsmeister und ein mitfühlender und erleuchteter Lehrer. Eines Tages erlitt er einen Herzanfall und wurde ins Krankenhaus gebracht. Etwas später schrieb er einen privaten Brief an einen Lama, der ihm sehr nahestand. Darin hieß es:

Nie zuvor habe ich solche Erfahrungen und solches Leiden erlebt wie während meiner Zeit auf der Intensivstation. Ich hing an Sauerstoffschläuchen, um atmen zu können, und durch die starken Medikamente und endlosen Injektionen wurde mein Geist von Schmerzen und Verwirrung überflutet. Ich erkannte, daß es sehr schwierig ist, während dieser Stadien des Sterbens das Gewahrsein aufrechtzuerhalten und nicht in Verwirrung zu geraten. Am schlimmsten wurde es einundvierzig Tage nach Beginn der Erkrankung; mein Körper geriet so außer sich, daß ich zum Herrn der Friedhöfe wurde, mein Geist war wie der eines Dämons, und meine Rede war wie das Bellen eines alten Hundes. Als meine Fähigkeit, die heiligen Worte zu rezitieren und zu meditieren, immer mehr abnahm, überlegte ich, was ich tun sollte. Mit großer Anstrengung stabilisierte ich Meditation und Aufmerksamkeit, und das half sehr. Nach und nach konnte ich wieder unermeßliche Freude und Glück in meinem Geist entwickeln. Die Kraft meines Geistes wuchs immer mehr, und meine Probleme nahmen ab und verschwanden schließlich ganz.

Selbst ein großer Lehrer kann körperliche Schwierigkeiten, Krankheit, Alter und Tod nicht verhindern. Gleicherweise lassen sich Gefühle und die Problematik menschlicher Beziehungen nicht einfach übergehen. Selbst der Buddha hatte diverse Beziehungen, die schwieriger als andere waren; es gab Feinde, die ihn töten wollten, und aufrührerische Schüler, und wenn er seine Eltern besuchte, hatte er Probleme mit ihnen. Wie sollen wir also angesichts dieser Tatsache praktizieren?

Es ist wichtig, zu verstehen, daß Spiritualität eine ununterbrochene Bewegung weg vom Sektionieren und hin zum Einbeziehen allen Lebens ist. Wir müssen vor allem die Kunst erlernen, die Aufmerksamkeit und Achtsamkeit auf die verschlossenen Bereiche unseres Lebens zu richten. Wenn wir das tun, treffen wir auf die Muster, die aus unserer persönlichen Geschichte stammen, auf jene Konditionierung, die uns von den Schmerzen der Vergangenheit abschirmt. Frei zu sein bedeutet nicht, sich über diese Muster zu erheben – dadurch würden nur neue Sektionen entstehen –, sondern in sie hinein und durch sie hindurch zu gehen und sie mit unserem Herzen in Verbindung zu bringen. Wir sollten in uns selbst die Bereitschaft entwikkeln, in die Dunkelheit zu gehen und unsere Unzulänglichkeiten, Schwäche, Angst, Wut oder die Verunsicherung spüren, die wir eingemauert haben. Den Geschichten, die wir uns über diese Schatten erzählen, müssen wir mit großer Aufmerksamkeit zuhören, um zu sehen, welche Wahrheit dahinterliegt. Wenn wir dann bereitwillig jeden Schlupfwinkel der Angst, der Unzulänglichkeit und der Verunsicherung in uns aufgestöbert haben, werden wir entdecken, daß ihre Mauern aus Unwahrheiten bestehen, aus überholten Selbstbildern, uralten Ängsten oder falschen Vorstellungen, was rein sei und was nicht. Jede dieser Geschichten entstand aus Mangel an Vertrauen in uns selbst, in unser Herz und in die Welt. Sobald wir sie durchschauen, weitet sich unsere Welt aus. Wenn das Licht der Bewußtheit unsere Geschichten und die dahinterliegenden Vorstellungen, den Schmerz, die Angst oder die

Leere erhellt, kann sich eine tiefere Wahrheit enthüllen. Akzeptieren wir jeden dieser Bereiche und spüren wir sie zutiefst, kann sich wahres Wohlbefinden entfalten.

Wie stark die Macht des Selbstschutzes und der Angst auch sein mag, wir werden dennoch eine andere, unaufhaltsame Kraft entdecken, die innere Mauern einreißen kann. Es ist unsere tiefe Sehnsucht nach Ganzheit. Etwas in uns weiß, wie es ist, sich als ein Ganzes und ungeteilt, verbunden mit allen Dingen zu fühlen. Diese Kraft wächst durch unsere Praxis inmitten aller Schwierigkeiten. Sie veranlaßt uns, unsere Spiritualität über unsere Meditation oder stillen Gebete hinaus auf die Obdachlosen in unseren Straßen auszudehnen. Und sie zieht uns wieder zurück in die Stille, wenn das überaktive Leben des Dienens uns den Weg verlieren ließ. Diese Kraft verzeiht unsere Fehler angesichts unseres Leidens.

Echte Spiritualität ist keine Verteidigungsstrategie gegen die Verunsicherung, den Schmerz und die Gefahren des Lebens; sie ist keine »Schutzimpfung«, wie Joseph Campbell die übliche Art von Religion nannte, um allem Unbekannten auszuweichen. Sie ist vielmehr das Sich-Öffnen für den gesamten geheimnisvollen Prozeß des Lebens. Lama Yeshes spirituelle Schulung und seine Weisheit bewahrten seinen Körper und Geist im Krankenhaus nicht davor zusammenzubrechen, aber sein Herz war imstande, jeden Teil seiner Erfahrung als Praxis anzunehmen.

Wir schneiden uns vom Leben ab und fragmentieren es, wenn wir an Vollkommenheitsidealen festhalten. Im alten China lehrte der Dritte Patriarch, daß »wahre Erleuchtung und Ganzheit dann entstehen, wenn wir uns keine Sorgen um die Unvollkommenheit machen«. Der Körper ist nicht perfekt, der Geist ist nicht perfekt, und unsere Gefühle und Beziehungen sind ganz gewiß nicht perfekt. Die Haltung, sich dennoch keine Sorgen um die Unvollkommenheit zu machen – wie Elisabeth Kübler-Ross es ausdrückt: »Ich bin nicht okay, du bist nicht okay, und das ist okay!« –, bringt Ganzheitlichkeit und echte Freude in unser Leben; sie läßt die Fähigkeit der Unmittelbarkeit reifen, so daß wir keinen Bereich unseres Lebens auslassen, jedes Gefühl wirklich fühlen und in unserem Körper gegenwärtig sein können und so die wahre Freiheit genießen.

Es ist kein besonderes Wissen notwendig, um mit dem Sektionieren aufzuhören. Wir brauchen weit weniger »Wissen« darüber, wie das Leben sein sollte, als Offenheit für sein Mysterium.
Durch den Versuch, die Welt perfekt zu machen, läßt sich keine Reinheit finden. Wahre Reinheit finden wir nur im Herzen, das sich von allem berühren läßt, alles zur Entfaltung bringt und alles mit seinem Mitgefühl umfaßt. Das Ausmaß unserer Liebe wächst nicht durch das, was wir wissen, nicht durch das, was wir geworden sind, nicht durch das, worauf wir uns festgelegt haben, sondern nur durch den Einsatz unserer Fähigkeit, zu lieben und inmitten der Bewegung des Lebens frei zu sein.
Als der Zen-Meister Shunryu Suzuki Roshi an Krebs starb, rief er seine Schüler am Sterbebett zusammen und sagte:
Wenn ich in dem Augenblick, in dem ich sterbe, leide, ist das in Ordnung, versteht Ihr; das ist der leidende Buddha. Da gibt es keine Verwirrung. Vielleicht hat man seine Mühe mit der körperlichen Agonie oder auch mit der geistigen Agonie. Aber das ist in Ordnung, das ist kein Problem. Wir sollten dankbar sein, daß wir diesen sterblichen Körper haben... wie meiner, wie Eurer. Wenn Euer Leben ewig dauern würde, dann hättet Ihr ein echtes Problem.

Ist auch unser physischer Körper begrenzt, kann sich doch unser wahres Wesen für das Unbegrenzte öffnen, für das, was jenseits von Geburt und Tod liegt, für die Ganzheit und Verbundenheit mit allen Dingen. Chuang tse feierte diese zeitlose Erkenntnis, indem er von den wahren Menschen der alten Zeit sagte: »Sie schliefen ohne Träume und wachten ohne Sorgen auf. Leichtes Kommen, leichtes Gehen. Sie nahmen das Leben mit Freuden an, wie es kam.« Denn das Tao umfaßt alles.

Gib deinem Herzen Frieden,
betrachte die Unruhe aller Wesen,
doch sinne über ihre Rückkehr nach.

Wenn du die Quelle nicht siehst,
wankst du in Verwirrung und Besorgnis dahin.
Wenn du erkennst, woher du kommst,
bist du ganz selbstverständlich tolerant,
losgelöst, amüsiert,
herzlich wie eine Großmutter,
voller Würde wie ein König.
Versunken in das Wunder des Tao,
kannst du mit allem umgehen, was das Leben bringt,
und wenn der Tod kommt, bist du bereit.

Meditation: Sektionen und Ganzheit

Nehmen Sie eine Sitzhaltung ein, die bequem ist, sie aber auch wach sein läßt. Schließen Sie die Augen, und achten Sie auf den natürlichen Rhythmus Ihres Atems, bis Sie sich ruhig und gegenwärtig fühlen. Spüren Sie, wie Ihr Atem sich sanft bewegt; nehmen Sie seine Bewegungen im ganzen Körper wahr. Beginnen Sie, wenn Sie sich offen und gelöst fühlen, über das Spirituelle und das Heilige in Ihrem Leben nachzudenken. Wie und wann in Ihrem Lebensablauf ist Ihr Gefühl für das Heilige am deutlichsten wahrnehmbar? Welche Aktivitäten (Meditation, Gebet, Spazierengehen in der Natur, Musik) machen es besonders lebendig? Welche Orte betrachten Sie als besonders heilig? Welche Menschen, welche Situationen wecken am stärksten dieses Gefühl in Ihnen?

Richten Sie nun Ihre Aufmerksamkeit auf das Gegenteil. Welche Bereiche Ihres Lebens empfinden Sie am wenigsten als heilig? Wo entdecken Sie Sektionen, die von Ihrem Herzen und Geist nicht geweckt wurden? Diejenigen Dimensionen Ihres Lebens, in denen wenig Achtsamkeit und Mitgefühl vorhanden ist, sind die Bereiche, in denen Sie das Heilige vergessen haben. Dazu können bestimmte Aspekte Ihres Körpers, Ihrer Weiblichkeit oder Männlichkeit oder Aspekte Ihrer Gefühle und Ihres Denkens gehören. Es können Aktivitäten in Ihrer Arbeit sein, die mit Geschäften, Geld oder der Gemeinschaft zu tun haben. Vielleicht sind es Bereiche Ihres Familienlebens oder andere Beziehungen. Es können bestimmte Aktivitäten und Orte dazugehören – wie kreative oder künstlerische Betätigungen, Ihr Liebesleben, Einkaufen, Autofahren, Krankenhaus oder Schule – irgendein Ort oder irgendeine Dimension, die Sie als vom Heiligen getrennt betrachten.
Halten Sie sich jede Sektion vor Augen, die Sie aus Ihrem spirituellen Leben ausgeschlossen haben, eine nach der anderen. Verbinden Sie jeden dieser Bereiche sanft mit Ihrem Herzen, und überlegen Sie, was es bedeuten würde, auch dies zu einem Teil Ihrer Praxis zu machen. Stellen Sie sich vor, wie Ihr Gefühl des Heiligen wachsen könnte, so daß Sie schließlich den betreffenden Aspekt voller Aufmerksamkeit und Mitgefühl in Ihre Praxis hineinnehmen können – indem Sie diese Menschen, Orte oder Aktivitäten respektvoll würdigen. Machen Sie sich jede Sektion deutlich, eine nach der anderen, und spüren Sie dem Gefühl der Ganzheit nach, das so entstehen kann. Nehmen Sie wahr, wie jede erkannte Sektion eine Lektion zu vermitteln hat, wie jede eine Vertiefung Ihrer Aufmerksamkeit und eine Öffnung Ihres Mitgefühls mit sich bringt, bis es nichts mehr gibt, das ausgeschlossen ist, und Ihr liebevoller Respekt sich auf jede Dimension Ihres Seins erstreckt. Verweilen Sie dann in dieser Erfahrung, und nehmen Sie Ihren Atem und die Ganzheitlichkeit dieses Augenblicks wahr. Wenn Sie mit respektvoller Aufmerksamkeit und ungeteiltem Mitgefühl von einem Augenblick zum nächsten leben, erkennen Sie das Heilige in jedem Aspekt Ihres Lebens.

14
Kein Ich/Selbst oder Wahres Selbst?

Die spirituelle Praxis konfrontiert uns unweigerlich mit dem Geheimnis unserer Identität. Wir sind in einem menschlichen Körper geboren worden. Was ist das für eine Kraft, die unser Leben ermöglicht und uns und der Welt Form gibt? Die großen spirituellen Lehren der Welt behaupten, daß wir nicht seien, was wir zu sein glauben.

Persische Mystiker sagen, wir seien Funken des Göttlichen, und christliche Mystiker sagen, wir seien von Gott erfüllt. Wir seien eins mit allen Dingen, sagen andere. Die Welt sei eine Illusion, sagen wieder andere. Manche Lehren erklären, wie das Bewußtsein das Leben erschafft, damit wir allen unseren Möglichkeiten Ausdruck geben können – damit wir lieben und uns selbst erkennen können. Andere weisen darauf hin, wie sich das Bewußtsein in Mustern verliert und sich aus Unwissenheit inkarniert. In hinduistischen Yogas wird die Welt *lila* oder Tanz des Göttlichen genannt, vergleichbar Dantes Formulierung »göttliche Komödie«. Buddhistische Texte beschreiben, wie das Bewußtsein selbst die Welt wie einen Traum oder eine Fata Morgana erschafft. Moderne Sammlungen von Nahtod-Erfahrungen sind voller Berichte von wunderbarer Leichtigkeit nach dem Verlassen des Körpers, von goldenem Licht und strahlenden Wesen. Wahrscheinlich bestätigt auch dies, wie wenig wir im allgemeinen unserer wahren Identität bewußt sind.

Ichlosigkeit

Als der Buddha in der Nacht seiner Erleuchtung auf die Frage nach der Identität stieß, kam er zu der radikalen Erkenntnis, daß wir nicht als getrennte Wesen existieren. Er durchschaute die menschliche Tendenz, sich mit einer begrenzten Wahrnehmung der Existenz zu identifizieren, und entdeckte, daß dieser Glaube an ein individuelles kleines Ich oder Selbst eine Grundillusion ist, die Leiden erzeugt und uns von der Freiheit und dem Mysterium des Lebens fernhält. Er beschrieb das als »bedingtes Entstehen«, den zyklischen Prozeß, durch den das Bewußtsein eine Identität erschafft, indem es als Reaktion auf Sinneskontakte Form annimmt und dann an bestimmten Formen, Gefühlen, Wünschen, Vorstellungen und Aktionen haftet, um ein Gefühl von Selbst zu erzeugen.

In seinen Lehren sprach der Buddha niemals von menschlichen Wesen als Personen, die in irgendeiner fixierten oder statischen Art existieren. Statt dessen beschrieb er uns als ein Bündel von fünf Prozessen, deren Charakteristikum ständige Veränderung ist: die Vorgänge im Körper, Gefühle, Wahrnehmungen, Reaktionen und schließlich das Bewußtseinskontinuum, das all dies erlebt. Unser Gefühl von einem Ich entsteht immer dann, wenn wir uns mit den Mustern dieser Abläufe identifizieren. Dieser Prozeß der Identifikation, des Selektierens von Mustern, um von »ich«, »mir« und »mein« sprechen zu können, ist subtil und entzieht sich üblicherweise unserer Wahrnehmung. Wir können uns mit unserem Körper, unseren Gefühlen oder Gedanken identifizieren oder auch mit Vorstellungen, Verhaltensweisen, Rollen oder Archetypen. So identifizieren wir uns in unserer Kultur etwa mit der Rolle des Mannes oder der Frau, mit der des Elternteils oder der des Kindes. Wir benützen unsere Familiengeschichte, unsere Gene und unser Erbe, um zu sein, wer wir sind. Manchmal identifizieren wir uns mit unseren Wünschen und Ambitionen – sexuellen, ästhetischen oder spirituellen. Ebenso können wir uns auch auf unseren Intellekt beziehen oder unser astrologisches Zeichen als Identität setzen. Wir können die Archetypen des Helden, des Liebenden, der Mutter, des Tunichtguts, des Abenteurers oder des Clowns als Identität wählen und ein Jahr oder ein ganzes Leben lang dementsprechend leben. In dem Maße, in dem wir an solch einer Identität festhalten, müssen wir uns ständig schützen und verteidigen und darum kämpfen, alles aufzufüllen, was daran begrenzt oder mangelhaft ist; und immer leben wir in der Furcht, sie zu verlieren. Doch all das ist nicht unsere wahre Identität. Ein Meister, bei dem ich lernte, pflegte darüber zu lachen, wie leicht wir nach neuen Identitäten greifen. Über sich selbst sagte er: »Ich bin nichts von alledem. Ich bin nicht dieser Körper, also wurde ich nie geboren und werde nie sterben. Ich bin nichts und ich bin alles. Eure Identität erzeugt all eure Probleme. Findet heraus, was jenseits von ihr liegt, die Freude der Zeitlosigkeit, in der es keinen Tod gibt.«

Da die Frage nach Identität und Ichlosigkeit ein Thema ist, das oft zu Verwirrung und Mißverständnissen Anlaß gibt, wollen wir uns mit mehr Sorgfalt damit befassen. Wenn christliche Texte davon sprechen, daß wir uns selbst in Gott verlieren, wenn Taoisten und Hindus davon sprechen, mit dem Wahren Selbst jenseits aller Identität zu verschmelzen, wenn Buddha von Leerheit und Nicht-Selbst spricht, was meinen sie dann damit? Leerheit bedeutet nicht, daß die Dinge nicht existieren, und Ichlosigkeit oder »Nicht-Selbst« (sanskrit *Anatman*) bedeutet nicht, daß wir nicht existieren. Leerheit bezieht sich auf das grundlegende Nichtgetrenntsein allen Lebens und auf den Nährboden von Energie, aus dem alle Formen des Lebens hervorgehen. Unsere Welt und unser Gefühl von Ich oder Selbst sind ein Spiel von Mustern. Jegliche Identität, an der wir festhalten können, ist flüchtig, vorübergehend. Das läßt sich aus Begriffen wie »Ichlosigkeit« oder »Leerheit von Selbst« schwer entnehmen. Mein Lehrer Achaan Chah sagte: »Wenn du versuchst, es intellektuell zu verstehen, wird dein Kopf wahrscheinlich platzen.« Doch die Erfahrung der Ichlosigkeit kann uns zu großer Freiheit führen.

Im Kapitel über die Auflösung des Selbst sahen wir, wie tiefe Meditation das Gefühl einer Identität in seine Bestandteile auflösen kann. Es gibt viele Möglichkeiten, um die Leerheit des Selbst zu erkennen. Wenn wir still und aufmerksam sind, können wir ganz unmittelbar wahrnehmen, daß nichts in der Welt wirklich unser eigen sein kann. Ganz offensichtlich besitzen wir keine äußeren Dinge; wir haben eine bestimmte Beziehung zu unserem

Auto, unserem Heim, unserer Familie, unserem Beruf; doch wie immer diese Beziehung sein mag, wir »haben« sie auf jeden Fall nur für eine bestimmte Zeit. Am Ende werden die Dinge, Menschen oder Aufgaben sterben oder sich verändern, oder wir verlieren sie. Nichts ist davon ausgenommen.

Wenn wir uns jedem Augenblick unserer Erfahrung mit Aufmerksamkeit zuwenden, stellen wir fest, daß auch sie uns nicht gehört. Schauen wir genau hin, so sehen wir, daß wir unsere Gedanken weder einladen noch sie besitzen. Vielleicht wollen wir sie sogar anhalten, aber unsere Gedanken scheinen von selbst zu denken, und sie kommen und gehen nach ihrem eigenen Wunsch und Willen.

Dasselbe gilt für unsere Gefühle. Wie viele von uns meinen, wir hätten Kontrolle über unsere Gefühle! Wenn wir unsere Aufmerksamkeit darauf richten, wird deutlich, daß sie eher wie das Wetter sind; Stimmungen und Gefühle wechseln entsprechend bestimmten Bedingungen, und sie lassen sich von unserem Bewußtsein oder unseren Wünschen weder besitzen noch steuern. Befehlen wir dem Glück, der Traurigkeit, der Irritation, der Aufregung oder der inneren Unruhe, zu uns zu kommen? Gefühle stellen sich unaufgefordert ein, so wie der Atem von selbst atmet.

Auch unser Körper folgt seinen eigenen Gesetzen. Er ist ein Sack voller Knochen und Flüssigkeiten, den man nicht besitzen kann. Er altert, wird krank oder verändert sich, weil es seiner Natur entspricht – auf eine Weise, die uns vielleicht gar nicht wünschenswert erscheint. Je genauer wir hinschauen, desto deutlicher sehen wir, daß wir nichts besitzen, innen wie außen.

Einem anderen Aspekt der Leerheit des Ich/Selbst begegnen wir, wenn wir beobachten, wie alles aus dem Nichts entsteht, aus dem Leeren kommt und ins Leere zurückkehrt. Alle unsere Worte von gestern sind verschwunden. Und wohin sind die vergangene Woche, der vergangene Monat, unsere Kindheit gegangen? Sie entstehen, tanzen ein bißchen, und nun sind sie verschwunden, wie die achtziger Jahre, das neunzehnte und das achtzehnte Jahrhundert, die alten Römer und Griechen, die Pharaonen und so weiter. Jede Erfahrung vollzieht sich in der Gegenwart, führt ihren Tanz auf und

verschwindet wieder. Sie tritt nur vorübergehend in Erscheinung, in einer bestimmten Form und für kurze Zeit; dann endet diese Form und eine neue Form ersetzt sie, von einem Augenblick zum anderen.
Es wurde bereits beschrieben, wie präzise und tiefe Aufmerksamkeit in der Meditation uns ständig Leerheit präsentiert. Wenn wir unsere Aufmerksamkeit mit Sorgfalt auf unseren Körper oder unseren Geist richten, erleben wir immer mehr Raum und immer weniger Verfestigung. Dann ist Erfahrung etwas ähnliches wie die Partikel/Wellen in der modernen Physik, ein Muster, das nicht ganz fest ist, das sich ständig verändert. Sogar die Wahrnehmung, die der Beobachter von sich selbst hat, verändert sich; unsere Perspektiven verschieben sich von einem Augenblick zum anderen, wie unsere Wahrnehmung unserer selbst sich von der Kindheit zur Pubertät und zum Erwachsensein und zum Alter verschiebt. Wohin wir schauen, finden wir einen Belag von Festigkeit, der sich unter dem Licht der Aufmerksamkeit auflöst.
Sri Nisargadatta sagt:

Die wirkliche Welt liegt jenseits unserer Gedanken und Vorstellungen. Wir sehen sie durch das Netz unserer Begierden, geknüpft aus Freude und Schmerz, richtig und falsch, innen und außen. Um das Universum zu sehen, wie es ist, mußt du über das Netz hinausgehen. Das ist nicht schwer, denn das Netz ist voller Löcher.

Wenn wir uns öffnen und leer machen, erleben wir die Verbundenheit und Interaktion aller Dinge; alles hängt in einem »bedingten Entstehen« miteinander zusammen. Jede Erfahrung und jedes Ereignis enthalten alle Erfahrungen und alle Ereignisse. Der Lehrer braucht den Schüler, das Flugzeug den Himmel.
Wenn eine Glocke läutet, ist es dann die Glocke, die wir hören, oder ist es die Luft, der Klang in unserem Ohr, oder ist es das Gehirn, das läutet? Es ist alles zusammen. Wie die Taoisten sagen: »Das Dazwischen ist das Läuten.« Der Glockenklang des Tao ist da, um überall gehört zu werden – in jedem Menschen, dem wir begegnen, in jedem Baum und Insekt, in jedem Atemzug.
Der Zen-Meister Tich Nhat Hanh hielt ein Blatt Papier hoch und drückte diese Verbundenheit auf folgende Weise aus:

Wer ein Dichter ist, sieht ganz deutlich, daß eine Wolke in diesem Blatt Papier dahintreibt. Ohne eine Wolke gäbe es kein Wasser; ohne Wasser könnten die Bäume nicht wachsen; ohne Bäume könnten wir kein Papier herstellen. Also ist die Wolke hier drinnen. Die Existenz dieses Papiers ist bedingt durch die Existenz einer Wolke. Papier und Wolke sind einander so nahe. Denken wir an anderes, etwa an die Sonne. Die Sonne ist sehr wichtig, denn ohne Sonne kann der Wald nicht wachsen, und wir Menschen können ohne Sonne nicht wachsen. Also braucht der Holzfäller die Sonne, um den Baum zu fällen, und der Baum braucht die Sonne, um ein Baum zu sein. Deshalb könnt ihr die Sonne in diesem Blatt Papier sehen. Und wenn ihr noch tiefer schaut, mit den Augen eines Bodhisattva, eines erwachten Wesens, seht ihr nicht nur die Wolke und den Sonnenschein darin, sondern ihr seht, daß alles hier ist, der Weizen, der zum Brot wurde, das der Holzfäller ißt, und auch der Vater des Holzfällers ist hier – alles ist in diesem Blatt Papier…

Dieses Papier ist leer von einem nicht bedingten Selbst. Leer bedeutet in diesem Sinne, daß das Papier voll von allem ist; der gesamte Kosmos ist enthalten.

Wenn wir dieses Miteinander-Verbundensein und die Leerheit aller Dinge wirklich wahrnehmen, erwachsen daraus Freiheit und Freude. Die Entdekkung der Leerheit macht unser Herz leicht und führt zu Flexibilität und gelassener Unbefangenheit. Je mehr wir unsere Identität verfestigen, desto mehr verfestigen sich auch unsere Probleme. Einst bat ich einen alten Meditationsmeister in Sri Lanka, mir zu sagen, was die Essenz des Buddhismus sei. Er lachte und wiederholte dreimal: »Kein Ich, kein Problem.«

Falsche Auffassungen von Ichlosigkeit

Falsche Auffassungen von Ichlosigkeit und Leerheit gibt es in reichlicher Menge, und diese Mißverständnisse unterminieren die echte spirituelle Entwicklung. Manche Menschen glauben, daß sie Ichlosigkeit erreichen können, indem sie darum kämpfen, ihr egozentrisches Selbst loszuwerden. Andere verwechseln Leerheit mit Gefühlen der Apathie, der Wertlosigkeit oder Bedeutungslosigkeit, die sie aus einer traurigen Vergangenheit mit in ihre spirituelle Praxis gebracht haben. Wie bereits beschrieben, benützen manche Schüler die Leerheit als eine Entschuldigung für den Rückzug vom Leben; sie sagen, alles sei Illusion und suchen eine spirituelle Umgehungsstraße für die Probleme des Lebens. Doch alle diese Leerheits-Krankheiten führen nur dazu, an der wahren Bedeutung von Leerheit und der Freiheit, die ihr innewohnt, vorbeizugehen.

Es ist eine alte religiöse Idee, das Ich/Selbst loswerden zu wollen, Verlangen, Ärger und Ichzentriertheit zu reinigen, auszurotten oder zu transzendieren, kurz, ein Selbst zu besiegen, das »schlecht« ist. Diese Vorstellung steht hinter asketischen Praktiken wie dem Tragen von härenen Hemden, extremem Fasten und Selbstkasteiung aller Art, die man in vielen Traditionen findet.

Manchmal werden solche Methoden sinnvoll angewendet, um veränderte Bewußtseinszustände hervorzurufen, doch viel häufiger verstärken sie nur die Geisteshaltung der Abwehr. Schlimmer noch ist, daß sie die Vorstellung nähren, unser Körper, unser Geist, unser »Ego« seien irgendwie sündig, schmutzig und voller Täuschung. »Ich (der gute Teil von mir) muß diese Techniken anwenden, und mein Selbst (den minderwertigen Teil meiner selbst) loszuwerden.« Aber das funktioniert nie. Es kann nicht funktionieren, weil es kein Selbst gibt, das man loswerden könnte! Wir sind ein sich ständig verändernder Prozeß, kein festes Wesen. Innere Reinigung, Freundlichkeit und Aufmerksamkeit können unsere Gewohnheiten bessern; aber keine noch so große Selbstverleugnung oder Selbstfolter befreit uns von einem Selbst, weil es ein solches nie gegeben hat – nur unsere Identifikation läßt uns das glauben.

Wenn Leerheit mit dem Mangel und der emotionalen Armut verwechselt werden, die viele in die spirituelle Praxis mitbringen, kann das auf eine andere Weise zu wiederholten Schwierigkeiten führen. Wie schon erklärt, fühlen sich viele Menschen von der spirituellen Praxis angezogen, weil sie darin die Möglichkeit zur Selbstheilung sehen. Ihre Anzahl scheint zu wachsen. Die spirituelle Verarmung unserer modernen Kultur und die vielen Kinder, die ohne eine schützende und sorgende Familie aufwachsen, sind ein zunehmendes Problem. Scheidung, Alkoholismus, traumatisierende Umstände, schmerzhafte Erziehungsmethoden, Schlüsselkinder, Kinderkrippen, Horte und Fernsehsucht sind geeignet, Menschen mit einem Mangel an Sicherheitsgefühl und Lebensfreude zu züchten. Diese Kinder haben irgendwann erwachsene Körper, fühlen sich aber immer noch hilflos. In unserer Gesellschaft treffen wir auf viele solcher »erwachsenen Kinder«. Der Schmerz wird noch verstärkt durch innere Vereinsamung und das Verleugnen der Gefühle, wie es in unserer Kultur üblich ist.

Viele Anfänger bringen dieses Problem, das manche Psychologen als »Ichschwäche« bezeichnen, mit in die spirituelle Praxis. Ihr Herz und ihre Psyche weisen Löcher auf. Dieses mangelhafte Selbstgefühl wird jahrelang von bestimmten Gewohnheiten und körperlichen Verspannungen, von inneren Geschichten und Vorstellungen aufrechterhalten. Wenn wir ein mangelndes Selbstgefühl haben, wenn wir uns ständig selbst verneinen, kann es sehr leicht geschehen, daß wir unsere innere Armut mit Ichlosigkeit verwechseln und glauben, sie sei der richtige Pfad zur Erleuchtung.

Die Verwechslung von Ichlosigkeit mit innerer Armut kann besonders für Frauen problematisch sein. In unserer männlich dominierten Kultur wächst eine Frau nicht selten mit dem Gefühl auf, daß sie nicht wirklich zählt, daß sie in dieser Welt der Männer nicht viel erreichen kann und daß das Schicksal und die Arbeit einer Frau keinen Wert haben. Diese gewaltige Konditionierung kann zu einer Identität führen, die von Depression, Angst und einem durchdringenden Gefühl der Minderwertigkeit durchlöchert ist.

Eine Frau mit dieser Problematik kam zur Meditation und war überzeugt, sie habe eine tiefe Einsicht in die Natur der Leerheit gewonnen. Fünf Jahre lang war sie Schülerin eines jungen Lehrers gewesen, der selbst recht wirre Vorstellungen von Leerheit hatte. Als sie zu mir kam, sprach sie darüber, wie tief sie die Lehren der Ichlosigkeit, der Vergänglichkeit und der nichtsubstantiellen Natur des Lebens verstanden habe. Sie erklärte, daß sie bei der Sitz- oder Gehmeditation eine sehr deutliche Erfahrung von Ichlosigkeit mache. Doch auf mich wirkte sie einfach nur vernachlässigt und depressiv. Also ging ich der Sache nach. Ich bat sie, genau zu beschreiben, wie sie Leerheit erlebe. Dann bat ich sie, vor meinen Augen die Gehmeditation zu praktizieren und mir genau zu sagen, was sie erlebte. Ich wies sie darauf hin, daß sich beim Gehen eine Schwere und eine starke Spannung in ihrem Körper zeige, und bald erkannte sie das auch selbst. Als sie ihre Erfahrung untersuchte, stellte sich heraus, daß sie nichts mit Leerheit zu tun hatte, sondern irgendwie dumpf und unlebendig war. In Laufe unseres Gesprächs wurde deutlich, daß sie ihren Körper und ihre Gefühle jahrelang ignoriert hatte. Ihre Selbstachtung war gering, und sie fühlte sich unfähig, irgend etwas Sinnvolles in der Welt zu vollbringen. Sie brachte dieses Gefühl und die Lehren der Nichtsubstantialität durcheinander. Als sie dieses Durcheinander zu entwirren begann, fand sie wieder zum Leben zurück.

Eine ähnliche Verwirrung entsteht, wenn »Leerheit« als Bedeutungslosigkeit mißverstanden wird. Diese Fehlinterpretation kann unterschwellige Depression und Angst vor der Welt verstärken und die Unfähigkeit zu Freude oder einen Mangel an Motivation rechtfertigen, am Leben teilzunehmen.

Ein echtes Verständnis der Leerheit hat keineswegs einen passiven Charakter. Das Zeichen wahrer Leerheit ist Freude; sie belebt unsere Fähigkeit, das Mysterium des Lebens, das uns in jedem Augenblick aus dem Nichts entgegentritt, wertzuschätzen.

Ein weiteres Mißverständnis der Leerheit ist die Meinung, es ginge darum, daß die Welt uns nicht berühren kann oder daß wir über ihr stehen. Ein Samurai kam zu einem Zen-Meister und tönte: »Die ganze Welt ist leer; alles ist Leerheit.« Der Zen-Meister antwortete: »Ha, was weißt denn du davon? Du bist doch nur ein schmutziger alter Samurai«, und warf eine Sandale nach ihm. Der Samurai zog augenblicklich sein Schwert; das Verhalten des Zen-Meisters war eine ungeheuere Beleidigung, und einen Samurai zu beleidigen, bedeutete den Tod. Der Zen-Meister hob nur den Blick und sagte: »Leerheit gerät ganz schön schnell in Wut, nicht wahr?« Der Samurai verstand, und das Schwert kehrte an seinen Platz zurück.

Die Auflösung des Ich oder die Erfahrung der Leerheit aller Dinge und Phänomene ist nur eine Seite der Münze in unserem spirituellen Leben. Wie ich am Anfang des Kapitels erwähnte, gibt es zwei parallele Aufgaben. Die eine ist die Entdeckung der Leerheit des Ich, und die andere ist die Entwicklung eines gesunden Ichgefühls und das Verständnis, was ein »Wahres Selbst« bedeutet. Beide Seiten dieses scheinbaren Paradoxons müssen verwirklicht werden, damit wir erwachen können.

Achaan Chah sprach eines Abends in seinem Kloster über dieses Paradoxon, und seine Darstellung war ziemlich ungewöhnlich für einen buddhistischen Meister. Er sagte: »Wißt ihr, alle diese Lehren über ›Ichlosigkeit‹ sind nicht wahr.« Er fuhr fort: »Natürlich sind alle Lehren über ›Ich‹ oder ›Selbst‹ auch nicht wahr.« Und er lachte. Dann erklärte er, daß beides, »Ich« oder »Selbst« und »Ichlosigkeit« oder »Nicht-Selbst«, nur Konzepte oder Ideen sind, höchst grobe Näherungswerte, die auf einen geheimnisvollen Prozeß hinweisen, der weder »Ich« noch »Ichlosigkeit« ist.

Jack Engler versuchte, dieses Paradoxon so zu erklären: »Du mußt erst jemand sein, bevor du niemand wirst.« Damit meinte er, daß ein starkes und gesundes Selbstgefühl nötig ist, um den meditativen Prozeß der Auflösung durchzustehen und zu einer tiefen Erkenntnis der Leerheit zu gelangen. Das stimmt, aber die Entwicklung des Ich/Selbst und die Verwirklichung der Leerheit können sich in beliebiger Reihenfolge vollziehen. Wie alle Aspekte des spirituellen Lebens, entwickeln sich das Selbstgefühl und die Leerheit in der Praxis gemeinsam in einer Spirale, verbunden mit neuen und tieferen Einsichten.

Ein Zen-Meister, der um beide Seiten dieses Prozesses wußte, stellte bei einem seiner jährlichen Besuche in Amerika fest, daß einer seiner langjährigen Schüler in der ichlosen »leeren« Hälfte seiner Praxis steckengeblieben war. Dieser Schüler hatte gelernt, stundenlang in klarer, leerer Stille zu praktizieren, und er vermochte die meisten Zen-Koans mit Leichtigkeit zu lösen; aber im Alltag war er passiv und still und vernachlässigte sein Familienleben. Sein Zuhause war allzu ruhig und ernst, seine Kinder wurden zum

Schweigen gebracht oder ignoriert, und die Ehe war ernstlich gefährdet. Seine Frau klagte dem Zen-Meister ihr Leid, und der Schüler sagte: »Aber ist denn das nicht die natürliche Folge der spirituellen Praxis?« Der Zen-Meister wußte es besser.

Er bat beide, gemeinsam am nächsten Sesshin (Retreat) teilzunehmen. Und während die anderen Schüler über traditionelle Zen-Fragen meditierten, wie etwa »Wie ist der Klang, wenn nur eine Hand klatscht?«, gab er dem Paar ein anderes Koan: »Wie erkennst du den Buddha beim Lieben im Bett?« Er wies sie an, genau das zwei, drei, vier Mal am Tag zu tun, während die anderen Schüler Sitz- und Gehmeditation praktizierten, und sie sollten ihm jeden Morgen und Abend beim Dokusan (Gespräch) ihre Antwort geben.

Im Verlauf des Retreats vertieften sich die Konzentration und die Stille. Wie das bei solchen Retreats der Fall ist, wurden die meisten der Praktizierenden ruhig, klar und leer – mit Ausnahme des Paares am Ende der Halle. Obwohl sie einige Sitzperioden versäumten, glühten sie von Tag zu Tag mehr von rosiger Energie. Und jeden Tag sprach der Meister zu ihnen über Ganzheit und ermutigte sie, gleich dem Buddha die wahre Erfüllung in der Aktivität zu suchen.

Das Retreat rettete ihre Ehe, half ihnen, ihr Familienleben zu erneuern und lehrte sie, die Fülle des Selbst ebenso wie die Leerheit des Selbst zu verstehen.

Wie kann uns unsere Praxis helfen, ein gesundes und vollständiges Selbstgefühl zu entwickeln? Wie finden wir zum »Wahren Selbst«? Dazu muß man diverse Aspekte dieses Prozesses verstehen. Unser ursprüngliches Selbstgefühl oder die positive Ichkraft, wie es in der westlichen Psychologie genannt wird, entstammt unserer frühen Entwicklung. Frühe Einwirkungen unserer Umwelt formen unser angeborenes Temperament oder unsere »karmischen« Tendenzen, so daß wir ein Gefühl dafür entwickeln, wer wir sind. Wenn wir eine gute Bindung an unsere Eltern haben und von ihnen respektiert werden, entwickelt sich ein gesundes Selbstgefühl. Im anderen Fall bildet sich ein mangelhaftes und negatives Selbstgefühl. Dann wird dieses ursprüngliche Selbstgefühl von Lehrern, Schule, sozialen Bedingungen und dem weiteren Familienleben verstärkt. Durch diese wiederholte

Konditionierung entwickelt sich ein gewohnheitsmäßiges Selbstgefühl, und im Lauf des Heranwachsens verstärkt es sich in gesunder oder ungesunder Weise. Wenn das Selbstgefühl nicht gesund ist, besteht unsere erste spirituelle Arbeit am Ich/Selbst darin, es zu verbessern und zu heilen. Das bedeutet, ein mangelhaftes oder verletztes Selbstgefühl zu erkennen und zu erlösen und dabei die authentische Verbindung mit uns selbst und unserer Energie wiederherzustellen. Wenn wir bis zu einem gewissen Grad zu uns selbst gefunden haben, besteht die nächste Aufgabe in der Entwicklung unseres Charakters, der weisen Vernunft, der Kraft und des Mitgefühls. Diese Entwicklung wird in den Lehren des Buddha als die Entwicklung der guten Eigenschaften wie Großzügigkeit, Geduld, Achtsamkeit und Freundlichkeit beschrieben.

Die Entwicklung des Selbst führt zu einer grundlegenderen Ebene – der Entdeckung des Wahren Selbst. Mit ihr wird klar, daß die positiven Eigenschaften des Charakters, an deren Entwicklung in der spirituellen Praxis so hart gearbeitet wird, in Wirklichkeit bereits vorhanden sind, denn sie sind unser wahres Wesen. Auf der Basis dieses wahren Wesens können wir auch unser individuelles oder persönliches Schicksal – unser Selbst – und die einmaligen Muster, durch die sich unser Erwachen ausdrücken wird, erkennen und würdigen. Nur wenn wir die Entwicklung und Entdeckung des Selbst mit der Einsicht in die Leerheit des Selbst verbinden, werden wir das Wahre Selbst völlig verstehen lernen.

In der Praxis des Buddha gab es einen bemerkenswerten Augenblick, der einiges Licht auf dieses Paradoxon wirft. Als der Buddha auf der Suche nach der Erleuchtung war, versuchte er es zunächst mit den Praxismethoden zweier großer Yogis seiner Zeit, doch sie waren ihm zu begrenzt. Dann ließ er sich, wie in der schon erwähnten Geschichte vom Löwengebrüll berichtet, auf eine fünfjährige Periode der Selbstverleugnung und der asketischen Praxis ein, um mit der Kraft seiner Charakterstärke alles in sich selbst auszurotten und zu besiegen, was nicht brauchbar erschien. Der Weg zur Freiheit, so hatte er gelernt, bestehe darin, seinen Körper und Geist, seine Begierden und Ängste völlig zu unterwerfen. Als sich jedoch am Ende dieses Weges der erwünschte Erfolg immer noch nicht eingestellt hatte, setzte er sich hin und dachte nach. Da kam ihm eine wunderbare Erkenntnis, die ihm den Weg zur Erleuchtung wies. Er erinnerte sich an eine Situation aus seiner Kindheit; damals saß er unter einem Rosenapfelbaum im Garten, und es erfüllte ihn ein natürliches Gefühl von Ganzheit und Fülle des Lebens. Er erkannte plötzlich, daß er die gesuchte Ruhe, Klarheit und natürliche Einheit von Körper und Geist bereits erlebt hatte. Nachdem er sich an dieses tiefe Gefühl der Ganzheit erinnert hatte und sich auf eine gesunde Kindheit beziehen konnte, änderte sich seine Praxis von Grund auf. Er begann, sich wieder angemessen zu ernähren und seinen Körper und Geist mit Rücksicht und Achtung zu behandeln. Er konnte zur natürlichen Weisheit zurückkehren, und ihm wurde klar, daß er ganz einfach im Universum ruhen konnte, anstatt es zu bekämpfen. Er erkannte, daß das Erwachen niemals das Produkt von gewaltsamem Eingreifen sein kann, sondern auf der Ruhe des Herzens und der Offenheit des Geistes beruht.

Anders als der Buddha können sich viele von uns, die zu praktizieren beginnen, nicht auf eine gesunde Kindheit oder ein starkes Selbstgefühl stützen. Selbst wenn es uns gelingt, uns zeitweilig über unsere Mangelhaftigkeit zu erheben und Zustände von Offenheit und Ichlosigkeit zu berühren, wird es uns auf der Basis eines schwachen oder erschütterbaren Selbstgefühls nicht gelingen, diese Zustände zu integrieren und derartige Erkenntnisse in unserem Leben zu verankern.

Deshalb ist für viele Anfänger die erste Ebene der Selbstentwicklung die Ebene des »Rückgewinnens«. Wir sprachen über Meditation als einen Prozeß der Heilung. Rückgewinnen bedeutet, daß wir unsere Aufmerksamkeit darauf richten, die schmerzhaften Bedingungen zu verstehen, die unser schwaches, mangelhaftes oder verbarrikadiertes Selbstgefühl geschaffen haben. Wir beginnen zu verstehen, daß unsere eigenen Abwehrmechanismen und die Erwartungen, die andere an uns hatten, eine echte Verwurzelung in unserer tiefsten Erfahrung verhinderten. Nach und nach lockert sich die Identifikation mit diesen alten Mustern und machen der Entwicklung eines gesünderen Selbstgefühls Platz. Wenn wir das angsterfüllte und mangelhafte Selbst losgelassen haben, müssen wir wieder ganz von vorn anfangen und unseren Körper und unser Herz in jedem Bereich, in dem wir verletzt oder von uns selbst abgeschnitten wurden, wahrnehmen, fühlen und zurückgewinnen. Wir erlangen unsere Gefühle zurück, unsere ganz eigene, einzigartige Weise, die Dinge richtig zu sehen, und unsere Stimme, die das ausdrücken kann, was für uns wirklich ist. Dazu brauchen wir im allgemeinen die Hilfe eines erfahrenen Menschen, der uns führt, so daß uns diese Beziehung als Vorbild dienen kann, um die Liebe, Aufrichtigkeit und Akzeptanz zu lernen, die für die Entwicklung eines gesunden Selbst nötig sind. Das Zurückgewinnen des verlorenen Selbst ist für Menschen des Westens ein zentral wichtiger Teil der spirituellen Reise, und in der psychologischen und feministischen Literatur wurde darüber viel geschrieben. Jahre intensiver Arbeit können vergehen, bis wir die Stimme der Wahrheit in uns zurückgewonnen haben.

Der nächste Aspekt in der Entwicklung des Selbst ist der des Charakters. Der Buddha beschrieb die spirituelle Praxis sehr häufig als Kultivierung der guten Eigenschaften des Herzens und des Charakters. Dazu gehören Eigenschaften wie Beschränkung (der Verzicht darauf, Impulse auszuagieren, die Schaden verursachen), Freundlichkeit, Beharrlichkeit, Wachheit und Mitgefühl. Er riet seinen Anhängern dringend, die Faktoren der Erleuchtung zu kultivieren und durch wiederholte Anstrengung die spirituellen Fähigkeiten – Energie, Beständigkeit, Weisheit, Vertrauen und Achtsamkeit – zu stärken. Als Modell eines erleuchteten Wesens nannte der Buddha den edlen Krieger oder den geschickten Handwerker. Durch geduldiges Üben entwickeln wir Integrität und Weisheit; wir arbeiten geduldig mit den Mustern von Geist und Herz und klären Schritt für Schritt die Orientierung unseres Bewußtseins.

Wiederholtes Üben ist ein grundlegendes Prinzip der meisten spirituellen und meditativen Wege. Wir sahen, wie wir Konzentration üben und das Hündchen erziehen können. Durch wiederholte Meditation wird es möglich, eine angsterfüllte oder verkrampfte Identität loszulassen, unser Herz zu beruhigen und zu lauschen, anstatt zu reagieren. Wir können systematisch über Mitgefühl nachdenken und unsere Motivation reinigen, und so werden wir uns langsam verändern. Wir können den Entschluß fassen, Mut, Herzenswärme und Mitgefühl zu stärken, indem wir sie durch Nachdenken, Meditieren, Aufmerksamkeit und wiederholte Übung in uns wachrufen. Und wir können uns vornehmen, Stolz, Groll, Angst und Verkrampfungen loszulassen und Flexibilität und Offenheit zur Basis für eine gesunde Entwicklung zu machen.

Wenn die Entwicklung unseres Selbst voranschreitet und unser Herz sich aus seinen Verstrickungen zu lösen beginnt, entdecken wir eine tiefere Wahrheit über das Selbst: Wir müssen uns nicht verbessern; wir müssen nur das loslassen, was unser Herz blockiert. Wenn wir es von den Verkrampfungen der Angst, des Ärgers, des Festhaltens und der Verwirrung befreit haben, manifestieren sich die spirituellen Eigenschaften, die wir zu entwickeln versuchten, auf ganz natürliche Weise. Sie sind unser wahres Wesen, und sie entfalten sich ganz spontan in unserem Bewußtsein, wann immer wir die rigiden Strukturen unserer Identität auflösen.

Ein mürrischer alter Ingenieur, der viele Jahre lang seinen Atem unter großer Spannung gehalten hatte, kam zur Einsichts-Meditation. Sein Körper war völlig verhärtet. In der Meditation ließ er zu, daß sein Gefühl von Festhalten und Angst immer stärker wurde, bis er spürte, wie er sich körperlich verkrampft hatte, um trotz der Qualen des Lebens stark zu bleiben, und wie unter dieser Verteidigungshaltung ein entsetzliches Gefühl der Schwäche und Verletzlichkeit lauerte. Nachdem er tagelang diese Gefühle der Schwäche und Minderwertigkeit zugelassen hatte, öffnete sich schließlich sein ganzes Wesen, und er erlebte einen unendlich weiten und stillen Raum.

Zuerst machte ihm diese ungewohnte Erfahrung angst, aber als er dann tiefer zu atmen begann und die Erfahrung intensiver und zugleich freier wurde, fand er darin großen Frieden. Er entdeckte eine inhärente Vollständigkeit und Ganzheit, und er wußte, daß das Wohlbefinden und die Kraft, die er empfand, sein so lange gesuchtes eigenes Wesen waren. Nachdem er es einmal berührt hatte, begann es in ihm zu wachsen, genährt von Gewahrsein und Loslassen. Von da an veränderte sich seine Geisteshaltung; anstatt zu kämpfen und zu versuchen, seine Schwäche und Minderwertigkeit zu maskieren, lernte er, sich einem Gefühl von Verbundenheit und Ganzheit zu überlassen.

Jenseits aller Kämpfe und dem Verlangen, ein Selbst zu entwickeln, entdecken wir unsere Buddhanatur, eine uns innewohnende Furchtlosigkeit, Verbundenheit und Integrität. Diese grundlegenden Qualitäten kommen dem Grundwasser gleich; sie sind unser wahres Wesen und manifestieren sich, wann immer wir fähig sind, unser beschränktes Selbstgefühl, unser Gefühl der Wertlosigkeit und Mangelhaftigkeit und unser Verlangen loszulassen. Die Erfahrung des Wahren Selbst ist strahlend, heilig und transformierend. Der Friede und die Vollkommenheit dieses wahren Wesens werden in vielen Traditionen in wunderschöner Weise beschrieben – im Zen und im Taoismus, in der indianischen und in der westlichen Mystik und in vielen anderen.

Der einzigartige Ausdruck des Wahren Selbst

Im Erwachen der Buddha-Natur finden wir einen weiteren Aspekt des Selbst, den wir verstehen müssen: die Achtung und Wertschätzung für unser persönliches Schicksal. Diese Entdeckung gehört – vor allem für uns westliche Menschen – zu den grundlegend wichtigen Aufgaben auf dem spirituellen Weg. In traditionellen buddhistischen Geschichten wird gelehrt, daß ein Mensch für den Zeitraum von Zeitaltern ein großes Gelübde ablegen kann, wie etwa, die rechte Hand eines Buddha zu werden oder ein Yogi mit unübertroffenen übersinnlichen Fähigkeiten oder ein Bodhisattva mit grenzenlosem Mitgefühl. Dieses Ausdehnen der inneren Verpflichtung auf viele Leben gibt jedem von uns entsprechend unserem Karma einen speziellen Charakter und ein ganz eigenes Schicksal.

Die universalen Eigenschaften unserer Buddha-Natur, die sich aus dem individuellen Musterbündel eines jeden Menschen entwickeln, müssen durchschimmern. Diese einzigartige Anordnung von Mustern könnten wir unseren Charakter, unser Schicksal oder unseren individuellen Weg nennen. Unser Schicksal zu entdecken, bedeutet, das Potential unseres individuellen Lebens und die Aufgaben, die wir erfüllen müssen, zu erspüren und klar zu erkennen. Damit öffnen wir uns für das Mysterium unserer individuellen Inkarnation.

Wenn wir auch unsere karmische Vergangenheit nicht kennen, erhalten wir doch einen Einblick in die tiefen Muster und Archetypen, aus denen sich unsere Individualität zusammensetzt. Dann können wir diese einmaligen Muster respektieren und in unserer spirituellen Praxis verwandeln. Auf diese Weise wird es möglich, daß die Qualitäten der Erleuchtung durch unseren besonderen, ganz persönlichen Ausdruck hindurchscheinen. Unser kritischer Intellekt kann sich in unterscheidende Weisheit verwandeln; unser Verlangen nach Schönheit läßt sich in eine Kraft verwandeln, die Harmonie in unsere Umgebung bringt; intuitive Fähigkeiten können uns zu sensiblen Eltern machen und die große Gabe des Heilens verleihen. Unsere Muster und Begabungen wahrzunehmen und zu entwickeln, ist ein ganz wunderbarer Aspekt der Entwicklung des Selbst. Das bedeutet, daß wir unser Potential und unser einmaliges Schicksal respektieren und wertschätzen lernen. So können wir unsere Praxis und die speziellen Aufgaben in unserer Familie und Gemeinschaft, unsere Begabungen und die Kraft unseres Herzens zu diesem einzigartigen Individuum verbinden, das wir sind. Wenn wir das tun, spiegelt sich das Universelle in unserer individuellen Existenz.
Sobald wir diese Qualitäten der Buddha-Natur und des persönlichen Selbst mit einer tiefen Erkenntnis der Leerheit des Selbst verbinden, kann man sagen, daß wir die Natur des Selbst wirklich entdeckt haben. Das Wahre Selbst ist sowohl einzigartig als auch allumfassend, sowohl leer als auch voll.
Der Kaiser von China fragte einen berühmten buddhistischen Meister, ob es möglich sei, die Natur des Selbst sichtbar darzustellen. Daraufhin ließ der Meister einen sechzehnseitigen Raum mit Spiegeln verkleiden. In die Mitte stellte er eine brennende Kerze. Als der Kaiser eintrat, sah er die einzelne Kerzenflamme in tausendfacher Form, da jeder Spiegel ihr Spiegelbild und das Spiegelbild des Spiegelbilds und so weiter widerspiegelte. Dann ersetzte der Meister die Kerzenflamme durch einen Kristall. Wieder sah der Kaiser den Kristall in alle Richtungen gespiegelt. Als der Meister auf den Kristall zeigte, sah der Kaiser den ganzen Raum mit den Tausenden von Kristallen in jeder winzigen Facette der Kristalls widergespiegelt. Der Meister machte auf diese Weise deutlich, daß das kleinste Teilchen das ganze Universum enthält.

Die wahre Leerheit ist nicht leer, sondern enthält alle Dinge. Die geheimnisvolle und trächtige Leere erschafft und spiegelt alle Möglichkeiten. Daraus entsteht unsere Individualität, die man zwar entdecken und entwickeln, aber niemals besitzen oder festhalten kann. Das Ich ist in der Ichlosigkeit enthalten, wie die Kerzenflamme in der großen Leerheit enthalten ist. Die großen Fähigkeiten der Liebe, das einzigartige Schicksal, das Leben und die Leerheit sind ineinander verflochten und spiegeln die wahre Natur der Lebens.

Meditation: Wer bin ich?

In vielen spirituellen Traditionen stellt man sich selbst wiederholt die Frage »Wer bin ich?« oder »Wer ist in diesem Körper?« als die zentrale Praxis, um zu erwachen. Lehrer wie Ramana Maharshi und große Zen-Meister aus China und Japan verwendeten die Wiederholung dieser einfachen und grundlegenden Frage, um ihre Schüler zur Entdeckung ihres wahren Wesens zu führen. Letztlich ist es eine Frage, die wir uns alle selbst stellen müssen. Ohne daß Sie sich dessen bewußt sind, halten Sie viele Dinge für Ihre Identität: Ihren Körper, Ihre Rasse, Ihre Überzeugungen, Ihre Gedanken. Doch wenn Sie ernsthaft nachfragen, werden Sie feststellen, daß Sie eine tiefere Ebene der Wahrheit ahnen.

Sie können sich die Frage »Wer bin ich« allein während der Meditationspraxis stellen, aber Sie können diese Methode auch zusammen mit einem Partner praktizieren. Eine der wirkungsvollsten Möglichkeiten besteht darin, einer anderen Person gegenüberzusitzen und diese Frage immer wieder zu stellen, so daß die Antworten immer tiefer gehen.

Sitzen Sie einem Partner gegenüber, und meditieren Sie gemeinsam ein halbe Stunde. Klären Sie vorher, wer die Frage in den ersten fünfzehn Minuten stellt. Schauen Sie den Partner entspannt an, und

lassen Sie ihn oder sie dann fragen: »Wer bist du?« Antworten Sie, was auch immer Ihnen einfällt. Wurde die Antwort gegeben, wird die Frage nach einer kurzen Pause erneut gestellt, insgesamt fünfzehn Minuten lang. Dann werden die Rollen getauscht.
Wenn diese Frage wiederholt wird, können sich alle möglichen Antworten einstellen. Vielleicht hören Sie sich zuerst antworten: »Ich bin ein Mann« oder »Ich bin eine Frau«, »Ich bin ein Vater«, »Ich bin eine Krankenschwester«, »Ich bin eine Lehrerin«, »Ich bin ein Meditierender«. Dann werden die Antworten vielleicht interessanter, wie: »Ich bin ein Spiegel«, »Ich bin Liebe«, »Ich bin ein Narr«, »Ich lebe« oder was auch immer. Die Antworten selbst spielen keine Rolle; sie sind Teil eines Vertiefungsprozesses. Hören Sie einfach jedesmal, wenn Sie gefragt haben, freundlich auf die Antwort. Wenn keine Antwort erfolgt, lassen Sie den leeren Raum zu, bis sie kommt. Wenn Verwirrung, Angst, Lachen oder Tränen kommen, lassen Sie auch all das sein, wie es ist. Antworten Sie auf jeden Fall. Lassen Sie den Prozeß zu, und genießen Sie die Meditation.
Selbst in dieser kurzen Zeit kann sich Ihre gesamte Perspektive ändern, und Sie können mehr darüber entdecken, wer Sie in Wahrheit sind.

15

Großzügigkeit, gegenseitige Abhängigkeit und furchtloses Mitgefühl

In der Nähe des großen Tempels der Erleuchtung des Buddha in Bodh Gaya in Nordindien steht immer eine lange Reihe von Bettlern, die von den vielen Pilgern, die jeden Tag dorthin kommen, Geld erbetteln. Vor Jahren, als ich am ersten Tag eines vierwöchigen Besuchs in Bodh Gaya zu diesem Tempel ging, war ich so naiv, den Bettlern Geld zu geben. Die Folge davon war, daß am nächsten Tag auf meinem Weg vom Markt zum Tempel die ganze Bettlerhorde auf mich zustürzte, und alle schrien sie auf mich ein, zerrten an meinen Kleidern und winselten um Geld, da sie wußten, daß ich derjenige war, der ihnen etwas gegeben hatte. Es wurde ein beschwerlicher Monat, und ich war traurig, denn ich hatte ihnen ja wirklich helfen wollen; aber doch nicht so.

Bei meinem nächsten Besuch hatte ich eine bessere Idee. Ich beschloß, bis zu meiner Abreise zu warten und ihnen dann all das Geld zu geben, das ich noch übrig hatte. Am letzten Morgen wechselte ich vierzig Dollar in ein und zwei Rupien-Scheine und nahm mir vor, jedem Bettler auf respektvolle Weise je vier Rupien zu überreichen. Ich begann also die Reihe der etwa hundertfünfzig Bettler vor dem Tempel entlangzugehen und legte die Scheine in jede Hand, und ich war ganz begeistert davon, wie schön ich mir das ausgedacht hatte. Doch als ich mich der Mitte näherte, brach ein Pandämonium über mich herein. Die Bettler am fernen Ende der Reihe befürchteten, daß mir das Geld ausgehen würde, bevor ich sie erreicht hatte, und so fielen sie alle auf einmal mit ausgestreckten Händen über mich her, hielten mich fest, zerrten in wildem Ärger an meinen Kleidern und grapschten im Versuch, an das Geld zu kommen, nach allem, was ihnen in die Finger kam. Ich versuchte, mich zu befreien und warf alles übrige Geld über ihre Köpfe in die Luft.

Als ich aus sicherer Entfernung zurückschaute, sah ich eine qualvolle Szene, die sich sehr von dem unterschied, was ich vorgehabt hatte. Alle Bettler krochen auf Händen und Füßen durch den Schmutz und kämpften miteinander um die Rupien, die am Boden verstreut lagen. Mir wurde klar, daß ich noch viel über richtig angewandte Großzügigkeit und die Kunst des Gebens zu lernen hatte.

Die religiösen Traditionen der Welt sind voller Geschichten von edlen Gesten und von Vorbildern enormer Großzügigkeit. Jesus verlangte von seinen Anhängern, sie sollten all ihr Hab und Gut hergeben und ihm folgen. Mutter Teresa sagt zu ihren Nonnen, die den Ärmsten der Armen dienen: »Gebt euch selbst ihnen zur Speise.«

In einer Geschichte von einem der früheren Leben des Buddha heißt es, daß der Buddha einer kranken und hungrigen Tigerin begegnete, die ihre beide Jungen nicht mehr ernähren konnte. Er empfand ein unendlich tiefes Mitgefühl für sie und warf sich selbst von einer Klippe, um der Tigerin und ihren Jungen als Nahrung zu dienen.

Seine Heiligkeit, der Karmapa, einer der religiösen Führer im tibetischen Buddhismus, kam mehrere Mal nach Amerika, um zu lehren und seinen Segen zu erteilen.

Er stand in dem Ruf, den Buddha des Mitgefühls zu verkörpern. Bei einer Zeremonie unterwies er etwa tausend Teilnehmer in der traditionellen Praxis zur Kultivierung des Mitgefühls, wobei man den Schmerz der Welt einatmet und Mitgefühl ausatmet. Nach dieser Unterweisung stand ein älterer Psychologe auf und fragte: »Sollen wir wirklich alles einatmen? Was ist, wenn die Person vor mir Krebs hat?« Der Karmapa schaute ihn mit einem Blick tiefen Mitgefühls an und sagte schlicht: »Sie nehmen alles in sich hinein. Sie lassen Ihr Herz vom Schmerz der Welt berühren und verwandeln ihn in Mitgefühl.« Keiner der Anwesenden wußte, daß kurz zuvor beim Karmapa selbst Krebs diagnostiziert worden war. Seine Anweisung kam kompromißlos – laß alles in dich hinein und verwandle es in Mitgefühl. Er starb ein Jahr später.

Wie sind solche erstaunlichen Lehren von extremer Großzügigkeit und kompromißlosem Mitgefühl zu verstehen? Mitfühlende Großzügigkeit ist die Grundlage eines echten spirituellen Lebens, denn sie ist nichts anderes als die Praxis des Loslassens. Ein Akt der Großzügigkeit öffnet Körper, Herz und Geist und bringt uns der Freiheit näher. Jeder Akt der Großzügigkeit bedeutet ein Erkennen unserer Unabhängigkeit und ist Ausdruck unserer Buddha-Natur. Doch für die meisten von uns ist Großzügigkeit eine Eigenschaft, die erst entwickelt werden muß. Wir haben die Tatsache zu respektieren, daß sie nur langsam wächst; sonst verkommt unsere Spiritualität zu Idealismus und Nachahmung und agiert lediglich die Vorstellung von Großzügigkeit aus, bevor sie sich zu einer echten Eigenschaft entwikkelt hat. Es kann zwar gut sein, mehr zu geben, als man hat, doch wenn das ein unbewußtes, sich ständig wiederholendes Muster ist, hat es ungesunde Folgen. Ob es sich um Großzügigkeit mit Zeit, Besitz, Geld oder Liebe handelt, das Prinzip ist immer dasselbe. Wahre Großzügigkeit wächst in uns, wenn sich unser Herz öffnet – sie wächst gemeinsam mit der Integrität und Gesundheit unseres inneren Lebens.

In der buddhistischen Tradition wird gelehrt, daß sich die Großzügigkeit auf drei Ebenen entfalten kann. Die erste nennt man »zaghaftes Geben«. Diese Großzügigkeit manifestiert sich mit einem gewissen Zögern. Wir befürchten, daß wir das, was wir hergeben, später vielleicht brauchen könnten. Wir denken daran, es noch aufzuheben, doch dann erkennen wir, daß es an der Zeit ist, es herzugeben. Wenn wir unser anfängliches Widerstreben überwunden haben, erleben wir ein Gefühl von Glück und Freiheit; das sind die ersten Freuden des Gebens.

Die zweite Ebene des Gebens nennt man »geschwisterliches Geben«. Es ist ein Teilen, das sowohl Energie als auch materielle Hilfe anbietet, wie man sie denen zukommen läßt, die man liebt. »Ich besitze das, also wollen wir es teilen.« Wir zögern nicht. Diese Großzügigkeit ist von einer unbefangenen Geisteshaltung motiviert, und mit ihr wachsen Gefühle der Freude, Freundschaftlichkeit und Offenheit in uns.

Die höchste Ebene des Gebens nennt man »königliches Geben«. Dabei empfinden wir solche Freude am Wohlergehen und Glück anderer, daß sich unsere Großzügigkeit spontan und unmittelbar entfaltet. Das geht über das Teilen hinaus. Wir freuen uns am Wohlergehen anderer so sehr, daß wir das Beste geben, was wir haben. Unsere eigene Freude wird größer durch solch eine Großzügigkeit. Es ist, als würden wir zu einem natürlichen Kanal für das Glück aller anderen. Wir entdecken in unserem eigenen Herzen den Überfluß der Könige und Königinnen.

Wenn wir uns für jede dieser Ebenen öffnen, erleben wir, daß dies zunehmend Freude und Licht in unser Leben bringt. Doch wird unserer Fähigkeit, echte Großzügigkeit zu manifestieren, oft durch eine ungenügende Entwicklung des gesunden Ichs Grenzen gesetzt. Eine umfassende Großzügigkeit entspringt ganz natürlich einem Gefühl des Gesundheit und Ganzheit unseres Wesens. Wo traditionelle Kulturen noch wirklich gesund, wo die Menschen auf der physischen wie auf der spirituellen Ebene geborgen sind, wachsen sie mit einem Gefühl von reichen inneren und äußeren Mitteln auf. Großzügigkeit, Teilen und aufeinander Bezogensein sind etwas ganz Natürliches. In vielen Stammeskulturen weist man einem Fremden niemals die Tür – jeder wird eingeladen, ein Mahl zu teilen. Es gibt eine indianische Zeremonie, bei der kleine Kinder mit Essen, Trinken und Kleidung regelrecht überschüttet werden. Die Stammesmitglieder rufen: »Ich habe Hunger, ich habe Durst, mir ist kalt.« Dann werden die Kinder angewiesen, aus ihrem Überfluß mit anderen zu teilen, die es nötig haben.

Wie wir sahen, haben jedoch viele Praktizierende kein Gefühl des Überflusses, oder es fehlt ihnen ein gutes Selbstgefühl. Wenn die Konditionierung durch Minderwertigkeitsgefühle und seelische Verletzungen noch nicht aufgehoben ist, kann man sich kaum vorstellen, wie es ist, auf echte Weise zu geben. Da die innere Erfahrung noch von Mangelgefühlen geprägt ist, gibt man im allgemeinen mit einer subtilen Erwartung, etwas dafür zu bekommen. Bevor wir uns selbst nicht zurückgewonnen haben, sind unsere Versuche edler Großzügigkeit oft nur eine Maskierung ungesunder Abhängigkeit. Wenn wir die Ideale des Mitgefühls und der Großzügigkeit mißverstehen, verstärken sie Abhängigkeit und die Impulse des Festhaltens, die auf einem verkrampften, von Angst erfüllten Selbstgefühl beruhen. In diesem Fall werden Mitgefühl und Großzügigkeit mißverstanden, und wir opfern uns auf oder verlieren uns selbst im ungeschickten Versuch, jemand anderem zu helfen. Die Anonymen Alkoholiker und andere Gruppierungen, die mit den »Zwölf Schritten« arbeiten, verwenden den Begriff Co-dependence, gegenseitige Abhängigkeit, um diese Art von Mißbrauch der Großzügigkeit zu beschreiben; das bedeutet, daß unsere ungeschickte Hilfe andere darin unterstützt, die Konfrontation mit den wahren Schwierigkeiten ihres Lebens zu vermeiden. Das klassische Beispiel ist die Ehefrau eines Alkoholikers, die ihre Umgebung belügt und die Trinkerei ihres Partners vertuscht, um ihn zu »beschützen«. »Hilfe« dieser Art gibt dem Partner lediglich die Möglichkeit, weiterhin zu trinken, und sie verhindert, daß er aus den schmerzhaften Folgen seines Tuns etwas lernt. Diese co-abhängige Hilfe basiert immer auf der eigenen Angst und Abhängigkeit. Wir fürchten uns davor, mit dem eigenen Leiden an der Sucht des Partners konfrontiert zu werden, oder wir befürchten den Verlust der Beziehung, wenn wir die Wahrheit zutage bringen.

Wie wir noch sehen werden, kann die gegenseitige Abhängigkeit auch Praktizierende einer spirituellen Gemeinschaft dazu bringen, das ungesunde Verhalten ihres eigenen Lehrers zu vertuschen, um den Mythos der Sicherheit und Geborgenheit aufrechtzuerhalten und den Konflikt zu vermeiden, der entstehen würde, wenn solche Dinge offen beim Namen genannt würden.

In vielerlei Beziehung können uns unsere Ängste und unsere Abhängigkeit davor zurückscheuen lassen, die Wahrheit zu sagen. Wir sind vielleicht unfähig, Grenzen zu setzen, und wagen es nicht, nein zu sagen. Oder eine ursprünglich gesunde Großzügigkeit kann zu Zwanghaftigkeit degenerieren. Ein Beispiel ist die Frau, die jahrelang viel Zeit investierte, um ehrenamtlich spirituelle oder gemeinnützige Organisationen zu unterstützen, aber in all diesen Jahren ihren eigenen Körper, ihre Gesundheit, ihre Entwicklung und ihre Selbstachtung vernachlässigt hat; oder der Mann, der nicht nein sagen kann, ungeachtet, worum es sich handelt. Nach Jahren fühlen sie sich bis zum Rand mit Groll angefüllt, ohne zu verstehen, wie es dazu kam.

Die Frage, der wir uns in unserer Praxis stellen müssen, lautet: Wie weiß ich, wann mein Handeln mitfühlend und wann co-abhängig ist? Vielleicht finden wir die Antwort in der Geschichte vom Gespräch zwischen dem Buddha und den Akrobaten. Ein Großvater reiste mit seiner Enkelin herum, und sie verdienten ihr Geld mit akrobatischen Künsten. Sie kamen zum Buddha, um mit ihm zu besprechen, wie sie sich am besten absichern und einander helfen könnten. Der Großvater äußerte die Ansicht, daß jeder dem anderen helfen sollte; bei ihren gefährlichen Auftritten sollte er auf sie aufpassen und sie auf ihn. So könnten sie einander beschützen. Die Enkelin fragte den Buddha, ob es nicht umgekehrt sinnvoller sei: »Wäre es nicht besser, wenn jeder auf sich selbst aufpassen würde? Auf diese Weise würden wir auch einander beschützen, und unsere akrobatischen Fähigkeiten würden sich verbessern.« Nachdem er beiden zugehört hatte, sagte der Buddha: »Obwohl sie jung ist, ist sie weise. Wenn du als Großvater gut auf dich selbst aufpaßt und gut acht gibst, was du tust, wirst du zugleich für die Sicherheit deiner Enkelin sorgen; und wenn du als Kind mit Aufmerksamkeit und Respekt auf dich selbst achtest, dann dient dies dir selbst wie auch anderen zum Schutz.«

Gegenseitige Abhängigkeit und ungesundes Mitgefühl kommen daher, daß wir unsere *eigene* Rolle im Balanceakt menschlicher Beziehungen vergessen haben, oder daß wir die wahren Konsequenzen unseres Handelns für andere mißachten. Im vorangegangenen Kapitel wurden die Wurzeln der gegenseitigen Abhängigkeit beschrieben, als von unseren inneren Verletzungen, unserem Mangel an Selbstachtung und unserem geringen Selbstwertgefühl die Rede war. Gegenseitige Abhängigkeit entsteht auch dann, wenn wir mangels Selbstachtung unsere Intuition und unsere Gefühle abwerten oder wenn wir uns vor der Mißbilligung anderer fürchten.

Viele von uns haben so wenig Verbindung zu sich selbst, daß sie leicht das Gefühl dafür verlieren, was einer Situation angemessen ist und was nicht. Wir können so sehr darauf bedacht sein, für andere zu sorgen oder es ihnen recht zu machen, sie zu besänftigen oder Konflikte zu vermeiden, daß wir unsere eigenen Bedürfnisse, unsere eigene Situation nicht mehr klar erkennen. Ein Witz illustriert dieses Phänomen: Zwei Wissenschaftler, ein Mann und eine Frau, haben in ihrer Schulung in »objektiver Beobachtung« gelernt, sich selbst aus dem Spiel zu lassen. Sie schlafen miteinander, und danach sagt er zu ihr oder sie zu ihm: »Für dich war es schön, wie war es für mich?« Wenn man nicht in Verbindung mit sich selbst ist und wenig Selbstachtung hat, kann dies auch zu suchthaften Abhängigkeiten innerhalb des spirituellen Lebens führen. Solche Geschichten sind verbreitet – wie die vom alkoholabhängigen Priester oder vom Meditierenden, der seine Meditationspraxis mit Drogengenuß ergänzt, um ständig high zu bleiben, oder vom Mißbrauch spiritueller Lehrsätze zur Rechtfertigung eines körperlich oder geistig ungesunden Lebenswandels. Manchmal ist die Spiritualität selbst eine Sucht. Wir haben bereits gesehen, wie manche Meditierende die Praxis benützen, um sich abgehobene Zustände zu verschaffen und dem Leben auszuweichen.

Eine Krankenschwester heiratete einen Mann, dessen ganzes Leben sich nur um seine spirituelle Praxis drehte. Er wollte »erleuchtet werden«, um dann andere belehren zu können. Sie kümmerte sich den ganzen Tag um ihre Patienten, und wenn sie heimkam, mußte sie ihn versorgen. Er ging häufig zu Retreats, und dazwischen las er spirituelle Bücher, rauchte Haschisch und führte spirituelle Gespräche mit Freunden, während seine Frau arbeiten ging, um den Unterhalt für ihn aufzubringen. Sie wünschte sich ein eigenes Haus und Kinder, fühlte sich jedoch schuldig, weil sie etwas wollte, das ihn vielleicht von seiner Praxis abhalten würde.

Lange Zeit unterstützte und verteidigte sie ihn und dachte, das sei spirituell gesehen das Richtige, doch unbewußt war sie voller Ressentiment, wagte aber nicht, es zu äußern. Sie wußte einfach nicht, wie man nein sagt. Schließlich kam sie zu mir. Als ich ihr nahelegte, völlig aufrichtig zu sein, brach das ganze Unglück aus ihr heraus. Es endete damit, daß sie ihren Mann vor die Tür setzte. Nach ein paar weiteren Retreats, in denen er sich scheußlich fühlte, kam er wieder zurück, suchte eine Arbeit und begann, seine Frau, sein Zuhause und die Möglichkeit, Kinder zu haben, als einen Teil seines spirituellen Lebens zu akzeptieren.

Wenn wir uns nicht selbst in das Feld des Mitgefühls einbeziehen, wenn die Achtung uns selbst gegenüber fehlt, führt das zu falscher Sicherheit oder zu dummem Mitgefühl. Eine ungesunde oder allzu idealistische Großzügigkeit sind die Folge dieses Irrtums. Ist unser Selbstwertgefühl gering, so sind wir nicht in der Lage, Grenzen zu setzen und unsere eigenen Bedürfnisse zu respektieren. Die scheinbar mitfühlende Hilfe vermischt sich mit Abhängigkeit, Furcht und Unsicherheit. Reife Liebe und gesundes Mitgefühl sind jedoch nicht abhängig, sondern die Frucht einer tiefen Achtung uns selbst und anderen gegenüber. Dann können Sie ja sagen, und sie können nein sagen – wie Eltern, die wissen, wann Grenzen gesetzt werden müssen, wenn sie ihr geliebtes Kind weise erziehen. Manchmal ist ein klares »Nein« oder »Ich kann nicht« oder »Ich erlaube das nicht, das geht zu weit« das Spirituellste, was wir sagen können.

Grenzen setzen und von einer abhängigen und verstrickten Liebe zu einer Liebe übergehen, die auf gegenseitigen Respekt gegründet ist, und geben lernen, ohne die eigenen Bedürfnisse zu vernachlässigen – all dies kann ein grundlegendes Wachstum der Selbstachtung und der bewußten Selbstwahrnehmung mit sich bringen, das zur gesunden Entwicklung des Ich gehört. Manche Praktizierende müssen sich vielleicht für einige Zeit des Gebens enthalten, während sie die Kunst des Grenzensetzens üben. Andere, die zu sehr in einer Armutsmentalität befangen waren, um überhaupt geben zu können, sollten mit kleinen Akten der Großzügigkeit auf der jeweils ihnen entsprechenden Ebene beginnen. Ein zögerndes Geschenk von jemandem, dem das Geben unvertraut ist, kann auf seine Weise sehr kostbar sein. Wir können lernen, eine sinnvolle Großzügigkeit zu entwickeln, die unsere eigenen Bedürfnisse und die der anderen berücksichtigt.

Der Buddha empfahl in seinen Belehrungen über Achtsamkeit, daß wir sehr aufmerksam auf den Zustand unseres Herzens achten sollen, der uns zum Handeln veranlaßt. Es ist allzu idealistisch, zu erwarten, daß wir einfach immer das Gute tun wollen; wir müssen achtsam sein, um zu erkennen, wann das Herz festhält, wann es sich fürchtet, wann es abhängig ist. Wenn wir zutiefst lauschen, können wir beginnen, zwischen Abhängigkeit und Liebe zu unterscheiden. Ebenso können wir lernen zu sehen, wann das Herz offen ist, wann es nicht festhält, wann gegenseitiger Respekt und Interesse vorhanden sind. Nur auf dieser Basis ist ein weises und mitfühlendes Handeln möglich.

Um zwischen Weisheit und Abhängigkeit unterscheiden zu lernen, müssen wir unsere eigene Biografie verstehen, indem wir betrachten, wie in unserer Familie mit Bedürfnissen umgegangen wurde, wie sie Grenzen setzte und auf Verunsicherung reagierte. Solange wir uns das nicht klargemacht haben, wiederholen wir die entsprechenden Muster auch in unserem spirituellen Leben. Wo immer mit den Zwölf Schritten gearbeitet wird, gibt man den Teilnehmern die Gelegenheit, die eigene Geschichte zu erzählen und die Lebensgeschichten anderer zu hören. Wenn wir unsere Familiengeschichte aufrichtig darstellen, kann dies einen wirkungsvollen Prozeß einleiten, in dem wir zwischen gesunder Zuneigung und Abhängigkeit und zwischen Respekt und Angst unterscheiden lernen und wahres Mitgefühl entdecken.

Die mitfühlende Haltung sich selbst gegenüber wird in der spirituellen Praxis oft vernachlässigt. In den ersten Jahren, in denen ich Retreats leitete, fühlte ich mich zeitweilig völlig überlastet. Nach drei oder vier Retreats hintereinander, in denen Hunderte von Einzelgesprächen mit den Teilnehmern stattfanden, wurde ich den Praktizierenden und Kollegen gegenüber immer reizbarer. Es gab schlimme Tage, an denen ich mich ausgebrannt fühlte und keines anderen Menschen Probleme mehr hören wollte. Damals hatte ich die Gelegenheit, Seine Heiligkeit Dudjom Rinpoche zu treffen, und ich nahm mir vor, ihn um Rat zu bitten. Also erzählte ich ihm von meinen Schwierigkeiten. Da er ein bekannter tantrischer Lehrer war, dachte ich, er würde mir eine besondere Visualisations- und Mantrapraxis verordnen; ich stellte mir vor, ich würde mich in Licht einhüllen und heilige Worte rezitieren und unberührt von der Intensität der Arbeit mit den allzu vielen Schülern bleiben. Er fragte nach vielen Details meiner Praxis und meiner Art des Lehrens, und dann sagte er: »Ja, ich kann Ihnen helfen.« Ich wartete sehr gespannt auf die höheren tantrischen Lehren, aber er sagte nur: »Ich schlage vor, daß Sie kürzere Retreats leiten und längeren Urlaub nehmen.« Das, denke ich, ist tatsächlich die »höhere Lehre«.

Die Basis für Mitgefühl schafft man dadurch, daß man zuerst eine sensible Haltung sich selbst gegenüber entwickelt. Wahres Mitgefühl erwächst aus einem gesunden Selbstgefühl, aus der bewußten Wahrnehmung, wer wir sind, so daß wir unsere eigenen Fähigkeiten und Ängste, unsere Gefühle und unsere Ganzheitlichkeit wie auch die anderer sehen und würdigen können. Es basiert niemals auf Angst oder sentimentalem Mitleid, sondern ist eine zutiefst hilfsbereite Antwort des Herzens, das sich um die Würde und das Wohlergehen einer jeden Kreatur sorgt. Es ist eine spontane Reaktion auf das Leiden, mit dem wir konfrontiert sind, ein Gefühl gegenseitiger Resonanz und natürlicher Verbundenheit angesichts der universellen Erfahrung von Verlust und Schmerz. Wenn sich unser Herz geöffnet hat und geheilt ist, will es seinerseits alles heilen, womit es in Berührung kommt. Mitgefühl für uns selbst setzt die Kraft frei, Ressentiment in Vergebung, Haß in Freundlichkeit und Angst in Respekt gegenüber allen Wesen zu verwandeln. Es ermöglicht uns, dem Schmerz und Kummer anderer mit aufrichtiger Wärme, Sensibilität und Offenheit zu begegnen.

Mitgefühl mag im einen Fall Handeln erfordern und im andern nicht. Es setzt sich nicht zum Ziel, Probleme zu lösen. Doch wann immer etwas getan werden muß, wird das Mitgefühl dafür sorgen, daß es getan wird. Wahres Mitgefühl erwächst aus der furchtlosen Fähigkeit des Herzens, alles zu umfassen, sich von allem berühren zu lassen und mit allem Beziehung aufzunehmen. Chögyam Trungpa nannte dies des wahren Kriegers sanftes Herz der Traurigkeit. Er sagte:

Wer sein Herz erweckt, der stellt staunend fest, daß dieses Herz leer ist. Es ist wie ein Blick in den Weltraum. Was bin ich, wer bin ich, wo ist mein Herz? Wer wirklich schaut, findet nichts Greifbares, nichts Festes... Wenn du dieses erwachte Herz suchst, wenn du in der eigenen Brust danach tastest, findest du nichts als Zartheit. Weich und wund fühlt es sich an, und wenn wir unsere Augen für die Welt öffnen, überkommt uns eine abgrundtiefe Traurigkeit. Diese Art von Traurigkeit hat aber nichts mit äußeren Gründen zu tun. Du bist nicht traurig, weil jemand dich verletzt hat oder weil du einen Verlust zu beklagen hast. Diese Traurigkeit ist grundlos. Sie rührt daher, daß dein Herz ganz bloßgelegt ist. Keine Haut schein mehr darüber zu sein, es ist rohes Fleisch. Setzte sich eine winzige Mücke darauf, du wärst zutiefst davon berührt... Es ist dieses sanfte Herz des Kriegers, das die Macht hat, die Welt zu heilen.

Die Kraft des mitfühlenden Herzens, des echten Mitgefühls, allen Schmerz zu verwandeln, dem wir begegnen, ist außerordentlich groß.
Ich las einmal eine Geschichte von einem Paar, das keine Kinder bekommen konnte. Sie beschlossen, ein Kind aus einem armen Land zu adoptieren und fanden ein wunderhübsches, zwei Monate altes Bübchen aus Indien. Im ersten Jahr wurde deutlich, daß das Kind ernsthafte gesundheitliche Schädigungen hatte. Als erstes entdeckten sie, daß es taub war und niemals hören würde. Dann wurde deutlich, daß es unter einer Gehirnlähmung litt, die zwar seine Intelligenz nicht beeinflußte, aber die körperliche Entwicklung behinderte. Sie brachten dem Kind die Gebärdensprache bei, so daß sie mit ihm sprechen konnten, und als es das Laufalter erreichte, besorgten sie ihm einen kleinen Rollstuhl, so daß es sich bewegen konnte. Dann organisierten sie eine Selbsthilfegruppe von Eltern, die behinderte Kinder adoptiert hatten. Und weil sie befürchteten, daß sich ihr Sohn isoliert fühlen könnte, taten sie etwas Erstaunliches. Sie schrieben nach Indien, daß sie ein weiteres Kind zu adoptieren wünschten, das ebenfalls taub war. Diesem Zeitungsartikel war ein Foto der beiden Kinder beigefügt; sie umarmten einander mit strahlenden Gesichtern.
Die Furchtlosigkeit des Mitgefühls führt uns direkt in die Konflikte und in das Leiden das Lebens hinein. Furchtloses Mitgefühl weiß um das unvermeidliche Leiden und um die Notwendigkeit, sich dem Leiden auszusetzen. Manchmal kann uns nur der Schmerz an den qualvollen Folgen unseres Handelns dazu bringen, mehr zu verstehen, Freundlichkeit für alle Wesen zu entwickeln und Befreiung zu finden.
Als ich darum bat, in Achaan Chahs Kloster aufgenommen zu werden, antwortete er, ich sei willkommen, sofern ich keine Angst vor dem Leiden hätte! Die Rolle eines großen Lehrers besteht darin, dem Schüler zu helfen, in der unmittelbaren Konfrontation mit dem Leiden zu lernen. Die Macht dieses furchtlosen Mitgefühls kann ebenso energisch und unnachgiebig wie freundlich und sanft sein.
Manchmal verlangt Mitgefühl für uns selbst und andere, daß wir eindeutige Grenzen setzen und nein sagen lernen, ohne den anderen aus unserem Herzen zu verbannen. Eine Bekannte von mir fuhr eines Nachts mit ihrem

Freund in einer Rikscha durch die dunklen Straßen von Kalkutta zum Bahnhof. Sie hatte monatelang Einsichts-Meditation und die ergänzenden Meditationen der Herzenswärme und des Mitgefühls praktiziert und war auf dem Weg zu einem Meditationsretreat. Plötzlich rannte ein Mann auf die Rikscha zu und versuchte sie herunterzuzerren. Sie und ihr Freund schafften es, ihn wegzustoßen und unbeschadet den Bahnhof zu erreichen. Als sie später ihrem Lehrer diese Geschichte erzählte, gab er zwar seiner Betroffenheit Ausdruck, fügte jedoch hinzu: »Liebes Kind, bei all Ihrer Herzenswärme und Ihrem Mitgefühl hätten Sie aber doch Ihren Schirm nehmen und ihn dem Kerl auf den Kopf hauen sollen.«

Es gehört zur Paradoxie des Lebens, daß unser Mitgefühl manchmal verlangt, ja zu sagen und manchmal nein. Das scheint ein Widerspruch zu sein, ist es aber nicht. Beides kann unsere Achtung vor allen Wesen ausdrücken, einschließlich vor uns selbst. Als zum Beispiel bei einem internationalen buddhistischen Treffen meine Mitarbeiterin ihr gerade erhaltenes Geburtstagsgeschenk weiterschenkte, um ihre Großzügigkeit zu beweisen, geriet sie in eine bedrückte und reizbare Stimmung. Schließlich nahm ein tibetischer Lama sie beiseite und fragte, was mit ihr los sei. Er fand heraus, daß sie ihr Geschenk ihrem Freund weitergegeben hatte, um ihm eine Freude zu machen, diese unbedachte Großzügigkeit jedoch inzwischen bedauerte. Der Lama sagte: »Geh' und hol es dir zurück, und gib' es nicht her, bevor du bereit dazu bist.« Da lachten beide, und das Lachen brachte große Erleichterung. Sie erbat ihr Geschenk zurück, und es wurde doch noch ein recht schöner Tag.

Es gibt kein Patentrezept für die Praxis des Mitgefühls. Wie alle großen spirituellen Künste erfordert es, daß wir achtsam und aufmerksam sind, daß wir unsere Motivationen verstehen und uns dann fragen, was wirklich helfen kann. Mitgefühl hat die Flexibilität eines Bambus, der sich den wechselnden Umständen beugt. Es setzt Grenzen, wenn es nötig ist und bleibt dennoch flexibel.

Durch Mitgefühl kann das Leben mit seinen paradoxen Qualitäten – Lebendigkeit, Liebe, Freude und Schmerz – in unser Herz dringen. Wenn es sich in uns entfaltet, sind wir bereit, alles zu geben, was uns zur Verfügung steht, um den Krieg zu beenden, die Umwelt zu heilen, den Armen zu helfen, AIDS-Kranke zu versorgen und den Regenwald zu retten. Doch wahres Mitgefühl bedeutet auch, uns selbst zu lieben, unsere eigenen Bedürfnisse zu respektieren und unsere Grenzen wie unsere wahren Fähigkeiten zu würdigen.

Selbst der Buddha sah sich mit solchen Grenzen konfrontiert. Einer seiner Titel lautet »Der Lehrer derer, die belehrt werden können«. Im allgemeinen war er für die anderen Menschen eine große Hilfe, aber nicht immer. Nachdem der klösterliche Orden etabliert war und man sich auf die vielen Regeln für die Mönche und Nonnen geeinigt hatte, kam es in einem seiner abgelegenen Klöster zu heftigen Auseinandersetzungen. Eine Gruppe von Mönchen beschuldigte die anderen, gegen eine Regel verstoßen zu haben, und die anderen bestritten das und erklärten, die Ankläger würden ihrerseits gegen die Regeln verstoßen, indem sie falsche Anschuldigungen äußerten.

Als der Buddha kam, um die Angelegenheit zu klären, empfahl er, daß sich alle entschuldigen sollten; aber seine eigenen Mönche ignorierten seinen Rat. Er versuchte alles Mögliche, um sie dazu zu bringen, auf ihn zu hören, doch schließlich erkannte er, daß er nichts anderes tun konnte, als sie sich selbst zu überlassen. Also verließ er die unbotmäßigen Mönche und verbrachte ein friedliches Regenzeit-Retreat weitab in den Wäldern in der Gesellschaft der Tiere. Er tat, was er konnte, und nicht mehr.

Wenn echtes Mitgefühl und Weisheit zusammenkommen, berücksichtigen, lieben und schätzen wir alle, uns selbst und andere, anstatt an dem Ideal festzuhalten, unser Mitgefühl an alle zu verströmen und uns selbst dabei völlig zu »vergessen«. Die Trennung von »ich« und »andere« löst sich auf. Dann wächst die Kraft der Großzügigkeit und des Mitgefühls wie eine aufgehende Sonne, und wir entdecken, daß dies unser wahres Wesen ist. Wie die Mutter, die das Auto beiseite hebt, das ihr Kind überfahren hat, werden wir in bestimmten Situationen erleben, daß die Kraft unserer Liebe größer ist als alle Hindernisse. Solch ein Mitgefühl läßt so viel Zärtlichkeit und Furchtlosigkeit zugleich entstehen, wie es auf keine andere Weise möglich wäre.

Meditation: Leiden in Mitgefühl verwandeln

Das menschliche Herz hat die wunderbare Fähigkeit, die Leiden und Schmerzen des Lebens anzunehmen und in einen großen Strom von Mitgefühl zu verwandeln. Es ist das Geschenk großer Vorbilder wie Buddha, Jesus, Maria oder Kwan Yin (die chinesische Göttin des Mitgefühls), die Macht dieses sanften und erbarmungsvollen Herzens angesichts all des Leidens in der Welt zu verkünden. Wann immer Ihr eigenes Herz offen und unverhüllt ist, erwacht im tiefsten Innern die Fülle des Mitgefühls. Mitgefühl entsteht, wenn Sie zulassen, daß Ihr Herz vom Schmerz und der Not anderer berührt wird.

Um ihr Mitgefühl zu entwickeln, können Sie die traditionelle Meditation des Mitgefühls und der Verwandlung von Schmerz in das Feuer des Herzens praktizieren.

Sitzen Sie ruhig und gesammelt. Atmen Sie sanft, und spüren Sie Ihren Körper, Ihren Herzschlag, Ihre Lebenskraft. Nehmen Sie wahr, wie Sie Ihr eigenes Leben wertschätzen und wie Sie inmitten aller Sorgen und Schmerzen auf sich selbst achten. Denken Sie nach einiger Zeit intensiv an jemanden, den Sie sehr lieben. Stellen Sie sich diese Person vor, und nehmen Sie sie in Ihr Herz. Nehmen Sie ihren Kummer und ihre Sorgen, das Maß ihres Leidens am Leben wahr. Fühlen Sie, wie sich Ihr Herz ganz natürlich für diese Person öffnet, sich ihr zuwendet, um ihr Gutes zu wünschen, sie zu trösten und ihren Schmerz zu teilen.

Das ist die natürliche Reaktion des Herzens. Verstärken Sie diese Reaktion durch die Rezitation der traditionellen Worte: »Mögest du frei von Schmerz und Sorgen sein, mögest du Frieden haben«. Fahren Sie mit der Rezitation einige Zeit lang fort.

Wenn Sie ein tiefes Gefühl der Zuneigung und Fürsorge für diese Person empfinden, die Ihnen nahesteht, können Sie es nacheinander auf andere Freunde und Bekannte ausdehnen. Erweitern Sie Ihr Mitgefühl für Ihre Nachbarn, für diejenigen, die weit entfernt sind, und schließlich für die Bruderschaft und Schwesternschaft aller Wesen. Öffnen Sie sich, und fühlen Sie, wie die Schönheit eines jeden Wesens Freude in Ihnen erzeugt, und wie Sie das Leiden eines jeden Wesens zu Tränen rührt. Fühlen Sie die Verbundenheit Ihres zärtlichen Herzens mit allem Leben und allen Wesen.

Lassen Sie Ihr Herz nun zum Ort der Verwandlung allen Leidens werden. Spüren Sie den Atem im Bereich Ihres Herzens, so, als ob Sie sanft in ihr Herz hinein und aus ihm heraus atmen könnten. Nehmen Sie die Freundlichkeit Ihres Herzens wahr, und stellen Sie sich vor, daß Sie mit jedem Atemzug Schmerz einatmen und Mitgefühl ausatmen. Beginnen Sie damit, daß Sie das Leiden aller Wesen einatmen. Lassen Sie bei jedem Einatmen Ihr Herz von ihrem Kummer und Schmerz berühren, und verwandeln Sie diese in Mitgefühl. Wünschen Sie mit jedem Ausatmen allen Wesen Gutes, und dehnen Sie Ihre fürsorgliche Zuwendung und Ihr erbarmungsvolles Herz auf sie aus.

Stellen Sie sich beim Atmen Ihr Herz als reinigendes Feuer vor, das allen Schmerz der Welt aufnehmen und ihn in das Licht und die Wärme des Mitgefühls verwandeln kann. *Das ist eine sehr wirkungsvolle Meditation, die einige Praxis erfordert. Seien Sie freundlich zu sich selbst.*

Lassen Sie das Feuer Ihres Herzens sanft in Ihrer Brust brennen. Atmen Sie das Leiden derer ein, die hungrig sind. Atmen Sie das Leiden derer ein, die sich im Krieg befinden. Atmen Sie das Leiden an der Ignoranz ein. Stellen Sie sich bei jedem Ausatmen lebende Wesen überall in der Welt vor, und atmen Sie den heilenden Balsam des Mitgefühls aus. Nehmen Sie alles in Ihr Herz, wie die Mutter der Welt; laden Sie mit dem Einatmen alle Wesen ein, Sie zu berühren, und umarmen Sie alle Wesen voller Mitgefühl im Ausatmen.

Praktizieren Sie so eine Weile, und lassen Sie dann Ihren Atem und Ihr Herz ruhen – als ein Zentrum des Mitgefühls inmitten der Welt.

16

Es geht nicht allein: Die Beziehung zu einem Lehrer/einer Lehrerin

Wie wir gesehen haben, gibt es Zeiten, in denen es für das Wachstum des spirituellen Lebens wichtig ist, eine Beziehung zu einem spirituellen Lehrer (damit ist natürlich stets auch die Lehrer*in* gemeint) zu haben. Ob Sie bereits mit einem Lehrer gearbeitet haben oder aber beabsichtigen, das zu tun, auf jeden Fall ist es gut, sich über diese Schlüsselbeziehung Gedanken zu machen.

Wir haben bereits den grundlegenden Prozeß der Heilung beschrieben, der im Verlauf der Meditationspraxis stattfindet: die unvermeidlichen Hindernisse und die nötige Geschicklichkeit, um mit zwanghaften Bewußtseinszuständen zu arbeiten; die heftigen physischen Manifestationen, wenn sich die Chakren und das Energiesystem öffnen; die Bereiche der tiefen Nacht, die Tod-und-Wiedergeburt-Erfahrung und die vielen Zyklen im spirituellen Leben. Wie sollten wir allein unseren Weg durch all das hindurch finden? Selbst wenn sich in Zeiten großer Veränderung oder durch eine Nahtod-Erfahrung ein spontanes Erwachen vollzieht, müssen wir feststellen, daß diese schmerzhaften oder ekstatischen Erfahrungen und Visionen sehr oft wieder vergehen, wenn wir nicht die Unterstützung durch einen Lehrer und eine systematische Praxis haben.

Orientierungshilfe durch spirituelle Bücher und Texte reicht nicht aus. Wir wissen nicht, wohin uns unser spiritueller Weg führen wird, doch immer erfordert es, daß wir in das hineingehen, was schwierig und unbekannt ist. Wer allein zu praktizieren versucht, wird fast unvermeidlich mehr Verwir-

rung erleben oder weniger spirituelle Tiefe ereichen als diejenigen, die unter der Anleitung eines erfahrenen Lehrers praktiziert haben.
Es ist ein Grundprinzip des spirituellen Wegs, daß unsere tiefgreifendsten Lernprozesse in unvertrautem Territorium stattfinden. Oft öffnet sich gerade dann etwas Neues, wenn wir uns ganz besonders verwirrt fühlen oder in den größten Schwierigkeiten stecken. Gerade durch unsere schwächste Seite erwachen wir am leichtesten zum Mysterium des Lebens. Unsere größten Stärken – wo wir am klarsten und kompetentesten sind – haben die Tendenz, uns vom Mysterium fernzuhalten. Wenn wir uns ohne einen Führer in das Territorium jenseits unserer selbst wagen, ist das möglicherweise so, als wollten wir uns am eigenen Schopf aus dem Sumpf ziehen.

Rumi warnt uns davor mit folgender Geschichte:

Ein Mann fing einen Vogel in einer Falle.
Der Vogel sagte: »Mein Herr, Ihr habt in Eurem Leben
so viele Kühe und Schafe gegessen
und seid immer noch hungrig.
Das bißchen Fleisch an meinen Knochen
wird Euch auch nicht zufriedenstellen.
Wenn Ihr mich gehen laßt, gebe ich Euch drei Stücke Weisheit.
Eines sag ich Euch auf Euerer Hand.
Eines sag ich Euch von Euerem Dach.
Und eines sag ich Euch vom Ast dieses Baumes.«

Der Mann wollte es hören. Er ließ den Vogel frei,
und dieser ließ sich auf seiner Hand nieder.

»Nummer eins: Glaube nicht an Absurdes,
wer es auch immer äußern mag.«

Der Vogel flog auf das Dach:

»Nummer zwei: Trauere nicht um Vergangenes; es ist vorbei.
Bedauere nie das, was geschehen ist.«

»Übrigens«, fuhr der Vogel fort, »befindet sich
in meinem Körper eine riesige Perle, die soviel
wie zehn Kupfermünzen wiegt. Sie sollte ein Erbe
für Euch und Euere Kinder sein, doch nun
habt Ihr sie verloren. Ihr hättet die größte Perle
besitzen können, die es je gegeben hat, doch offenbar
sollte es nicht sein.«

Der Mann begann zu jammern wie eine Frau beim Gebären.
Der Vogel rief: »Sagte ich nicht gerade: ›Traure nicht
um Vergangenes‹ und ›Glaube nicht an Absurdität‹?
Mein ganzer Körper wiegt nicht soviel
wie zehn Kupfermünzen. Wie könnte ich eine Perle
dieser Größe in mir haben?«

Der Mann wurde wieder vernünftig. »Also gut. Sag mir
Nummer drei.«

»Gewiß. Du hast so guten Gebrauch von den zwei ersten gemacht!
Gib niemandem einen Rat, der hundemüde ist
und einschläft. Wirf nicht Samenkörner in den Sand.«

Rumi beschreibt hier, wie einfach es ist, sich einfangen zu lassen.
Selbst wenn wir einen guten Rat erhalten, ist es leicht, ihn zu ignorieren oder falsch aufzufassen. Wir stecken in so vielen inneren Engpässen fest, wir werden mit so vielen problematischen Schichten der Furcht und des Festhaltens, mit so viel Selbsttäuschung und Mangel an Selbstwertgefühl konfrontiert. Sie tauchen in der Praxis eines jeden auf, und je wissender und kompetenter wir zu sein glauben, desto langsamer steigen wir auf und desto draufgängerischer provozieren wir das Fallen.
Wie Ray Bradbury sagte: »Als erstes lernst du im Leben, daß du ein Narr bist. Als letztes lernst du, daß du immer noch derselbe Narr bist. Manchmal meine ich, daß ich alles verstehe. Danach komme ich wieder zu Verstand.«
Unser weltliches Wissen hilft uns in der Meditationspraxis nicht viel. In

Boston bat mich einmal der Leiter einer neuen Sterbeklinik – ein Arzt, der sich auf intellektueller Ebene ausführlich mit Spiritualität befaßt hatte –, ein Retreat für das gesamte Hospizpersonal zu leiten. Am vierten Tag intensiver Sitz- und Gehmeditation kam er zum Einzelgespräch. Er war sehr besorgt, denn er fühlte starke Herzschmerzen, die bis in seine Schultern ausstrahlten. Die Symptome veranlaßten ihn zu der Annahme, daß es sich um einen Herzanfall handelte. Seine einzige Frage drehte sich darum, ob er einen Krankenwagen rufen solle, oder ob jemand von uns ihn in ein Krankenhaus bringen könne. Ich stellte ihm einige gezielte Fragen über die Empfindungen in seinem Körper, über seine energetischen Erfahrungen und seine geistige Verfassung und erklärte ihm dann, daß es sich um die typischen Anzeichen beim Öffnen des Herzchakras handle; der Prozeß des spirituellen Öffnens wird oft von einem physischen Aufbrechen des Muskelpanzers begleitet, der das Herz umgibt. Ich hatte das selbst erlebt und auch häufig bei anderen gesehen. Dann sagte ich: »Übrigens haben Sie hier doch ein neues, spirituell orientiertes Hospiz eingerichtet. Vielleicht ist es jetzt bei diesem Retreat an der Zeit, daß Sie sich mit Ihrem eigenen Tod befassen, egal, ob es sich um einen Herzanfall handelt oder nicht.« (Ich war ganz sicher, daß es kein solcher war.) »Kamen Sie nicht hierher, um etwas über Tod und Sterben zu lernen? Welch bessere Gelegenheit zu sterben gibt es, als ein Meditations-Retreat?« Dann schickte ich ihn zurück auf sein Sitzkissen. Ohne Lehrer wäre er mit der Verwirrung und Angst, in die diese Erfahrung ihn versetzte, nicht fertiggeworden und hätte sich wahrscheinlich in ein Krankenhaus bringen lassen. (Sie selbst sollten dies natürlich auf jeden Fall tun, wenn Sie ernsthaft Schmerzen dieser Art haben und kein erfahrener Lehrer zur Hand ist!)

Da der spirituelle Entwicklungsprozeß nicht willkürlich verläuft, können uns Lehrer, die sich auf alte Traditionen stützen, auf unserer Reise helfen und die Anzeichen richtig deuten, wenn wir allein nicht mehr weiterwissen. Doch selbst, wenn wir erkennen, daß wir einen Lehrer brauchen, sind wir vielleicht unsicher, wonach wir Ausschau halten sollen. Unsere Kultur bietet uns wenige oder gar keine Modelle, wie man einen spirituellen Lehrer, Meister, Guru oder Führer finden kann und wie man auf dem spirituellen Weg mit ihm arbeitet. Die Geisteshaltung, wie sie die Scholaren und Adepten hatten, ist längst verlorengegangen; heutzutage finden Ausbildungen aller Art zumeist auf recht unpersönliche Art statt, in zunehmendem Maß sogar mit Hilfe von Videos und Computern. Aber wir haben vielleicht Geschichten von Gurus und Zen-Meistern gelesen, und wenn wir uns eine Beziehung zu solch einem Menschen vorstellen, neigen wir zu übertriebenen oder verzerrten Erwartungen. Manche spirituellen Schüler haben ein sehr unrealistisches Bild von einem spirituellen Meister und stellen sich vor, sie müßten einen Lehrer finden, der eine Art allwissender und allmächtiger Gott ist, und viele spirituelle Gemeinschaften unterstützen dieses übertriebene Konzept. Da gibt es Schüler, die so reden, als könne ihr Meister einfach alles; sie sagen zum Beispiel: »Mein Lehrer hat mir geholfen, diesen Job zu finden«, »Mein Lehrer ließ diesen Unfall passieren, um mir eine Lehre zu erteilen«, »Mein Lehrer hat durch seine magischen Kräfte diese Situation geschaffen, die ich jetzt erlebe«, »Der Meister führt uns alle und ist für alles verantwortlich«, »Der Meister wird mich zur rechten Zeit erleuchten«.

In das entgegengesetzte Extrem verfallen Schüler, die besonders vorsichtig sind und Schwierigkeiten haben, einen anderen Menschen zu respektieren oder in irgendeiner Weise als überlegen anzuerkennen, und die nicht akzeptieren können, daß ein anderer tatsächlich mehr weiß als sie selbst. Für sie ist es schwer, sich von jemand anderem etwas beibringen zu lassen. Wenn solche Leute Geschichten von falschen Gurus oder von Lehrern gehört haben, die sich schlecht benahmen, meinen sie, daß man keinen Lehrer nötig habe und keinem vertrauen könne. Diese Haltung entstammt oft unbearbeiteten Autoritätsproblemen und manifestiert sich als Unfähigkeit, ungezwungen mit verschiedenen Rollen umzugehen – manchmal als Unfähigkeit, Schüler zu sein, manchmal auch als Unfähigkeit, sich in der Rolle des Lehrers wohlzufühlen. Oder wir sind vielleicht einfach nur unbeholfen und ängstlich, weil wir nicht wissen, wie wir uns einem Lehrer gegenüber verhalten sollen. Auf längere Sicht werden die Probleme, die wir in anderen Beziehungen haben, wahrscheinlich auch in der Beziehung zu unserem Lehrer auftreten, sowohl was das Vertrauen betrifft – allzu blind zu vertrauen oder gar nicht vertrauen zu können – als auch, was die Grenzen betrifft, wie Furcht, Zweifel oder Abhängigkeit.

Hinter all den Schwierigkeiten, die Schüler mit ihren Lehrern haben, steht die von uns allen geteilte große Sehnsucht, uneingeschränkt geliebt und akzeptiert zu werden; wenige von uns wurden je auf diese Weise geliebt. Doch zugleich fürchten wir uns auch davor. Der Schmerz über frühere Verluste und Verlassenwerden ist immer noch da und erzeugt Verwirrung und Angst. Diese Angst veranlaßt uns entweder dazu, den Wert des Lehrers zu unterschätzen und uns selbst vor der Macht unserer Sehnsucht zu schützen, oder sie führt zu Inflation und Idealisierung, so daß wir den perfekten Meister suchen, der uns niemals verletzen oder enttäuschen wird. In Wirklichkeit müssen wir jedoch lernen, zu lieben und uns lieben zu lassen. Diese Liebe ist das zentrale Element in der Beziehung zwischen Lehrer und Schüler, und nur in diesem Schutzraum können die Lehren vermittelt werden.

Gute Lehrer wissen das und können uns lehren, uns selbst zu lieben und uns selbst zu vertrauen; sie können uns lehren, die Wahrheit und das Leben zu lieben. Sie können ein Vorbild sein und uns eine echte und furchtlose Beziehung entgegenbringen. Eine Beziehung zu einem erfahrenen und fähigen spirituellen Lehrer, sei es eine kurze Begegnung oder eine lebenslange Verbindung, bedeutet oft eine ungemein intime und wertvolle Kommunikation im Geist. Die Echtheit des Lehrers und der Lehren bilden ein heiliges Gefäß. Es enthält jene Wahrheit, die uns dazu bringt, unser Herz zu wecken.

Der bekannte und zuhöchst geschätzte Zen-Meister Shunryu Suzuki Roshi wurde von seiner Schülerin Trudy Dixon folgendermaßen beschrieben: »Er ist einfach er selbst, und deshalb ist er ein Spiegel für seine Schüler. Wenn wir mit ihm zusammen sind, sind wir uns unserer eigenen Kraft und unserer eigenen Fehler bewußt, ohne daß von seiner Seite irgend etwas wie Lob oder Tadel zu spüren ist. In seiner Gegenwart sehen wir unser ursprüngliches Gesicht, und das Außergewöhnliche, das wir wahrnehmen, ist lediglich unser eigenes wahres Wesen.«

Wenn mich jemand fragt, wie man einen Lehrer finden könne, muß ich ehrlich gestehen, daß dies eine geheimnisvolle Angelegenheit ist. Oft stolpern wir einfach über ihn oder sie hören von ihm oder ihr, oder wir fühlen uns auf ganz unbeabsichtigte und unerwartete Weise angezogen. Viele sehen ein Bild, lesen ein Buch oder hören einen Freund von einem Lehrer erzählen; wir fühlen uns inspiriert und berührt, in uns erwacht eine Sehnsucht oder eine Vision von einer großen Möglichkeit. Solch eine Inspiration kann uns auf geheimnisvolle und machtvolle Weise – und manchmal sogar gegen unseren Willen – in den Bannkreis eines Lehrers oder einer spirituellen Gemeinschaft ziehen. Vielleicht besuchen wir verschiedene Zentren, hören uns ihre Lehren an, nehmen an Kursen oder Zeremonien teil und fühlen uns schließlich zu einem ganz bestimmten Lehrer hingezogen.

Es gibt viele bezaubernde und seltsame Geschichten über die Art und Weise, wie andere ihre Lehrer gefunden haben. Ich erinnere mich an einen Mann, der in Indien unter dem Bodhi-Baum (unter dem der Buddha erleuchtet wurde) LSD nehmen wollte; statt dessen »stolperte er zufällig über einen wunderbaren Lehrer«, warf das LSD weg und praktizierte zehn Jahre unter seiner Führung. Ein anderer Mann blätterte im Telefonbuch unter dem Buchstaben Z, fand den Eintrag *Zen*, rief diese Nummer an und bat, mit dem Meister dieses Zentrums verbunden zu werden. Eine Frau wiederum fand ihren Meister auf die ungewöhnliche Weise, daß er bei einer Konferenz auf sie zukam und sagte: »Ich möchte gern, daß Sie bei mir lernen und praktizieren.« Ein junger Amerikaner, der im Krankenhaus lag und nichts von einem spirituellen Weg wußte, träumte von einem tibetischen Lama. Zwei Jahre später begegnete er diesem Lama auf einer Nepalreise. Der Lama lächelte und sagte: »Ich habe auf Sie gewartet.«

Die Bandbreite der Stilarten spiritueller Lehrer ist groß. In der buddhistischen Tradition wird dies durch die beiden Pole »Guru« und »spiritueller Freund« ausgedrückt. Die Bezeichnung »spiritueller Freund« weist auf die freundliche Führung und Unterstützung hin, die uns jemand anderer auf unserem spirituellen Weg zukommen lassen kann. Manche Lehrer bevorzugen diese Rolle, in der sie von dem Bedürfnis nach Hingabe, Unterwerfung oder der traditionellen Schüler-Lehrer-Hierarchie nicht behindert werden. Ein großer thailändischer Meister, Buddhadasa Bikkhu, wünscht zum Beispiel nicht, daß Schüler sich vor ihm verbeugen, obwohl das der Brauch ist, wenn man einem Mönch oder einem Meister begegnet. Statt dessen läßt er seine Schüler neben sich sitzen und ist ihnen ein »spiritueller Freund«, unterhält sich herzlich mit ihnen und ermutigt sie, sich selbst und ihre eigene Vision des Weges zu respektieren.

Der entgegengesetzte Stil des spirituellen Lehrers ist der des traditionellen Guru. Es gibt buddhistische Lehrer, Lamas, Zen-Meister, Hindu-Lehrer und Meister der chassidischen und der sufistischen Tradition, die ihre Lehren in dieser Rolle vermitteln. Der Guru ist ein großer, weiser Meister, der die spirituelle Praxis verkörpert, uns durch spezielle Lehren Führung gibt und dem wir uns um unserer eigenen Freiheit willen unterwerfen. Die Haltung einem Guru gegenüber besteht eher im Zuhören und Gehorchen, als im Reden und Fragen. Manchmal wird ein Guru als Gottheit in menschlicher Gestalt oder als erleuchteter Meister verehrt, der völlig erwacht und dessen Handeln stets richtig ist. Wenn man mit einem Guru arbeitet, unterzieht man sich einem Prozeß der Unterwerfung, wobei man die eigene selbstzentrierte Orientierung abstreift, um – getragen vom Geist des Guru – Offenheit und Ichlosigkeit zu entwickeln.

Zwischen diesen beiden Polen existieren viele unterschiedliche Stilarten. Es gibt Lehrer, die sich beim Lehren vor allem auf ihre eigene Persönlichkeit stützen und auf diejenigen Methoden, die ihnen selbst beim Erwachen halfen. In einem berühmten Dialog weist der Buddha einen Besucher auf die Gruppen von Lehrern und Schülern in seinem Kloster hin. »Schüler, die vor allem am Studium interessiert sind, scharen sich dort um meinen gelehrtesten Jünger, Shariputra, und diejenigen, denen es um die Praxis der klösterlichen Disziplin geht, sind dort bei Upali, dem Meister des monastischen Lebens. Jene, die sich von der Entwicklung psychischer Energien angezogen fühlen, halten sich an den großen Meister magischer Kräfte, Mogallana, und wer eine natürliche Neigung zu Konzentration und Samadhi hat, ist dort bei Mahakassapa.«

Im Kapitel über die spirituelle Achterbahn war die Rede von den Traditionen und Lehrern, die mystische Visionen, Ekstase oder intensive veränderte Bewußtseinszustände für besonders wichtig halten, und von anderen, denen es darum geht, das Heilige inmitten unserer alltäglichen Aktivitäten zum Leben zu erwecken. In manchen Lehren liegt das Schwergewicht der Praxis auf dem Körper, wie im Hatha-Yoga und Kundalini-Yoga oder in der Atem-Praxis der Sufis; andere konzentrieren sich auf das Handeln, wobei Mitgefühl und der Sinn für das Heilige durch Dienen geweckt werden; andere sind darauf ausgerichtet, Herz und Geist durch Meditation, Gebet oder Visionen und Konzentration direkt zu öffnen und zu transformieren. Manche Lehren betonen veränderte Bewußtseinszustände oder die Frage danach, wer wir sind, was das Bewußtsein ist und was das Leben selbst. Andere vertreten den Weg der Unterwerfung, den Weg der Hingabe, ein Loslassen der kleinlichen, selbstzentrierten Geisteshaltung von einem Augenblick zum nächsten, indem sie zu Gott oder dem Universum sagen: »Nicht mein Wille geschehe, sondern der Deine.«

Es mag überraschen, daß diese Vielfalt der Lehrstile nicht traditionsspezifisch ist. In jeder großen Tradition findet man Lehrer, die diese oder jene Stilart bevorzugen. Es gibt Zen-Meister, die den Stil der Fürsorglichkeit und der Hingabe pflegen, und es gibt Zen-Meister, die strenge Einhaltung der Disziplin und eine Haltung des geistsprengenden Hinterfragens fordern. Es gibt strikte Hatha-Yoga-Puristen, die sich nur auf die körperliche Praxis konzentrieren, und andere, die Hatha-Yoga einfach als eine Methode lehren, die zum bewußten Gewahrsein des Heiligen in der Körperlichkeit führt.

In jeder Tradition finden sich Lehrer, die ihre Schüler austricksen und auflaufen lassen; manche sind hart und fordernd und legen den Finger auf jeden Fehler des Schülers, um Ego und Stolz zu zertrümmern; andere lehren eher durch Anerkennung und Ermutigung, indem sie das Beste im Schüler nähren; manche lehren wie ein Universitätsprofessor; andere bringen uns mit ihrer Liebe und ihrem Mitgefühl zum Schmelzen oder machen uns persönlichen Raum und Humor in allen Aspekten des Lebens deutlich.

Ein Lehrer sollte ein Beispiel und ein Meister der Praxistradition sein, die er repräsentiert. Es ist sehr hilfreich, wenn spirituelle Lehrer um die Vielfalt der Lehren wissen, um den vielfältigen Bedürfnissen der Schüler entsprechen zu können, die zu ihnen kommen. Ein Schüler hatte hingebungsvoll bei einem großen Kundalini-Yogi in Indien praktiziert, aber diese Praxis führte dazu, daß er noch angespannter, unruhiger und zerstreuter wurde, als er schon war. Verzweifelt fragte er einen berühmten tibetischen Lama, was mit ihm nicht in Ordnung sei, und nach einem ausführlichen Gespräch antwortete der Lama: »Es ist ganz einfach. Dein Lehrer hat dir die falsche Praxis gegeben.« Da sagte der Schüler höchst erstaunt: »Aber mein Lehrer lehrt nur diese eine Praxis!«

Wenn wir bereits einen Lehrer haben, ist es vielleicht ganz interessant, einmal darüber nachzudenken, was uns an ihm und seiner speziellen Art der Praxis angezogen hat. Welche Erwartungen hatten wir mitgebracht, und wohin hat uns dieser Weg geführt? Was haben wir gelernt, und inwieweit sind wir enttäuscht? Hilft es uns immer noch, dabei zu bleiben?

Wenn wir auf der Suche nach einem neuen Lehrer sind, sollten wir uns genau darüber informieren, auf welche Weise die Lehrer, denen wir begegnen, ihre Schüler unterrichten und betreuen. Welche Einstellung haben sie zum Pfad der Praxis und was ist das Ziel? Welche Form der Praxis lehren sie? Wie führen sie ihre Schüler? Werden diese Lehrer Zeit für uns haben? Können wir mit ihrer persönlichen Unterstützung rechnen? Wie unterstützt ein Lehrer die Praktizierenden während schwieriger Phasen der spirituellen Reise? Wie ist es mit der Gemeinschaft der Schüler dieses Lehrers bestellt? Und dann müssen wir uns auch fragen, was von uns verlangt wird. Haben wir das Gefühl, daß diese an uns gestellten Erwartungen gesund und angemessen sind? Welche Verpflichtungen müssen wir eingehen? Welche Art von Beziehung wird erwartet? Wieviel Zeit müssen wir aufbringen? Wieviel kostet es?

Bei der Suche nach einem Lehrer sollten wir auf unser Herz hören und ganz aufrichtig uns selbst gegenüber sein. Was suchen wir wirklich? Ist es das, was dieser Lehrer und seine Art der Praxis uns bieten? Was zieht uns zu diesem Lehrer hin? Entsprechen dieser Lehrer und seine Praxis meiner persönlichen Eigenart, oder könnten sie meine Ängste und meine Neurose eher verstärken? Wäre es gut für mich, mich einer großen und extravertierten Gemeinschaft anzuschließen, wenn ich ein eher scheuer Mensch bin, der sich jahrelang versteckt hat, oder ist das zu viel für mich und hält mich eher in meiner Scheu fest? Brauche ich die Disziplin eines strengen Zen-Meisters und den Stock, mit dem die Praktizierenden zur aufrechten Haltung gezwungen werden, oder wurde ich als Kind schlecht behandelt und geschlagen, so daß die Gefahr besteht, daß diese Methode ein qualvolles und negatives Selbstgefühl eher noch bestätigt und intensiviert? In welchem Zyklus meines spirituellen Lebens befinde ich mich – verlangt er Stille oder Dienen, Meditation oder Studium?

Wir können diese Fragen nicht immer sofort beantworten, aber allein dadurch, daß wir sie stellen, helfen wir uns selbst, um die gröbsten und ungeschicktesten Mißverständnisse zu vermeiden. Wenn wir zu praktizieren beginnen, können wir uns einen gewissen Zeitraum vornehmen, um uns anzunähern. Solch eine Periode der Annäherung kann einen Monat oder ein, zwei Retreats umfassen oder sogar ein Jahr, eben so lange, wie wir brauchen, um den Lehrer und seine Beziehung zu anderen Schülern und uns selbst kennenzulernen und uns mit der Praxis vertraut zu machen.

Wir sollten, ob wir eine erste oder eine neue Wahl treffen, unbedingt ein Gefühl des Vertrauens und Respekts haben, was die Integrität des Lehrers und die Weisheit, die er verkörpert, betrifft. Halten Sie nach Lehrern Ausschau, die in ihrem spirituellen und persönlichen Leben eine Haltung der Reife bieten, eine Integration der körperlichen, weltlichen, emotionalen und mystischen Dimensionen. Halten Sie Ausschau nach Humor. Selbst strenge, sehr auf Disziplin bedachte Lehrer sollten zugleich einen Geist der Freude, der Leichtigkeit und der Liebe verkörpern. Ebenso wie bei der Wahl eines Ehepartners ist es auch bei der Wahl eines Lehrers nötig, daß Sie eine tiefe Achtung vor Ihrem eigenen inneren Wissen mitbringen, verbunden mit der Bereitschaft, ihm die Führung zu überlassen, wenn die Umstände das rechtfertigen.

Mit den Jahren wird sich unsere Beziehung zum Lehrer verändern, denn es ist möglich, daß er in dieser Zeit vielleicht viele verschiedene Rollen innehat. Er kann Mentor und Priester, Beichtvater und Führer, spirituelle Hebamme und Kritiker, Spiegel und Beispiel einer strahlenden Präsenz sein. Ein fähiger Lehrer vermittelt uns Mut, Sicherheit, Stärke und Klarheit. Wir können seine oder ihre Führung, Energie und Liebe als Resonanzboden und Inspiration verwenden. Zwei ältere Meisterinnen, bei denen zu lernen ich das Privileg hatte, lehrten mit so viel Liebe und Freude des Geistes, daß alle meine Zellen davon erfüllt waren, wenn ich in ihrer Nähe war. Eine Umarmung hinterließ ein begeistertes Glücksgefühl, das tagelang anhielt. Sie hatten beide ein Leben voller Sorgen und Leiden und ebenso vieler Siege hinter sich und konnten auf Scharen von Enkelkindern und Schülern zurückblicken. In ihrer Art des Lehrens waren sie fordernd und kompromißlos, in ihrer persönlichen Art jedoch weise und verständnisvoll.

Ein anderer Lehrer, mit dem ich arbeitete, zählte zu den Meistern unerwarteter Aktionen, die ständig überraschende und manchmal schockierende neue Möglichkeiten präsentieren, die Dinge zu sehen. Er verkörperte den Mut und die Bereitschaft, das Leben auf den Kopf zu stellen, wenn das nötig war, um wahrhaftig zu leben. Er hatte sein ganzes Wesen so völlig in den Dienst des Erwachens im Geist des Buddha gestellt, daß er jeden in seiner Nähe mit der Kraft erfüllte, zu hinterfragen, sich zu verändern und gleich ihm zu erwachen.

Denken Sie daran, daß wir, wenn wir uns für einen Lehrer entscheiden, uns damit auch einer Tradition und einer Linie anschließen. Linien wahren die uralte Weisheit. In jeder großen Tradition stehen die Meister, Schamanen, Heiler, Yogis, weisen Frauen, großen Rabbis oder Wüstenväter innerhalb der Tradition ihrer Linien. Linie und Tradition sind die heiligen Behälter, um jene Praxis und Weisheit zu bewahren, die im Laufe vieler Generationen entdeckt und angesammelt wurden. Linien bilden die Form, durch die das Licht des Erwachens von einer Generation zur nächsten getragen wird. Linien bewahren die Schriften, alte Gesänge, Rituale, Meditationstechniken und Lehrgeschichten, die alle als Mittel dienen, um unser Herz und unseren Geist zu wecken. Fähige Lehrer verwenden die Praxismethoden und Rituale einer Linie, um einen heiligen Raum zu schaffen, in dem Hingabe und Weisheit erwachen können, und der es dem Bewußtsein ermöglicht, seine normalen Grenzen zu transzendieren.

Wenn wir uns für einen Lehrer entscheiden, werden wir in die starke Strömung der Linie hineingezogen und haben teil an ihrer Weltsicht, ihren Möglichkeiten und auch an ihrer Begrenztheit. In den weisesten Traditionen werden die Praktizierenden von den höheren Lehren dahin geführt, die Grenzen der Form ihrer eigenen Tradition zu erkennen und zu transzendieren, um so das Heilige zu entdecken, das sie jenseits von aller Form in sich selbst tragen. So haben die Schüler in der Hingabe zu einem Guru letztlich den Guru in sich selbst zu finden; oder in der Tradition der Zen-Koans müssen die Schüler über alle Fragen und Antworten hinauswachsen.

Die Wahl einer Linie oder einer bestimmten Praxisform ist ebenso wie die Wahl eines Lehrers ein geheimnisvoller Prozeß, wobei wir von einem spirituellen Strom angezogen oder in ihn hineingezogen werden. Auch hier sollten Sie sich selbst vertrauen und nach Integrität, Freude und Reife in der Gemeinschaft Ausschau halten. Ich empfehle neuen Schülern im allgemeinen, sich an alte, bewährte Traditionen zu halten, die schon Hunderte oder Tausende von Jahren existieren und innerhalb derer die Lehren, die Disziplin und Zielsetzung viele Generationen lang vom wachen Herzen der Lehrer und Schüler verfeinert wurden.

Wenn wir also vorhaben, uns einem Lehrer anzuschließen, können wir uns auf seinen Platz in seiner Linie oder Tradition beziehen. Wie stehen andere spirituelle Führer zu ihm? Ist er in seiner eigenen Tradition ermächtigt worden, und wird er in ihr respektiert? Auch wenn dies alles wie Einkaufen im Supermarkt der Spiritualität klingen mag – leider ist es in gewisser Hinsicht tatsächlich so. Und doch verhält es sich anders, als ginge man ein Auto kaufen, das zu unserem Image passen soll. Vielmehr bemühen wir uns, auf aufrichtige und ehrliche Weise unserer Intuition und unserer spirituellen Sehnsucht zu folgen.

Sobald wir uns dann für einen Lehrer entschieden haben, stellt sich die Frage, wie wir am besten mit ihm zusammenarbeiten. Der Anfang wird vielleicht nicht einfach sein. Zuallererst sind wir mit unvertrauten Gepflogenheiten und Praxisformen, mit neuen Begriffen und neuen Perspektiven konfrontiert. Wir müssen uns mit den ungemütlichen Gefühlen auseinandersetzen, die sich beim Eintritt in eine neue Gemeinschaft einstellen können. Als wäre das noch nicht genug, haben wir uns zudem auch noch in vielen Fällen bestimmten Übergangsriten zu unterziehen. Manche Zen-Klöster nehmen Schüler erst an, nachdem sie einen, zwei, drei oder noch mehr Tage lang unbeweglich vor dem Tor sitzend verbracht haben (in manchen Teilen Japans möglicherweise im Schnee). Damit soll der echte, hingebungsvolle

Wunsch ausgedrückt werden, mit dem sie um die Lehren bitten. In den meisten Traditionen gibt es einführende Retreats, Zeremonien oder Praxisformen als Einstieg für den Neuling.

Vor allem zwei Qualitäten sind besonders wichtig, wenn wir uns auf die Arbeit mit einem spirituellen Lehrer einlassen: gesunder Menschenverstand und eine ernsthafte innere Verpflichtung. Unser gesunder Menschenverstand bewahrt uns davor, den Lehrer oder die Praxis allzu sehr zu idealisieren; er schützt davor, uns selbst oder unser gesundes Kritikvermögen zu verraten. Gesunder Menschenverstand bedeutet nichts anderes als Achtung uns selbst gegenüber und die Bereitschaft, klar zu sehen.

Zur fruchtbaren Arbeit mit einem Lehrer, ungeachtet des Stils, in dem er lehrt, gehört die ernsthafte innere Verpflichtung. Sie ist das Gold, das der Lehrer in den besten seiner Schüler sucht. Die innere Verpflichtung ermöglicht es uns, all unsere Energie für den Pfad und seine Disziplin zu aktivieren, so daß wir allen unvermeidlichen Schwierigkeiten und Verwirrungen standzuhalten vermögen. Wenn wir eine ernsthafte und aufrichtige innere Verpflichtung der Praxis gegenüber mit der fähigen Führung durch einen Lehrer verbinden, werden die damit verbundenen Freuden wie auch die Schwierigkeiten unseren Pfad gleichermaßen erhellen.

Während wir von einem Lehrer in der spirituellen Praxis unterrichtet werden, bauen wir gleichzeitig eine nahe Beziehung zu ihm auf. Auch für diese Beziehung ist die innere Verpflichtung nötig. In ihr lernen wir, dem Lehrer, der Praxis und uns selbst immer tiefer zu vertrauen. Wir werden wieder und wieder herausgefordert, in diesem Entwicklungsprozeß standzuhalten, dabeizubleiben und uns mit ganzem Herzen und aller verfügbaren Energie auf die Praxis und den Lehrer einzulassen. Wir können jede Frage stellen, die wir für wichtig halten, und dann versuchen wir unser Bestes und beobachten, was innerhalb einiger Jahre ernsthafter Praxis geschieht.

Der Dalai Lama sagt, daß wir am besten beurteilen können, ob unsere Praxis wirkt, wenn wir uns die Ergebnisse nach fünf, zehn oder zwanzig Jahren anschauen. Nach vierzehn Jahren als Dalai Lama ist eine solche Aussage für ihn vielleicht einfach. In diesem Sinn sagte Mullah Nasrudin zu einer Frau, die stolz erklärte, daß ihr Sohn seine Studien beendet habe: »Nun, Madame, ohne Zweifel wird Gott ihm noch mehr davon schicken.« Unsere Beharrlichkeit und unsere innere Verpflichtung sind der Boden, auf dem echtes spirituelles Wachstum stattfindet.

Wie profitieren wir am besten von der Verbindung mit einem Lehrer? In Asien und in traditionellen westlichen spirituellen Kulturen wissen die Menschen, welches Benehmen angebracht ist: wie man sich verbeugt, die Formen respektvollen Verhaltens, was man anbietet, was man bekommen kann. Sie wissen auch, welche die besten Fragen sind, die man einem Lehrer oder Guru stellt, und was man von ihrer Führung zu erwarten hat. Doch anders als in diesen Kulturen wissen das die Schüler in den westlichen Industrieländern keineswegs. Es ist gut, den Lehrer selbst und die älteren Schüler zu fragen, wie man sich der Gemeinschaft anschließt, wie die Form regelmäßigen Kontakts zwischen Lehrer und Schülern aussieht, wie verfügbar der Lehrer ist und wie wir uns verhalten sollen, wenn wir Schwierigkeiten haben. Um von einem Lehrer profitieren zu können, sollten wir herausfinden, wann und wo wir am besten mit ihm sprechen können, wie wir ihn am besten mit uns vertraut machen können, so daß er uns auf unserem persönlichen Weg führen und unterstützen kann. Dazu gehört, daß wir uns selbst verfügbar machen müssen, wenn wir uns festgefahren haben, wenn wir uns fürchten oder aus dem Gleichgewicht geraten sind, um Feedback und Hilfe annehmen zu können.

Die Fähigkeit, Schüler wieder ins Gleichgewicht zu bringen, ist eine der Gaben eines fähigen Lehrers. Mein eigener Meister Achaan Chah sagte, daß es hauptsächlich dies sei, was er als Lehrer zu tun habe. Ich fragte ihn einmal, warum er seinen diversen Schülern so unterschiedliche Anweisungen gäbe. Denn mir erschien das nicht gerade konsequent und klar; ehrlich gestanden empfand ich es keineswegs als ein wirklich erleuchtetes Verhalten. Achaan lachte und antwortete: »Der Pfad ist nun einmal nicht so. Die Art, wie ich lehre, ist eher derart: Ich schaue auf einen Weg, den ich gut kenne; aber es ist vielleicht dunkel oder neblig, und der Schüler vor mir ist gerade dabei, in den rechten Straßengraben zu fallen oder sich auf einem Seitenweg nach rechts zu verlieren. Also rufe ich ihm zu: ›Halte dich links, halte dich links!‹ Etwas später droht derselbe Schüler oder ein anderer im

Nebel in den linken Graben zu fallen oder sich auf einen linken Seitenweg zu verirren. Und dann sage ich: ›Geh nach rechts, geh nach rechts!‹ Ich mache sie einfach darauf aufmerksam, wenn sie vom Weg abkommen. In gewisser Hinsicht ist das alles, was ich zu tun habe.«

Eine erfahrene, geschickte Hand, die uns auf unserem Praxisweg führt, hält uns wach in der Gegenwart und hilft, sich zu öffnen. Ein weiser Lehrer weckt die Kraft und die Weisheit des Schülers. Voller Mitgefühl kann er uns auf die größten Schatten unseres Charakters hinweisen, uns Schweres abverlangen und sich in einer Weise um uns bemühen, die unsere innere Größe zum Erwachen bringt.

Achaan Chah verlangte oft sehr schwierige Dinge von seinen Schülern: traditionelle asketische Disziplin, große Entsagung oder die beschwerliche Praxis, tagtäglich zu erfüllen, was von einem erwartet wurde, ob man es nun tun wollte oder nicht. Er ging im Kloster herum, und wenn es so aussah, als habe es jemand recht schwer, ging er zu ihm hin und fragte: »Leidest du heute?« Wenn der Betreffende das verneinte, sagte er: »Nun, dann wünsche ich dir einen schönen Tag.« Erhielt er jedoch ein Ja zur Antwort, sagte er vielleicht: »Ich frage mich, an wem das liegt«, lächelte und ging weiter. Oder er sagte: »Hm, ich frage mich, ob hier irgend jemand an irgend etwas festhält«, und setzte seine Runde fort. Er brachte uns immer wieder dazu, uns auf unsere eigene Erfahrung zu besinnen, sie zu untersuchen und festzustellen, wie wir uns verstrickt hatten und wie wir uns wieder befreien konnten.

Ein guter Lehrer läßt den Geist des Erwachens allein durch sein Wesen lebendig werden. Eine meiner berührendsten Erinnerungen an die Jahre mit Achaan Chah, der über dreißig Jahre lang die Mönche von sechzig Klöstern in den Dschungeln und Wäldern Thailands betreut hat, ist der Beistand, den er uns in allen schwierigen Situationen gab. Wenn wir die ganze Nacht lang meditierten, ohne zu schlafen, praktizierte er mit uns. Wenn wir die Waldwege säuberten, zeigte er uns, wie man Besen aus Bambus fertigt und wie man das Fegen zu einer wunderschönen Meditation machen kann. Wenn wir vor einer festlichen Zeremonie das ganze Kloster saubermachten, putzte er mit. Als ein reicher Spender anbot, eine riesige Meditationshalle neben einem abgelegenen Höhlenkloster in den Bergen zu bauen, und die Mönche eine Straße dorthin anlegten, beteiligte er sich an der Arbeit. Während der kalten Jahreszeit im kältesten Teil Thailands wanderte er mit mir und ein paar Mönchen kilometerweit barfuß durch den Wald, um in einem kleinen Dorf ein wenig armselige Nahrung zu sammeln. Die Temperaturen waren fast an der Frostgrenze; meine Zähne klapperten, mein geschorener Kopf war eiskalt, und ich hatte mein einziges Handtuch unter dem Baumwolltuch meiner Mönchsrobe um den Leib gewickelt, um ein wenig mehr Schutz gegen den winterlichen Wind zu haben. Als wir in das Dorf kamen, wandte sich Achaan Chah mir zu. »Kalt?« fragte er. »Ja, ich erfriere«, antwortete ich. »Ich weiß nicht, ob ich es aushalte, wenn es noch schlimmer wird.« Er lächelte mich an und sagte: »Nun, es ist so kalt, wie es hier werden kann.« Ich war so dankbar, daß er bei mir war.

Dieselbe inspirierende Geisteshaltung vermittelte ein alter Rinzai-Zen-Meister, der ebenfalls mein Lehrer war. Ich nahm an einigen knochenharten einwöchigen Retreats teil, während derer wir vom frühen Morgen bis tief in die Nacht bewegungslos saßen und mit einem Koan arbeiteten; dazwischen gab es nur kurze Unterbrechungen für Gehmeditation und Essen. Zuerst war ich enttäuscht, daß der Meister nicht mit uns gemeinsam saß, doch dann fand ich den Grund heraus. Er saß in einem Zimmer neben der Meditationshalle und führte jeden Tag mit jedem der fünfzig Praktizierenden je vier oder fünf kurze Einzelgespräche. Obwohl er tagtäglich mehr als zweihundert solcher Gespräche führte, wirkte er jedesmal, wenn ich ihn sah, präsenter und klarer, als ich es jemals während des ganzen Retreats war. Er war wirklich ganz und gar bei uns.

Wenn wir auf solche Art unterstützt werden und die Lehren vermittelt bekommen, erkennen wir, welch großen Teil des spirituellen Lebens unsere Fähigkeit zu geben ausmacht. Wir sollten bei der Wahl einer spirituellen Praxis und eines Lehrers auch darüber nachdenken, was wir selbst anzubieten haben. Was uns im spirituellen Leben letztlich glücklich macht, ist nicht das, was wir bekommen, sondern das, was wir geben können – einer Gemeinschaft und uns selbst. Wir geben uns selbst am meisten, wenn wir alte Vorstellungen, Ängste, Grenzen und Barrieren aufgeben, die wir so lange

Zeit aufrechterhalten haben, und wenn wir eine grundlegende und radikal neue Art des Seins entdecken; dann werden wir als Kinder des Geistes neugeboren. Und wir geben einer Gemeinschaft, wenn wir unsere Energie, unsere Kreativität und unser Herz für das gemeinsame Wohl einsetzen.

Wenn wir in einer Gemeinschaft alle gegenseitiges Geben praktizieren, entsteht daraus unendliche Freude. Unseren eigenen inspirierten Geist geben und anderen dienen, ist ein wunderbarer und zutiefst erfüllender Aspekt der Zugehörigkeit zu einer spirituellen Gemeinschaft. Dieses gebende und empfangende Herz, diese Würdigung des Heiligen bilden den inneren Geist einer *Sangha* oder *Satsang*; es ist der Geist, von dem diejenigen durchdrungen sind, die sich im Namen dessen versammelt haben, was heilig ist. Solch eine Gemeinschaft entsteht nicht dadurch, daß sich Menschen im Namen einer Religion versammeln, sondern wenn sie mit Aufrichtigkeit, Respekt und Freundlichkeit zusammenkommen, um das Erwachen des Heiligen zu fördern. Dieses Gefühl einer spirituellen Gemeinschaft ist ein wunderbarer Teil dessen, was uns auf unserem Weg heilt und verwandelt.

Wenn wir beabsichtigen, uns einer Gemeinschaft anzuschließen, und uns Gedanken darüber machen, was wir geben können und in welcher Weise die Gemeinschaft ihre Mitglieder auf dem Weg des Erwachens unterstützt, sollten wir uns die älteren Schüler anschauen. Wie reifen die Schüler in dieser Gemeinschaft? Werden sie respektiert, erhalten sie höhere Praxisformen, haben sie die Gelegenheit, zu dienen oder zu lehren? Gibt es die Möglichkeit, die Lehren zu verwirklichen, wie der Meister es getan hat? Sind die älteren Schüler glücklich und weise?

Sie werden bemerkt haben, daß ich im Zusammenhang mit Lehrern und Gemeinschaften von Freude, Weisheit, Fähigkeit und Mitgefühl spreche, nicht aber von Macht und Kräften und Wundern. Es ist wahr, daß daß man im Bannkreis mancher mächtiger Lehrer Visionen sehen oder Zustände verzückter Erregung oder das Erwachen von Energien im Körper erleben kann; möglicherweise wird sogar das Bewußtsein für eine gewisse Zeit transformiert werden. Diese Kraft kann, wenn sie echt ist, eine Hilfe sein, aber auch eine berauschende oder verwirrende Wirkung haben – je nachdem, wie sie benützt wird. Doch diese »Power« ist niemals nötig. Abgesehen von den Problemen, die entstehen, wenn diese Kraft mißbraucht wird (darauf komme ich später noch zu sprechen), ist es viel wichtiger, eine ganz grundlegende Tatsache zu erkennen: Niemand kann uns erleuchten; niemand kann für uns wachsen und reifen; niemand kann für uns loslassen; niemand kann all das für uns tun. Andere können Hinweise geben, uns inspirieren, uns berühren, uns sogar eine Ahnung vom wahren Weg vermitteln; doch in erster Linie schaffen unsere Lehrer einen heiligen Raum, in dem sich unser Erwachen vollziehen kann.

Eine Meisterin, deren Schüler ich sein durfte – eine achtzigjährige Schweizerin – erklärte, daß man einen echten Lehrer brauche, um ein freies und geschütztes Umfeld zu haben, in dem Herz und Geist sich öffnen und erblühen können, wie sie es seit dem Anfang aller Zeit ersehnt haben. Die Fähigkeit eines Lehrers, solch ein heiliges Feld zu schaffen, ein Gefühl des Vertrauens zu vermitteln und einen Schutzraum des Mitgefühls zu bieten, in dem alte Teile von uns sterben und neue geboren werden können, ist ein außergewöhnliches Geschenk. Dadurch wird uns nicht nur die alte Weisheit einer Linie vermittelt, sondern auch unser eigenes wahres Selbst. Die größte und einfachste Kraft eines Lehrers ist das Strahlungsfeld seiner oder ihrer eigenen Freiheit und Freude.

In Indien besuchte ich einmal einen Hindu-Guru, einen weisen alten Mann, der von einer freudestrahlenden Energie des Geistes erfüllt war. Er forderte viel von uns: konkretes Hinterfragen, meditative Praxis, tiefe Hingabe und echtes Vertrauen. Doch das Beste an ihm war das Gefühl, das er uns gab – von einem Menschen bedingungslos geliebt zu werden, der nicht das geringste Verlangen hatte, irgend etwas dafür zu bekommen. Er haftete an nichts, er wollte keine Schüler, ja, er wollte nicht einmal unser Erwachen; da war einfach nur ein klarer und von Freude erfüllter Raum, der uns zu Wahrhaftigkeit inspirierte und uns einlud, uns zu öffnen, was auch immer geschehen mochte. Derart geliebt zu werden, war eine ganz außerordentliche Erfahrung für mich; Körper, Herz und Geist entfalteten sich in einem Raum von Offenheit und Frieden.

Wenn er das Gefühl hatte, daß seine Schüler den Kern seiner Lehre wirklich erfaßt hatten, schickte er sie nach Hause. Bei manchen geschah das nach ein paar Wochen, bei anderen nach ein paar Monaten. »Geh heim und trage diesen Geist in dein Leben; es ist nicht nötig, ständig beim äußeren Guru zu bleiben.«

Ebenso wie es wichtig ist, bei einem Lehrer zu sein und zu praktizieren, ist es auch wichtig zu wissen, daß wir gehen können, wenn es an der Zeit ist. Manchmal ist diese Zeit gekommen, wenn wir eine bestimmte Lektion gelernt haben; manchmal liegt es an irgendwelchen äußeren Umständen; aber oft brauchen wir einfach zusätzliche oder anders geartete Lehren und Methoden, die uns dieser eine Lehrer nicht geben kann.

Eine ernsthafte und geduldige innere Verpflichtung einem Lehrer gegenüber bedeutet nicht, daß wir für den Rest unseres Lebens nur noch ihm folgen dürfen. Selbst wenn ein Lehrer oder eine Gemeinschaft von uns erwarten, daß wir Treue schwören oder Gelübde ablegen, brauchen wir uns nicht für das ganze Leben zu binden. Selbst Gelübde, die man für ein ganzes Leben abgelegt hat, werden von Zeit zu Zeit erneuert. Gewiß sollten wir geduldig sein und unsere Verpflichtung ernst nehmen, doch das wahre Gelübde des Geistes besteht darin, uns um unsere eigene Integrität, unser Erwachen und unser Mitgefühl zu kümmern, ungeachtet, welche Veränderungen der Umstände dazu nötig sind.

Die besten westlichen Lehrer, die ich kenne, machten erst einmal eine grundlegende Schulung durch und gingen dann zu einer Reihe großer Meister, bei denen sie jeweils sehr gründlich studierten und praktizierten. Wer weitgehende Verpflichtungen eingegangen ist, wird natürlich Schwierigkeiten haben, zu anderen Lehrern zu gehen. Viele Praktizierende, die zu mir kamen, fühlten sich in der Klemme, was ihre Gelübde betraf. Sie hatten von tibetischen Lamas Lehren empfangen, die untrennbar mit einer lebenslänglichen Verpflichtung zur Praxis verbunden waren, oder sie hatten lebenslängliche Ordensgelübde innerhalb einer bestimmten Tradition abgelegt. Aber irgendwann waren sie an einen Punkt gelangt, an dem diese Gelübde die Entwicklung ihrer spirituellen Praxis zu hemmen schienen. In den Gesprächen darüber untersuchten wir das Problem sehr genau, um sicher zu sein, daß sie nicht einfach nur unbewußt vor ihrer früheren Verpflichtung wegliefen. Wenn wir feststellten, daß die Unterstützung, die ihnen diese Gelübde gaben, wirklich ihr Ende gefunden hatte, ihr spirituelles Wachstum nicht mehr fördern konnten, empfahl ich ihnen, zu ihren Lamas oder Lehrern zu gehen und um eine zeremonielle Befreiung von diesen Gelübden zu bitten. Dann konnten sie tun, was ihr spirituelles Leben tatsächlich erforderte.

Selbst in Traditionen, in denen man eine lebenslängliche Verpflichtung eingeht, muß diese von Zeit zu Zeit geprüft und erneuert werden. In einigen buddhistischen Traditionen erwartet man von den Schülern, daß sie sich zunächst für fünf Jahre an einen bestimmten Lehrer binden. Nachdem man ein grundlegendes Verständnis dieser Tradition entwickelt hat, wird man ermutigt, zu anderen Meistern zu gehen, um sein Verständnis und seine Fähigkeiten zu erweitern.

Letztendlich führt ein Lehrer uns vor allem dahin, die innerste Freiheit unseres Herzens zu entdecken. Alle spirituellen Lehren haben dieses Ziel, und es ist das Geschenk aller weisen Lehrer, uns zu ermutigen, in uns selbst unsere Buddha-Natur zu finden – frei, unabhängig und voller Freude inmitten des alltäglichen Lebens.

Ob wir Monate, Jahre oder Jahrzehnte bei einem Lehrer bleiben – immer ist es ein Segen, einem echten spirituellen Wohltäter, Mentor und Führer zu unserer eigenen Freiheit zu begegnen. Wir sind gesegnet durch ihre Gegenwart, die uns an das erinnert, was möglich ist. Wir sind gesegnet durch ihre Führung. Wir sind gesegnet durch die Disziplin und Praxis, die sie uns bieten. Wir sind gesegnet durch ihre Fähigkeit, zu lehren, wie man eine spirituelle Disziplin anwendet und uns zu der nötigen Geduld zu inspirieren, damit wir sie beherrschen lernen. Wir sind gesegnet durch die Tiefe ihrer Liebe, die hilft, uns mit unseren seelischen Wunden zu konfrontieren, und die unsere besten und höchsten Interessen verfolgt.

Wenn wir einen fähigen Lehrer und eine Traditionslinie finden, denen wir trauen und die wir respektieren können, sind sie das Licht, das unser Herz und unseren Weg erhellt. Dann haben wir die Chance herauszufinden, was für uns selbst wahrhaft und zeitlos gut ist, um dieses Licht in alle Welt zu tragen.

17
Psychotherapie und Meditation

Jedesmal, wenn sich die buddhistischen Lehren in neuen Ländern verbreiteten, wie in China, Japan oder Tibet, wurden sie von der Begegnung mit den jeweiligen Kulturen und Religionen stark beeinflußt. Aus diesen Begegnungen entwickelten sich umfassende neue Formen der Praxis, wie zum Beispiel Zen und Tantra. Dieser Prozeß findet nun auch hier im Westen statt. Von den geistigen Systemen des Westens hat den wichtigsten Einfluß auf das gesamte zeitgenössische spirituelle Leben die westliche Psychologie – sowohl durch ihr Wissen als auch ihre praktischen Formen. Viele ernsthafte Schüler und Lehrer spiritueller Wege im Westen empfanden es als nötig oder nützlich, die Psychotherapie als Hilfsmittel in ihr spirituelles Leben miteinzubeziehen. Viele, die das nicht getan haben, könnten wahrscheinlich sehr davon profitieren.

Was kann die westliche Psychotherapie, was die traditionelle spirituelle Praxis und Meditation nicht können? Wir haben uns damit befaßt, daß Praktizierende im Westen häufig mit tiefen psychischen Verletzungen konfrontiert sind, die ihre Ursache im nicht mehr funktionierenden Familiensystem, in Kindheits-Traumata und in dem enormen Maß an Unübersichtlichkeit und Verwirrung in der modernen Gesellschaft haben. Die Psychotherapie ist eine Antwort auf das große Bedürfnis nach Heilung, nach einem gesunden Selbstgefühl, nach der Auflösung von Ängsten und Abgrenzungen; sie ist ein Hilfsmittel auf der Suche nach einem kreativen, liebevollen und erfüllten Leben.

Wir haben festgestellt, daß man diese Aspekte nicht vom spirituellen Leben trennen kann. Es ist nicht so, daß wir unser psychisches Haus in Ordnung bringen und uns dann Richtung Nirvana auf den Weg machen können. Wenn sich Körper, Herz und Geist öffnen, bringt jede neue Schicht, auf die wir stoßen, zwar größere Freiheit und mehr Mitgefühl mit sich, aber es werden zugleich auch tiefere und subtilere Schichten unterschwelliger Selbsttäuschung freigelegt. Unsere tiefgreifende Arbeit an uns selbst einerseits und der meditative Prozeß andererseits müssen notwendigerweise ineinandergreifen. Die Praxis im Westen hat uns gezeigt, daß viele der tief eingebetteten Probleme, die wir auf unserem spirituellen Weg aufdecken, nicht durch Meditation allein geheilt werden können. Probleme wie Mißhandlung, Mißbrauch und Vernachlässigung in der Kindheit sowie Suchtprobleme und Störungen im Bereich von Liebe und Sexualität können nur mit der direkten, bewußten und kontinuierlichen Hilfe eines fähigen Heilers aufgelöst werden. In großen spirituellen Gemeinschaften haben Gurus, Lamas oder Lehrer kaum die Zeit, jeden einzelnen Praktizierenden durch solch seinen Heilungsprozeß zu führen. Zudem sind viele spirituelle Lehrer nicht dafür ausgebildet und nicht in der Lage, an solchen Problemen zu arbeiten. Manche haben sie nicht einmal bei sich selbst bearbeitet.
Im Gegensatz dazu ist eine wirklich gute moderne Therapie eine Art gemeinsamer Meditation, wobei sich Therapeut und Klient zusammensetzen und lernen, die Aufmerksamkeit präzise auf diejenigen Aspekte und Dimensionen der Psyche zu richten, an die der Klient allein nicht herankommt. Die Therapie wird – anders als die tiefe Konzentration vieler Meditationsarten – zum Instrument des Hinterfragens und Aufdeckens. In dieser gemeinsamen Meditationspraxis beteiligt sich der Therapeut am Lauschen, Spüren und Fühlen und kann den Klienten dazu anleiten, seine Aufmerksamkeit noch genauer auf die Wurzeln seines Leidens, seiner Verstrickungen und seiner Schwierigkeiten zu richten. Mir hat diese Art der Arbeit mit mehreren hervorragenden Therapeuten sehr geholfen; sie gaben mir die Möglichkeit, jene Ebenen meines Herzens und Geistes zu heilen, die in all den Jahren der Meditationspraxis nie berührt worden waren.

Selbst der große Mahasi Sayadaw, Burmas berühmtester Meditationsmeister, erkannte, daß westliche Schüler sich mit diesen neuen Problemen befassen müssen. Als er zum erstenmal in Amerika lehrte, stellte er höchst verwundert fest, daß viele Praktizierende offenbar unter einer ganzen Reihe von Problemen litten, denen er in Asien nie begegnet war. Auch der Dalai Lama äußerte im Gespräch mit westlichen Psychologen, wie schockiert er sei über das Ausmaß an mangelndem Selbstwertgefühl, an psychischen Verletzungen und familiären Konflikten, die in der Praxis westlicher Schüler an die Oberfläche kommen. Diese Probleme müssen angesprochen werden.

Allzu selten machen Lehrer und Schüler Gebrauch von der Hilfe der westlichen Psychologie. Sie erliegen der irrtümlichen Meinung, daß man nicht mehr brauche als genügend ernsthafte Praxis der Meditation oder des Gebets, um das Leben zu transformieren. Leider meinen viele Praktizierende östlicher und westlicher Spiritualität, der Grund für ihre Schwierigkeiten liege allein darin, daß sie nicht lange genug oder irgendwie nicht den Lehren entsprechend praktiziert hätten.

Eine zweite irrige Annahme ist die, daß gute Schüler fähig sein sollten, allein mit ihrem spirituellen Weg fertigzuwerden, und wenn sich jemand an einen Außenstehenden um Beistand wende, sei dies ein Zeichen der Schwäche oder des Versagens. Manche Gemeinschaften empfinden es als bedrohlich, weil sie meinen, das Einbeziehen äußerer Methoden wie der westlichen Psychologie sei ein Eingeständnis, daß ihr System und ihr Lehrer nicht alle Antworten parat hätten. Die Verwirrung darüber, welchen Platz die Psychotherapie im Rahmen der religiösen Praxis einnehmen könne, beruht auf der falschen Vorstellung, daß das »Spirituelle« und das »Weltliche« zwei verschiedene Bereiche seien und daß das »Spirituelle« höher und das »Weltliche« irgendwie niedriger stehe. Vielleicht hat man Ihnen beigebracht, daß Meditationserfahrungen auf der »spirituellen« Ebene wie auf magische Weise alle anderen Ebenen Ihres Seins transformieren. Wenn Sie dann in der buddhistischen Praxis ein großes »Erwachen« erleben oder in der christlichen oder hinduistischen Praxis der Hingabe die Erfahrung der Gnade oder der Einheit mit dem

Göttlichen machen, glauben Sie, das reiche aus, um Ihr Herz zu heilen und Sie in Harmonie mit der tiefsten Wahrheit und Wirklichkeit des Lebens zu bringen.
Dieser Glaube entsteht durch das Gefühl großer Harmonie, die wir während solch einer Erfahrung haben, und dieses Gefühl kann lange nachhallen. Doch Erfahrungen dieser Art sind lediglich Anzeichen für einen Ersterfolg; unvermeidlich führt die Spirale zurück, und dann müssen wir lernen, jede neue Einsicht voll und ganz in unser tägliches Leben zu integrieren. In diesem Entwicklungsprozeß gibt es keine höheren oder niedrigeren Ebenen, keine Bereiche, die heiliger sind als andere. Da gibt es einfach nur die Konfrontation mit den Mustern der inneren Verkrampfung, der Angst und der Identifikation mit falschen Vorstellungen von uns selbst, die unser Leiden verursachen – und das Erwachen, das uns von ihnen befreit.
In Wirklichkeit ist es eher die Regel als die Ausnahme, daß in der spirituellen Praxis persönliche emotionale Probleme bearbeitet werden. Mindestens die Hälfte der Praktizierenden in unserem jährlichen Dreimonatsretreat stellen fest, daß sie zur traditionellen Einsichts-Meditation gar nicht fähig sind, weil sie auf viel unaufgelöste Angst und unabgeschlossene Entwicklungsprozesse stoßen, die sie zuerst einmal zum Material ihrer Meditation machen müssen. In jeder Tradition werden selbst die erfolgreichsten westlichen Sucher nach Perioden intensiver Meditation und tiefer Einsicht wieder mit schmerzhaften Mustern, Ängsten und unbewußten Elementen konfrontiert, die in ganz anderen Bereichen ihres Lebens auftauchen. Wir erleben vielleicht Klarheit und Frieden in der Meditation, doch wenn wir zu den Problemen des täglichen Lebens zurückkehren oder unsere Familie besuchen oder gar uns verlieben, können plötzlich Muster der Abhängigkeit und der Selbsttäuschung mit alter Macht auftreten. Sie in unseren Weg miteinzubeziehen, müssen wir lernen.
Vor einiger Zeit übergab ein erfolgreicher westlicher Lehrer einer großen hinduistischen Gemeinschaft die Verantwortung und Lehrtätigkeit an zwei seiner langjährigen Schüler. Binnen kurzem kam es zu gewaltigen Auseinandersetzungen. Einer der beiden älteren Schüler begann, seine Rolle zu mißbrauchen; der andere hielt sich heraus und ließ davon nichts an sich

heran. Bei den folgenden hitzigen Sitzungen wurde deutlich, daß nicht nur die beiden älteren Schüler solche Probleme hatten. Viele loyale Anhänger bekannten zögernd, daß der Lehrer selbst, auch wenn er nicht gerade Mißbrauch betrieb, so doch qualvoll unsensibel, distanziert und unerreichbar war. Dieser Lehrer begann im Alter von vierundsiebzig Jahren und nach einer dreißigjährigen Lehrtätigkeit mit einer Psychotherapie, um diese Probleme bearbeiten.

Nach ein paar Jahrzehnten Erfahrung mit östlichen Praxisformen im Westen sehen wir allmählich recht klar den Preis dafür, daß wir den Bereich persönlicher Probleme aus der spirituellen Praxis ausgeklammert haben. Ein großer Teil der Betrachtungen im nächsten Kapitel, »Des Kaisers neue Kleider«, befaßt sich mit der Art und Weise, wie sich solche Versäumnisse – in manchen Fällen in verheerender Weise – in der Beziehung zwischen Lehrern und Gemeinschaften auswirken können. Die Probleme des persönlichen Lebens sind oft die Ursache unseres größten Leidens, unserer stärksten Abhängigkeiten und massivsten Selbsttäuschungen. Deshalb fürchten wir sie und benützen vielleicht unbewußt die spirituelle Praxis dazu, der Arbeit an ihnen auszuweichen. Wie enttäuscht sind manche Praktizierende, wenn sie ihren Ashram oder ihr (buddhistisches oder christliches) Kloster verlassen und feststellen müssen, daß sie nach zehn oder fünfzehn Jahren ihr Leben noch immer nicht wirklich bewältigen können, daß sie sich nicht mit den tief verwurzelten Ängsten und den Bereichen des Leidens konfrontiert haben, die sie einengen und festhalten.

Fähige Psychotherapeuten können uns spezielle Methoden und Mittel bieten, mit denen wir an die schmerzhaftesten inneren Bereiche herankommen können. Er oder sie kennt die üblichen Muster, die speziellen Entwicklungsprozesse und die schädlichen Abwehrstrategien, die für den größten Teil des Leidens in unserer westlichen Kultur verantwortlich sind. Es gibt viele Beispiele dafür, wie die Psychotherapie als Unterstützung der spirituellen Praxis dienen kann.

Die Muster innerer Verkrampfung und eines falschen Selbstbilds, deren Wurzeln in unsere Kindheit oder in noch ältere Elemente unseres Karma zurückreichen, werden sich während unseres ganzen Lebens und im Leben unserer Kinder wiederholen, sofern wir uns ihnen nicht stellen. Es ist einfach nicht wahr, daß die Zeit allein sie heilen wird. In Wirklichkeit werden sie sich noch tiefer einnisten, wenn wir sie weiterhin ignorieren.

Da das Gewahrsein sich nicht automatisch von einer Dimension unseres Lebens auf eine andere ausdehnt, bleiben blinde Flecken dort bestehen, wo Ängste, seelische Wunden und Abwehrmechanismen am tiefsten sitzen. Deshalb kann es geschehen, daß sich ein wunderbar anmutiger Meister der Teezeremonie in intimen Beziehungen verlegen und unreif gebärdet, oder daß ein Yogi zwar seinen Körper in Licht auflösen kann, aber jegliche Weisheit vermissen läßt, sobald er den Marktplatz betritt.

Viele Schüler kommen nach einer langen Therapie zur Meditation und suchen Stille, tiefes Verstehen und eine Freiheit, die sie dort nicht fanden. Andererseits entdecken auch viele Praktizierende nach Jahren der Meditation die Notwendigkeit eines therapeutischen Heilungsprozesses.

Es ist unsere innere Verpflichtung zur Ganzheit, um die es geht, die Bereitschaft, uns in jedem noch so tiefen Aspekt unseres Wesens zu entfalten. Mit diesem Verständnis können wir vielleicht die Kraft und die Mittel der östlichen und der westlichen Psychologie auf eine geeignete Weise zusammenbringen, um in der Gesellschaft des zwanzigsten Jahrhunderts ein echtes, alle Lebensbereiche umfassendes spirituelles Leben zu führen.

18
Des Kaisers neue Kleider: Probleme mit Lehrern

Wenn wir Gefahren und Chancen des spirituellen Lebens betrachten, dürfen wir Probleme nicht ignorieren, die im Umgang mit spirituellen Lehrern auftreten können. Der Mißbrauch der religiösen Rolle durch Fernseh-Prediger, Priester, Pfarrer, Geistliche, Heiler aller Art und spirituelle Lehrer aus Ost und West ist wohlbekannt. Als Leiter einer spirituellen Gemeinschaft bin ich vielen Schülern begegnet, die unter dem Fehlverhalten ihrer Lehrer sehr gelitten haben. Solch traurige Geschichten wurden über Zen-Meister, Lamas, Meditationslehrer, christliche Priester, Mönche, Nonnen und andere erzählt.

William James nannte Religion ein monumentales Kapitel in der Geschichte des menschlichen Egoismus. Mark Twain betrachtete Religion als blindes Glauben an eine Wunschvorstellung. Die idealistischen Vorstellungen der Schüler in Verbindung mit den persönlichen Problemen eines Lehrers können jenes Phänomen erzeugen, das im Märchen von des Kaisers neuen Kleidern dargestellt ist. Weil niemand von dem sprechen will, was tatsächlich geschieht, wird dem Fehlverhalten der Lehrer kein Einhalt geboten. Ebenso wie die spirituelle Praxis von uns verlangt, daß wir mit den unbewußten Bereichen unseres persönlichen Lebens arbeiten, müssen wir uns auch der unbewußten Anteile bei spirituellen Gemeinschaften wie auch deren Lehrern bewußt werden. Im andern Fall folgen wir Idealen, anstatt dem Weg des Herzens, und am Ende stehen möglicherweise spirituelle Verwirrung, persönlicher Zusammenbruch und ein gebrochenes Herz.

Als Dogen, der Begründer des Soto-Zen sagte: »Das Leben eines Zen-Meisters ist eine ständige Folge von Fehlern«, wies er damit darauf hin, daß Fehler und das mit offenem Herzen Daraus-Lernen der Angelpunkt des spirituellen Lebens sind. Weniger beabsichtigt ist wohl die Deutung, daß große und schmerzhafte Fehler gemacht wurden, wenn Lehrer gelegentlich ihre Gemeinschaften nicht in der rechten Weise leiteten. Solche Fehler verursachen viel Kummer und Qual; denn spirituelle Lehrer haben schließlich die Aufgabe, das Wohlergehen ihrer Schüler zu schützen und sie auf dem Weg des Erwachens mitfühlend zu führen und begleiten.

Die Probleme mancher Lehrer lassen sich nicht ohne weiteres von der von ihnen geleiteten Gemeinschaft trennen. Eine spirituelle Gemeinschaft spiegelt die Werte und das Verhalten ihrer Lehrer, aber sie partizipiert auch an ihren Problemen. Da die Gemeinschaft so wichtig ist, müssen auch wir unser Leben in ihr und mit ihr zu einem bewußten Teil unserer Praxis machen, sonst werden wir die angestrebte Ganzheit nicht erreichen.

Verdrängte Probleme in der Gemeinschaft sind oft ein solch schmerzhafter Punkt, daß wir alle unsere spirituellen Fähigkeiten aktivieren müssen, um uns mit ihnen konfrontieren und sie bearbeiten zu können. Dazu bedarf es außerordentlicher Sensibilität, großen Mitgefühls und einer tiefen inneren Verpflichtung der Wahrheit gegenüber. Wir wenden in diesem Fall dieselben Prinzipien wie in der Praxis mit unseren eigenen Problemen an: das Benennen der Dämonen, die heilende Aufmerksamkeit, das Beenden des Sektionierens, das Untersuchen hartnäckiger Wiederholungen und die Suche nach den Keimen der Transformation in unserer eigenen tiefsten Einsicht.

Natürlich leiden nicht alle Gemeinschaften unter Mißbrauch. Wenn die Lehren des Dharma auf eine gute und integrierte Weise vermittelt werden, bestimmen sie unsere Praxis auf allen Ebenen; doch es ist nötig, daß Lehrer und Schüler sich wirklich zutiefst einer wachen, bewußten Geisteshaltung verpflichtet haben.

Um herauszufinden, wie wir derart bewußt leben können, wollen wir uns die möglichen Probleme in aller Aufrichtigkeit vor Augen halten. Wir können damit beginnen, daß wir sie klar und deutlich benennen.

Es gibt vier hauptsächliche Problembereiche, in denen Lehrer und Gemeinschaften am häufigsten in Schwierigkeiten geraten. Der erste ist der Mißbrauch von Macht. Häufig kommt dies in Gemeinschaften vor, in denen alle Macht bei einem Lehrer liegt, dessen Wünsche blind befolgt werden, ohne daß jemand nach den Konsequenzen fragt, die sich für die Schüler ergeben mögen. In diesem Fall tritt absolute Macht an die Stelle der Liebe. Manchmal manipulieren Lehrer das Leben ihrer Schüler für ihre eigenen Zwecke, indem sie zum Beispiel über Eheschließung oder Scheidung oder die Art der Lebensführung bestimmen und sogar Schüler anprangern, die sich nicht ihren Wünschen entsprechend verhalten. Der Mißbrauch von Macht kann auf einem Größenwahn des Lehrers beruhen; es können ganze Hierarchien entstehen, in denen bestimmte Schüler in der Gunst stehen oder andere in Ungnade fallen, in denen es solche gibt, die »gerettet« sind, und andere, die dieses Glück nicht haben; es gibt geheime Cliquenbildung, Bedrohung, Angst, Abhängigkeit und spirituelle Diktatur.

Wenn Sektierertum mit Mißbrauch von Macht verbunden ist, können sich falscher Stolz, Kult-Mentalität und Paranoia zu einer Haltung von »wir gegen die anderen« entwickeln. Im schlimmsten Fall endet dies mit dem Einsatz von Waffen, Spionen und Überlebens-Szenarien. Vor vielen Jahren besuchte ich einmal Freunde in einer Gemeinschaft, in der sich solch ein Machtwahn entwickelt hatte. Der Lehrer, ein Mann mittleren Alters, war berühmt für seine spirituellen Kräfte, und Tausende von Schülern bewunderten und liebten ihn und lagen ihm ehrfürchtig zu Füßen. Als zölibatärer Yogi hatte er ein langes Leben der Entsagung geführt, und seine Tugend stand außer Frage, ebenso wie seine Autorität. Um ihn herum entstanden mehrere große Ashrams und eine fraglos akzeptierte Hierarchie. Im nächsten Umfeld des Lehrers gab es die Insider, viel Geld und spirituellen Glamour. Nach ein paar Jahren begannen Geschichten über junge Mädchen zu kursieren, die dem Lehrer und ausgewählten Mitgliedern seines Hofes zugeführt wurden, und es kursierten Gerüchte über geheime Bankkonten, Drogen und Schußwaffen. Meine Freunde waren, wie die meisten Schüler, hingebungsvolle Gläubige, die diese Geschichten nachdrücklich zurückwiesen. Bei einem Lehrer wie dem ihren konnten sie einfach nicht wahr sein. Erst später, als ihre heranwachsende Tochter Berichte aus erster Hand lieferte, die viele der Gerüchte bestätigten, wurde ihnen klar, wie sehr sie sich hatten verführen lassen. Auf der Stelle verließen sie die Kommune. Und doch blieben viele Schüler trotz aller Veröffentlichungen über die unheilvollen Zustände bei diesem Lehrer. Sie tun noch heute so, als sei nichts geschehen, und rühren niemals an diese heikle Themen. In diesem Beispiel kommen viele Aspekte des Mißbrauchs zusammen, doch der zentrale Punkt bleibt der Mißbrauch von Macht.

Das zweite Problem ist Geld. Die Begegnung mit spirituellen Lehren kann einen so starken Einfluß auf das Leben mancher Menschen ausüben, daß ihre Großzügigkeit sehr plötzlich und heftig geweckt wird. Auf diese Weise fließt eine ganze Menge Geld in spirituelle Gemeinschaften. Wenn die Lehrer zuvor ein sehr einfaches Leben geführt haben und Überfluß nicht gewöhnt sind, kann das zu naivem oder auch bewußtem Mißbrauch von Geldmitteln führen. Ich kenne asiatische Lehrer, die vom Reichtum westlicher Industrieländer überwältigt wurden und eine Leidenschaft für Geld entwickelten; sie erwarteten nur noch das Beste vom Besten – die teuersten Autos, die luxuriösesten Hotels. Manche Lehrer östlicher spiritueller Gemeinschaften in Amerika trieben munteren Mißbrauch mit Spendengeldern und dem Vertrauen ihrer Anhänger, wenn auch kaum je in dem gewaltigen Ausmaß wie beispielsweise gewisse amerikanische Fernseh-Geistliche. In extremen Fällen wurden östliche wie westliche religiöse Lehren dazu benützt, riesigen Profit zu machen.

Ein drittes schwerwiegendes Problem bedeutet Fehlverhalten im Bereich der Sexualität. Sexueller Mißbrauch ist in unserer Kultur verbreitet, und spirituelle Gemeinschaften sind dabei keine Ausnahme. Die Lehrerrolle kann zu heuchlerisch verbrämtem oder geheimgehaltenem Sex mißbraucht werden, der den Gelübden oder den Regeln der Lehre widerspricht – in Form von Ausbeutung, Ehebruch, Verführung oder sonstigen Verhaltensweisen, die das physische und emotionale Wohlergehen der Schüler schädigt. Manchmal geschieht es im Namen von »Tantra« oder anderen speziellen Lehren. In den schlimmsten Fällen waren minderjährige Jungen und Mädchen beteiligt, oder Schüler wurden mit AIDS angesteckt. Allzu leicht kann sich eine nicht bewußt bearbeitete Sexualität mit spirituellen Lehren vermischen. Ein Lehrer der Einsichts-Meditation, der kürzlich starb, pflegte sich während einiger Retreats in persönlichen Meditationsgesprächen mit Schülern splitternackt zu präsentieren; hier vermischte sich eine wirklich große Begabung zum Lehren mit einer sehr verworrenen Sexualität.

Ein viertes Problem, in das sich Lehrer und Gemeinschaften verstricken können, ist der Mißbrauch von Alkohol und Drogen. Manchmal geschieht es im geheimen, in anderen Fällen öffentlich. (Die Zen-Tradition kann mit berühmten Trinkern unter ihren Dichtern und Meistern aufwarten.) Die öffentliche Aufforderung zum Trinken in einigen Gemeinschaften, die von einem Alkoholiker geleitet wurden, hat viele Schüler dazu verführt, dem Beispiel ihres Lehrers zu folgen, und gewisse buddhistische und hinduistische Gemeinschaften in Amerika mußten AA-Gruppen einrichten, um mit ihren internen Suchtproblemen fertigzuwerden. Drogensucht ist ebenfalls ein gelegentlich auftretendes Problem. In den schlimmsten Fällen wird geheime Alkohol- und Drogensucht mit dem Mißbrauch von Sexualität und Macht kombiniert.

Wer sich einer spirituellen Gemeinschaft anschließt, kann sich so etwas im allgemeinen nicht vorstellen. Anfänger voller Idealismus und gloriosen Fantasien und Hoffnungen pflegen solche Schattenbereiche nicht als Teil der spirituellen Arbeit zu betrachten. Veröffentlichungen in den Medien haben jedoch dazu beigetragen, daß Praktizierende heute wacher für diese Problematik sind und anfangen, sie zu erkennen und anzusprechen. Macht, Geld, Sex, Alkohol und Ego-Aufblähung sind Schwierigkeiten, von der die Menschheit ganz allgemein betroffen ist. Warum also sollte dies nicht auch auf spirituelle Lehrer zutreffen? Natürlich mißbrauchen sehr viele spirituellen Lehrer ihre Rolle in keiner Weise und sind überzeugende Beispiele für menschliche Anständigkeit und Mitgefühl. Doch da die genannten Probleme nun einmal verbreitet sind, müssen wir uns mit der Frage befassen, warum sie entstehen, um in Zukunft bewußtere Gemeinschaften aufbauen zu können.

Warum Probleme entstehen

Die geschilderten Schwierigkeiten entstehen im allgemeinen, wenn eine Religion oder ein spirituelles System unser natürliches Menschsein ignoriert oder leugnet. Die Ausbildung der meisten Lehrer und Gurus in Klöstern und Ashrams in Asien oder im Westen besteht aus einer inneren, mystisch orientierten Schulung, die fast nie die problematische Thematik der Macht und ihres möglichen Mißbrauchs berührt. Die Lehrer müssen die Rolle des Verwalters, des Geistlichen, des Führers und Vertrauten übernehmen, in der sie eine ungeheuer große Verantwortung und eben Macht haben. Doch viele spirituelle Systeme schließen ausdrücklich die menschlichen Bereiche Sexualität, Geld und Macht von dem aus, was als »spirituell« betrachtet wird. Dieses Sektionieren kann Lehrer hervorbringen, die zwar in bestimmten Bereichen große Fähigkeiten entwickelt haben (in der Meditationspraxis, in der Koan-Praxis, im Gebet, im Studium der Lehren, im Segenspenden oder sogar in der Praxis der Herzensgüte), jedoch in wichtigen Bereichen ihres persönlichen Lebens völlig unterentwickelt sind.

Die Schüler sollten sich auch stets vor Augen halten, daß es, wie schon besprochen, viele Stufen und Grade des Erwachens und begleitende mystische Visionen und Offenbarungen gibt. Das Erwachen ist ein Prozeß, der sowohl durch tiefgreifende Erfahrungen als auch durch Perioden der Integration dieser Erfahrungen in das Alltagsbewußtsein gekennzeichnet ist. Mag ein initiales Sich-Öffnen auch noch so großartig sein, so läßt es doch unweigerlich viele Aspekte unseres persönlichen Lebens unberührt. Eine mystische Vision oder ein Erlebnis des Erwachens ist lediglich der Beginn einer tiefgreifenden spirituellen Praxis; doch diese Ersterfahrungen können so beeindruckend sein, daß viele Leute meinen, allein auf Grund dieser Erfahrungen zum Lehren berufen zu sein – und das dann auch tun. Diese nicht integrierten Erfahrungen können leicht zu Größenwahn und psychischer Inflation führen.

Die meisten spirituellen Lehrer sind – ob sie das erkennen oder nicht – nur teilweise erleuchtet. In den buddhistischen Lehren werden deutlich unterschiedliche Stufen des Erwachens beschrieben, wobei die Veränderung zuerst auf der Ebene der Erkenntnis und viel später erst auf der Ebene des Charakters stattfindet. So mögen wir zwar nach unseren ersten Erfahrungen inspirierende und durchaus echte Belehrungen über das Erwachen austeilen können, doch erst viel später können wir die Wurzeln unserer tiefsten Begierden und Aggressionen, unserer Ängste und unserer Ichbezogenheit transformieren.

Das wird nirgends deutlicher als in der Sexualität. Die Macht der Sexualität ist ungeheuer groß. Sie produziert die gesamte Menschheit, wird zur kreativen Kraft, die durch alles Leben tanzt. Und die Ausgrenzung der Sexualität aus einem großen Teil des spirituellen Lebens war schon immer verhängnisvoll.

In der Hoffnung, zu mehr Offenheit und Bewußtheit in diesem Bereich des Gemeinschaftslebens beitragen zu können, schrieb ich vor ein paar Jahren einen Artikel für das *Yoga Journal* mit dem Titel »Das Sexleben der Gurus«. Ich befragte dreiundfünfzig Zen-Meister, Lamas, Swamis und deren ältere Schüler über ihr Geschlechtsleben. Was ich herausfand, war recht einfach: Die Vögel tun es, die Bienen tun es, und die meisten Gurus tun es auch. Ihre sexuelle Praxis wies dieselbe Vielfältigkeit auf, wie sie in unserer Kultur üblich ist. Da gab es Heterosexuelle, Bisexuelle, Homosexuelle, Fetischisten, Exhibitionisten, Monogamisten und Polygamisten. Es gab Lehrer, die zölibatär lebten und glücklich damit waren, und andere, die zölibatär lebten und sich unglücklich fühlten; es gab solche, die verheiratet waren und monogam lebten, und andere, die viele heimliche Affären hatten; es gab Lehrer, die promiskuitiv lebten und es verheimlichten, und andere, die es nicht verheimlichten; es gab Lehrer, die bewußt und mit einer Haltung innerer Verpflichtung sexuelle Beziehungen zu einem Aspekt ihres spirituellen Lebens machten; und es gab bei weitem mehr Lehrer, die im Hinblick auf ihre Sexualität nicht erleuchteter oder bewußter waren als irgend jemand in ihrem Umfeld. In den meisten Fällen erstreckte sich die »Erleuchtung« dieser Lehrer nicht auf ihre Sexualität.

In asiatischen Traditionen dienen seit alters her Gelübde und moralische Regeln dazu, Lehrer und Schüler vor sexuellem und anderem Fehlverhalten zu schützen. In Japan, Tibet, Indien und Thailand verstehen, akzeptieren und befolgen alle Mitglieder der religiösen Gemeinschaften die Regeln gegen Schädigung durch Stehlen, Lügen, sexuelles Fehlverhalten und Mißbrauch von Rauschmitteln. Selbst wenn bestimmte Regeln gelockert oder geändert wurden (in China und Japan erlaubte man zum Beispiel Alkoholgenuß), besteht ein allgemeines Einverständnis über strikte kulturelle Normen, was das Verhalten von Lehrern betrifft. Die Gemeinschaften unterstützen dies zum Beispiel durch angemessene Bekleidung, um Lehrer und Schüler vor sexuellem Interesse zu schützen, und setzen dem Genuß von Rauschmitteln oder der Machtausübung vernünftige Grenzen.

Im modernen Westen werden diese Regeln häufig mißachtet. Westliche wie östliche spirituelle Lehrer erhalten oft viel Geld und viel Macht, ohne daß es klare Richtlinien für den Umgang damit gibt. Alkohol und Drogen werden im Westen ohne große moralische Bedenken freizügig konsumiert; wenn es keine eindeutige innere Verpflichtung gegenüber den traditionellen klösterlichen Richtlinien mehr gibt, wer sollte dann sagen, wieviel ein Lehrer trinken darf? In spirituellen Gemeinschaften sollte Klarheit über die entsprechenden Gelübde und Regeln herrschen – zum Wohl der Schüler wie auch der Lehrer, damit sie nicht in die Irre geführt werden.

Die Verlockungen der Sexualität, der Macht, des Geldes und der Rauschmittel sind groß. Ein fünfundvierzigjähriger burmesischer Meister, den wir zu einem großen buddhistischen Retreat im südlichen Kalifornien eingeladen hatten, war zutiefst schockiert über die Bekleidung der Amerikaner. Es war sein erstes Retreat im Westen, und eine Hitzewelle veranlaßte die meisten Teilnehmer dazu, T-Shirts und Shorts zu tragen. Für diesen Lehrer, der seit seiner Ordination im Alter von vierzehn Jahren Frauen nur in langen Wickelröcken und langärmeligen Blusen gesehen hatte, war das ein peinlicher Anblick. Tagelang hob er in der Meditationshalle und bei persönlichen Meditationsgesprächen nicht einmal den Blick. Schließlich gewöhnte er sich ein bißchen daran, aber es blieb ständig eine Herausforderung für sein inneres Gleichgewicht.

Übertragung und Projektion

Um die Schwierigkeiten von Lehrern und Gemeinschaften noch besser zu verstehen, müssen wir uns den Idealismus und die Projektionen vor Augen halten, die in spirituellen Beziehungen mitspielen. »Übertragung«, wie man es in der Psychoanalyse nennt, ist ein unbewußter und überaus machtvoller Prozeß, in dem wir die Eigenschaften eines für uns wichtigen Menschen aus unserer Vergangenheit – häufig unserer Eltern – auf eine männliche oder weibliche Autoritätsperson übertragen oder projizieren. Wie kleine Kinder neigen wir dazu, sie als »nur gut« oder »nur schlecht« zu beurteilen, so, wie wir es taten, bevor wir verstehen konnten, wie komplex menschliche Wesen sind. Wir hoffen, daß sie sich um alle unsere Probleme kümmern, oder wir befürchten, daß sie über uns urteilen, wie es unsere Eltern taten, oder wir erwarten von ihnen das, was wir uns vergeblich von unseren Eltern erhofften. Schüler projizieren viel auf ihre Lehrer. Am besten läßt sich das mit dem Verlieben vergleichen. Wir »verlieben« uns in spirituelle Lehrer. Wir suchen Liebe, vollkommenes Gutsein und absolute Gerechtigkeit, und weil wir uns so zutiefst danach sehnen, projizieren wir all dies auf eine andere Person. In spiritueller Romantik befangen, stellen wir uns vor, daß unsere Lehrer so sind, wie wir sie haben wollen, anstatt ihr Menschsein anzuerkennen. Vor allem bei Schülern, die in der Familie und in der Schule gelernt haben, sich der Macht der Autoritäten zu überlassen, ist diese Tendenz besonders stark.

Übertragung ist ein Phänomen, das in spirituellen Gemeinschaften selten angesprochen wird; dagegen wird es in psychotherapeutischen Beziehungen absichtlich zur Sprache gebracht, so daß die Klienten lernen können, eine realistische Beziehung zum Therapeuten und der sie umgebenden Welt aufzubauen.

Übertragung und Idealisierung üben auf Lehrer wie auf Schüler eine starke Wirkung aus. Es wird dadurch ein Klima der Unwirklichkeit erzeugt, das zur Isolation des Lehrers beiträgt. Ist der Lehrer unsicher oder einsam, verstärken die Projektionen der Schüler diese Gefühle. Wenn die Schüler den Lehrer als vollkommen betrachten, kann der Lehrer derselben Täuschung verfallen.

Spirituelle Lehrer können in die Lage geraten, daß sie von bewundernden Anbetern umringt sind, aber niemanden neben sich haben, der ihnen ebenbürtig ist, niemanden, mit dem sie offen und aufrichtig sprechen können. Sie haben vielleicht wenig Privatleben und sind immer für die Nöte und Bedürfnisse der Gemeinschaft da. Sie sind Mutter, Vater, Beichtvater, Heiler, Administrator und Meister in einem. Wenige machen sich das Ausmaß klar, in dem spirituelle Lehrer in ihrer Rolle isoliert sein können, vor allem in Gemeinschaften, in denen sie die einzige anerkannte Führungsfigur sind. Das Phänomen der Übertragung verstärkt diese Isolation und ist einer der Hauptgründe für das Fehlverhalten von Lehrern. Nach einer gewissen Zeit drängen die mißachteten Bedürfnisse und unbearbeiteten Anteile des Lehrers nach außen und werden in der Gemeinschaft ausagiert.

Ich kenne einen sanftmütigen Mann mittleren Alters, der plötzlich in die Rolle des Lehrers katapultiert wurde, nachdem sein Guru in Indien seine Schüler angewiesen hatte, ihn als Lehrer zu akzeptieren. Am Anfang erfüllte er sein Amt mit bewundernswerter Kraft und Bescheidenheit, aber als sich immer mehr Schüler um ihn scharten, verfiel er in die Identifikation mit seiner Rolle. Seine unterschwellige Unsicherheit führte dazu, daß er versuchte, psychische Kräfte zu demonstrieren, die er nicht besaß, und er kompensierte sie durch sexuellen Kontakt mit weiblichen Schülerinnen. Beides rechtfertigte er damit, daß dies Teil seiner »höheren Übungen« sei. Er war der Übertragung in die Falle gegangen.

Das Problem der Übertragung wird oft noch verschlimmert durch die spezielle Art von Schülern, die sich im allgemeinen spirituellen Gemeinschaften anschließen. Wir haben bereits festgestellt, daß spirituelle Zentren häufig einsame und seelisch verletzte Menschen anziehen. Wer mit einer spirituellen Praxis beginnt, sucht dabei oft auch nach einer Familie, nach Liebe, nach der guten Mutter oder dem guten Vater. Sie suchen Heilung, Freundschaft und Unterstützung bei der schweren Aufgabe, in unserer Gesellschaft zu leben. Sie hoffen, daß ihre spirituelle Gemeinschaft ihnen die wunderbare Familie bieten wird, die sie in ihrer Kindheit nicht hatten. Wenn jedoch innerhalb der Gemeinschaft die unaufgearbeiteten Familienprobleme und das seelische Leiden der Mitglieder nicht berücksichtigt und bearbeitet wer-

den, intensiviert sich die defizitäre Haltung immer mehr. Es kann leicht geschehen, daß eine Reihe von Mitgliedern mit unbewußten Konstellationen dieser Art ihr altes, qualvolles Familiensystem im spirituellen Zentrum wiederauferstehen lassen. Unbewußt leben sie ihre Angst, ihre Wut oder ihre Depression in einer neuen, »spirituellen« Version aus.
Selbst wenn Schüler sich der Probleme in ihrer Gemeinschaft bewußt werden, wagen sie oft nicht, sich mit ihnen auseinanderzusetzen oder die Gemeinschaft zu verlassen, weil sie ihre »Familie« nicht noch einmal verlieren wollen – ähnlich wie mißhandelte Kinder zu ihren schrecklichen Eltern zurückkehren wollen, weil das Gefühl der Zugehörigkeit so über alle Maßen wichtig ist.
Doch wenn die Mitglieder einer Gemeinschaft nicht fähig sind, mit ihrer Abhängigkeit, ihrer Unsicherheit und anderen bedrohlichen Problemen umzugehen, resultieren daraus noch mehr Abhängigkeit, Scheinheiligkeit und Isolation. Eine echte spirituelle Gemeinschaft muß um solche Schwierigkeiten wissen und sie bewußtmachen. Fast jede Gemeinschaft hat unweigerlich irgendwelche Schwierigkeiten und Probleme. Auch das Fehlverhalten des Lehrers kann dazugehören. Obwohl sicher der größte Teil der Lehrer nicht skrupellos ist, muß man damit rechnen, daß überall dort, wo es Idealismus und spirituelles Sektionieren gibt und der Lehrer seine Funktion und seine persönlichen Bedürfnisse nicht auseinanderhalten kann, Mißbrauch und Ausnutzung die Folge sind.

Wie man Probleme in der Beziehung zwischen Lehrer und Gemeinschaft bearbeitet

Aufrichtiges Hinterfragen

Sowohl Lehrer als auch Gemeinschaft haben ihren Anteil am Fehlverhalten, und beide Seiten müssen auf eine Lösung hinarbeiten. Der Schlüssel zum Verständnis dieser Schwierigkeiten ist aufmerksames Gewahrsein. Hier sei-

en einige Fragen aufgelistet, mit denen Sie spirituellen Romantizismus und Größenwahn aufdecken können.
Fühlen Sie sich in Ihrer spirituellen Gemeinschaft dazu gedrängt, Ihr eigenes Gefühl von ethischem Verhalten oder Integrität zu verletzen? Gelten unterschiedliche Verhaltensregeln dem Guru gegenüber für die Gemeinschaft einerseits und für den engen Kreis um ihn andererseits? Gibt es Geheimnisse, Gerüchte oder Probleme? Betreiben die Oberen in der Hierarchie der Gemeinschaft Mißbrauch mit Sexualität, Geld oder Macht? Sind sie hinter Ihrem Geld her? Machen sie sich auf körperlicher Ebene an Sie heran? Ist Ihnen nicht erlaubt, sich mit Ihren alten Freunden zu treffen? Fühlen Sie sich abhängig? Vermissen Sie in der Gemeinschaft und in der Beziehung zur Praxis den Humor? (Das ist ein wichtiges Merkmal.) Besteht in der Gemeinschaft eine Atmosphäre der Schwere und der Lebensfeindlichkeit? Fordert man von Ihnen, daß Sie blind glauben und darauf verzichten, Ihren eigenen Verstand zu gebrauchen? Liegt das Schwergewicht mehr auf der Institution und der Mitgliedschaft als auf der Praxis, die zur Befreiung führt? Besteht eine Haltung der Intoleranz? Sind die ältesten und erfahrensten Schüler glückliche und reife Persönlichkeiten? Gibt es für sie einen Platz, zu dem sie aufsteigen können, um zu lehren, ihr Wissen und ihre Erfahrung zu vermitteln, oder werden die Mitglieder immer in der Rolle von Schülern und Kindern festgehalten?
Schauen Sie genau hin, ob die Gemeinschaft auf Sektierertum oder Abgrenzung basiert oder eine fundamentalistische Orientierung hat. Das zu sehen, kann recht schwierig sein, wenn wir uns in eine Gemeinschaft oder in einen Lehrer verliebt haben. Wir sind vielleicht berauscht von dem Gefühl, zu den Erwählten zu gehören, zu denjenigen, die mehr sehen als der Rest der Welt. Doch dieser Glaube führt unweigerlich zu Isolation, Sucht und dem Verlust echter Weisheit und wahren Mitgefühls.
Die Vehemenz, mit der manche Schüler ihren »einzig wahren Weg« anpreisen,ist üblicherweise ein Zeichen für nicht erkannte Unsicherheit; dahinter stehen oft eine große unbewußte Angst oder versteckte Zweifel. Die Behauptung, daß nur ein kleiner Teil der Menschheit auserwählt sei, zu erwa-

chen oder befreit zu werden, ist absurd. Das Erwachen ist das Geburtsrecht eines jeden menschlichen Wesens, jeder Kreatur. Es kann keinesfalls nur einen einzigen richtigen Weg geben.

Jeder von uns muß lernen, die Autorität in sich selbst zu finden. Nur das kann uns befreien. Erinnern wir uns an den Rat, den der Buddha den verwirrten Kalamas gab. Wir müssen selbst unser eigenes Leben erkennen, ungeachtet der Vorstellungen anderer, und wir sollten einem Praxisweg nur dann folgen, wenn er eindeutig gut für uns ist. Wir sollten mit liebevollem Herzen fragen: Bin ich etwa auf dem Weg, isolierter, unbeliebter, verlassener oder süchtiger zu werden? Verstärke ich mein Leiden? Oder wachsen in mir Klarheit und Frieden? Habe ich eine größere Fähigkeit gewonnen, mitfühlend und tolerant zu sein und zu wissen, was gut für mich ist?

Die Beantwortung solcher Fragen verlangt etwas sehr Schwieriges: Wir müssen uns selbst aufrichtig antworten, und wir müssen die Wahrheit auch in unserer Gemeinschaft zum Ausdruck bringen, damit die Gemeinschaft bewußter werden kann. In solch einer Situation ist es eine großartige Praxis, die Dämonen zu benennen und zu lernen, die Dinge laut auszusprechen, und zwar mit Klarheit und Mitgefühl. Wir sollten mit den Lehrern sprechen, um zu sehen, ob sie das Problem verstehen und bereit sind, sich an der Bewältigung der Schwierigkeiten zu beteiligen. Wir müssen darauf bestehen, daß jede Art von Mißbrauch aufhört. Vor vielen Jahren mußte ich einmal als Abgesandter unserer Leitungsgruppe nach Asien fliegen, um einen unserer älteren Lehrer zur Rede stellen, nachdem er nicht bereit war, sich zu dem Vorwurf sexuellen Fehlverhaltens in Amerika zu äußern. Wir bestanden darauf, daß er unserer Gemeinschaft und den Lehrern gegenüber die Wahrheit sagte, sein Verhalten erklärte, sich entschuldigte, seine ethische Einstellung überprüfte und sie erneuerte; erst dann wurde er wieder in unsere Gemeinschaft aufgenommen.

In manchen Gemeinschaften wird es als unspirituell oder undankbar betrachtet, den Guru, Lama, Meister oder Priester zur Rede zu stellen; und die Orientierung der Gruppe zu hinterfragen, gilt oft als ein Zeichen von Selbsttäuschung und Unreife. Diese Probleme zur Sprache zu bringen, kann so schmerzhaft und explosiv sein, daß oft sehr ungeschickt dabei vorgegangen

wird. Ärgerliche Gespräche untereinander und geheime Sitzungen, in denen an Schuldzuweisungen, Angst und Paranoia festgehalten wird, nützen niemandem. Entscheidend ist eine Haltung des Mitgefühls und des aufrichtigen Interesses am Wohlergehen aller. Es mag eine Weile dauern, bis eine Gemeinschaft das lernt. Oft müssen klarsichtige Ältere von außen dazukommen, die ein schützendes Feld für die internen Besprechungen schaffen.
Verfügt der Lehrer über genügend Offenheit, werden er und die Gemeinschaft gemeinsam reifen können. Dazu ist es allerdings nötig, daß der Lehrer in der Lage ist, an den Wurzeln der Probleme in sich selbst zu arbeiten, seien es alte Wunden, die kulturelle oder familiäre Geschichte, Isolation, Sucht oder Größenwahn. In manchen Gemeinschaften haben sich die Meister schließlich zur Teilnahme an einer AA-Gruppe entschlossen oder sich an einen Therapeuten gewandt. In anderen Fällen wurde eine Beratergruppe ernannt, um den Lehrer aus seiner Isolation zu holen.
Wie schon erwähnt, stützt sich die Bearbeitung der Lehrer-Schüler-Probleme stets auf die Prinzipien, an die wir uns auch in unserer Meditationspraxis halten. Wir müssen die Schwierigkeiten immer wieder benennen, die Wurzeln hartnäckiger Probleme aufdecken und die Ängste erkennen, die in jedem von uns wirken. Es bedarf der Bewußtheit und Aufrichtigkeit, verbunden mit einem tiefen Mitgefühl für uns selbst und alle Beteiligten, so daß wir aus diesen Situationen lernen können.

Nimm das, was gut ist

Wenn man es mit dem Allzumenschlichen und der Komplexität eines Lehrers zu tun hat, ist es gut, ein paar weitere Prinzipien zu beachten. Eines davon lautet: »Nimm das, was gut ist!«
Nach der Zeit bei meinem ersten Lehrer Achaan Chah, dessen Verhalten vollkommen einwandfrei war – er verkörperte in vieler Hinsicht einen »Modell«-Guru voller Güte, Verständnis und Liebe –, begab ich mich in ein einjähriges Retreat unter der Leitung eines berühmten alten burmesischen Meisters. Er war ein griesgrämiger alter Kerl, der mit Steinen nach streunenden Hunden warf, burmesische Zigaretten rauchte und den Morgen damit zu

verbringen pflegte, daß er die Zeitung las und mit den hübschesten der jungen Nonnen plauderte.

In den privaten Gesprächen erwies er sich als außerordentlich fähig. Er hatte Tausende von Schülern ausgebildet und war wirklich ein hervorragender Meditationslehrer. Wenn ich ihn jedoch in anderen Situationen erlebte, überkamen mich wilde Zweifel, und ich dachte: »Der kann doch nicht erleuchtet sein!« Es dauerte Wochen, in denen ich mich mit diesem Problem herumschlug, bevor mir dämmerte, daß er zwar ein großartiger Meditationslehrer, aber alles andere als ein gutes Vorbild war. Ich erkannte, daß ich das nehmen konnte, was nützlich war, aber keineswegs das ganze Paket zu kaufen brauchte. Ich mußte diesen Mann ja nicht imitieren. Als ich so weit gekommen war, begann ich, ihn tatsächlich zu mögen. Heute denke ich mit großer Zuneigung und Dankbarkeit an ihn. Ich möchte nicht so sein wie er, aber ich bin dankbar für all das Gute, das er mir beigebracht hat.

Erkenne den Heiligenschein-Effekt

Um das nehmen zu können, was gut ist, müssen wir ein zweites Prinzip der Lehrer-Schüler-Beziehung berücksichtigen: uns von der Falle des »Heiligenschein-Effekts« fernhalten. Damit ist die blinde Voraussetzung gemeint, daß ein Meditationsmeister oder spiritueller Lehrer, der in einem bestimmten Bereich gut ist, zwangsläufig auch in allen anderen Bereichen gut sei, daß jemand, der sich mit Visionen auskennt, auch etwas von Kindererziehung oder Automechanik verstehe. Solche Fantasien sind in spirituellen Gemeinschaften häufig anzutreffen.

Ein romantisch verklärtes Paar bat seinen Lehrer, einen berühmten tibetischen Lama, um Rat, wie sie die Entbindung ihres Kindes gestalten sollten. Der Lama war ein im Zölibat lebender Mönch, der in einem tibetischen Kloster aufgewachsen war und natürlich keine Ahnung vom Kindergebären hatte. Aber er gab weiter, was er von tibetischen Bergbewohnern gehört hatte. Dementsprechend entschieden sich die Eltern für eine Hausgeburt in den Bergen – mit katastrophalen Folgen; Mutter und Kind starben fast dabei.

Ein anderer Praktizierender war Schüler eines charismatischen indischen Gurus, dessen Liebe und Lehren sein Leben mit Freude und Frieden erfüllten. Der Schüler war homosexuell und hatte zehn Jahre in einer guten und liebevollen Beziehung gelebt. Als der Guru eines Tages erklärte, daß Homosexualität eine schreckliche Sünde sei und mit der Hölle bestraft würde, zerstörte dies fast das Leben des Schülers. Seine Beziehung zerbrach, und die geheimen Schuldgefühle und der Selbsthaß, unter denen er in seiner Jugend gelitten hatte, überfielen ihn erneut. Er suchte Hilfe in einer Therapie und sah schließlich ein, daß sein Guru ihm zwar wunderbare Belehrungen über Meditation zu geben vermochte, aber nichts von Homosexualität verstand. Erst als er das erkannt hatte, war er in der Lage, sein eigenes Leben ebensosehr wertzuschätzen wie die Lehren, die so viel für ihn bedeuteten. Immer wieder können wir sehen, daß die Entwicklung der Weisheit in einer bestimmten Dimension des Lebens nicht automatisch auch alle anderen Dimensionen betrifft. Jeder Lehrer und jede Praxis haben ihre Stärken und ihre Schwächen.

Macht ist nicht Weisheit

Um im spirituellen Leben die Spreu vom Weizen zu trennen, ist es auch nötig, zwischen Weisheit und Macht zu unterscheiden. Zu Macht kann man spezielle psychische Fähigkeiten und eine besondere spirituelle Energie zählen, wie etwa, wenn ein Meister in seinen Schülern Visionen erzeugt; auch Charisma gehört dazu. Es gibt viele Menschen, die über solch eine Macht verfügen, ohne im geringsten weise zu sein. Und es gibt viele weise Menschen, die keine besonderen Kräfte haben außer ihrer Liebe und ihrer Offenheit. Seien Sie vorsichtig! Manchmal treffen beide Möglichkeiten in einem weisen, mächtigen Lehrer zusammen, doch sehr oft ist viel Verwirrung mit im Spiel. Ein »Power-Guru« mag weise und liebevoll sein oder nicht – die Macht selbst beweist gar nichts. Wenn der Lehrer dem Dharma, dem Göttlichen, der Wahrheit dient, ist grundsätzlich alles in Ordnung; doch wenn der Lehrer seine Macht für eigene Zwecke benützt, sind die Probleme vorprogrammiert.

Klare ethische Richtlinien festlegen

Das offensichtlichste Prinzip für die Gesunderhaltung einer spirituellen Gemeinschaft ist das Etablieren klarer ethischer Richtlinien, die von allen befolgt werden. Jede große spirituelle Tradition hat irgendeine Version solcher Regeln. Die Frage ist: Werden sie anerkannt, geschätzt und befolgt? Ein Zen-Meister erzählte mir, daß es natürlich sehr wichtig sei, die moralischen Regeln zu befolgen, aber daß – natürlich – Zen-Meister sich nicht so sehr darum zu kümmern brauchten, denn sie seien ja »frei«. Sie können sich vorstellen, welche Probleme in dieser Gemeinschaft entstanden.

Wenn in Ihrer Gemeinschaft die Richtlinien für Lehrer und Schüler noch nicht ganz geklärt sind, sollten Sie danach fragen. Wenn es nötig ist, können Sie sich an respektierte Ältere Ihrer Tradition außerhalb Ihrer Gruppe oder an erfahrene Freunde der Gemeinschaft um Hilfe wenden. In der Gemeinschaft der Einsichts-Meditation haben wir gemeinsame Richtlinien für Lehrer und Schüler festgelegt, die den Fünf buddhistischen Regeln entsprechen. Sie beziehen sich ausdrücklich auf diejenigen Bereiche, in denen Fehlverhalten von Lehrern verbreitet ist und fordern die Verpflichtung, sich der Schädigung anderer durch Mißbrauch von Geld, Sexualität oder Rauschmitteln zu enthalten. Es gibt ein Komitee für ethische Angelegenheiten, und es wurden methodische Mittel ausgearbeitet, um mit den Schwierigkeiten der Schüler oder Lehrer umzugehen (siehe Anhang).

In den traditionellen Regeln der buddhistischen Klöster gilt es als Prozeß der Heilung, wenn Verstöße gegen ethische Prinzipien behoben werden, wobei man sich darum bemüht, die innere Ordnung und Harmonie wiederherzustellen. Manchmal ist es nötig, daß man sich vor der Gemeinschaft zu dem Verstoß bekennt und sich entschuldigt; manchmal muß man bestimmte Gelübde erneuern, und gelegentlich wird eine Zeit der Buße und der Besinnung gefordert. Zu den Richtlinien gehört auch eine klare Reglementierung, wie man Fehlverhalten anspricht und eine Situation für aufrichtige Gespräche schafft, um ein ethisches Niveau, das von Mitgefühl bestimmt ist, aufrechtzuerhalten und zu fördern. Es ist also wichtig, regelmäßige Versammlun gen abzuhalten, jemanden mit der Zuständigkeit für ethische Fragen zu betrauen und eine Struktur für sinnvolle Kommunikation zu schaffen. Wenn Sie meinen, daß das alles ganz einfach klinge und man mit des Kaisers neuen Kleidern so leicht umgehen könne, seien Sie versichert, daß das keineswegs zutrifft. Diese Probleme können die schmerzhaftesten und stürmischsten Situationen im Leben einer Gemeinschaft provozieren, und sie fordern von allen Beteiligten die größte Beharrlichkeit und Weisheit. Nur diese Haltung ermöglicht Heilung.

Die Praxis des Vergebens

Wenn wir die diversen Schwierigkeiten in der Gemeinschaft und mit dem Lehrer – und auch unsere eigenen – aufarbeiten, sind wir unweigerlich zu einem gewissen Maß an Vergebung herausgefordert. Vergebung bedeutet nicht, das Verhalten einer Gemeinschaft, eines Mitglieds oder eines Lehrers, das Leiden verursacht hat, zu entschuldigen, und es bedeutet auch nicht, daß man die Wahrheit verschweigt oder keine eindeutigen Maßnahmen gegen weiteres Fehlverhalten ergreift. Letztlich bedeutet Vergeben einfach, daß wir jemanden nicht aus unserem Herzen verbannen. Vom Standpunkt der Vergebung sehen wir ein, daß ein jeder von uns schon Fehler gemacht hat und daß wir alle immer wieder Leiden verursacht haben. Es gibt keine Ausnahme. Wenn wir in unser eigenes Herz schauen und feststellen, daß wir nicht vergeben können, ist es offensichtlich, daß wir die Person, die sich falsch verhalten hat, als jemand »ganz anderen« betrachten. Aber sind Verwirrung, Angst und Schmerz dieses Menschen wirklich so anders als unsere eigene Verwirrung, Angst und unser eigener Schmerz?

Vor Jahren machte unsere buddhistische Gemeinschaft eine sehr schwierige Phase durch, in der sie damit fertigwerden mußte, daß ein Lehrer während eines zölibatären Retreats eine sexuelle Beziehung zu einer Praktizierenden aufgenommen hatte. Es wurden Sitzungen abgehalten, und man diskutierte aufgeregt und voller Ärger. Wir versuchten zu verstehen, wie geschehen konnte, was geschehen war, und was wir dagegen tun sollten. Diese wichtigen Fragen wurden jedoch oft in einem Brustton der Empörung und zutiefst verletzter Gefühle gestellt. Mitten in einer dieser turbulenten Sitzungen stand ein Mann auf und sagte sehr sanft und freundlich: »Wer von uns hier hat sich in punkto Sexualität noch nie idiotisch benommen?« Niemand konnte sich des Lächelns erwehren, als uns klar wurde, daß wir alle im selben Boot saßen. An diesem Punkt konnten wir aufhören, uns ständig nur mit Schuldzuweisung zu befassen, und beginnen, uns um eine weise und mitfühlende Haltung denjenigen gegenüber zu bemühen, die in die unerfreuliche Angelegenheit verwickelt waren.

Wenn man eine Gemeinschaft verläßt

Selbst wenn wir versuchen, schwerwiegenden Problemen in der Gemeinschaft mit Verständnis und Vergebung zu begegnen, kann die Lage manchmal so schlimm sein, daß es das Beste ist zu gehen. Manche Lehrer und manche Gemeinschaften blähen sich so unmäßig auf und entwickeln unbewußt so viel Doppelzüngigkeit und Ängstlichkeit, daß sie nicht bereit oder nicht in der Lage sind, sich ihren Schwierigkeiten zu stellen. Manche Gruppierungen sind so stark auf Ausnutzung und Mißbrauch ausgerichtet, daß nichts zu retten ist. Manchmal spüren wir die Gefahrensignale schon gleich nach unserem Eintritt; manchmal erkennen wir jedoch erst später, wenn wir mit handfesten Problemen konfrontiert sind, die von den Lehrern und der Gemeinschaft ignoriert werden, daß wir gehen müssen. Thomas Merton warnt: Der gefährlichste Mensch in der Welt ist der Kontemplative, der von niemandem angeleitet wird. Er vertraut seinen eigenen Visionen. Er gehorcht der Attraktion einer inneren Stimme und hört nicht auf andere. Er identifiziert den Willen Gottes mit seinem eigenen Herzen... Und wenn die Kraft seines Selbstvertrauens andere beeinflußt und in ihnen den Eindruck erweckt, er sei wirklich ein Heiliger, kann solch ein Mensch eine ganze Stadt oder einen religiösen Orden oder sogar eine Nation zugrunde richten. Die Welt ist von Narben bedeckt, die solche Visionäre in ihr hinterlassen haben. Wenn wir eine spirituelle Gemeinschaft verlassen, weil sie uns zu problematisch ist, oder weil sich der Lehrer oder die Gemeinschaft weigern, sich mit ihren Problemen auseinanderzusetzen, ist das überaus schmerzhaft. Im Laufe unserer spirituellen Praxis wird unser Herz höchstwahrscheinlich in vielfältiger Weise gebrochen, doch dieser Verrat ist die größte aller Herausforderungen. Wenn ein Lehrer, dem man vertraut hat, oder eine Gemeinschaft, die man liebt, sich als scheinheilig und zerstörerisch erweisen, rührt das bei vielen die tiefsten Gefühle von Verlust und empörter Wut auf. Wir haben das Gefühl, als seien wir wieder ein kleines Kind, das die Scheidung der Eltern, den Tod eines Elternteils oder die erste Erfahrung von Ungerechtigkeit oder Verrat wiedererlebt. Wer die ungeheuere Intensität der Konfrontation mit dem Versagen eines Lehrers oder einer Gemeinschaft erlebt hat, sollte sich fragen: »Wie alt fühle ich mich, wenn ich auf solch einen Verlust reagiere?« Oft fühlen wir uns sehr jung, und dann erkennen wir, daß sich unsere heftigen Gefühle nicht allein nur auf die gegenwärtige Situation beziehen, sondern auf etwas hinweisen, das in unserer eigenen Vergangenheit nicht verarbeitet wurde. Vielleicht ist dieses Gefühl sogar Teil eines Musters, das auf Mißbrauch, Mißhandlung oder Verlassenwerden zurückgeht. Vielleicht haben wir uns schon früher anderen ausgeliefert, in der Hoffnung, erlöst zu werden. Falls das so ist, müssen wir uns selbst einige sehr unangenehme Fragen stellen. Was hat mich an diesem System angezogen? Hatte ich keine Ahnung, was vor sich ging? In welcher Weise war ich an der herrschenden Unbewußtheit beteiligt?

Desillusionierung gehört zu einem wichtigen Teil des spirituellen Weges. Es ist ein feuriges Tor, einer der besten und reinsten Lehrer des Erwachens, der Unabhängigkeit und des Loslassens, denen wir jemals begegnen werden. Desillusioniert sein bedeutet, von unseren Hoffnungen, Vorstellungen und Erwartungen entblößt zu werden. Doch während sich unsere Augen öffnen, verschließt der daraus resultierende Schmerz oft unser Herz. Diese Herausforderung der Desillusionierung liegt darin, daß wir die Augen offenhalten und dabei dennoch mit dem großen Herzen des Mitgefühls in Verbindung bleiben. Ob unser Herz in der tiefen Nacht unserer inneren Praxis oder in der tiefen Nacht unserer Probleme mit der Gemeinschaft aufgerissen wird – immer können wir diese Erfahrung dazu verwenden, eine tiefere Bewußtheit und eine weisere Liebe zu entwickeln.

Der Prozeß der Heilung von spirituellem Verrat oder Verlust kann sehr lange dauern. Nach Wut und Trauer folgt eine ungeheure Leere des Herzens, als ob man etwas aus uns herausgerissen hätte. Doch diese Leere wird nicht allein durch den Verrat des Lehrers oder der Gruppe verursacht. Sie war immer schon da – als unterschiedliche Art von Verrat, den wir an uns selbst begangen haben. Zuletzt sollten wir uns auf uns selbst besinnen und uns mit den Löchern befassen, die wir stets mit etwas von außen zu füllen versuchten. Wir müssen unsere eigene Buddha-Natur suchen und unsere eigene Lektion in diesen Schwierigkeiten erkennen.

Für manche Menschen sind Desillusionierung und große Schwierigkeiten gerade das, was sie am meisten brauchen, um sich auf sich selbst besinnen zu können. Ich meine nicht, daß wir uns darum bemühen sollten, mißbraucht zu werden; aber manchmal bedarf es eines irregeleiteten oder falschen Lehrers, um einen weisen Schüler hervorzubringen. Selbst wenn ein Schüler das Gefühl hat, jegliches Vertrauen verloren zu haben, ist es doch so, daß wir unser Vertrauen nie wirklich verlieren können – wir geben es nur für eine Weile her. Man sagt: »Ich habe mein Herz verloren«. Doch ist es – ebenso wie unser Vertrauen und die ewige Wahrheit – immer bei uns.

Die Wahrheit gehört nicht dem Buddha oder sonst irgendeinem Meister. Achaan Chah pflegte zu sagen: »Der Dharma, der wahre Pfad, ist wie Grundwasser. Immer, wenn wir graben, finden wir es dort unten.«

Die Feuerprobe unserer Beziehung zu spirituellen Gemeinschaften und Lehrern kann unseren ursprünglichen Idealismus in Weisheit und Mitgefühl verwandeln. Wir wechseln von der Suche nach Vollkommenheit dazu über, Weisheit und Liebe zum Ausdruck zu bringen. Dann werden wir vielleicht die bemerkenswerte Aussage von Shunryu Suzuki Roshi verstehen: »Genau genommen gibt es so etwas wie einen erleuchteten Menschen gar nicht. Es gibt nur ein erleuchtetes Handeln.« Da man die Befreiung nicht besitzen kann, ist der Gedanke »Ich bin erleuchtet!« ein Widerspruch in sich. Weisheit, Mitgefühl und Erwachen sind niemals etwas, das man erreicht hat. Wenn sie nicht hier in uns und in unserer Gemeinschaft lebendig sind, ist unsere Aufgabe ganz klar. Man nehme das, was da ist, hier und jetzt, und verwandle es im eigenen Herzen in Weisheit und Mitgefühl.

Meditation: Den Schatten unserer Praxis betrachten

Ebenso wie jede Gemeinschaft Schatten hervorbringt, hat auch jede Lehre ihre Schattenbereiche; es sind diejenigen Aspekte des Lebens, die von ihr nicht beleuchtet werden. Jeder Stil einer Lehre ruft ebenfalls seinen nahen Feind auf den Plan, derart, daß diese spezielle Lehre mißbraucht oder mißverstanden werden kann. Möglicherweise ist es für Sie eine Hilfe, sich Zeit zu nehmen und die Möglichkeiten und Begrenzungen der Praxis zu betrachten, für die Sie sich entschieden haben. Dann können Sie darüber nachdenken, inwieweit sich das, was Ihnen dabei auffällt, auf Ihr spirituelles Leben bezieht. Die folgenden Beispiele weisen auf die Schatten hin, mit denen Sie es möglicherweise zu tun haben.

Einsichts-Meditation und ähnliche buddhistische Methoden können Quietismus und Flucht vor der Welt erzeugen. Die Leerheit, die im Zen und im nondualistischen Vedanta gelehrt wird, kann zu dem verwandten Problem führen, daß man nicht mit dem Leben verbunden und nicht geerdet ist. Jede Art von idealistischer, auf ein Jenseits bezogener Lehre, die das Leben auf dieser Erde als einen Traum definiert oder auf höhere Bereiche abzielt, kann einen zu Selbstgefälligkeit, Amoralität und Gleichgültigkeit verführen. Körperliche Praktiken wie Hatha-Yoga können körperliche Perfektion anstatt das Erwachen des Herzens hervorbringen. Kundalini-Yoga kann Erfahrungssüchtige fördern, die mehr an aufregenden körperlichen und geistigen Sensationen als an Befreiung interessiert sind. Lehrer wie Krishnamurti und andere, die sich gegen jegliche Disziplin oder Praxismethode aussprechen, können ihre Schüler dazu verleiten, sich auf die intellektuelle Ebene zu fixieren, so daß ihnen jede tiefere Erfahrung verschlossen bleibt. Methoden, die sich vor allem auf Studien konzentrieren, bewirken unter Umständen dasselbe. Moralistische Formen mit strengen Reinheitsregeln können ein schwaches Selbstwertgefühl noch mehr schwächen oder zu Rigidität und Selbstgerechtigkeit führen. Tantrische Praxisformen lassen sich als Ausrede für das Ausagieren von Begierden mißbrauchen. Die Praxis der Hingabe kann dazu führen, daß Geistesklarheit und unterscheidende Weisheit unentwickelt bleiben. Starke Gurus können uns glauben lassen, wir würden es nicht aus eigener Kraft schaffen. Praxisformen, die Freude und das Feiern betonen, wie etwa der Sufi-Tanz, führen möglicherweise dazu, daß man keine Offenheit für die unvermeidlichen Verluste und schmerzhaften Erfahrungen im Leben entwickelt. Praxisformen, die das Leiden betonen, können einen Mangel an Lebensfreude mit sich bringen.

Betrachten Sie diese Schatten im Hinblick auf Ihren Weg und Ihre Tradition. Halten Sie sich deren Stärken und Schwächen vor Augen, was sie Ihnen geben und wie sie mißbraucht werden können. Stellen Sie fest, inwieweit Sie vielleicht gefangen sind und was Sie möglicherweise entbehren und brauchen. Denken Sie daran, daß an diesen Praxisformen an sich nichts Schlechtes ist. Sie sind lediglich Werkzeuge für das Sich-Öffnen und Erwachen. Man kann jede von ihnen sinnvoll anwenden oder aber unbewußt mißbrauchen. In dem Maße, in dem Sie in Ihrem spirituellen Leben an Reife gewinnen, können Sie selbst die Verantwortung für Ihre Praxis übernehmen und herausfinden, wo Sie möglicherweise blockiert sind und was Sie brauchen, um in jedem Lebensbereich zur Freiheit zu finden.

19

Karma: Das Herz ist unser Garten

Leben bedeutet, ständig zu handeln, uns dauernd irgendwie zu verhalten, Tag und Nacht, allein oder in Gesellschaft, unter angenehmen oder unter schwierigen Umständen. Wie können wir unsere Einsichten in die Praxis umsetzen, und wie wissen wir, ob unser Handeln weise ist? Der Schlüssel zu weisem Handeln ist das richtige Verständnis von Karma.

Das Gesetz des Karma beschreibt, wie Ursache und Wirkung Muster bedingen, die sich in jedem Leben wiederholen. Karma bedeutet, daß nichts von selbst entsteht. Jede Erfahrung ist durch etwas bedingt, was vorausging. Demnach ist unser Leben eine Folge von untereinander zusammenhängenden Mustern. Die Buddhisten sagen, daß es genügt, dies zu verstehen, um ein weises Leben in der Welt führen zu können.

Karma gibt es auf vielen verschiedenen Ebenen. Seine Muster beherrschen die gewaltigen Körper des Universums in Form der Anziehungskräfte der Galaxien und ebenso die kleinsten, subtilsten Impulse, durch die unser Geisteszustand von einem Augenblick zum nächsten beeinflußt wird. Um ein Beispiel auf der Ebene des physischen Lebens zu nennen: Eine Eiche manifestiert sich in verschiedenen Stufen ihres Lebensmusters. Auf einer Stufe des Eichen-Musters existiert sie als Eichel, auf einer darauffolgenden als Schößling, auf einer späteren als großer Baum, und auf einer wiederum anderen Stufe als grüne Eichel an diesem großen Baum. Genaugenommen gibt es so etwas wie eine definitive »Eiche« gar nicht. Es existiert nur das Eichen-Muster, dank dessen bestimme Elemente dem zyklischen Gesetz des

Karma folgen: eine spezielle Kombination von Wasser, Mineralien und Sonnenenergie, die immer wieder für die Verwandlung von einer Stufe zur anderen sorgt.

Die Tendenzen und Gewohnheiten unseres Geistes sind ähnliche karmische Muster, die sich ständig wiederholen. Als der Buddha darüber sprach, fragte er: »Was, denkt ihr, ist größer – der höchste Berg der Erde oder das Häufchen Knochen, das alle Leben repräsentiert, die ihr, bestimmt von den Mustern eueres eigenen Karma, in allen Bereichen immer und immer wieder gelebt habt? Größer als der höchste Berg der Erde, meine Freunde, ist das Knochenhäufchen.«

Wir leben in einem Meer von konditionierten Mustern, die wir ständig repetieren, auch wenn wir diesen Vorgang kaum wahrnehmen. Das Wirken des Karma in unserem Leben ist ganz deutlich zu sehen; wir brauchen nur den Prozeß von Ursache und Wirkung in unseren alltäglichen Aktivitäten betrachten und darauf achten, wie die sich wiederholenden Muster in unserem Geist das Verhalten beeinflussen. Wenn wir zu einer bestimmten Zeit in einer bestimmten Kultur geboren werden, erlernen wir bestimmte Verhaltensmuster. Geschieht dies beispielsweise in einer Kultur von Fischern, lernen wir, still zu sein. Werden wir in einer expressiven mediterranen Kultur geboren, lernen wir, unsere Gefühle laut und wortreich und von Gesten begleitet auszudrücken. Unser soziales Karma – Elternhaus, Schule und sprachliche Konditionierung – gestaltet Muster des Bewußtseins. Sie legen fest, wie wir die Realität erleben und wie wir uns selbst zum Ausdruck bringen.

Diese Muster und Tendenzen sind oft viel stärker als unsere bewußten Absichten. Ungeachtet der Umstände handelt es sich um alte Gewohntheiten, die unsere Art zu leben bedingen. Ich erinnere mich, wie ich einmal meine Großmutter in einem Seniorenheim besuchte. Die meisten Insassen führten ein ruhiges und zurückgezogenes Leben. Der einzige lebendige Ort war die Eingangshalle, und einige Hausbewohner saßen dort herum und schauten, wer kam und ging. In der Halle gab es zwei verschiedene Gruppen von Leuten. Die eine Gruppe saß regelmäßig dort und vergnügte sich mit Kartenspielen, und jeder, der vorbeikam, wurde begrüßt. Sie pflegten eine freundliche Beziehung im Miteinander und mit ihrer Situation und Umgebung. In einem anderen Teil der Halle saßen diejenigen, die gern schimpften und sich beklagten. Sie hatten an jedem, der zur Tür hereinkam, etwas auszusetzen. Vor den Ohren der Gäste posaunten sie Klagen aus: »War das nicht scheußlich, was sie uns gestern vorgesetzt haben?« »Haben Sie gehört, was die mit unserer Rente machen?« Da saß eine ganze Gruppe von Menschen, deren Beziehung zum Leben hauptsächlich darin bestand, sich darüber zu beklagen. Jede Gruppe setzte sich aus Personen zusammen, die ein grundlegendes Muster mitgebracht hatten, mit dem sie schon viele, viele Jahre lebten.

Häufig wiederholte Umstände und geistige Haltungen werden zur Bedingung für das, was wir »Persönlichkeit« nennen. Als Trungpa Rinpoche nach einem Vortrag über die Leerheit des Selbst gefragt wurde, was denn dann in unserem nächsten Leben wiedergeboren würde, witzelte er: »Eure schlechten Gewohnheiten.« Unsere Persönlichkeit wird entsprechend früherer Ursachen konditioniert. Manchmal ist dies offensichtlich, doch viel häufiger nehmen wir Gewohnheiten, die aus einer fernen und vergessenen Vergangenheit stammen, gar nicht wahr.

In der buddhistischen Psychologie wird die Konditionierung unserer Persönlichkeit nach drei grundlegenden unbewußten Wirkkräften und automatischen Tendenzen unseres Geistes kategorisiert. Es gibt den Begierde-Typus, dessen häufigster Geisteszustand mit Habenwollen, Festhalten und dem Gefühl von Mangel verbunden ist. Es gibt den Abwehr-Typus, dessen allgemeiner Geisteszustand davon geprägt ist, die Welt mittels Urteilen, Ablehnung und Haß zurückzuweisen. Dann gibt es den verwirrten Typus, dessen übliche Zustände Lethargie, Selbsttäuschung und Nichtverbundensein sind (nicht wissen, wie man mit den Dingen umgeht).

Sie können überprüfen, welcher Typus bei Ihnen dominiert, indem Sie beobachten, wie Sie auf typische Art einen Raum betreten. Wenn in Ihrer karmischen Konditionierung das Habenwollen besonders stark ausgeprägt ist, werden Sie dazu neigen, sich umzuschauen und festzustellen, was Ihnen gefällt, was Sie anzieht, was Sie gerne haben würden; ein schönes Blumengesteck wird Sie begeistern; es wird Ihnen gefallen, wie manche Leute gekleidet sind; Sie finden vielleicht jemanden sexuell interessant oder stellen sich vor, daß es anregend sein würde, jemand bestimmten kennenzulernen. Wenn Sie ein Abwehr-Typ sind, sehen Sie beim Betreten eines Raums eher das, was Ihnen nicht gefällt. »Hier ist es zu laut. Die Tapete ist häßlich. Die Leute sind unmöglich angezogen. Ich mag nicht, wie das Ganze organisiert ist.« Wenn Sie zum verwirrten Typus gehören, gehen Sie in den Raum, schauen sich um und wissen nicht, wie Sie sich verhalten sollen; Sie fragen sich: »Was läuft hier ab? Was soll ich hier? Was erwartet man von mir?« Diese Grundkonditionierung ist mächtig. Sie wächst zu Kräften heran, die ganze Gesellschaften in den Krieg treiben. Wenn wir den Kräften des Verlangens und der Abwehr, der Gier und des Hasses zum erstenmal in uns selbst begegnen , denken wir vielleicht, sie seien harmlos – ein bißchen Habenwollen, ein bißchen Ablehnung, ein bißchen Verwirrung. Wenn wir jedoch unsere Konditionierung genauer beobachten, stellen wir fest, daß Angst, Festhalten und Vermeiden in Wirklichkeit so zwanghaft und überwältigend sind, daß sie viele Aspekte unserer Persönlichkeit bestimmen. Diese Kräfte können wir beobachten und daraus entnehmen, wie sich die Muster des Karma auswirken.

Wenn wir in der Meditation unsere Persönlichkeit unter die Lupe nehmen, ist der erste Impuls oft der Versuch, unsere alten Verhaltensmuster und Abwehrmechanismen loszuwerden. Die meisten Menschen empfinden ihre eigene Persönlichkeit zunächst als schwierig, unangenehm oder sogar abstoßend. Angesichts eines menschlichen Körpers kann es einem ebenso gehen. Aus der richtigen Entfernung, im richtigen Alter und im richtigen Licht ist er schön; doch je näher wir herangehen, desto zweifelhafter wird dieser Eindruck. Also versuchen wir, unseren Körper mittels Diät, Jogging, Hautpflege, Gymnastik und Urlaub zu verbessern. Doch selbst dann, wenn alles einen gewissen Erfolg hat, stecken wir grundsätzlich doch in dem Körper, mit dem wir geboren wurden. Noch schwieriger ist es, die Persönlichkeit zu verändern; doch das spirituelle Leben dient ja auch nicht dazu, unsere Persönlichkeit loswerden.

Unsere Aufgabe besteht darin, unseren Körper und unseren Geist kennenzulernen und dabei zu erwachen. Einer der wichtigen Aspekte des Erwachens ist es, das Spiel des Karma zu verstehen. Wenn wir nicht bewußt sind, spielt sich unser Leben einfach ständig nur in den Mustern alter Gewohnheiten ab. Wenn wir jedoch erwachen, können wir bewußt entscheiden, wie wir mit unseren Lebensumständen umgehen wollen. Unsere bewußte Reaktion gestaltet ihrerseits unser zukünftiges Karma. Vielleicht können wir die äußeren Umstände verändern, vielleicht auch nicht; doch mit Hilfe der Bewußtheit läßt sich jederzeit unsere innere Einstellung verändern, und das genügt, um unser Leben zu verwandeln. Selbst unter den ärgsten äußeren Umständen können wir uns entscheiden, ob wir dem Leben mit Angst und Haß begegnen wollen oder mit geistiger Klarheit und Mitgefühl.

Die Verwandlung der Muster findet immer im Herzen statt. Um zu verstehen, wie man mit den karmischen Mustern umgehen soll, müssen wir erkennen, daß das Karma zwei grundlegende Aspekte hat: der eine ist das in der Gegenwart erlebte Resultat der Vergangenheit, und der andere das zukünftige Karma, das durch unsere gegenwärtigen Reaktionen geschaffen wird. Wir ernten die Früchte früherer Taten; das können wir nicht mehr ändern. Doch wenn wir auf gegenwärtige Situationen reagieren, schaffen wir neues Karma. Wir säen die karmischen Samen für weitere Ergebnisse. Das Wort Karma wird im Sanskrit im allgemeinen mit einem anderen Wort, *vipaka*, verbunden: *karma vipaka. Karma* bedeutet Handeln und *vipaka* bedeutet Resultat.

Im Umgang mit jedem Augenblick unserer Erfahrung verwenden wir entweder geeignete Mittel (das ist der wache Zustand) oder ungeeignete Mittel (das ist der nichtbewußte Zustand). Ungeeignete Reaktionen wie Habenwollen, Ablehnung und Verwirrung erzeugen unvermeidlich mehr Leiden und schmerzhaftes Karma; geeignete Reaktionen, die auf Bewußtheit, Liebe und Offenheit beruhen, führen naturgemäß zu Wohlbefinden und Glück. Durch geeignete Mittel können wir neue Muster schaffen, die unser Leben verwandeln. Selbst die mächtigen Muster, die auf Habenwollen, Ablehnung und Selbsttäuschung basieren, tragen den Keim guter Ergebnisse in sich. Verlangen nach Vergnügen kann in mitfühlendes Verhalten verwandelt werden, das die Welt um uns verschönert. Die Haltung von Urteilen und Abwehr läßt sich mit Hilfe der Bewußtheit in eine Fähigkeit verwandeln, die man »unterscheidende Weisheit« nennt – Klarheit in Verbindung mit Mitgefühl, eine Weisheit, die alle Täuschungen der Welt durchschaut und die Klarheit der Wahrheit benützt, um zu helfen und zu heilen. Selbst Verwirrung und die Tendenz, vom Leben getrennt zu sein, kann in weise Gleichmütigkeit und in die Fähigkeit, Raum zu geben, verwandelt werden, in ein klarsichtiges und mitfühlendes inneres Gleichgewicht, das alles und jedes mit einer Haltung von Frieden und Verständnis annehmen kann.

In den buddhistischen Lehren wird Karma oft im Zusammenhang mit Tod und Wiedergeburt erklärt. Der Buddha erzählte von einer Vision, die er in der Nacht seiner Erleuchtung hatte; darin sah er Tausende seiner eigenen früheren Leben und auch die anderer Wesen, und er sah, wie alle starben und entsprechend den gesetzmäßigen karmischen Ergebnissen ihres Handelns wiedergeboren wurden. Doch wir brauchen nicht mit den Augen des Buddha zu sehen, um zu verstehen, was Karma ist. Dieselben karmischen Gesetze, die er beschrieb, sind in unserem Leben fortwährend präsent. Wir können sehen, wie Tod und Geburt tagtäglich stattfinden. Jeden Tag werden wir in neue Umstände und Erfahrungen hineingeboren – gerade so wie in ein neues Leben. Genaugenommen geschieht das in jedem Augenblick. Wir sterben in jedem Augenblick und werden im nächsten wiedergeboren.

Es wird gelehrt, daß es im Augenblick des Todes oder im Augenblick eines Übergangs vier Karmas gibt: »lastendes Karma«, »nachfolgendes Karma«, »gewohnheitsmäßiges Karma« und »ungerichtetes Karma«. Die karmische Tendenz ist beim ersten am stärksten und beim letzten am schwächsten. Als traditionelles Bild hierfür gilt die Kuhherde auf einer Weide, deren Gatter offensteht. Lastendes Karma ist wie ein Stier. Es ist die treibende Kraft, die aus unseren stärksten guten oder schlechten Taten erwächst. Wenn sich ein Stier auf der Weide befindet und das Gatter geöffnet wird, ist er immer der erste, der hindurchgeht. Das nachfolgende Karma ist die Kuh, die dem Gatter am nächsten ist. Das bezieht sich auf den Geisteszustand im Augenblick des Übergangs. Wenn das Gatter offensteht und kein Stier da ist, geht die Kuh hindurch, die in der Nähe ist. Ist keine Kuh in der Nähe, stellt sich das gewohnheitsmäßige Karma ein. Das ist die treibende Kraft unserer gewöhnlichen Verhaltensmuster. Herrscht kein starker Geisteszustand vor, geht eben diejenige Kuh durch das Gatter, die auch sonst immer als erste geht. Schließlich gibt es noch das ungerichtete Karma, das entsteht, wenn sich keine starke Gewohnheit vordrängt. Dann ist unser Karma das Produkt irgendwelcher früheren Bedingungen.

Wann immer eine Aktion (oder Geburt) geschieht, gibt es Kräfte, die sie unterstützen, und Kräfte, die sie zu einem Ende bringen. Diese karmischen Kräfte werden mit dem Bild eines Gartens illustriert. Der Same, den man in die Erde legt, ist das »verursachende Karma«. Das Gießen, Hegen und Pflegen der Pflanzen steht für das »unterstützende Karma«. Wenn Schwierigkeiten eintreten, ist dies das »entgegenwirkende Karma«, das durch Trokkenheit symbolisiert wird; selbst wenn wir einen entwicklungsfähigen Samen in die Erde legen und uns darum kümmern, wird er vertrocknen, wenn kein Wasser da ist. Das »zerstörende Karma« ist wie Feuer, das alles verbrennt, oder Parasiten, die alles wegfressen.

In der Natur des Lebens folgt eine Bedingung der anderen, und alles ist der Veränderung unterworfen. Das Karma der äußeren Umstände kann sich in Sekundenschnelle ändern. Jederzeit können großes Glück oder der Tod über uns kommen.

Es ist jedoch nicht unser Handeln allein, das die karmischen Ergebnisse unserer Muster bewirkt. Wir schaffen Karma, indem wir zuerst etwas *beabsichtigen* und dann handeln; deshalb müssen wir uns unserer Absichten bewußtwerden. Das Herz ist unser Garten, und jedes Handeln wird mit einer Absicht verbunden, die wir aussäen. Im Ergebnis ist das Muster unseres Karma die Frucht dieser Samen.

Wenn wir zum Beispiel ein scharfes Messer nehmen, mit der Absicht, jemanden zu erstechen, führt dies zu Mord und hat karmische Folgen. Nehmen wir ein scharfes Messer, um in der Eigenschaft als Chirurg jemanden damit zu operieren, ist es dasselbe Tun, basiert jedoch auf der Absicht, zu heilen und Leben zu retten. Dieselbe Handlung kann also, je nach Absicht, eine Schreckenstat oder ein Akt des Mitgefühls sein.

Wir können die Macht der Absicht im Erzeugen von Karma in unserem Alltag beobachten. Beginnen wir damit, die Aufmerksamkeit darauf zu richten, wie wir im Laufe des Tages auf irgendwelche Probleme reagieren.

Vielleicht ist unsere automatische Reaktion bei auftretenden Schwierigkeiten die, sie zu ignorieren, wütend zu werden oder uns zu beklagen; oder wir versuchen vielleicht, unser Verhalten zu verteidigen oder zu rechtfertigen. In jedem Fall ist unsere Absicht untrennbar mit Habenwollen, Ablehnung oder Selbsttäuschung verbunden und schafft ein Karma des Leidens in der Zukunft, das wiederum eine entsprechende Reaktion auslöst.

Wenn wir es mit schwierigen Situationen zu tun haben, ist es jedoch auch möglich, ihnen anders zu begegnen: mit dem Wunsch, zu verstehen, zu lernen, loszulassen oder Harmonie und Frieden zu schaffen; dann sprechen und handeln wir mit einer anderen Absicht. Unser Handeln mag ganz ähnlich aussehen, unsere Worte mögen ähnlich klingen; doch wenn es unsere Absicht ist, Frieden und Harmonie zu schaffen, werden die karmischen Folgen ganz anders sein.

Wenn wir aufmerksam sind, ist es möglich, uns unserer Absichten und des Zustands unseres Herzens, die den Hintergrund unseres – reagierenden – Handelns und Sprechens bilden, bewußter zu werden.

Wenn wir uns zum Beispiel vorgenommen haben, mit dem Rauchen aufzuhören, kann es geschehen, daß sich irgendwann im Laufe des Tages das Bedürfnis nach einer Zigarette einstellt. Und schon haben wir nach der Schachtel gegriffen, eine Zigarette herausgezogen, sie angezündet und den Rauch inhaliert: Plötzlich wachen wir auf und erinnern uns an den guten Vorsatz. Ohne daß wir es wahrnahmen, sozusagen per Autopilot, wickelten wir alle die gewohnheitsmäßigen Bewegungen ab. Es ist nicht möglich, die Muster unseres Verhaltens zu verändern oder neue karmische Bedingungen herzustellen, solange wir nicht zu *Beginn* des Handelns gegenwärtig und wach sind. Im andern Fall ist es bereits geschehen. Das heißt dann, die Tür erst zu schließen, nachdem das Pferd weggelaufen ist.

Die Entwicklung bewußten Gewahrseins in der Meditation ermöglicht es uns, achtsam oder bewußt genug zu werden, um den Zustand unseres Herzens und unsere Absichten rechtzeitig zu erkennen. Wir lernen, die verschiedenen Zustände der Angst, des Habenwollens, der Verwirrung, der Eifersucht und des Ärgers wahrzunehmen und zu erkennen, wann Liebe oder Nachsicht oder Großzügigkeit unser Handeln motivieren. Wenn wir wissen, in welchem Zustand wir uns befinden, können wir entscheiden, welche Muster oder Bedingungen wir akzeptieren und welches Karma wir erzeugen wollen.

Versuchen Sie, auf diese Weise bewußt mit Ihrem Leben umzugehen. Praktizieren Sie diese Bewußtheit auch beim Sprechen. Richten Sie Ihre Aufmerksamkeit auf den Zustand Ihres Herzens, auf die Absicht, wenn Sie über irgend etwas sprechen, und sei es die nebensächlichste Angelegenheit. Haben Sie die Absicht, sich zu schützen, etwas festzuhalten, sich zu verteidigen? Haben Sie die Absicht, sich zu öffnen, motiviert von Fürsorge, Mitgefühl oder Liebe? Wenn Sie Ihre Absicht klar erkannt haben, achten Sie auf die Reaktion, die Sie hervorrufen. Selbst wenn die Reaktion Ihres Gegenübers problematisch ist, bleiben Sie bei Ihrer guten Absicht und beobachten Sie, wie sie wirkt.

Falls Ihre Absicht unpassend oder gar unfreundlich war, sollten Sie versuchen, sie zu ändern; dann beobachten Sie eine Weile, was geschieht. Zuerst ernten Sie vermutlich die Folgen Ihrer vorhergehenden defensiven Haltung. Beharren Sie jedoch auf Ihrer guten Absicht. Um zu erkennen, wie das Karma arbeitet, brauchen Sie nur Ihre engsten Beziehungen und die einfachsten Interaktionen zu betrachten. Sie können sich eine ganz bestimmte Beziehung oder Situation vornehmen und damit experimentieren. Versuchen Sie, nur dann zu sprechen oder zu handeln, wenn Ihr Herz offen und freundlich ist. Im andern Fall sollten Sie warten, bis sich die negativen Gefühle aufgelöst haben.

Wenn wir uns unserer Absichten und Handlungen bewußter werden, verstehen wir nach und nach besser, was Karma bedeutet. Es scheint sogar so zu sein, daß die karmischen Früchte schneller reifen – vielleicht einfach deshalb, weil wir sie wahrnehmen. Wenn wir aufmerksam sind, scheinen sich jedenfalls die Folgen dessen, was wir tun – sei es angemessen oder nicht – viel schneller zu manifestieren. Eine genauere Untersuchung dieses Gesetzes von Ursache und Wirkung macht deutlich, daß immer dann, wenn wir selbst oder jemand anderer auf der Basis von Habenwollen, Haß, Vorurteil, Urteilen oder Selbsttäuschung agiert, die Folgen unweigerlich Leiden erzeugen. Wir beginnen zu sehen, wie diejenigen, die uns schaden und verletzen, sich selbst dabei unvermeidliches Leiden einhandeln. Das wiederum motiviert uns, noch aufmerksamer zu sein, und wir lernen, die Zustände unseres Herzens genauer wahrzunehmen und zu unterscheiden.

Tagtäglich streuen wir die Samen des Karma aus. Es gibt nur eine einzige Stelle, wo wir eingreifen und das Karma beeinflussen können, und das ist die Absicht, die hinter unserem Handeln steht. Nur das Karma eines einzigen Menschen auf der ganzen Welt können wir verändern – unser eigenes. Doch was wir mit unserem eigenen Herzen machen, wirkt sich auf die ganze Welt aus. Wenn wir die karmischen Knoten in unserem Herzen lösen, werden wir damit, da wir ja alle miteinander verbunden sind, zwangsläufig auch das Karma anderer heilen.

Ein ehemaliger Kriegsgefangener besuchte einen Mitüberlebenden und fragte: »Hast du denen vergeben, die dich ins Lager steckten?« »Nein«, entgegnete der andere, »und das werde ich auch nie tun.« Darauf sagte der erste Veteran: »Tja, dann halten sie dich wohl immer noch gefangen.«

Als meine Frau und ich vor ein paar Jahren in Indien waren, hatte sie die erschreckende Vision, daß einer ihrer Brüder im Sterben lag. Zuerst dachte ich, daß es ein Zeichen einer Tod-und-Wiedergeburt-Erfahrung in der Meditation sei; doch am nächsten Tag hatte sie eine weitere Vision, in der ihr Bruder als Geistführer erschien, begleitet von zwei Indianern, und er bot ihr spirituelle Unterstützung und Führung an. Etwa eine Woche später erreichte uns in dem Ashram in Rajastan, in dem wir uns aufhielten, ein Telegramm, aus dem hervorging, daß der Bruder meiner Frau tatsächlich auf die Weise gestorben war, wie sie es in ihrer Vision gesehen hatte. Das Telegramm war an dem Tag abgeschickt worden, an dem die erste Vision kam. Wie war es möglich, daß sie den Tod ihres Bruders auf der anderen Seite der Welt sehen konnte? Es war deshalb möglich, weil wir alle miteinander verbunden sind. Und weil das so ist, betrifft die Veränderung unseres Herzens alle anderen und jedes Karma auf der Welt.

Vor ein paar Jahren leitete ich ein Retreat, in dem sich eine Frau mit den qualvollen Folgen frühen Mißbrauchs herumschlug. Viele Jahre lang litt sie unter Wut, Depression und Trauer. Sie hatte lange in einer Therapie und in der Meditation daran gearbeitet, diese Wunden zu heilen. Während dieses

Retreats gelang es ihr schließlich, der Person zu vergeben, die sie mißbraucht hatte. Sie weinte mit dem Gefühl tiefen Verzeihens – nicht für den Mißbrauch selbst, der niemals entschuldigt werden kann, sondern weil sie die Bitterkeit und den Haß nicht noch länger mit sich herumtragen wollte.

Als sie wieder nach Hause kam, fand sie in ihrem Briefkasten einen Brief des Mannes vor, der sie mißbraucht hatte und mit dem sie seit fünfzehn Jahren keinen Kontakt gehabt hatte. Während die Täter in vielen Fällen den Mißbrauch selbst dann abstreiten, wenn ihnen vergeben wurde, war etwas Besonderes im Geist dieses Mannes vorgegangen. Er schrieb: »Aus irgendeinem Grund drängt es mich, Dir zu schreiben. Ich habe in dieser Woche sehr oft an Dich gedacht. Ich weiß, daß ich Dir großes Leid zugefügt habe – und mir selbst ebenfalls. Doch ich möchte Dich einfach um Verzeihung bitten. Ich weiß nicht, was ich sonst sagen könnte.« Das Absendedatum machte deutlich, daß er den Brief an eben jenem Tag geschrieben hatte, an dem sie ihre innere Arbeit des Vergebens abgeschlossen hatte.

Es gibt eine berühmte hinduistische Geschichte von zwei Königreichen, die im Namen des Gottes Krishna regiert wurden. Krishna beschloß, beiden einen Besuch abzustatten, um festzustellen, was in seinem Namen dort geschah. Also erschien er am Hof des ersten der beiden Könige. Dieser König stand in dem Ruf, böswillig, grausam, geizig und eifersüchtig zu sein.

Krishna stellte dem König eine Aufgabe: »Ich möchte, daß du in alle Provinzen deines Königreichs gehst und schaust, ob du einen einzigen Menschen findest, der wirklich gut ist.« Also besuchte der König alle seine Provinzen und sprach mit Vertretern oberer Kasten und niederer Kasten, mit Priestern und Bauern, mit Künstlern und Heilern. Schließlich kehrte er zu seinem Palast zurück, und als Krishna wieder erschien, warf er sich ihm zu Füßen und sagte: »O Herr, ich habe getan, wie Ihr verlangt habt. Ich zog durch mein ganzes Königreich, aber ich habe nicht einen einzigen wirklich guten Menschen gefunden. Es waren wohl manche dabei, die viele gute Taten vollbrachten, doch wenn ich sie näher kennenlernte, mußte ich feststellen, daß auch ihre besten Taten letztlich doch nur auf Egoismus, Scheinheiligkeit oder Selbstbetrug beruhten.«

Daraufhin ging Krishna zu dem anderen Königreich, das von einer Königin namens Dhammaraja regiert wurde. Diese Königin war berühmt für ihre Freundlichkeit, Güte und Großzügigkeit.
Auch ihr stellte Krishna eine Aufgabe. »Ich möchte, daß du in alle Provinzen deines Königreichs gehst und schaust, ob du einen einzigen wirklich schlechten Menschen findest.« Also besuchte Königin Dhammaraja alle ihre Provinzen und sprach mit den unterschiedlichsten Menschen. Nach langer Suche kehrte sie in ihren Palast zurück, und als Krishna wieder erschien, warf sie sich ihm zu Füßen und sagte: »O Herr, ich tat, was Ihr verlangt habt, aber ich konnte meine Aufgabe nicht erfüllen. Ich ging durch das ganze Land und sah viele Menschen, die sich ungeschickt und dumm verhielten und in einer Weise handelten, die Leiden erzeugte. Doch wenn ich genau hinschaute, konnte ich nur Irregeleitete und Schwache finden, aber nicht einen einzigen, der wirklich schlecht war.«
In beiden Königreichen waren die Lebensumstände vom Geist ihrer Herrscher bestimmt. Das, auf was beide trafen, war die Spiegelung ihres Herzens. Wenn wir aufmerksam sind und unser eigenes Herz verstehen, wenn wir lernen, mit Weisheit und Mitgefühl zu reagieren, tragen wir das Unsere dazu bei, Frieden auf der Erde zu verbreiten. Durch unsere Arbeit an uns selbst und unsere Kreativität können wir gelegentlich bessere äußere Umstände in unserem Leben schaffen. Doch die meisten der großen Ereignisse und Umstände unseres Lebens – wo wir geboren wurden, wann wir sterben, die großen Veränderungen auf der individuellen und kollektiven Ebene – sind das Ergebnis alter und mächtiger karmischer Muster. Diese können wir nicht ändern. Sie kommen über uns wie Wind und Wetter. Die einzige Wettervorhersage, die wir diesbezüglich machen können, ist die Garantie, daß sich die Bedingungen ständig ändern werden.
Um Karma zu verstehen, müssen wir eine einfache Frage beantworten: Wie gehen wir mit diesen wechselnden Bedingungen um? Die Art des Universums, das wir schaffen, das, was wir säen, was wir im Garten unseres Herzens wachsen lassen, gestaltet unsere Zukunft. Im Dhammapada beginnt der Buddha seine Belehrungen mit den Worten:

Wir sind das, was wir denken.
Alles, was wir sind, entsteht in unseren Gedanken.
Mit unseren Gedanken gestalten wir die Welt.
Sprichst oder handelst du mit unreinem Geist,
werden Probleme die Folge sein,
so wie das Rad dem Ochsen folgt, der den Wagen zieht.

Wir sind das, was wir denken.
Alles, was wir sind, entsteht in unseren Gedanken.
Mit unseren Gedanken gestalten wir die Welt.
Sprichst oder handelst du mit reinem Geist,
wird Glück die Folge sein,
so wie dein Schatten dir folgt, unerschütterlich.

Letztlich besitzen wir nichts auf dieser Welt, nicht einmal unseren eigenen Körper. Doch durch unsere Absichten können wir die Muster unseres Herzens und Geistes umgestalten und ihnen eine andere Richtung geben. Wir erschaffen das Königreich, das unsere zukünftige Welt sein wird. Einfach dadurch, daß wir uns von Augenblick zu Augenblick unserer Absichten bewußt sind, können wir einen wunderschönen Garten anlegen und Muster des Wohlbefindens und Glücklichseins schaffen, die viel länger bestehenbleiben als unsere Persönlichkeit und unser begrenztes Leben.

Die Vipassana-Lehrerin Sylvia Boorstein illustrierte die Macht dieser Muster mit der Geschichte eines ihrer Freunde, eines bekannten Arztes, der lange Präsident des amerikanischen Psychiaterverbands war. Er hatte den Ruf eines Gentleman und eines sehr anständigen und freundlichen Menschen. Seine Patienten und Kollegen behandelte er stets mit großer Achtung. Im Alter wurde er senil. Er verlor sein Gedächtnis und erkannte schließlich niemanden mehr. Doch er lebte zu Hause und wurde von seiner Frau versorgt. Eines Tages folgten Sylvia und ihr Mann einer Einladung des Paares zum Abendessen. Sie hatten den alten Herrn längere Zeit nicht mehr gesehen. Als sie klingelten, öffnete er die Türe und sah sie mit dem leeren Blick eines Menschen an, der völlig Fremde vor sich hat. Dann lächelte er und sagte: »Ich weiß nicht, wer Sie sind, aber kommen Sie doch bitte herein und fühlen Sie sich zu Hause.« Und er behandelte seine unbekannten Gäste mit derselben Herzlichkeit, die er sein ganzes Leben lang kultiviert hatte. Karmische Muster, die wir durch die Kraft unseres Herzens erzeugen, transzendieren die Grenzen von Zeit und Raum. Wenn man das Herz des Mitgefühls und der Weisheit unter allen Umständen und in allen Situationen wachhalten kann, bedeutet das, ein Buddha zu sein. Den Buddha in uns selbst aufwecken heißt, zu einer umfassenden geistigen Energie zu erwachen, die Mitgefühl und Verständnis in die Welt trägt. Gandhi nannte diese Energie »Seelenkraft«. Sie gibt uns Kraft, wenn wir energisch handeln müssen. Sie bringt unendliche Liebe und Vergebung, doch sie hält auch stand und spricht die Wahrheit aus. Es ist diese Kraft unseres Herzens, die Weisheit und Freiheit in alle Situationen und Umstände hineinträgt und das Königreich des Geistes auf dieser Welt erstehen läßt.

Meditation: Vergebung praktizieren

Könnten wir die geheimen Biografien unserer Feinde lesen, würden wir im Leben eines jeden genügend Kummer und Leiden finden, um alle Feindseligkeit außer Kraft zu setzen.

Longfellow

Vergebung ist eines der größten Geschenke des spirituellen Lebens. Sie erlöst uns von den Schmerzen der Vergangenheit. Gelegentlich mag sie sich spontan einstellen, doch man kann sie auch ganz bewußt entwickeln. Ebenso wie die Meditation der Herzenswärme und die Praxis des Mitgefühls, die in den vorangegangenen Kapiteln vorgestellt wurden, gibt es auch eine Möglichkeit, die Fähigkeit des Vergebens mit Hilfe einer alten und systematischen Praxis zu kultivieren. Vergebung wird als Vorbereitung für andere auf das Herz bezogene Meditationen verwendet, um das Herz weich zu machen und die Mauern zu beseitigen, die unsere Herzenswärme und unser Mitgefühl gefangenhalten. Durch wiederholte Praxis können wir unser ganzes Leben mit dem Geist der Vergebung erfüllen.

Bevor Sie mit der Praxis des Vergebens beginnen, sollten Sie sich klar darüber sein, was Vergebung bedeutet. Vergebung hat keineswegs zum Inhalt, verletzendes und schädigendes Handeln zu rechtfertigen oder abzuwiegeln. Während Sie vergeben, können Sie auch sagen: »Niemals mehr werde ich zulassen, daß so etwas geschieht.« Sie können den Entschluß fassen, Ihr eigenes Leben zum Opfer zu bringen, um weiteren Schaden zu verhindern. Vergebung bedeutet nicht, daß Sie mit denjenigen Verbindung aufnehmen, die Ihnen geschadet haben. Sie können sich dafür entscheiden, sie niemals wiederzusehen.

Vergebung ist einfach ein Akt des Herzens, ein Loslassen des Schmerzes, des Ressentiments, der verzweifelten Wut, an deren Last Sie so lange getragen haben. Es ist eine Erleichterung für Ihr eigenes Herz; und dann erkennen Sie, daß Sie keinem menschlichen Wesen Ihr Herz verweigern müssen, wie sehr sie auch unter den bösen Taten anderer gelitten haben mögen. Ein jeder von uns wurde verletzt, ebenso wie wir uns selbst und andere ständig verletzt haben.

Für die meisten Menschen ist der Akt des Vergebens ein längerer Prozeß. Wenn Sie sehr tief verletzt wurden, kann die Arbeit des Vergebens Jahre dauern. Sie entwickelt sich von Stufe zu Stufe – Trauer, Wut, Kummer, Angst und Verwirrung – und schließlich, wenn Sie sich dem inneren Schmerz ganz ausgesetzt haben, kommt das Vergeben als Erleichterung, als eine Erlösung des Herzens. Sie erkennen, daß Vergebung im Grunde Ihnen selbst zugute kommt, denn Sie müssen den Schmerz der Vergangenheit nicht länger ertragen. Und wenn es um die Vergebung Ihrer eigenen Schuld geht, dessen, was Sie sich selbst oder jemand anderem angetan haben, ist der Prozeß derselbe.

Leiten Sie die formale Praxis des Vergebens damit ein, daß Sie bequem sitzen, die Augen schließen und Ihren Atem leicht und natürlich fließen lassen. Entspannen Sie Körper und Geist. Atmen Sie sanft in den Bereich des Herzens und spüren Sie die inneren Barrie-

ren, die so lange schon da sind, weil Sie nicht vergeben haben, sich selbst nicht und anderen nicht. Spüren Sie den Schmerz, der darauf beruht, daß Sie Ihr Herz verschlossen hielten.
Atmen Sie eine Weile sanft in den Herzbereich, und geben Sie dem Gefühl des Vergebens Raum. Rezitieren Sie dann die folgenden Worte, und lassen Sie zu, daß sie Ihr verzeihendes Herz öffnen. Lassen Sie die Worte immer tiefer eindringen, während Sie sie wiederholen, so daß die dadurch angeregten Vorstellungen und Gefühle an Intensität gewinnen.

Vergebung von anderen:
In vielfacher Weise habe ich andere verletzt, ihnen geschadet, sie verraten oder sie verlassen, ihnen wissentlich oder unwissentlich Leid zugefügt, aus meinem eigenen Schmerz, meiner Angst, meinem Ärger und meiner Verwirrung heraus.
Erinnern Sie sich daran, wie Sie andere verletzt haben. Schauen Sie den Schmerz an, fühlen Sie den Schmerz, den Sie aufgrund Ihrer eigenen Angst und Verwirrung verursacht haben. Lassen Sie das Gefühl Ihres eigenen Kummers und Bedauerns zu. Machen Sie sich klar, daß Sie sich von dieser Last befreien und um Vergebung bitten können. Lassen Sie jede dieser Erinnerungen, die Ihr Herz belasten, als deutliches Bild erscheinen, und wiederholen Sie jedesmal: *Ich bitte um deine Vergebung! Ich bitte um deine Vergebung!*

Vergebung für Sie selbst:
In vielfacher Weise habe ich mich selbst verraten, mir selbst geschadet, mich selbst verlassen, durch Gedanken, Worte und Taten, wissentlich und unwissentlich.
Halten Sie sich die Kostbarkeit Ihres Lebens vor Augen. Erinnern Sie sich dann an die Gelegenheiten, bei denen Sie sich selbst verletzt und sich selbst geschadet haben. Lassen Sie den Schmerz zu, den Sie sich selbst zugefügt haben, und machen Sie sich klar, daß Sie sich von dieser Last befreien können. Sagen Sie dann zu sich selbst: *Ich vergebe mir jede Verletzung, die ich mir selbst aus Angst, Schmerz oder Verwirrung zugefügt habe, aktiv oder passiv. Ich vergebe mir selbst. Ich vergebe mir selbst.*

Vergebung für jene, die Ihnen geschadet oder Sie verletzt haben: *In vielfacher Weise wurde ich von anderen verletzt, mißbraucht und verlassen, durch Gedanken, Worte oder Taten, wissentlich oder unwissentlich.*
Erinnern Sie sich genau an diese Geschehnisse. Lassen Sie den Kummer und Schmerz zu, den Sie aus der Vergangenheit mitgebracht haben, und machen Sie sich klar, daß Sie sich von dieser Last befreien können, indem Sie die Vergebung ausweiten, wenn Ihr Herz dazu bereit ist. Sagen Sie jetzt zu sich selbst: *Ich sehe nun die vielfache Weise, in der andere mich verletzt oder mir geschadet haben, aus Angst, Schmerz, Verwirrung oder Wut. In dem Maße, in dem ich dazu bereit bin, biete ich ihnen meine Vergebung an. Ich habe diesen Schmerz allzu lange in meinem Herzen getragen. Aus diesem Grund biete ich euch allen, die ihr mir geschadet habt, meine Vergebung an. Ich vergebe euch.*

Wiederholen Sie sanft diese drei Variationen des Vergebens, bis Sie eine Erleichterung Ihres Herzens wahrnehmen können. Wenn es sich um einen besonders großen Schmerz handelt, werden Sie vielleicht keine Erleichterung empfinden, sondern lediglich die innere Last, die Qual oder die Wut. Nehmen Sie ganz sanft Verbindung damit auf. Vergebung läßt sich nicht erzwingen und nicht künstlich produzieren. Machen Sie einfach mit dieser Praxis weiter, und lassen Sie die Worte und Bilder nach und nach ihre Wirkung tun. Sie können die Meditation des Vergebens zu einem regelmäßigen Teil Ihrer Praxis machen, so daß Sie lernen, die Vergangenheit loszulassen und Ihr Herz für jeden neuen Augenblick mit weiser Liebe und Güte zu öffnen.

20

Das Feld erweitern: Ein ungeteiltes Herz

Jegliche spirituelle Praxis ist Beziehung: Beziehung zu uns selbst, zu anderen, zu den Situationen des Lebens. Wir können uns auf das Leben mit einer Haltung der Weisheit, des Mitgefühls und der Flexibilität einlassen, oder wir können ihm mit Angst, Aggression und Selbsttäuschung begegnen. Ob es uns paßt oder nicht – wir sind immer in Beziehung, wir sind immer miteinander verbunden.

Ein großer Teil der vorangegangenen neunzehn Kapitel handelte davon, wie man mit sich selbst eine gute Verbindung aufnimmt – durch Selbstheilung, durch Übung und durch das Verstehenlernen der Zyklen und der Möglichkeiten eines spirituellen Lebens. Weil es so wichtig ist, daß die spirituelle Praxis alle Aspekte unseres Lebens durchdringt, ließe sich gut und gern ein zweiter Band mit all den traditionellen Praxisdetails füllen, die sich auf eine gute Lebensführung und bewußte Sexualität, auf Ehe und Familienleben, Politik, Wirtschaft, Gesellschaft und Kunst beziehen. Doch wurden in diesem Buch immerhin alle wichtigen Prinzipien berührt, die wir verstehen und in jedem der genannten Bereiche umsetzen sollten.

Die Gesetze, nach denen gute Beziehungen in der Politik, in der Ehe oder im Berufsleben funktionieren, sind dieselben wie die des inneren Lebens. In jedem dieser Bereiche bedarf es der Fähigkeit zu innerer Verpflichtung und Beständigkeit, und immer ist es nötig, den einen Sitz einzunehmen. In allen diesen Beziehungen begegnen wir den vertrauten Dämonen und Verlockungen, und auch hier ist es unsere Aufgabe, sie zu benennen und mit unseren Schwierigkeiten zu tanzen. Jeder Lebensbereich hat seine Zyklen, und in jedem müssen wir lernen, uns selbst gegenüber wahrhaftig zu sein. Um unsere Praxis auf das gesamte Leben ausdehnen zu können, müssen wir lernen, alles und jedes mit einer bewußten Haltung der Wachheit und der Herzenswärme zu tun. Dieses Erweitern der spirituellen Praxis ist in Wirklichkeit ein Prozeß der Erweiterung des Herzens, ein Vergrößern unseres Feldes der Einsicht und des Mitgefühls, bis nach und nach unser ganzes Leben darin einbezogen ist. Hier auf der Erde in einem menschlichen Körper sein, in diesem Jahr, an diesem Tag – das ist unsere spirituelle Praxis.

Früher war es so, daß im Osten die spirituelle Praxis hauptsächlich von Mönchen und Nonnen in Klöstern und Tempeln gepflegt wurde. Jahrhundertelang war auch die westliche kontemplative Praxis hauptsächlich den Klöstern vorbehalten. Heutzutage haben sich die Klöster und Tempel so weit geöffnet, daß sie die Welt miteinbeziehen können.

Die meisten von uns führen nicht das Leben von Nonnen oder Mönchen, aber dennoch wollen wir als »Laien« ein echtes spirituelles Leben gestalten. Das ist immer dann möglich, wenn wir den Platz, an den wir gestellt sind, als unseren Tempel begreifen. Gerade hier in diesem Leben kann unsere Praxis lebendig werden.

Mein alter Guru in Bombay brachte uns dies bei. Er behielt seine Schüler nur so lange bei sich, bis sie einigermaßen gründlich verstanden hatten, was Leben und was Liebe ist und wie man inmitten des alltäglichen Lebens frei sein kann. Dann schickte er sie wieder heim und sagte: »Heirate den Jungen oder das Mädchen von nebenan, suche Arbeit und mache dein Leben zu deiner Praxis.«

Nach traditioneller buddhistischer Anschauung wird gelehrt, daß wir alle seit Anbeginn der Zeit in jeder erdenklichen Form wiedergeboren wurden. Wir werden unterwiesen, diese Perspektive einzunehmen und uns vor Augen zu halten, daß wir Leben um Leben als Mütter, Väter, Brüder und Schwestern geboren wurden und so in unendlich vielfältiger Form miteinander verbunden sind. Deshalb sollten wir alle Menschen, denen wir begegnen, so behandeln, als seien sie unsere geliebten Kinder oder Eltern oder

Großeltern. In buddhistischen Ländern ist es üblich, andere mit dem ehrenvollen Titel eines Verwandten anzusprechen: Onkel Präsident, Tante Bürgermeister, Onkel General, Großvater Lehrer und so weiter. Wir alle sind eine Familie.

Am besten können wir dies in der Stille eines ungeteilten Herzens fühlen. Wenn der Geist still und das Herz offen sind, erleben wir die Welt als ungeteilt. Daran wollte Häuptling Seattle unsere Ahnen erinnern, als er ihnen sein Land übergab:

Diese Erde ist unsere Mutter. Was der Erde widerfährt, das widerfährt den Söhnen und Töchtern dieser Erde. Das wissen wir. Alle Dinge sind miteinander verbunden, wie das Blut eine Familie verbindet. Alle Dinge sind miteinander verbunden.

Was immer der Erde widerfährt, widerfährt den Söhnen und Töchtern der Erde. Nicht wir spinnen das Netz des Lebens; wir sind lediglich ein Faden darin. Was immer wir dem Netz antun, tun wir uns selbst an.

Wenn das Herz nicht geteilt ist, wird alles, dem wir begegnen, zu unserer Praxis. Es gibt keinen Unterschied zwischen der Sitzmeditation in hingebungsvoller Stille und unserem Handeln in irgendeinem Bereich des Lebens. Das sagt auch die Zen-Tradition:

In der spirituellen Praxis gibt es nur zwei Aufgaben:
Man sitzt oder recht den Garten.
Und es spielt keine Rolle, wie groß der Garten ist.

Wir nehmen uns die Zeit, um still zu sein, uns zu öffnen und aufzuwachen, und dann manifestieren wir dieses Erwachen im Garten der Welt.

Manchmal müssen wir zuerst unsere Wunden heilen, um uns einigermaßen geistig gesund zu fühlen; doch irgendwann empfinden wir ein natürliches Bedürfnis, zu dienen und unsererseits etwas für die Welt zu tun. Dieser Geist des Dienens muß nichts mit Idealen zu tun haben und basiert nicht darauf, all das in Ordnung zu bringen, was in dieser Welt nicht stimmt. Sobald wir Verbindung mit unserem inneren Garten aufgenommen haben, bekommt alles, was wir berühren, Würde und Schönheit.

Wenn wir unser Feld erweitern, wird unser Handeln zum natürlichen Ausdruck unseres Herzens, das mit Dankbarkeit, Liebe und Mitgefühl erfüllt ist. Diese Gefühle entstehen, wenn wir das Blut unserer eigenen Familie in allem erkennen, was lebt. Die Welt um uns gewährt uns physische und spirituelle Unterstützung; das kommt dem Einatmen gleich. Und weil jeder von uns mit bestimmten Talenten geboren wurde, besteht ein Teil unseres Glücks darin, diese zu verwenden, um etwas für die Erde, für unsere Gemeinschaft, für die Familie und die Freunde zu tun; das ist wie das Ausatmen.

Der Alltag als Meditation

Wenn wir das Feld unserer spirituellen Praxis erweitern, entsteht vielleicht das Gefühl, daß wir nicht genug Zeit haben. Das moderne Leben ist hektisch und wird immer hektischer. Zeit sparen ist im Werbefernsehen bereits ein wichtigerer Verkaufsfaktor als Sex. Haben wir genug Zeit, um unsere Praxis zu erweitern? Erinnern Sie sich, wie sich ein gewisser Jemand bei Achaan Chah beklagte, es gäbe nicht genug Zeit für die Praxis in seinem Kloster, weil man so viel alltägliche Aufgaben zu erledigen habe – fegen, putzen, Besucher begrüßen, bauen, Texte rezitieren und so weiter – und Achaan Chah fragte: »Nicht genug Zeit, um wach zu sein?« Alles, was wir tun, gibt uns die Möglichkeit aufzuwachen.
Wir können lernen, hier und jetzt festzustellen, wovor wir uns fürchten, woran wir festhalten, an welcher Stelle unsere Selbsttäuschung einsetzt. Und in demselben Augenblick erkennen wir die Möglichkeit des Erwachens, der Freiheit, der Fülle des Seins. Diese Praxis können wir überallhin mitnehmen – zur Arbeit, nach Hause, in unsere spirituelle Gemeinschaft. Manche klagen darüber, wir schwierig es sei, im Rahmen des Familienlebens zu praktizieren. Als Alleinstehende, so erklären sie, könnten sie an langen Schweige-Retreats teilnehmen oder in den Bergen meditieren, reisen und exotische Tempel besuchen. Sie verwechseln diese Orte und Situationen mit der Erfahrung des Heiligen, um die es geht. Doch das Heilige ist immer da. Familienleben und Kinder bilden einen wunderschönen Tempel.

Kinder können ausgezeichnete Lehrer für uns sein. Sie lehren uns Hingabe und Selbstlosigkeit. In jedem Augenblick bringen sie uns dazu, in der Gegenwart zu sein. Wenn der Guru in einem Kloster oder Ashram verlangt, daß man früh am Morgen aufstehen solle, um zu meditieren, ist man wahrscheinlich nicht immer dazu bereit. Warum nicht sich umdrehen und noch ein bißchen schlafen? Am nächsten Morgen kann man ja immer noch pünktlich sein. Doch wenn unsere Kinder mitten in der Nacht aufwachen, weil sie krank sind und uns brauchen, stellt sich gar nicht die Frage – wir reagieren einfach unmittelbar mit all unserer liebevollen Aufmerksamkeit.
Immer wieder sind wir herausgefordert, unser Herz und unsere Fürsorge ganz und gar für die Familie einzusetzen. Das ist nicht anders als die Unterweisung des Meditationsmeisters oder des Gurus, wie wir in unserer Meditationszelle oder im Tempel mit der unvermeidlichen Müdigkeit, Unruhe oder Langeweile umgehen sollen. Wenn wir es damit zu Hause zu tun haben, ist es dasselbe, wie wenn wir im Meditationsretreat damit fertig werden müssen. Das spirituelle Leben wird um so echter, je schwieriger die Situationen sind. Unsere Kinder haben Unfälle und werden krank; familiäre Tragödien können geschehen. In solchen Situationen müssen unsere Liebe und unsere Weisheit standhalten können; dann berühren wir den Kern unserer Praxis und wecken unsere wahre spirituelle Kraft.
In vielen anderen Kulturen wird die liebevolle Erziehung der Kinder zu klugen, körperlich und geistig gesunden Menschen als spiritueller Akt betrachtet, und die Elternschaft gilt als heilig. Kinder werden umsorgt und von allen geliebt, und in jedem Kind sieht man einen potentiellen Künstler oder Helfer, ein einzigartiges Geschenk für die Menschheit. Kinder sind unsere Meditation. Wenn Kinder in Kinderkrippen, Tagesheimen, Horten und vor dem Fernseher aufwachsen, in einer Gesellschaft, in der Geldverdienen wichtiger ist als das Wohl der Kinder, ziehen wir Generationen von unzufriedenen, verletzten, bedürftigen Individuen heran. Wir müssen unsere Praxis auf die herausfordernden Bereiche der Kindererziehung und der intimen Beziehungen ausdehnen, und dazu bedarf es derselben Entwicklung von Geduld und Beharrlichkeit wie in der Atemmeditation; immer und immer wieder kehren wir zu unserem Herzen zurück.

Nichts, was wirklich von Wert ist, wächst über Nacht heran – weder unsere Kinder noch die Fähigkeit, einander zu lieben. Auf einer Reise nach Thailand und Bali konnte ich die Kraft sehen, die aus der liebevollen Achtung innerhalb einer Familie erwächst.

Meine Tochter Caroline lernte zwei Monate lang balinesischen Tanz bei einem wunderbaren Lehrer, und zum Abschied hatte er für sie einen kleinen Auftritt auf der Bühne seiner Tanzschule arrangiert. Als wir ankamen, wurde die Bühne aufgebaut, die Musik bereitgestellt, und dann begannen sie, Caroline anzukleiden und herzurichten. Für ein sechsjähriges Kind brauchten sie unendlich lang, denn dessen übliche Spanne der Aufmerksamkeit beträgt nicht länger als fünf Minuten. Zuerst zogen sie ihr einen Seidensarong an, den eine fein gearbeitete Kette um die Taille hielt. Danach wurde ein langes Stück kunstvoll eingefaßter Seide fünfzehnmal um ihre Brust gewickelt. Dann schmückten sie sie mit goldenen Armbändern und Armreifen, steckten ihr Haar hoch und schmückten es mit einer goldenen Blume. Sie schminkten sie mit einem größeren Aufwand, als sich ein kleines Mädchen je hätte erträumen können.

Währenddessen wurde ich immer ungeduldiger – der stolze Vater, der es nicht abwarten konnte, Fotos zu machen. »Wann sind sie endlich fertig mit der Anzieherei und fangen mit der Vorführung an?« Dreißig Minuten vergingen. Fünfundvierzig Minuten vergingen. Schließlich kam die Frau des Lehrers aus dem Haus; sie nahm ihre eigene goldene Halskette ab und legte sie meiner Tochter um den Hals. Caroline war außer sich vor Begeisterung. Als ich meine Ungeduld losließ, wurde mir klar, wie wundervoll das war, was hier geschah. In Bali werden Kinder ebenso respektvoll wie jedes erwachsene Mitglied der Gesellschaft behandelt. Ob eine Tänzerin sechs oder sechsundzwanzig Jahre alt ist, immer ehrt und achtet man sie in gleicher Weise als Künstlerin, als jemand, die ihre Kunst nicht den Zuschauern präsentiert, sondern den Göttern. Dieser Respekt, der Caroline entgegengebracht wurde, inspirierte sie dazu, besonders schön zu tanzen. Stellen Sie sich vor, wie Sie sich gefühlt hätten, wenn man Ihnen als Kind solch eine Achtung entgegengebracht hätte. Ebenso wie der Buddha hunderttausend Leben lang Geduld, Achtung und Mitgefühl kultivierte, um sein Herz zur

Reife zu bringen, können wir ein wenig davon unserer Familie und unseren Liebesbeziehungen zukommen lassen.

Die spirituelle Praxis sollte nicht als Ausrede dienen, wenn wir uns vom Leben zurückziehen möchten, weil es uns Schwierigkeiten macht. Meditationspraxis gleich welcher Art würde uns nicht weit bringen, wenn wir in schwierigen Phasen jedesmal aufhörten. Was unsere Praxis aufrechterhält, ist unsere Fähigkeit zur inneren Verpflichtung. In einer Liebesbeziehung wie in einer Ehe ist die innere Verpflichtung der Grundstock des Erfolgs. Innere Verpflichtung ist kein Vertrag, in dem Liebe als Handelsware dient – »Ich werde für dich da sein, wenn du dich nicht zu sehr veränderst, wenn du mich nicht verläßt«. In einer bewußten Beziehung bedeutet innere Verpflichtung, daß man zusammenbleibt und sich dazu verpflichtet, einander zu helfen, so daß die Liebe wachsen kann, indem man das geistige Sich-Öffnen des Partners unterstützt und würdigt.

In der Erziehung der Kinder und in Liebesbeziehungen stoßen wir unweigerlich auf dieselben Hindernisse wie in der Sitzmeditation. Wir wünschen uns, irgendwo anders oder bei jemand anderem zu sein. Wir empfinden Ablehnung und Angst und ertappen uns beim Urteilen. Wir erleben Perioden von Trägheit und Dumpfheit. Wir sind unruhig und schlagen uns mit Zweifeln herum. Diese vertrauten Dämonen können wir benennen und ihnen mit der Geisteshaltung des Praktizierenden begegnen. Wir können den Angstkörper wahrnehmen, der hinter ihnen steht, und wir können zusammen mit unserem Partner über diese Probleme sprechen, um unsere Liebe zu vertiefen.

Sich der Welt zuwenden

Wenn sich unsere Lebensumstände verändern und wir lernen, inmitten aller Schwierigkeiten ausgeglichen zu bleiben, entdecken wir die wahre Bedeutung des Wachseins und der Freiheit. Welch besseren Tempel könnten wir uns wünschen? Dieselben Prinzipien können wir vom Familienleben auf die Arbeit, auf das Leben mit unserer Gemeinschaft, auf die Politik und Wirtschaft, auf die globale Friedensarbeit oder auf unseren Dienst an den Armen ausdehnen. In all diesen Bereichen sollten wir die Eigenschaften eines Buddha manifestieren. Können wir den Buddha in das Wahllokal unserer Gemeinde bringen? Können wir uns wie der Buddha verhalten, wenn wir an unsere Abgeordneten schreiben? Tun wir etwas für diejenigen, die hungern? Treten wir wie ein Buddha auf, wenn wir für Frieden oder Gerechtigkeit oder Umweltbewußtsein demonstrieren? Das größte Geschenk, das wir der Welt machen können, sind unsere Weisheit und die Größe unseres Herzens. Ohne sie reproduzieren wir lediglich die Probleme.

Ich erinnere mich an die erste Demonstration gegen den Vietnamkrieg, an der ich teilnahm; die Demonstranten zogen mit ebensoviel Aggression und Haß gegen die Generäle und Politiker zu Felde wie die Generäle in ihre Schlachten. Wir wiederholten einfach den Krieg. Dennoch meine ich, daß wir auf die Barrikaden gehen und nachdrückliche politische Erklärungen abgeben und Herz und Körper in den Dienst der Gerechtigkeit stellen können, ohne mit Haß zu agieren, ohne uns auf die Trennung von »wir« und »sie« einzulassen. Martin Luther King rief dazu auf, sich nicht dazu verführen zu lassen, andere als Feinde zu betrachten. »Wenn ihr Gerechtigkeit verlangt«, sagte er, »dann achtet darauf, daß ihr Würde und Disziplin aufrechterhaltet und nur die Waffen der Liebe verwendet.«

Eine befreundete Schriftstellerin machte sich große Sorgen wegen der schweren Zerstörungen im Golfkrieg. Sie wollte so direkt und persönlich wie möglich dagegen protestieren. Also verlegte sie ihre Meditationspraxis auf den Rathausplatz ihrer Stadt. Bei jedem Wetter saß sie dort pünktlich zur Mittagszeit und meditierte, neben sich ein Plakat, das zum Frieden im Golf aufrief. An manchen Tagen schimpften die Leute, an manchen Tagen setzten sie sich dazu, und an manchen Tagen blieb sie allein. Doch unbeirrt demonstrierte sie Tag für Tag für den Frieden, den sie sich wünschte.

Ein amerikanischer Zen-Meister unterrichtet Tausende von Demonstranten in den Prinzipien des Sitzens und der Gewaltlosigkeit. Sie lernen, mit den unvermeidlichen Konflikten und Dämonen umzugehen, die dabei auftreten, und für die Veränderung, die sie anstreben, eine Basis von Frieden und Integrität zu schaffen. Ein anderer spiritueller »peace worker« leitete bei einem wichtigen Treffen mit dem General, der die nukleare Streitmacht in Europa befehligt, die Diskussion mit den Worten ein: »Es muß sehr schwer sein, die Verantwortung für die Verteidigung all der Menschen in Europa zu tragen.« Auf der so geschaffenen Basis gegenseitigen Respekts entwickelte sich ein sehr gutes Gespräch.

Wir können uns mit der Verantwortlichkeit eines Weltbürgers und der Weisheit eines Bodhisattva – eines Wesens, das sich dem Erwachen aller widmet – auf die Politik einlassen. Wir können unsere spirituelle Praxis auf die Straße und in unsere Gemeinschaft tragen, wenn wir jeden Lebensbereich als Tempel betrachten, als einen Platz, wo wir das entdecken können, was heilig ist. Stellen Sie sich vor, daß Sie Ihre Nachbarschaft als Ihren Tempel akzeptieren – wie würden Sie mit diesem Tempel umgehen, und wie würde Ihre spirituelle Aufgabe darin aussehen? Vielleicht würden Sie einfach den Abfall aufheben, den Sie herumliegen sehen, oder Steine von der Straße räumen, bevor sie Schaden anrichten. Vielleicht würden Sie aufmerksamer und langsamer fahren. Vielleicht würden Sie die Nachbarn so freundlich und entgegenkommend begrüßen wie Ihre Brüder und Schwestern im Tempel. Vielleicht würden Sie Hilfsprogramme für Obdachlose und Kranke organisieren.

Niemand behauptet, daß das einfach sei. Das Sitzen in der Meditation ist schwierig, und das Handeln in der Meditation ebenso. Es braucht vielleicht Jahre der Praxis, um zu lernen, wie man sich in der familiären Arena oder in der politischen Arena verhält und mit dem tiefsten Mitgefühl verbunden bleibt. Diese Verbindung aufrechtzuerhalten, verlangt eine besondere und ganz bewußte Anstrengung. Doch findet man hier das, was heilig und was echt ist, ebensogut wie irgendwo anders.

Es kann sein, daß wir zunächst verwirrt sind, weil unsere Welt so komplex ist. Wenn wir allein meditieren, sind wir nur mit unserem eigenen Leiden konfrontiert. Wenn wir in unserer Familie und in der Welt aktiv sind, müssen wir uns auch dem Leiden aussetzen, das uns mit jeglichem Leben verbindet. Hunderte Millionen unserer Brüder und Schwestern leben unter schrecklichen Bedingungen – Ungerechtigkeit, Armut, Krieg. Manchmal ist das Maß an Ungerechtigkeit und Leiden so übermäßig groß, daß es über unsere Kräfte zu gehen scheint. Doch etwas in uns weiß, daß auch dies ein Teil unseres spirituellen Lebens ist und daß wir mit diesem Leiden so umgehen können, als sei es unser eigenes – was tatsächlich auch der Fall ist. Niemand von uns kann Tyrannei, Verlust, Kummer oder Tod vermeiden. Wir alle sind bei der Zerstörung oder der Rettung unseres Planeten miteinander verbunden.

Wir sollten daran denken, daß die gegenwärtigen Probleme unserer Welt in ihrem Kern eine spirituelle Krise sind, verursacht durch die beschränkte Sicht menschlicher Wesen – durch den Verlust eines Gefühls gegenseitiger Verbundenheit, durch den Verlust der Gemeinschaft und vor allem durch den Verlust der Verbindung mit unseren spirituellen Werten.

Politische und wirtschaftliche Veränderungen an sich reichten nie aus, um das Leiden zu mindern, wenn nicht auch die tieferliegenden Ursachen bearbeitet wurden. Die größten Probleme dieser Erde – Krieg, Armut, ökologische Zerstörung und so weiter – haben ihre Ursache in Gier, Haß, Vorurteilen, Selbsttäuschung und Angst im Geist der Menschen. Wenn wir das Feld unserer Praxis erweitern und uns mit dem Leiden der Welt befassen wollen, müssen wir uns diesen Impulsen und Energien in uns selbst stellen. Einstein nannte uns nukleare Riesen und ethische Kleinkinder. Nur dann, wenn wir das Mitgefühl und die Einsicht entwickelt haben, durch die unsere eigene Gier, unser Haß und unsere Selbsttäuschung transzendiert werden, können wir etwas für die Freiheit in der Welt tun.

Jeder von uns in der modernen Gesellschaft muß seinen eigenen Anteil an der Not der Welt anerkennen. Es gibt viele Ebenen, auf denen wir uns um das globale Leiden kümmern können. In jedem Bereich sollten wir tun, was immer uns möglich ist. Wir sollten den Geist des Mitgefühls und klarsichtigen Handelns in die Wirtschaft, die Erziehung, die Regierung, das Dienen und Helfen und in die weltweiten Konflikte tragen. Und ganz grundlegend, als Basis dieser spirituellen Arbeit, müssen wir die Kraft des Herzens entwickeln, um aller Ungerechtigkeit mit Wahrhaftigkeit und Mitgefühl entgegentreten zu können.

Es gibt in unserer Welt zwei Quellen innerer Kraft. Die eine ist die Kraft des Hasses, die Kraft derer, die sich nicht fürchten zu töten. Die andere und größere Kraft ist die Kraft derer, die sich nicht fürchten zu sterben. Das war die Kraft, die hinter Ghandis Marsch gegen das gesamte britische Empire und hinter Dorothy Days unermüdlicher Arbeit für die Armen in den Straßen New Yorks stand. Diese Kraft des Herzens bewahrt und beschützt das menschliche Leben unter allen Umständen.

Es ist nicht einfach, Mitgefühl und Freiheit auf dieser Erde zum Erwachen zu bringen. Wir müssen aufrichtig sein in unaufrichtigen Zeiten, in denen es einfacher ist, für unsere Prinzipien zu kämpfen, als ihnen entsprechend zu leben. Wir müssen aufwachen in einer Zeit, in der das Tao, das Dharma, die kosmischen Gesetze oft vergessen werden, in der Materialismus, Besitzdenken, Genußsucht und militärische Absicherung als die angemessene Grundlage für menschliches Handeln angepriesen werden. Doch das ist nicht Dharma, entspricht nicht den zeitlosen Gesetzen menschlicher Harmonie und menschlichem Glück. Das können wir selbst sehen. Wir müssen in uns das uralte und ewige Gesetz des Lebens entdecken, das auf Wahrhaftigkeit und Mitgefühl beruht, und uns von ihm in unserem Handeln leiten lassen.

Bewußte Lebensführung: Die Fünf Regeln

Um unser Verständnis und unser Mitgefühl zu erweitern, müssen wir unser Handeln in Harmonie mit den uralten Gesetzen bewußter Lebensführung bringen. Diese Gesetze allein sind die Basis eines bewußten spirituellen Lebens, und sie unter allen Umständen zu beachten und zu verfeinern, ist in sich schon eine Praxis, die zur Befreiung aller Wesen führt. Eines der deutlichsten Beispiele hierfür sah ich einmal in einem kambodschanischen Flüchtlingslager. Ich war damals bei einem Freund und Lehrer, Mahaghosananda, einem außergewöhnlichen kambodschanischen Mönch, der zu den wenigen überlebenden Mönchen gehörte. Mahaghosananda hatte beschlossen, in einem der Flüchtlingslager der Roten Khmer in einer unfruchtbaren, wüstenhaften Landschaft einen Tempel zu eröffnen. Etwa fünfzigtausend Menschen, die man mit Waffengewalt zum Kommunismus »bekehrt« hatte, waren in die Lager an der thailändischen Grenze geflüchtet. In unserem

Lager drohten die Lagerleiter der Roten Khmer, jeden zu töten, der es wagte, den Tempel zu besuchen. Dennoch versammelten sich am Morgen der Eröffnung mehr als zwanzigtausend Flüchtlinge auf dem staubigen Platz, um an der Zeremonie teilzunehmen. Sie waren die traurigen Überreste zerstörter Familien; ihre Schulen wurden verbrannt, die Dörfer zerstört, und in fast jeder Familie waren Angehörige getötet oder verschleppt worden. Ich fragte mich, was mein Freund diesen Menschen, die so entsetzlich gelitten hatten, mitteilen wollte.

Mahaghosananda begann die Andacht mit den traditionellen Rezitationen, die seit tausend Jahren Bestandteil des dörflichen Lebens waren. Obwohl man diese Worte seit acht Jahren nicht gehört hatte und die Tempel zerstört waren, gab es sie immer noch in den Herzen dieser Menschen, die so unendlich viel Schmerz und Ungerechtigkeit erlebt hatten, wie es auf dieser Erde nur möglich ist. Dann sang Mahaghosananda einen der wichtigsten Verse aus den Reden des Buddha, zuerst in Pali, dann auf Kambodschanisch, und er sang sie wieder und wieder:

Haß wird nicht geringer durch Haß,
nur Liebe heilt ihn.
Das ist ein altes und ewiges Gesetz.

Als er dies rezitierte, stimmten Tausende in seinen Sprechgesang mit ein. Sie sangen und sie weinten. Es war ein überwältigender Augenblick, denn es wurde klar, daß die rezitierte Wahrheit noch größer war als ihr Schmerz.

Jede große spirituelle Tradition anerkennt und lehrt die grundlegenden Gesetze einer guten und bewußten Lebensführung. Ob man sie als Tugenden, Ethik, moralisches Verhalten oder Gebote bezeichnet, immer handelt es sich um die Orientierung, so zu leben, daß man anderen nicht schadet; sie bringen geistige Gesundheit und Licht in die Welt. In jedem menschlichen Wesen ist die Fähigkeit angelegt, Freude an würdigem Verhalten, menschlicher Anständigkeit und edler Großherzigkeit zu haben. Wenn wir uns umeinander kümmern und so leben, daß wir anderen Wesen nicht schaden, bewirken wir Freiheit und Glück.

Die buddhistische Praxis verlangt die Verpflichtung, fünf grundlegende Regeln einzuhalten; sie drücken ein Mindestmaß aus, anderen durch Reden und Handeln nicht zu schaden. Diese Regeln werden regelmäßig rezitiert, damit sich die Praktizierenden immer wieder an diese Verpflichtung erinnern. Sie lauten:

Ich verpflichte mich, keine lebenden Wesen zu töten oder ihnen zu schaden.

Ich verpflichte mich, nicht zu stehlen oder zu nehmen, was mir nicht gegeben wurde.

Ich verpflichte mich, niemandem durch sexuelles Fehlverhalten zu schaden.

Ich verpflichte mich, der falschen Rede, der verletzenden Rede, dem Klatsch und der Verleumdung zu enthalten.

Ich verpflichte mich, zu enthalten des Mißbrauchs von Rauschmitteln wie Alkohol oder Drogen, welche Achtlosigkeit oder Verlust der Bewußtheit verursachen.

Die positive Kraft der Tugend ist sehr groß. Wenn wir uns nicht an diese Regeln halten, leben wir, so heißt es, wie die wilden Tiere; ohne sie ist jegliche andere spirituelle Praxis ein fauler Zauber. Stellen Sie sich vor, Sie setzen sich zur Meditation, nachdem Sie gelogen und gestohlen haben. Dann stellen Sie sich vor, was für eine andere Welt dies sein würde, wenn jeder auch nur eine dieser Regeln befolgen würde. Es wäre eine neue Welt.

Diese einfachen Lehren sind hervorragend geeignet, unserer Praxis ein festes und breites Fundament zu geben, so daß wir den Wirkungskreis unserer Einsicht und unseres Mitgefühls auf die Welt, die uns umgibt, ausdehnen können. Indem wir diese Regeln befolgen, kultivieren wir Aufmerksamkeit und Respekt. Es bedarf der Aufmerksamkeit und der Fürsorglichkeit, um zu vermeiden, daß wir anderen schaden. Die Regeln geben eindeutige Signale, wenn wir dabei sind, vom Weg abzukommen, wenn wir uns von unseren Ängsten und unserer Selbsttäuschung einfangen lassen und Gefahr laufen, einem anderen Wesen zu schaden. Buddhistische Mönche befolgen nicht nur fünf, sondern mehrere hundert Regeln, und diese Praxis führt zu hervorragender Achtsamkeit und einer respektvollen Haltung – im Umgang mit

Worten, im allgemeinen Auftreten und Verhalten sowie in jeder Art von Handeln.

Die grundlegenden Regeln sind nicht einseitig passiv aufzufassen. Sie können ganz aktiv ein Ausdruck des mitfühlenden Herzens sein. Die Verpflichtung, nicht zu töten, kann sich zur tiefen Wertschätzung allen Lebens erweitern, zum fürsorglichen Schutz aller Wesen, die mit uns das Leben teilen. Die Verpflichtung, nicht zu stehlen, kann zur Grundlage für eine weise Ökologie werden, so daß wir die begrenzten Ressourcen unsere Erde in der rechten Weise würdigen und aktiv nach Möglichkeiten des Lebens und Arbeitens suchen, durch die wir unsere inneren Errungenschaften weltweit mit allen anderen teilen können. Diese Geisteshaltung kann zu einem Leben voller natürlicher und heilender Einfachheit führen. Die Verpflichtung, nicht zu lügen, kann zum Ausgangspunkt dafür werden, unsere Stimme für Mitgefühl, Verständnis und Gerechtigkeit in der Welt zu erheben. Die Verpflichtung zu einer Sexualität, die niemandem schadet, kann unsere intimsten Beziehungen zu einem Ausdruck von Liebe, Freude und Zärtlichkeit werden lassen. Die Verpflichtung, Rauschmittel nicht zu mißbrauchen, kann uns zu dem Vorsatz inspirieren, allen erdenklichen Umständen mit einem wachen und bewußten Geist zu begegnen.

Zunächst sind die Fünf Regeln eine Praxis. Dann werden sie zur inneren Notwendigkeit und schließlich zur Freude. Wenn unser Herz wach ist, beleuchten sie ganz spontan unseren Weg inmitten der Welt. Das nennt man »strahlende Tugend«. Das Licht, des jemand verbreitet, der stets die Wahrheit sagt, der immer voller Mitgefühl für alle und jeden handelt, selbst unter den größten Schwierigkeiten, ist für jeden im Umkreis sichtbar.

Wenn wir das Feld unserer Praxis erweitern, werden wir zum Mittelpunkt eines Kreises – wie ein Stein, den man ins Wasser wirft, auf den Grund sinkt, während sich die Wellen, die er ausgelöst hat, in alle Richtungen ausbreiten. Als Mittelpunkt dieses Kreises werden wir selbst friedvoll und regen diesen Frieden auch in anderen an, ungeachtet der Veränderungen, die das Leben für uns bereithält. Shunryu Suzuki Roshi sagte: »Inmitten der Veränderung vollkommen Haltung bewahren bedeutet, im Nirvana zu sein.«

Ehrfurcht vor dem Leben

Durch das Erweitern unseres Praxisfeldes erlernen wir die Kunst der Ehrfurcht vor dem Leben in jeder Begegnung, in jedem Augenblick und angesichts eines jeden Individuums. Das ist keine idealistische Praxis; sie ist ganz direkt. William Blake drückte es so aus:

Wenn man wirklich Gutes tun möchte, muß man es bei den allerkleinsten Anlässen tun. Das allgemeine Gute ist der Vorwand des Heuchlers, des Schurken und des Schmeichlers.

Für ein spirituelles Leben braucht man keine hohen Ideale oder edlen Gedanken. Was wir brauchen, ist unsere Achtsamkeit und freundliche Aufmerksamkeit – für unseren Atem, für unsere Kinder, für die Bäume in unserer Umgebung und für die Erde, mit der wir verbunden sind.

Die Mönche auf dem Weg des Buddha durften keine Pflanzen und Bäume schneiden. Ihr Gelübde des »Nichtschadens« und der Ehrfurcht schloß alles Leben ein. Heutzutage werden die Wälder Asiens ebenso rasend schnell zerstört wie die Regenwälder am Amazonas. Einige asiatische Meditationsmeister haben bereits erkannt, daß es bald keine Wälder mehr für die Urwaldklöster und ihre Insassen geben wird. Sie führen die Dorfbewohner in die Wälder und lassen sie die Tücher der klösterlichen Roben um die ältesten und größten Bäume binden. Dann zelebrieren sie den Ritus der Ordination, als wäre der Baum selbst ein Anhänger des Buddha. Die thailändische und burmesische Bevölkerung hat so große Ehrfurcht vor dieser Zeremonie, daß man die auserwählten Bäume verschont. Auf diese Weise werden Teile der Urwälder gerettet.

Diese Art von Fürsorglichkeit und Aufmerksamkeit ist unsere spirituelle Praxis. Wenn wir daran denken, daß jedes Wesen, dem wir begegnen, einmal unser Onkel oder unsere Tante, unsere Tochter oder unser Sohn gewesen ist, wird unser Herz berührbar und verantwortungsvoll.

Ein waches, aufmerksames Herz bewirkt mehr als irgendeine Vorstellung davon, wie die Dinge sein sollten; das ist der Schlüssel zu Flexibilität und Respekt. Wie Gandhi sagte: »Wir müssen uns mehr um die Wahrheit kümmern, die vor unseren Füßen liegt, als um folgerichtige Schlüsse.« Ein modernes Friedensprojekt, das sich an dieses Prinzip hält, nennt sich »Projekt des mitfühlenden Anhörens«. Eine Gruppe von Amerikanern und Europäern trainierte ihre Fähigkeit, in schwierigen Situationen jede Seite mit Hilfsbereitschaft, Aufmerksamkeit und tiefem Mitgefühl anzuhören. Sie schikken Teams aus, um Menschen in besonders abgeschnittenen Teilen der Welt anzuhören. Ein Team ging zum Beispiel nach Lybien und setzte sich mit Offizieren der lybischen Armee und mit Anhängern Gaddafis zusammen. Dieses Anhören war ein Versuch, die Situation von deren Standpunkt aus zu verstehen. Ein anderes Team wurde nach Nicaragua geschickt, um sowohl die Bauern als auch die bewaffneten Kommandos der Contras anzuhören, ihre Leiden und Schwierigkeiten und ihre Sicht der Dinge. Und wieder ein anderes Team ging in den Mittleren Osten und hörte die verschiedenen Fraktionen im Libanon an.

Wenn wir zuhören, als wären wir in einem Tempel, und einander mit der Aufmerksamkeit behandeln, als sei jeder Mensch unser Lehrer, wenn wir seine oder ihre Worte als wertvoll und heilig betrachten, eröffnen sich große Möglichkeiten. Sogar Wunder können geschehen. Damit wir wirkungsvoll handeln können, darf unser Handeln nicht unserer begrenzten Identität, unserer Hoffnung und Furcht entspringen. Statt dessen sollten wir auf eine größere Möglichkeit horchen und ein Handeln kultivieren, das mit unserer höchsten Motivation verbunden ist, mit dem geduldigen und mitfühlenden Buddha in uns.

Wir müssen lernen, mit etwas verbunden zu sein, das größer ist als wir selbst, ob wir es Tao, Gott, Dharma oder das Gesetz der Natur nennen. Es gibt eine tiefe Strömung der Wahrheit, die wir hören können. Wenn wir darauf horchen und in Übereinstimmung mit dieser Wahrheit handeln, wird das, was wir tun, das Richtige sein.

Ein Beispiel für dieses Horchen des Herzens ergab sich nach Gandhis Tod, als die gesamte Bewegung seiner Anhänger in Unordnung geriet. Im Lauf der zwei Jahre, während derer sich ein selbständiges Indien etablierte, riefen einige von Ghandis Anhängern zu einem landesweiten Treffen auf, um zu klären, wie man seine Arbeit am besten fortsetzen könne. Sie hofften, daß sich Vinoba Bhave, der einer der engsten Schüler Gandhis gewesen war und als sein Nachfolger betrachtet wurde, dafür gewinnen ließe, dieses Treffen zu leiten. Doch er lehnte ab. »Wir können die Vergangenheit nicht wiederholen«, sagte er. Schließlich ließ er sich doch überreden, aber nur unter der Bedingung, daß das Treffen um sechs Monate verschoben wurde, damit ihm genügend Zeit blieb, um zu Fuß von seinem Heimatort durch halb Indien bis zum Ort des Treffens zu wandern.

Vinoba Bhave zog von Dorf zu Dorf, und in jedem berief er die Bewohner zu einer Versammlung ein, wie es Gandhi immer getan hatte. Er hörte sich ihre Probleme an und gab ihnen gelegentlich auch manchen Rat. Natürlich kam er dabei auch durch einige sehr arme Dörfer, von denen es in Indien allzu viele gibt. In einem davon waren die Nahrungsmittel so knapp, daß viele Leute hungerten. Er fragte sie: »Warum baut ihr denn nicht selbst etwas an?« Doch die meisten waren Unberührbare, und sie sagten: »Das würden wir gern tun, aber wir haben kein Land.« Vinoba dachte nach und versprach ihnen dann, in Delhi mit Minister Nehru zu sprechen und vorzuschlagen, daß ein Gesetz verabschiedet würde, um die ärmste Landbevölkerung mit eigenem Land zu versorgen.

Die Leute gingen schlafen, doch Vinoba, der sich immer noch mit dem Problem der Unberührbaren herumschlug, fand keinen Schlaf. Am Morgen rief er die Dorfbewohner noch einmal zusammen und entschuldigte sich. »Ich kenne die Regierung allzu gut«, sagte er. »Selbst wenn ich sie in ein paar Jahren überzeugen kann, solch ein Gesetz zu verabschieden, würdet ihr vielleicht nie etwas davon zu sehen bekommen. Das geht dann den Weg über die Länder und Provinzen und Landkreise, und wenn die Landzuteilung schließlich bei euch ankommt, nachdem sich jeder in der Regierung sein Stück herausgeschnitten hat, wird wahrscheinlich nichts mehr für euch übrigbleiben.« Das war seine aufrichtige, wenn auch traurige Erklärung.

Da stand einer der wenigen wohlhabenden Bauern auf und sagte: »Ich habe Land. Wieviel brauchen diese Leute?« Es waren sechzehn Familien, und jede brauchte zweieinhalb Hektar Land; also sagte Vinoba: »Vierzig Hektar.« Der Bauer, der tief beeindruckt war von der Geisteshaltung Gandhis, die Vinoba ausstrahlte, bot tatsächlich vierzig Hektar Land an. Vinoba entgegnete jedoch: »Nein, das können wir nicht annehmen. Sie müssen zuerst nach Hause gehen und mit Ihrer Frau und mit Ihren Kindern sprechen, die Ihr Land erben werden.« Also ging der Mann heim, um seine Familie um Erlaubnis zu bitten. Als er zurückkam, sagte er: »Jawohl, wir geben vierzig Hektar unseres Landes an die Ärmsten.« Und so geschah es noch an demselben Tag.

Am nächsten Tag ging Vinoba in ein anderes armes Dorf, in dem er dieselbe Situation vorfand. In der Versammlung erzählte er die Geschichte des Dorfes, aus dem er gekommen war, und brachte so einen anderen wohlhabenden Bauern dazu, Land zu spenden. Dieser Bauer bot den zweiundzwanzig verzweifelt armen Familien seines Dorfes fünfundfünfzig Hektar an, und auch er wurde nach Hause geschickt, um die Erlaubnis seiner Familie einzuholen. Noch an demselben Tag bekamen die Armen ihr Land.

Vinoba zog weiter, hielt in jedem Dorf Versammlungen ab und kam schließlich nach sieben Monaten am Ort des geplanten Treffens an. Im Laufe seiner Wanderschaft hatte er insgesamt eintausendeinhundert Hektar Land für die ärmsten Familien gesammelt. Er erzählte diese Geschichte bei der Ratssitzung, und das war der Beginn der großen indischen Landreformbewegung. In den darauffolgenden vierzehn Jahren wanderten Vinova Bhave und seine Anhänger durch jeden Bundesstaat, jede Provinz und jeden Landkreis Indiens, und ohne irgendwelche Regierungskomplikationen sammelten sie über fünf Millionen Hektar Land für die Hungernden und die Ärmsten unter der Landbevölkerung.

Das alles nahm seinen Anfang bei der Geisteshaltung des Zuhörens, dem tiefen Interesse an der Wahrheit und einem mitfühlenden »Anfänger-Geist« angesichts einer alten und problematischen Situation. Es bedarf des Muts und der Einfachheit, um so zu leben; man muß den Mut haben, aufrichtig zuzuhören und sich mit der Welt befassen, wie sie sich präsentiert, und man muß einfach genug sein, um mit klaren Augen und offenem Herzen zu sehen, was das Leben von uns verlangt.

Dieser Mut läßt uns erkennen, daß niemand je zuvor unser Leben gelebt hat. Es gibt keinen exakten Plan, kein Modell, woran wir uns orientieren könnten; das kann uns auch die größte Inspiration nicht bieten. Wir folgen alle einem unbekannten Pfad und einem nie kartographierten Fluß, und es erfordert großen Mut, mit offenen Augen und offenem Herzen voranzugehen. Wenn wir mit dem Blick tiefen Mitgefühls durch unser Leben gehen, stellen wir wahrscheinlich fest, daß wir es immer wieder ändern, unbrauchbare Anteile unserer selbst loslassen und unser Mitgefühl in immer neuer Weise auf die Welt um uns herum ausdehnen müssen.

Derart einen Weg mit Herz zu leben heißt, das Leben eines Bodhisattva zu führen. Das Sanskritwort *Bodhisattva* besteht aus zwei Teilen. *Bodhi* bedeutet »erwacht«, und *sattva* bedeutet »Wesen«. Zusammengesetzt bezeichnet es eine Person, die sich dem Erwachen verpflichtet hat, die um die Freiheit und das Wohlergehen eines jeden Wesens besorgt ist und wie ein Buddha jede Gelegenheit nutzt, der menschlichen Fähigkeit zu Einsicht und Mitgefühl Ausdruck zu verleihen. Es heißt, daß der Bodhisattva selbst dann, wenn die Sonne im Westen aufgeht und die Welt auf dem Kopf steht, nur auf eine einzige Art handeln kann. Seien die Schwierigkeiten auch noch so groß, der Bodhisattva wird immer mit dem Geist des Verstehens und Mitgefühls darauf reagieren.

Wenn wir das Feld unserer Praxis erweitern, entdecken wir die Fähigkeit unseres Herzens, den Anblick des Leidens in der Welt auszuhalten und dabei zu erleben, wie das Herz sich ausweitet und sich voller Mitgefühl mit allem Leben verbindet.

Der Bodhisattva in uns weiß, daß wahre Liebe unwiderstehlich und unbesiegbar ist und daß sie alles verwandelt, was sie berührt. Doch erstaunlicherweise ist es keine grandiose oder idealistische Sache, als Bodhisattva zu leben. Es bedeutet einfach, allen Situationen mit einem Geist der Liebe, Offenheit und Freiheit zu begegnen. Dann verwandelt allein unser So-Sein die Welt, die uns umgibt.

Als Mahatma Gandhi kurz vor Abfahrt seines Zuges von einem Reporter um eine Botschaft an das indische Volk gebeten wurde, kritzelte er auf ein Stück Papier die Worte: »Mein Leben ist meine Botschaft.«

Wenn wir den Kreis unserer Praxis erweitern, wird unser Leben zu unserer Botschaft.

Meditation: Über das Dienen

Setzen Sie sich in einem ruhigen Augenblick bequem hin und seien Sie gelöst, aber wach. Spüren Sie die Haltung Ihres Körpers und die sanfte Bewegung Ihres Atems. Denken Sie an all die großzügigen Gaben der Natur, die allem menschlichen Leben dienen: der Regen, die Pflanzen, der warme Sonnenschein. Denken Sie an alle, die etwas zum Nutzen der Menschen tun: die Bauern, die Eltern, die Heiler, die Postbeamten, die Lehrer, die ganze Gesellschaft, in der Sie leben. Wenn Sie sich der Welt bewußt sind, die Sie umgibt, halten Sie sich auch deren Probleme vor Augen: die Bedürfnisse und Nöte der Menschen, der Tiere und der Umwelt. Geben Sie dem Wunsch Ihres Herzens Raum, helfen zu wollen, und auch der Freude, die entsteht, wenn Sie der Welt Ihr einzigartiges Geschenk anbieten.

Richten Sie dann die folgenden Fragen an sich selbst. Machen Sie nach jeder Frage eine Pause, und lassen Sie Ihrem Herzen Zeit, so daß die Antwort aus den tiefsten Tiefen Ihres Mitgefühls und Ihrer Weisheit kommen kann.

Stellen Sie sich vor, wie Sie in fünf Jahren sein möchten, nachdem Sie alles Gute getan haben, was Sie tun wollten, und jeden Beitrag, der Ihnen möglich erschien, aus ganzen Herzen geleistet haben. Was würde Ihr größtes Glück ausmachen? Was haben Sie getan, das Ihrer Ansicht nach der Welt am meisten Segen gebracht hat? Welcher hilfreiche Beitrag würde Sie am meisten befriedigen? Welche unnütze Eigenschaft müßten Sie aufgeben, um der Welt diesen Dienst zu leisten? Welche Kräfte und Fähigkeiten müßten Sie dazu in sich selbst und anderen aktivieren? Was müßten Sie tun, um augenblicklich mit diesem Dienst, diesem Beitrag beginnen zu können? Und warum nicht gleich beginnen?

Das Einhalten der Fünf Regeln geloben: Niemandem schaden als Geschenk für die Welt

Jedes große spirituelle System bietet Richtlinien für ethisches Verhalten als einen grundsätzlichen Hinweis darauf, daß der spirituelle Weg nicht von unseren Worten und unserem Handeln zu trennen ist. Eine bewußte innere Verpflichtung zu Anständigkeit und dazu, niemandem zu schaden, ist die Basis für eine harmonische und mitfühlende Art zu leben. Zunächst kann man den folgenden Moralkodex als Schutz für sich selbst und andere auffassen. Mit weiterer Praxis und Reflexion werden Sie erkennen, wie Sie jeden grundlegenden Aspekt der Wahrhaftigkeit und Anständigkeit zu einer Meditation entwickeln können, die Ihnen hilft, aufzuwachen und die Samen der inneren Freiheit auszusäen. Wenn Sie jeden Bereich Ihrer guten Eigenschaften weiterentwickeln, können Sie völlig natürlich und spontan werden – als ein Geschenk Ihres Herzens für alle Wesen.

In der buddhistischen Praxis verankert man ethisches Verhalten dadurch, daß man sich zur Einhaltung der Fünf Regeln wiederholt formal verpflichtet.

Setzen Sie sich dazu auf den Platz, an dem Sie üblicherweise meditieren, und nehmen Sie eine ruhige und wache innere Haltung ein. Wenn Sie einen Altar oder Schrein haben, werden Sie wahrscheinlich Kerzen anzünden oder Blumen daraufstellen. Nehmen Sie sich Zeit, bis Körper und Geist still geworden sind, und verweilen Sie mit offenem Herzen. Rezitieren Sie dann die folgenden Regeln:

Ich verpfliche mich, lebende Wesen nicht zu töten oder ihnen zu schaden. Ich verpflichte mich, diese Enthaltung zu schulen.

Ich verpflichte mich, nicht zu stehlen und zu nehmen, was mir nicht gegeben wurde. Ich verpflichte mich, diese Enthaltung zu schulen.

Ich verpflichte mich, anderen nicht durch sexuelles Fehlverhalten zu schaden. Ich verpflichte mich, diese Enthaltung zu schulen.

Ich verpflichte mich, die Enthaltung von falscher Rede, verletzender Rede, Klatsch und Verleumdung zu schulen.
Ich verpflichte mich, die Enthaltung des Mißbrauchs von Rauschmitteln wie Alkohol oder Drogen, die Achtlosigkeit oder Verlust der Bewußtheit verursachen, zu schulen.

Wenn Sie jede dieser Regeln rezitieren, sollten Sie die entsprechende Absicht in Ihr Herz sinken lassen. Spüren Sie der Kraft und dem Wohlbefinden nach, das sie in Ihnen wecken. Lassen Sie sich von dem Mitgefühl für alle Wesen in der Welt, das in ihnen enthalten ist, erfüllen.
Wenn Sie an einem bestimmten Punkt Ihrer Praxis in einer erweiterten Weise mit diesen Regeln arbeiten wollen, können Sie die folgende Übung hinzunehmen:

Verfeinern Sie jede der Fünf Regeln, um Ihr ethisches Verhalten und Ihre Achtsamkeit weiterzuentwickeln. Arbeiten Sie mit jeder Regel eine Woche lang sehr sorgfältig. Untersuchen Sie dann die Wirkung, und nehmen Sie sich in der folgenden Woche eine weitere Regel vor. Hier sind einige Vorschläge, wie Sie mit jeder Regel arbeiten können:

1. *Enthaltung von Töten: Ehrfurcht vor dem Leben.* Verpflichten Sie sich, eine Woche lang keinem lebenden Wesen in Gedanken, Worten oder Taten zu schaden. Achten Sie insbesondere auf alle lebenden Wesen in Ihrer Umgebung, die Sie zu ignorieren pflegen (Menschen, Tiere und Pflanzen), und entwickeln Sie ein Gefühl der Fürsorglichkeit und Achtung auch ihnen gegenüber.

2. *Enthaltung von Stehlen: Achtsamkeit im Umgang mit materiellen Dingen.* Verpflichten Sie sich, eine Woche lang Verschwendung auf ein Minimum zu reduzieren – weniger Auto fahren, weniger Geld ausgeben und in jeder Hinsicht mit Fürsorglichkeit und Achtung zu handeln. Verpflichten Sie sich dann, eine Woche lang auf jeden einzelnen Gedanken der Großzügigkeit, der sich spontan in Ihrem Herzen erhebt, zu reagieren.

3. *Enthaltung von falscher Rede: aus dem Herzen sprechen.* Verpflichten Sie sich, eine Woche lang keinen Klatsch zu erzählen oder anzuhören oder über eine Person zu sprechen, die nicht anwesend ist.

4. *Enthaltung von sexuellem Fehlverhalten: bewußte Sexualität.* Verpflichten Sie sich, eine Woche lang sehr genau zu beobachten, wie oft in Ihrem Bewußtsein sexuelle Gefühle und Gedanken auftauchen. Stellen Sie jedesmal fest, welcher spezielle Geisteszustand damit verbunden ist, wie etwa Liebe, Spannung, Zwanghaftigkeit, Fürsorglichkeit, Einsamkeit, Verlangen nach Kommunikation, Gier, Vergnügen, Aggression und so weiter.

5. *Enthaltung von Rauschmitteln.* Verpflichten Sie sich, sich eine Woche oder einen Monat lang aller berauschenden und suchterzeugenden Substanzen zu enthalten (wie Wein, Schnaps, Haschisch, Zigaretten und Koffein). Beobachten Sie die Impulse des Verlangens danach, und machen Sie sich bewußt, was im Augenblick des Impulses in Ihrem Herzen und Geist vor sich geht.

Teil IV
Spirituelle Reife

21
Spirituelle Reife

Früchte fallen ganz naturgemäß vom Baum, wenn sie reif sind. Nach einer entsprechenden Zeit des spirituellen Lebens beginnt das Herz, wie ein Frucht zu reifen und süß zu werden. Dann verlagert sich unsere Praxis vom schwierigen Wachstum voller Suchen, Entwickeln und Trainieren zum Verweilen im Mysterium. Sie verlagert sich von der Orientierung an der Form zum Ruhen im Herzen. Eine junge Frau, die in den ersten Jahren ihrer Praxis große Probleme mit ihrer Familie und der fundamentalistischen Kirche, der ihre Eltern angehörten, gehabt hatte, schrieb: »Meine Eltern hassen mich, wenn ich eine Buddhistin bin, doch sie lieben mich, wenn ich ein Buddha bin.« Spiritualität zur Reife bringen heißt, daß wir alle rigiden und idealistischen Seinsweisen loslassen und Flexibilität und Freude entdecken. Mit der spirituellen Reife wächst Sanftheit im Herzen. Gelöstheit und Mitgefühl werden zu unserer natürlichen inneren Verfassung. Der Taoist Lao tse feierte diese Geisteshaltung mit den Worten:

Wer im Tao verankert ist, kann gefahrlos überall hingehen.
Wer im Tao verankert ist,
empfängt die kosmische Harmonie auch inmitten großen Leidens,
denn im Herzen ist Frieden.

Als die östliche Spiritualität in den siebziger Jahren in Amerika und Europa publik wurde, hat man sie zunächst sehr idealistisch und romantisch aufgefaßt und praktiziert. Sie sollte dazu dienen, außergewöhnliche Bewußtseinszustände zu erzeugen. Man glaubte an perfekte Gurus und vollkommene Lehren, die, wenn man ihnen folgte, zu völliger Erleuchtung führen und die Welt verändern würden. Man versuchte, durch Rituale, Kostüme und Philosophien spiritueller Traditionen dem Alltag zu entfliehen und »spiritueller« zu werden. Das war die nachahmende Haltung, die Chögyam Trungpa als »spirituellen Materialismus« bezeichnete.

Nach einigen Jahren wurde es den meisten klar, daß »high« sein kein Dauerzustand war, und daß Spiritualität nicht darin bestand, vor dem Leben davonzulaufen und eine Existenz auf lichterfüllten Höhen anzustreben. Wir entdeckten, daß die Verwandlung des Bewußtseins bei weitem mehr Praxis und Disziplin erforderte, als wir zunächst gedacht hatten. Wir begannen zu verstehen, daß der spirituelle Weg mehr von uns *verlangte*, als er zu bieten schien. Wir begannen, aus unseren romantischen Vorstellungen von spiritueller Praxis aufzuwachen und erkannten, daß echte Spiritualität von uns verlangte, unsere realen Lebenssituationen, die Familie, aus der wir kamen, und unseren Platz in der Gesellschaft mit Aufrichtigkeit und Mut zu untersuchen. Desillusionierende Erfahrungen und wachsende Geistesklarheit halfen uns, unsere idealistischen Vorstellungen vom spirituellen Weg und der spirituellen Gemeinschaft aufzugeben.

Für viele von uns wurde diese Erkenntnis zur Grundlage einer integrierteren und klarsichtigeren spirituellen Arbeit. Dazu gehörte die Entwicklung von richtigen Beziehungen, richtiger Lebensführung und richtiger Verwendung der Sprache; dazu gehörte auch die Kultivierung der ethischen Dimensionen des spirituellen Lebens. Diese Arbeit erforderte das Ende allen Sektionierens; wir mußten einsehen, daß man letztlich alles, was man in den Schatten drängen oder vermeiden möchte, in das spirituelle Leben miteinbeziehen muß und nichts davon zurücklassen kann. Wir mußten lernen, daß Spiritualität eher das ist, was wir sind, als ein Ideal, das wir anstreben. Und so heißt Spiritualität heute nicht mehr, nach Indien oder Tibet oder Machu Picchu zu fahren, sondern heimzukommen.

Diese Art von Spiritualität ist ganzheitlich und voller Freude; sie ist ganz gewöhnlich, und sie hat die Qualität des Erwachtseins. Solch eine gereifte

Spiritualität stellt uns mitten in das Wunder des Lebens und ermöglicht es, daß uns das Licht des Göttlichen durchdringt und aus uns strahlt. Schauen wir uns die Eigenschaften der spirituellen Reife an:

1. *Kein Idealismus.* Das reife Herz ist nicht perfektionistisch; es ruht im Mitgefühl unseres Wesens, anstatt in den Idealen des Geistes. Eine nicht-idealistische Spiritualität sucht nicht nach einer perfekten Welt; sie will uns – unseren Körper, unsere Persönlichkeit – nicht perfekt machen. Lehrer und Erleuchtung werden nicht romantisiert, wie es geschieht, wenn man den Vorstellungen von der ungeheueren Reinheit irgendeines besonderen Wesens nachhängt. Im spirituellen Leben geht es nicht um »besser« und »mehr«, es geht nur darum, zu lieben und frei zu sein.
Die Frustration der Suche nach Vollkommenheit wird durch eine Mullah Nasrudin-Geschichte illustriert. Er begegnete eines Tages auf dem Marktplatz einem alten Freund, der kurz vor seiner Heirat stand. Dieser Freund fragte Nasrudin, ob er jemals erwogen habe zu heiraten. Nasrudin antwortete, er habe vor Jahren einmal heiraten wollen und sich auf die Suche nach der vollkommenen Frau gemacht. Zuerst war er nach Damaskus gereist, wo er eine vollkommen schöne und reizvolle Frau fand, aber dann stellte er fest, daß sie keinerlei Sinn für das Spirituelle hatte. Danach führte ihn seine Reise nach Isfahan, und dort begegnete er einer Frau, die zutiefst spirituell war, gut in der Welt zurechtkam und wundervoll aussah, aber es klappte nicht so recht mit der Kommunikation. »In Kairo schließlich fand ich sie«, erzählte er. »Sie war die ideale Frau, spirituell, reizvoll, schön, gelassen im Umgang mit der Welt, einfach in jeder Hinsicht vollkommen.« »Ja, und hast du sie geheiratet?« fragte der Freund. »Nein«, entgegnete der Mullah, »leider suchte sie den vollkommenen Mann.«

2. *Freundlichkeit* ist eine zweite Äußerungsform reifer Spiritualität. Sie beruht auf einem grundlegenden Gefühl von Selbstakzeptanz, im Gegensatz zu Schuldgefühlen, Schuldzuweisungen oder Scham angesichts der ignoranten Dinge, die wir getan haben, oder der Ängste, die wir immer noch in uns tragen. Sie läßt uns verstehen, daß wir uns nur in der warmen Sonne der

Herzensgüte öffnen können. Es geschieht allzuleicht, daß man Spiritualität und Religion zu etwas verdreht, das Alan Watts »eine grimmige Pflicht« nannte. In der tiefen Selbstakzeptanz wächst ein mitfühlendes Verständnis. Ein Zen-Meister wurde einmal gefragt, ob er jemals ärgerlich sei. »Natürlich ärgere ich mich gelegentlich«, antwortete er, »aber zehn Minuten später sage ich zu mir selbst: ›Wozu soll es gut sein‹ und lasse es wieder los.« Diese Selbstakzeptanz macht mindestens die Hälfte unserer spirituellen Praxis aus. Es geht darum, daß wir die vielen Anteile in uns selbst, die wir verleugnet, abgeschnitten oder isoliert haben, erbarmungsvoll annehmen. Reife Spiritualität bedeutet tiefe Dankbarkeit und die Fähigkeit zu vergeben.

3. *Geduld* ist die dritte Eigenschaft der spirituellen Reife. Geduld ermöglicht es uns, in Harmonie mit dem Dharma, dem Tao zu leben. Chuang tse sagte:

Die wahren Menschen des Altertums
Dachten nicht daran, gegen das Tao zu kämpfen.
Auch versuchten sie nicht, durch eigenes Planen
dem Tao weiterzuhelfen.

Spirituelle Reife läßt uns erkennen, daß der Prozeß des Erwachens durch viele Jahreszeiten und Kreisläufe führt. Sie fordert, daß wir uns zutiefst verpflichten, den einen Sitz in unserem Herzen einzunehmen und uns für jeden Aspekt des Lebens zu öffnen.

Wahre Geduld bedeutet nicht, etwas zu gewinnen oder festzuhalten, und sie strebt nicht nach irgendeiner Vollendung. Geduld ermöglicht es uns, uns dem zu öffnen, was nicht der Zeit unterliegt. Als Einstein des Wesen der Zeit zu beschreiben versuchte, erklärte er: »Wenn man zwei Stunden neben einem hübschen Mädchen sitzt, scheint eine Minute zu vergehen; und wenn man eine Minute lang auf einem heißen Ofen sitzt, scheinen zwei Stunden zu vergehen. Das ist Relativität.« Als der Buddha davon sprach, schon seit zweihunderttausend Maha-Kalpas zu praktizieren, meinte er damit nicht, daß es ewig dauert, bis man erwacht, sondern daß das Erwachen zeitlos ist. Das Erwachen ist nicht eine Sache von Wochen oder

Jahren oder Lebenszeiten; es bedeutet ein liebevolles und geduldiges Entfalten zum Mysterium des Jetzt.
»Das Problem mit dem Wort Geduld«, sagte Shunryu Suzuki Roshi, »liegt darin, daß es andeutet, wir würden darauf warten, daß etwas besser wird, daß wir auf etwas Gutes warten, das kommen wird. Ein präziseres Wort für diese Qualität wäre ›Beharrlichkeit‹; es ist die Fähigkeit, in jedem Augenblick bei dem zu bleiben, was ist und Augenblick um Augenblick die Erleuchtung zu entdecken.« Geduld versteht im Tiefsten, daß wir das sind, was wir suchen, und daß es immer da ist. Der große indische Lehrer Ramana Maharshi sagte zu seinen Schülern, die weinten, als sein Körper starb: »Aber was glaubt ihr denn, wohin ich gehen könnte?« Die Reife des spirituellen Lebens erlaubt uns, einfach hier zu sein, in der einfachen Wahrheit, die immer da war und immer da sein wird.

4. *Unmittelbarkeit* ist die vierte Eigenschaft spiritueller Reife. Das spirituelle Erwachen ereignet sich in unserem Leben hier und jetzt. In der Zen-Tradition sagt man: »Nach der Ekstase das Wäschewaschen.« Spirituelle Reife manifestiert sich im Immanenten ebenso wie im Transzendenten. Veränderte Zustände, außergewöhnliche Erfahrungen des Geistes, große Öffnungen des Bewußtseins werden nicht um ihrer selbst willen geschätzt, sondern nur insoweit, wie sie uns zu unserer menschlichen Inkarnation zurückführen, um unsere Weisheit zu nähren und unsere Fähigkeit zu Mitgefühl zu vertiefen. Achaan Chah sagte: »Auch die außergewöhnlichen Erfahrungen sind nutzlos, einfach nur etwas zum Loslassen, solange sie nicht mit diesem Augenblick hier und jetzt verbunden sind.« Spirituelle Zustände werden immer dann als schätzenswert betrachtet, wenn sie die Sicht des Lebens klären und Körper und Geist öffnen – doch nur als ein Stück Weg, das in die zeitlose Gegenwart zurückführt.
Reife Spiritualität läßt uns in der unmittelbaren Gegenwart so handeln und sprechen und einander berühren, daß es der Ausdruck unserer tiefsten Einsicht ist. Wir sind lebendiger und präsenter. Wir entdecken, daß unser Atem, unser Körper und unsere menschliche Begrenztheit Teil des Göttlichen sind. Die Unmittelbarkeit ist der wahre Ursprung des Mitgefühls und des Verste-

hens. »Nur in unserem eigenen Körper mit seinem Herzen und seinem Geist«, sagte der Buddha, »finden wir Gefangenschaft und Leiden, und nur hier finden wir wahre Befreiung.«

5. Die fünfte Eigenschaft der spirituellen Reife ist ein Gefühl für das Heilige, das *integriert* und *persönlich* ist. »Integriert« ist es insofern, als keine heiligen und unheiligen Sektionen in unserem Leben entstehen; und »persönlich« bedeutet, daß die Spiritualität durch unsere eigenen Worte und Taten zum Ausdruck kommt. Im andern Fall hat sie keinen wirklichen Wert. Integrierte und persönliche spirituelle Praxis umfaßt unsere Arbeit, unsere Familie, unsere Liebe und unsere Kreativität. Sie beinhaltet das Verständnis, in dem das Persönliche und das Allgemeine untrennbar miteinander verbunden sind, so daß die allumfassenden Wahrheiten des spirituellen Lebens in jeder einzelnen persönlichen Situation auf einzigartige Weise lebendig werden. Wie ein weiser Praktizierender bemerkte: »Wenn du wirklich etwas über einen Zen-Meister erfahren willst, dann rede mit seiner Frau.«
Integrierte Spiritualität bedeutet die Einsicht, daß wir mit unserem eigenen Leben beginnen müssen, wenn wir Licht und Mitgefühl in die Welt bringen wollen. Unser ganz persönliches Leben ist viel »spiritueller«, als alle außergewöhnlichen Erfahrungen oder irgendeine Philosophie, die wir uns zu eigen gemacht haben. Diese ganz persönliche Beziehung zu unserem spirituellen Weg berücksichtigt sowohl das Individuelle als auch das Allgemeine und respektiert das Leben als einen flüchtigen Tanz zwischen Geburt und Tod; sie würdigt aber auch unseren speziellen Körper, unsere spezielle Familie und Gemeinschaft, unsere persönliche Geschichte und unsere Freuden und Leiden. Auf diese Weise ist unser eigenes Erwachen etwas, das sich auf alle anderen Wesen auswirkt.
Im Dschungel des Amazonas gibt es neunhundert verschiedene Arten von Wespen, von denen jede eine andere Variante des Feigenbaums bestäubt. Diese Feigenbäume sind die Hauptnahrungsquelle für alle kleineren Säugetiere des Regenwalds, und diese Säugetiere bilden wiederum die Lebensbasis für Jaguare, Affen, Pekaris und andere. Jede Wespenart ist ein Kettenglied in der Überlebensmöglichkeit anderer Tiere. Ebenso leistet jedes Indi-

viduum seinen eigenen einzigartigen Beitrag in der Welt. Man kann das spirituelle Leben niemals durch Nachahmung zur Erfüllung bringen; es muß durch unsere persönlichen Begabungen und Fähigkeiten als Mann oder Frau hindurchscheinen. Nur wenn wir unser eigenes einmaliges Schicksal würdigen und wertschätzen, machen wir es möglich, daß unser allerpersönlichstes Leben zu einer Manifestation des Buddha in neuer Form werden kann.

6. *Hinterfragen* ist die sechste Eigenschaft der spirituellen Reife. Anstatt eine Philosophie oder religiöse Lehre einfach zu glauben oder blindlings einem großen Lehrer oder einer beeindruckenden Lehre zu folgen, kommen wir zu der Erkenntnis, daß es um unser eigenes klares Verständnis geht. Diese Qualität des Hinterfragens wurde vom Buddha *Dhamma-vicaya* genannt; das bezeichnet den eigenen Forschungsweg zur Wahrheit. Es ist die Bereitschaft, das zu entdecken, was ist, ohne alle Imitation und ohne den Weisheiten anderer zu folgen. Einmal sagte jemand zu Picasso, er solle doch die Dinge so malen, wie sie wirklich sind – objektive Bilder. Als Picasso antwortete, das verstehe er nicht, zog der Mann ein Foto seiner Frau aus seiner Brieftasche und sagte: »Hier sehen Sie ein Bild, wie sie wirklich ist.« Picasso schaute es an und sagte: »Sie ist ziemlich klein, oder? Und flach!« Wie Picasso sollten wir die Dinge direkt anschauen. In der spirituellen Reife finden wir ein starkes Gefühl der Autonomie, aber nicht als Reaktion auf Autorität, sondern auf der Basis eines Erkennens aus tiefstem Herzen, daß wir – ebenso wie der Buddha – erwachen können. Reife Spiritualität hat eine echte demokratische Qualität, denn sie ermöglicht es jedem Individuum, selbst zu erkennen, was heilig und befreiend ist.
Das Hinterfragen verbindet eine offene Geisteshaltung, den »weiß-nicht«-Geist des Zen, mit einer »unterscheidenden Weisheit«, die sehen kann, was brauchbar ist und was nicht, und die immer bereit ist zu lernen. Mit einem offenen Geist befinden wir uns fortwährend im Prozeß des Lernens.
Hinterfragen macht es uns möglich, daß wir die große Weisheit der Tradition nützen, von unseren Lehrern lernen und Teil einer Gemeinschaft sind, während wir gleichzeitig mit uns selbst in Verbindung bleiben und mit großem Respekt für unsere Eigenständigkeit und unser eigenes Erwachen

die Wahrheit sehen und die Wahrheit sagen. Dieses Erforschen führt vielleicht nicht dazu, daß wir unserer selbst sicherer sind, aber es kann uns die Möglichkeit geben, aufrichtiger mit uns selbst zu sein; und auf diese Weise wird unsere Praxis mit Interesse und Lebendigkeit erfüllt. Als der Dalai Lama einmal nach seinem Leben im Exil gefragt wurde, sprach er dieses Thema an: »Manchmal denke ich, es ist das härteste Leben, ein Dalai Lama zu sein – aber sicherlich ist es das interessanteste.«

7. *Flexibilität* ist die siebte Eigenschaft der spirituellen Reife. Wie ein Bambus sich im Wind bewegt, so reagieren wir auf die Welt mit unserem Verständnis und unserem Mitgefühl und respektieren die sich verändernden Umstände. Ein spirituell reifer Mensch hat die große Kunst erlernt, gegenwärtig zu sein und loszulassen. Die Flexibilität läßt uns verstehen, daß es nicht nur *eine* Art von Praxis oder nur *eine* gute spirituelle Tradition gibt, sondern viele. Sie läßt uns verstehen, daß es im spirituellen Leben nicht darum geht, sich auf irgendeine bestimmte Philosophie oder Glaubensrichtung festzulegen und einen Standpunkt in Opposition zu einem anderen oder zu jemand anderem einzunehmen. Es ist die Gelassenheit des Herzens, die uns verstehen läßt, daß alle spirituellen Richtungen die Funktion eines Floßes haben, um uns zum anderen Ufer der Freiheit zu bringen.
In der frühesten aufgezeichneten Lehrrede warnt der Buddha davor, das Floß mit dem Ufer zu verwechseln und sich auf irgendeine starre Meinung oder Anschauung festzulegen. Er sagte weiter: »Wie könnte irgend etwas in dieser Welt einen Weisen in eine Auseinandersetzung hineinziehen, der nicht an irgendeiner Meinung festhält?« Anstatt Arroganz empfiehlt der Buddha die innere Freiheit und macht seine Anhänger darauf aufmerksam, daß diejenigen, die an Philosophien und Anschauungen festhalten, lediglich andere damit verärgern. Die Flexibilität des Herzens bringt Humor in die spirituelle Praxis. Sie ermöglicht es uns zu verstehen, daß es hunderttausend gute Hilfsmittel zum Erwachen gibt, und daß es manchmal die rechte Zeit für formale und systematische Methoden ist, während man zu anderen Zeiten in einer auf den Augenblick bezogenen und unüblichen oder gar zuhöchst unkonventionellen Weise vorgehen muß.

Gelassen kommen lassen, gelassen gehen lassen. Es liegt eine große Freiheit in dieser Flexibilität. Mein Lehrer Achaan Chah verglich sich selbst mit einem ruhenden Baum, der Früchte trägt, den Vögeln Platz zum Nisten gibt und sich im Wind bewegt. Das Dharma der Flexibilität ist voller Freude und Ruhe.

8. *Gegensätze einbeziehen* ist die achte Eigenschaft der spirituellen Reife; es bedeutet die Fähigkeit, den Widersprüchen des Lebens in unserem Herzen Raum zu geben. Als kleine Kinder halten wir unsere Eltern für ganz und gar gut, wenn sie uns alles geben, was wir haben wollen, und für ganz und gar böse, wenn sie uns frustrieren und sich nicht so verhalten, wie wir es möchten. Ein großer Entwicklungsprozeß im Bewußtsein des Kindes führt schließlich dazu, daß es seine Eltern versteht und erkennt, daß ein und dieselbe Person Gutes und Böses, Liebe und Zorn, Großzügigkeit und Angst in sich hat. Eine ähnliche Entwicklung vollzieht sich in uns auf dem Weg zur spirituellen Reife. Wir erwarten nicht mehr, daß unsere Eltern, unsere Lehrer oder Gurus perfekt sind und suchen nicht mehr das absolut Gute im Gegensatz zum absolut Bösen; wir trennen nicht mehr Opfer und Täter. Wir beginnen zu verstehen, das in allem stets auch das Gegenteil enthalten ist.

Eine junge Frau, die in ihrer eigenen Familie Opfer von Mißhandlungen gewesen war, verbrachte einen großen Teil der Anfänge ihrer spirituellen Praxis damit, diesen tiefen Schmerz zu heilen. Als Teil dieser Praxis wurde sie Beraterin für andere Opfer und begann schließlich auch, mit den Tätern zu arbeiten. Im ersten Jahr ihrer Arbeit mit der letzteren Gruppe, die größtenteils aus Männern bestand, hatte sie ganz klare Vorstellungen davon, was richtig war und was falsch, was unakzeptabel war und wer die Verbrechen begangen hatte. Doch mit der Zeit, als sie lernte, den Geschichten der Täter aufmerksamer zuzuhören, stellte sie fest, daß fast jeder von ihnen in der Kindheit selbst mißhandelt worden war. Da saß sie nun, umgeben von Männern im Alter von vierzig, fünfzig, sechzig Jahren, doch unter der Oberfläche sah sie einen Raum voller mißhandelter Kinder. Zu ihrem Entsetzen fand sie heraus, daß viele von ihnen von ihrer Mutter mißhandelt worden waren, und daß diese Mütter wiederum von ihren Eltern oder Verwandten mißhandelt wurden; ein entsetzliches Muster der Gewalt wurde aufgedeckt, das Generation um Generation in die Vergangenheit zurückreichte. Was sollte sie tun? Wer war sie, daß sie unter diesen Umständen einen Schuldspruch fällen konnte? Alles, was ihr zu sagen blieb, war: »Nein!« mit aller Kraft, die ihr zur Verfügung stand. »Das darf nicht so weitergehen.« Und sie gab ihnen allen Raum in ihrem Herzen des Mitgefühls, den Tätern und Opfern in einer Person.

Wenn man im spirituellen Leben reift, kann man leichter mit dem Paradoxen leben und die Vieldeutigkeit des Lebens mit seinen vielen Schichten und unvermeidlichen Konflikten eher akzeptieren. Man entwickelt ein Gefühl für die Ironie des Lebens, für seine metaphorische Qualität und seine Komik.

Diese Paradoxie des Lebens ist ständig gegenwärtig. Es gibt eine berühmte Geschichte, in der ein Zen-Schüler seinen Meister bittet, ihm zu erklären, was Erleuchtung sei. Sie spazierten durch einen Kiefernwald, und der Zen-Meister deutete auf einen der Bäume. »Siehst du, wie groß dieser Baum ist?« »Ja«, antwortete der Schüler. Dann deutete der Meister auf einen anderen Baum. »Siehst du, wie klein dieser andere Baum ist?« »Ja,« antwortete der Schüler. »Nun«, sagte der Meister, »da ist sie, die Erleuchtung.«

Wenn wir die Gegensätze des Lebens akzeptieren, erkennen wir, daß unsere Geburt und unser Tod, unsere Freuden und Leiden untrennbar sind. Wir würdigen das Heilige in der Leerheit und in der Form. Die Sufis sagen: »Preise Allah, aber binde dein Kamel fest.« Wenn unsere spirituelle Praxis heranreift, lernen wir, die Gegensätze unserer Praxis zuzulassen – das Bedürfnis nach einem Lehrer *und* das Bedürfnis, selbst die Verantwortung für unseren spirituellen Weg zu übernehmen; die transzendenten Bewußtseinszustände *und* die Notwendigkeit, sie auf ganz persönliche Weise umzusetzen; die Macht unserer karmischen Konditionierung *und* die Fähigkeit zu völliger menschlicher Freiheit –, so daß sie am Tanz unseres Geistes teilhaben. Wir können sie mit Gelassenheit und Humor akzeptieren und im Frieden mit ihnen leben.

9. Die nächste Qualität eines reifen spirituellen Lebens manifestiert sich in der Art der *Beziehung*. Wir sind immer in Beziehung mit irgend etwas. Dadurch, daß wir eine weise und mitfühlende Beziehung zu allem aufnehmen lernen, entwickeln wir auch die Fähigkeit, alles zu würdigen und wertzuschätzen. Wir haben zwar ziemlich wenig Kontrolle darüber, was in unserem Leben geschieht, doch wir haben die Wahl, welche Beziehung wir zu unseren Erfahrungen aufnehmen. Reife Spiritualität bedeutet, das Leben als Bezogensein zu erfahren. Das ist der echte Geist der Praxis, der alles als heilig betrachtet. Unser Familienleben, unsere Sexualität, unsere Gemeinschaft, die Ökologie der Erde, Politik, Geld – unsere Beziehung zu jedem Wesen und zu jeder Handlung wird zum Ausdruck des Tao, des Dharma. Der Zen-Meister Thich Nhat Hanh hält uns gern vor Augen, wie wir Geschirr spülen: »Können wir jede Tasse, jede Schale so abwaschen, als würden wir ein neugeborenes Buddha-Baby baden?« Jede Handlung ist von Bedeutung, und jede Begegnung steht in Beziehung zur Ganzheit unseres spirituellen Lebens. So sind auch die Achtsamkeit und das Mitgefühl, mit denen wir unsere Schwierigkeiten und Probleme handhaben, der Maßstab unserer Praxis. Spirituelle Reife bedeutet, daß wir unsere menschliche Gemeinschaft und unser Miteinander-Verbundensein zutiefst würdigen. Nichts läßt sich aus unserem spirituellen Leben ausschließen.

10. *Normalität* ist die letzte Eigenschaft der spirituellen Reife. In manchen Traditionen nennt man das die »Praxis nach der Erleuchtung«. Es ist die Normalität, die sich einstellt, wenn sich die besonderen spirituellen Zustände und Nebenwirkungen verflüchtig haben. Nisargadatta, der große Meister des Nondualen, wurde einmal gefragt, wie sich sein Bewußtsein von dem der anderen Suchenden unterscheide. Er lächelte und erklärte, daß er aufgehört habe, sich mit dem Suchenden zu identifizieren. Gewiß, er saß da und wartete auf sein Frühstück und sein Mittagessen, hungrig und vielleicht auch ungeduldig wie all die anderen, doch dahinter und darum herum gab es einen Ozean von Frieden und Klarheit. Er war nicht gefangen in den sich verändernden Bedingungen des Lebens, er identifizierte sich nicht damit, und so konnte er – anders als die anderen – immer ruhig und gelassen sein, was auch immer geschah.

Normalität bedeutet einfaches Gegenwärtigsein in diesem Augenblick, so daß sich das Mysterium des Lebens offenbaren kann. Wenn Thoreau warnt, wir sollten uns vor allen Aktivitäten hüten, die den Kauf neuer Kleider erfordern, ist das ein Hinweis darauf, daß Einfachheit die Haltung ist, mit der wir uns für das Wunder des Alltags öffnen können. Mögen wir auch die Fähigkeit des Bewußtseins wertschätzen, unendlich viele Formen zu erdenken, so ist doch die Normalität an dem interessiert, was hier und jetzt ist. Das ist das normale Mysterium des Atmens oder des Gehens, das Mysterium der Bäume am Straßenrand oder das Mysterium der Liebe, die wir für jemand anderen empfinden. Die spirituelle Normalität basiert nicht auf mystischen Zuständen oder außergewöhnlichen Kräften. Es geht nicht darum, etwas Besonderes zu sein, sondern leer und wach.

Die Normalität des spirituellen Lebens kommt aus einem Herzen, das gelernt hat zu vertrauen; sie kommt aus der Dankbarkeit für das Geschenk des menschlichen Lebens. Wenn wir einfach wir selbst sind, ohne Maske oder Künstlichkeit, ruhen wir friedlich im Universum. In dieser Normalität gibt es kein höher oder niedriger, nichts, auf das man sich festlegen könnte, nichts, das zu wünschen wäre; da gibt es nur ein Sich-Öffnen voller Liebe und Verständnis für Freuden und Leid der Welt. Dadurch können wir jeder Situation mit Unbefangenheit und mit dem Frieden des Herzens begegnen. Das ist die Entdeckung, daß unsere Erlösung im Gewöhnlichen, Normalen liegt. Wie das Wasser, das seinen Weg zwischen den Steinen hindurch findet oder sie nach und nach abträgt und schließlich zum Meer zurückkehrt, führt uns diese Normalität schließlich in die Ruhe.

In der Normalität der spirituellen Reife liegt eine große Kraft. Daraus erwächst die Kraft der natürlichen Selbstheilung, und ebenso natürlich erstrecken sich unsere geistige Gesundheit und unser Mitgefühl auf die Welt, die uns umgibt. Der japanische Zen-Dichter Ryokan lebte in diesem Geist der Normalität und verwandelte alle, mit denen er in Berührung kam. Es heißt, daß Ryokan niemals jemanden ermahnte oder tadelte. Einmal wurde Ryokan von seinem Bruder gebeten, ihn zu besuchen und mit seinem ungehörigen Sohn zu reden. Ryokan kam, aber er sagte kein einziges Wort der

Ermahnung zu dem Jungen. Er blieb über Nacht und beabsichtigte, am Morgen wieder zu gehen. Als der widerspenstige Knabe seinem Onkel Ryokan die Strohsandalen schnürte, spürte er einen Tropfen warmen Wassers. Als er aufschaute, sah er Tränen in Ryokans Augen. Ryokan ging nach Hause, und der Neffe besserte sich.
Mit zunehmender spiritueller Reife vertieft sich unsere Fähigkeit, uns zu öffnen, zu vergeben und loszulassen. Dabei entwirren sich Konflikte auf natürliche Weise, unsere inneren Kämpfe hören auf, die Schwierigkeiten lösen sich auf, und eine heitere und unbefangene Ruhe breitet sich in uns aus.

Die alte Weisheit des Tao te King sagt:

Drei Dinge hab ich zu lehren:
Einfachheit, Geduld und Mitgefühl.
Dies sind unsere größten Schätze.
Einfach im Handeln und im Denken,
kehrst du zum Ursprung des Seins zurück.
Geduldig mit Freund und Feind,
bist du eins mit den Dingen, wie sie sind.
Mitfühlend mit dir selbst,
versöhnst du dich mit allen Wesen der Welt.
So auch der Weise, der im Tao verweilt.
Er ist ein Beispiel für alle Wesen.
Da er sich nicht hervortut,
sehen alle sein Licht.
Da es für ihn nichts zu beweisen gibt,
traut man ihm.

Da er nicht weiß, wer er ist,
erkennt man sich selbst in ihm.
Da er kein Ziel im Sinn hat,
hat er mit allem Erfolg.

22

Das große Lied

Das Heranreifen auf dem spirituellen Weg öffnet uns für tausend Möglichkeiten. Die Magie und der Zauber der zehntausend Dinge, die sich vor uns auftun, werden auf ganz neue Weise lebendig. Unser Denken und unsere Gefühle erweitern sich zu einem wesentlich größeren Spielraum. Wir erleben sowohl die Schönheit als auch den Schmerz tiefer; wir sehen mit neuen Augen und hören das große Lied des Lebens.

In Hermann Hesses Geschichte sitzt Siddhartha schließlich am Fluß und hört einfach zu:

Er war nun ganz Lauscher, ganz ins Zuhören vertieft, ganz leer, ganz einsaugend, er fühlte, daß er nun das Lauschen zu Ende gelernt habe. Oft schon hatte er all dies gehört, diese vielen Stimmen im Fluß, heute klang es neu. Schon konnte er die vielen Stimmen nicht mehr unterscheiden, nicht frohe von weinenden, nicht kindliche von männlichen, sie gehörten alle zusammen, Klage der Sehnsucht und Lachen des Wissenden, Schrei des Zorns und Stöhnen der Sterbenden, alles war eins, alles war ineinander verwoben und verknüpft, tausendfach verschlungen. Und alles zusammen, alle Stimmen, alle Ziele, alles Sehnen, alles Leiden, alle Lust, alles Gute und Böse, alles zusammen war die Welt. Alles zusammen war der Fluß des Geschehens, war die Musik des Lebens. Und wenn Siddhartha aufmerksam diesem Fluß, diesem tausendstimmigen Liede lauschte, wenn er nicht auf das Leid noch auf das Lachen hörte, wenn er seine Seele nicht an irgendeine Stimme band und mit seinem Ich in sie einging, sondern alles hörte, das Ganze, die Einheit vernahm, dann bestand das große Lied der tausend Stimmen aus einem einzigen Worte, das hieß Om, die Vollendung.

Wenn wir dieses große Lied nie gehört haben, leben wir nur innerhalb begrenzter Möglichkeiten und sehen die Welt nur durch die populären Mythen, die wir mitbekommen haben. Solche verarmten Mythen und Lieder unserer Kultur werden überall feilgeboten: der Mythos des Materialismus und des Besitzstrebens, der behauptet, weltliche Güter würden uns glücklich machen; der Mythos des Konkurrenzdenkens und des Individualismus, der so viel Isolation erzeugt; der Mythos des Gewinnstrebens und des Erfolgs, der zu dem führt, was Joseph Campbell umschrieb als »die Leiter hochklettern, nur um festzustellen, daß sie an der falschen Mauer lehnte«; und der Mythos der Jugend, der uns eine Kultur ewiger Pubertät und Werbeplakate als Modell unserer Realität beschert.

Wann immer wir versuchen, einen bestimmten Zustand festzuhalten, ein bestimmtes Image aufrechtzuerhalten oder bestimmte Erfahrungen zu reproduzieren, leiden unser persönliches, berufliches und spirituelles Leben darunter. Shunryu Suzuki Roshi faßte die gesamten Lehren des Buddhismus in die drei einfachen Worte zusammen: »Nicht immer so.« Wenn wir etwas zu wiederholen versuchen, was einmal war, verlieren wir das wahre Gefühl für das, was Leben wirklich ist: ein Sich-Öffnen, ein Erblühen, ein Sich-Entfalten, ein Abenteuer. Jede Zelle unseres Körpers erneuert sich innerhalb von sieben Jahren. Die Milchstraße vollzieht wie ein Riesenrad alle zehn Millionen Jahre eine Umdrehung. Die Jahreszeiten wechseln, und unser Körper verändert sich mit ihnen. Alles atmet, und in diesem Atmen und in dieser Bewegung sind wir alle miteinander verbunden. Dieses Miteinander-Verbundensein eröffnet uns ungeheuere Möglichkeiten. Das spirituelle Leben kann uns für die großartige Musik öffnen, die uns umgibt – nicht nur für jene Musik, die begrenzt ist durch unsere Vorstellungen oder Pläne oder durch die Geschichte, die uns in unsere Kultur einbindet. Sie bringt uns in Berührung mit dem Mysterium.

Einer meiner Kollegen, der viele Jahre lang intensiv den Buddhismus praktiziert hatte, promovierte in Psychiatrie und Psychologie und verbrachte außerdem Jahre mit der Erforschung der visionären Zeremonien der Schamanen und hochentwickelter kontemplativer Methoden im Christentum und anderen mystischen Traditionen. Fest entschlossen, die großen Religionen der Welt verstehen zu lernen, las er die viele Bände umfassende Enzyklopädie der Weltreligionen von Anfang bis Ende. In diesem Werk sind die Lehren der wichtigsten Religionen in detaillierter Form enthalten – eine jede ein Glaubenssystem, dem Tausende oder gar Millionen Menschen jahrhundertelang anhingen. Dazu gehören die alten Religionen der Azteken, der australischen Aborigines, der Zulu, der sibirischen Schamanen, der Chassidim und der Babylonier; der Shintoismus, zehn Schulen des Buddhismus, ein Dutzend Formen des Christentums und Hunderte anderer Religionen. Jedes dieser Systeme enthält beeindruckende Lehren über Gut und Böse und über die menschliche Natur. Jede kann mit einer faszinierenden Geschichte von der Erschaffung der Welt aufwarten, und jede erzählt von Göttern und Geistern und vom Weg zum Göttlichen.

Als ich ihn fragte, was er aus all diesen Studien gelernt habe, sagte er voller Ehrfurcht, daß es nicht die Religionen selbst seien, die ihn so tief beeindruckten, sondern das Licht, das durch alle hindurchscheine. Es wurde ihm klar, daß sämtliche großen Religionen nur Begriffe und Konzepte sind, wie Abschirmungen, die man vor das große Mysterium des Lebens gestellt hat. Sie sind der Ausdruck dessen, was Menschen erkannt und verstanden haben und was sie formulierten, um sich sicher zu fühlen angesichts des Unbenennbaren, Unerkennbaren, des sich immer wandelnden Liedes des Lebens.

Wie können wir dieses Mysterium würdigen? Von einem erwachten Blickwinkel aus ist das Leben ein Spiel von Mustern. Da sind die Muster der Bäume, die Bewegungen der Sterne, die Muster der Jahreszeiten und die Muster des menschlichen Lebens in jeglicher Form. Jedes dieser Muster könnte man ein Lied oder eine Geschichte nennen. Die Dichterin Muriel Rukeyser sagte: »Das Universum besteht aus Geschichten, nicht aus Atomen.« Die grundlegenden Muster, diese Geschichten, die universellen Archetypen, durch die alles Leben in Erscheinung tritt, kann man sehen und hören, wenn man ganz still, gesammelt und erwacht ist.

Die buddhistische Praxis eröffnet uns eine der größten menschlichen Möglichkeiten – die Möglichkeit des Erwachens. Dabei lernen wir, das ganze Lied in seiner Gesamtheit zu hören. Und wir erkennen, wie schwierig dies sein kann. Wir werden mit allen Geschichten konfrontiert, an denen wir festhielten, um uns vor dem Leiden des Lebens zu schützen. Wir sehen die Geschichten der Trauer und der Angst, das verkrampfte Selbstgefühl, das den unvermeidlichen Härten und Kümmernissen des Lebens zu entgehen sucht. Wir erleben Leere und Verlust angesichts des Mangels an Dauer unserer selbst und aller Dinge. In einer bestimmten Phase der Praxis erscheint uns möglicherweise die ganze Schöpfung als eine enge und schmerzhafte Geschichte, in der das Leben vergänglich und mit Leiden erfüllt und kaum zu ertragen ist. Wir sehnen uns vielleicht danach, uns seinen Schmerzen und wechselnden schicksalhaften Gegebenheiten zu entziehen. Doch diese Perspektiven sind nur der erste Teil des Erwachens.

Der zweite Teil der großen Geschichte des Erwachens handelt nicht von Verlust oder Schmerz, sondern davon, den harmonischen Zusammenklang unseres eigenen Liedes mit dem großen Lied zu finden. Wenn wir zu dieser Harmonie erwachen, entdecken wir einen Schatz, der in jeder Schwierigkeit verborgen ist. Verborgen in der unvermeidlichen Vergänglichkeit des Lebens, bietet gerade sein Mangel an Stabilität die ungeheuere Kraft der Kreativität. Im Prozeß der Veränderung entsteht eine gewaltige Fülle von neuen Formen, neuen Geburten, neuen Möglichkeiten, neuem künstlerischem Ausdruck in Wort, Bild und Ton und millionenfachen neuen Lebensformen. Nur weil alles veränderlich ist, kann solch eine reiche und grenzenlose Kreativität existieren.

Der verborgene Schatz im Leiden, im Kummer und Schmerz der Welt ist das Mitgefühl. Mitgefühl – als die Antwort des Herzens auf das Leiden. Wir alle teilen die Schönheit des Lebens und den Ozean der Tränen miteinander. Der Schmerz des Lebens ist ein Teil eines jeden Herzens und auch Teil dessen, was uns miteinander verbindet. Er bringt Zärtlichkeit mit sich und Erbarmen, und eine allumfassende Freundlichkeit, die jedes Wesen berührt und die von jedem berührt wird.

Die Tibeter haben eine uralte Praxis, um ein Bodhisattva des Unendlichen Mitgefühls zu werden, um uns in ein Wesen mit tausend Armen und einem erbarmenden Herzen zu verwandeln, das sich nach allen Seiten wendet, um das Leiden zu lindern und alle zu trösten und zu beruhigen, die dessen bedürfen. Schließlich und endlich geht es nicht allein um das Leiden der Welt, sondern darum, wie wir uns dazu stellen.

Die spirituelle Praxis gibt uns die Möglichkeit, die größte aller Geschichten zu entdecken: daß wir alles und nichts sind. Es ist uns möglich, alles Seiende als verbunden zu erleben, aufeinander bezogen in einem Feld von Kreativität und Mitgefühl; und inmitten von alledem können wir wie ein Buddha verweilen. Alle Dinge sind ein Teil von uns, und doch sind wir irgendwie keines von ihnen und jenseits von ihnen.

Der Unterschied zwischen einem Erwachten und einem nicht Erwachten liegt einfach darin, daß der erstere nicht an einer begrenzten Geschichte festhält. So sagte der Buddha: »Die, welche nicht erwacht sind, halten an ihren Gedanken und Gefühlen, an ihrem Körper, an ihren Wahrnehmungen und an ihrem Bewußtsein fest, aber all das ist nichts, was man festhalten könnte.«

Hunderttausend Formen des Erwachens

Wenn wir nicht an den Geschichten unseres Lebens festhalten, eröffnet sich uns die außergewöhnliche Möglichkeit, alle unsere Geschichten, die ererbten wie die selbstgewählten, in den Pfad eines Bodhisattva zu verwandeln. Wir haben bereits den Bodhisattva als ein Wesen beschrieben, das in jedem Bereich, in jeder denkbaren Situation Form annimmt und das Material der jeweiligen Situation dazu verwendet, unbegrenztes Mitgefühl zu entwickeln und das Herz zu wecken.

Einer der größten buddhistischen Meister sagte:

Solange der Raum besteht und solange es lebende Wesen gibt,
so lange möge auch ich in jeder Form existieren,
um alles Elend der Welt zu beenden.

Das bedeutet nicht, ein grandioses oder inflationiertes Selbstbild zu entwickeln. Es ist nicht »ich«, mein »kleines Selbst« als Individuum, das die Welt retten kann. Es ist das Loslassen der Vorstellung, irgendwo anders zu sein. Wir sind bereit, genau da zu sein, wo wir sind, in alle Aspekte des Lebens einzudringen und zu entdecken, daß in jedem Bereich Gerechtigkeit, Mitgefühl, Geduld und freudige Energie zu finden sind.

Es gibt keine Modellgeschichte, an die sich ein Bodhisattva halten könnte. Als Bodhisattva zu leben heißt, daß wir den Geist eines Buddha in uns berühren und ihn durch unser eigenes individuelles Leben hindurchscheinen lassen. Die buddhistischen Schriften enthalten tausend verschiedene Berichte, wie sich der Geist des Bodhisattva in der Welt manifestieren kann. Bodhisattvas gibt es überall. Einer meiner Lehrer lebte viele Jahre lang in einer Höhle und strahlte in aller Stille Mitgefühl in die Welt hinaus. Ein anderer war ein wohlhabender Geschäftsmann, der weltweit Meditationsretreats für Tausende von Praktizierenden leitete. Sein Meister war ein hochrangiger Minister in Burma, der jeden Morgen die Regierungsangestellten in seinem Büro versammelte und mit ihnen meditierte. Zu den größten modernen buddhistischen Yogis und Meistern zählte eine Frau, die in Kalkutta mit ihrer Tochter und ihren Enkelkindern ein einfaches Leben als Hausfrau führte. Sie lehrte in ihrer winzigen Wohnung und hatte eine unendlich segensreiche Wirkung auf alle, die sie besuchten. Eine andere war Krankenschwester, die mit Sterbenden arbeitete. Und wieder ein anderer war Grundschullehrer. Manche waren ernst, manche humorvoll. Manche lebten in Einsiedeleien, manche in Klöstern und Ashrams, und andere inmitten großer Städte mit gewöhnlichen Berufen und gewöhnlichen Familien.

Bei jedem von ihnen manifestierte sich ein Geist der Weisheit und des Mitgefühls in allem, was sie taten. Sie handelten aus ihrer Buddha-Natur heraus, die sie mit allen Wesen verband. Sie hielten nicht an ihrer persönlichen Geschichte fest, sondern lebten in Verbindung mit dem Ganzen. Unlängst kamen ein paar rotgewandete tibetische Lamas nach New Mexiko zu Besuch. Ein Schüler schenkte ihnen allen einen Flug mit einem Heißluftballon. Als sie morgens am Startplatz ankamen, stellte sich jedoch heraus, daß nur noch ein Flug für einen einzigen Mönch zu bekommen war. Ein Reporter, der über das Ereignis berichten wollte, fragte die anderen, ob sie denn nicht enttäuscht seien. »Oh nein«, sagten sie lächelnd, »er fliegt für uns alle.« Für einen Bodhisattva liegt die Freude im Glück aller Wesen.

Das Werk des Bodhisattva besteht darin, die Verwirrung und den Kummer der Welt aufzulösen. Indem wir unser mitfühlendes Herz entdecken, können wir unseren Kummer auflösen; und sobald wir das Auge der Weisheit wecken, läßt sich unsere Selbsttäuschung auflösen. Wenn Sie sich fragen, was diese Transformation für die Welt bedeuten mag, so denken Sie an Margaret Meads Aussage: »Denkt nicht, daß eine kleine Gruppe erwachter Menschen die Welt nicht verändern könne. In Wirklichkeit ist es immer nur auf diese Weise geschehen.«

Wenn wir erkannt haben, daß wir die schmerzhaften Geschichten unseres Lebens selbst erschaffen haben, können wir lernen, sie wieder aufzulösen. In Kurt Vonneguts Roman »Schlachthof 5« gibt es eine Beschreibung, was geschieht, wenn ein Film vom zweiten Weltkrieg rückwärts gezeigt wird:

Amerikanische Flugzeuge, voll von Einschüssen, Verwundeten und Leichen starteten rückwärts von einem Flugplatz in England. Über Frankreich flogen einige deutsche Kampfflugzeuge rückwärts auf sie zu und saugten Geschosse und Granatsplitter von einigen Flugzeugen und den Besatzungen auf. Sie taten dasselbe bei abgestürzten amerikanischen Bombern auf dem Boden, und diese Flugzeuge stiegen rückwärts auf, um sich zu ihrem Verband zu gesellen.

Der Verband flog rückwärts über eine in Flammen stehende deutsche Stadt. Die Bomber öffneten ihre Bombenklappen, wandten einen wunderbaren Mechanismus an, der die Feuer eindämmte, sammelten sie in zylindrische Stahlbehälter und hievten die Behälter in das Fahrwerk der Flugzeuge. Die Behälter wurden sorgfältig in Gestelle verstaut... Es blieben aber noch ein paar verwundete Amerikaner, und einige Bomber waren in schlechtem Zustand. Über Frankreich stiegen jedoch wieder deutsche Kampfflugzeuge auf und machten alles und jedermann so gut wie neu.

Als die Bomber zu ihren Stützpunkten zurückkamen, wurden die Stahlzylinder aus den Gestellen genommen und zurück in die Vereinigten Staaten von Amerika verfrachtet, wo Fabriken Tag und Nacht damit beschäftigt waren, die Zylinder zu demontieren und den gefährlichen Inhalt in Mineralien zu scheiden. Rührenderweise waren es hauptsächlich Frauen, die diese Arbeit verrichteten. Die Mineralien wurden dann zu Spezialisten in abgelegenen Gebieten verschifft. Es war ihre Aufgabe, sie im Boden zu vergraben, sie geschickt zu verstecken, so daß sie niemandem mehr Schaden zufügen konnten.

Das Leiden, das der Geist erzeugt hat, kann aufgelöst werden. Wir geben unseren Schmerz frei und öffnen uns für das große Lied, das jenseits von allen Geschichten erklingt – für das zeitlose Dharma. Wir können durch das Leben gehen und unseren Teil erfüllen, und doch frei sein inmitten von alledem. Wenn uns die Geschichten unseres Lebens nicht mehr gefangen halten, entdecken wir in ihnen etwas Größeres. Wir entdecken, daß inmitten der Grenzen der Form, unseres Mannseins und unseres Frauseins, unserer Elternschaft und unserer Kindheit, der Anziehungskraft der Erde und dem Wandel der Jahreszeiten die Freiheit und Harmonie zu finden sind, nach denen wir so lange gesucht haben. Unser individuelles Leben ist ein Ausdruck des gesamten Mysteriums. Das wissend, können wir im Zentrum der Bewegung ruhen, in der Mitte aller Welten.

Meditation: Gleichmut entwickeln

Gleichmut ist eine wunderbare Eigenschaft, die Raum und Ausgeglichenheit des Herzens bedeutet. Obwohl Gleichmut ganz natürlich mit der Meditationspraxis wächst, kann man sie zusätzlich in derselben systematischen Weise entwickeln wie Herzenswärme und Mitgefühl. Wir können diese Möglichkeit der Ausgeglichenheit des Herzens inmitten des Lebens ahnen, wenn wir erkennen, daß sich das Leben unserer Kontrolle entzieht. Wir sind ein kleines Element in einem großen Tanz. Auch wenn wir unbegrenztes Mitgefühl für andere entwickeln und uns mit allen Mitteln darum bemühen, das Leiden in der Welt zu verringern, gibt es immer noch viele Situationen, die wir nicht beeinflussen können. Das bekannte Gebet der Gelassenheit lautet: »Möge ich die Gelassenheit haben, das zu akzeptieren, was man nicht ändern kann, möge ich den Mut haben, das zu ändern, was man ändern kann, und möge ich die Weisheit haben, den Unterschied zu erkennen.« Weisheit läßt uns erkennen, daß alle Wesen Erben ihres Karma sind, und daß sie handeln und die Früchte ihres Handelns ernten. Wir können andere zutiefst lieben und unsere Unterstützung anbieten, aber letztlich müssen sie selbst lernen und selbst die Quelle ihrer Befreiung sein. Gleichmut verbindet einen klaren, verständnisvollen Geist mit einem mitfühlenden Herzen.

Gleichmut entwickeln: Nehmen Sie eine angenehme sitzende Haltung ein und schließen Sie die Augen. Beobachten Sie Ihren Atem mit sanfter Aufmerksamkeit, bis Körper und Geist ruhig geworden sind. Beginnen Sie dann damit, daß Sie sich vor Augen halten, wie wohltuend Ausgeglichenheit und Gleichmut für den Geist sind. Denken Sie daran, welch ein Geschenk für die Welt ein Herz voller Frieden bedeuten würde. Lassen Sie ein Gefühl von Ausgeglichenheit und Gelöstheit in sich entstehen. Wiederholen Sie dann Sätze wie:

»Möge ich ausgeglichen und voller Frieden sein.«

Machen Sie sich klar, daß alles Geschaffene entsteht und vergeht: Freude, Kummer, angenehme Ereignisse, Menschen, Tiere, Häuser, Völker, sogar ganze Zivilisationen. Verweilen Sie ruhig inmitten von alledem.

»Möge ich lernen, das Entstehen und Vergehen aller Dinge mit Gleichmut und Ausgeglichenheit zu erleben. Möge ich offen und ausgeglichen und voller Frieden sein.«

Halten Sie sich vor Augen, daß alle Wesen Erben ihres eigenen Karma sind, daß ihr Leben entsprechend den Bedingungen und Taten, die sie geschaffen haben, entsteht und vergeht.

»Möge ich mit Mitgefühl und Gleichmut den Geschehnissen der Welt begegnen. Möge ich Ausgeglichenheit, Gleichmut und Frieden finden.«

23
Erleuchtung ist Nähe zu allem

Der Zen-Meister Dogen, der Begründer des Soto-Zen in Japan, erklärte: »Erleuchtet sein bedeutet, allem nah sein.« Einer meiner kambodschanischen Lehrer sagte: »In der spirituellen Praxis geht es ums Essen – wo wir essen, was wir essen und wie wir essen. Oft versuchen wir, andere Leute zu fressen, aber wir lassen nicht zu, daß sie uns fressen, und der Buddha weint, wenn er dieses Leiden sieht.« Wir können diese Welt als eine Welt betrachten, in der alle fressen und gefressen werden, oder als eine Welt, in der wir alle eine Möglichkeit haben, einander zu ernähren.

Am Anfang unserer spirituellen Reise wird uns zunächst klar, daß vieles von dem, was wir tun, ein Versuch ist, zu lieben und geliebt zu werden. Dieses Buch begann mit der Frage: »Habe ich wirklich geliebt?« Vielleicht ist die Erleuchtung in Form der Nähe dasselbe wie Liebe. Doch Liebe ist etwas Geheimnisvolles. Ist sie etwas, das wir *tun* können? Eine alte Frau, Patientin im Hospiz des San Francisco Zen Center, hatte ihre letzten Jahre auf der Straße verbracht. Als man sie aufnahm und sich um sie kümmerte, begann sie sich für das spirituelle Leben der Zen-Gemeinschaft zu interessieren, und obwohl sie schon dem Sterben nahe war, entschloß sie sich zur Praxis des Erwachens und des Mitgefühls. Eines Morgens besuchte sie der Hospiz-Direktor. Sie sagte: »Ich habe über all diese Lehren vom Loslassen und Lieben nachgedacht. Es scheint so wichtig zu sein, aber ich weiß einfach nicht, was ich zuerst tun soll. Soll ich loslassen, oder soll ich lieben?« Wahrscheinlich ist es dasselbe.

Liebe ist etwas Geheimnisvolles. Wir wissen nicht, was sie ist, aber wir wissen, wenn sie da ist. Wenn wir Liebe suchen, müssen wir fragen, wo sie zu finden ist. Sie ist immer nur hier, in diesem Augenblick. Lieben in der Vergangenheit ist nur Erinnerung. Lieben in der Zukunft ist Fantasie. Es gibt nur eine Gelegenheit für Liebe, Nähe und Erwachen – die Gegenwart. Wenn wir in unseren Gedanken an Vergangenes oder Zukünftiges leben, scheint alles fern, schnell vorüberziehend oder unerfüllt. Wir können ein Kind, einen Baum, den Himmel oder den geliebten Menschen nur hier und jetzt lieben. Nur in der Intimität der zeitlosen Gegenwart können wir aufwachen. Diese intime Nähe verbindet uns miteinander und ermöglicht es uns, dazuzugehören, und in diesem Zugehörigsein erleben wir Liebe. Damit wachsen wir über das Getrenntsein, das Verkrampftsein, das begrenzte Selbstgefühl hinaus.
Wenn wir untersuchen, was uns von der Nähe und von der Liebe abhält, entdecken wir, daß es immer eine Erwartung, eine Hoffnung, ein Gedanke oder eine Fantasie ist. Es ist dieselbe Erwartung, die uns daran hindert aufzuwachen. Das Erwachen ist nicht weit weg; es ist näher als nah. In den buddhistischen Schriften heißt es: »Das Erwachen ist nicht etwas, das man neu entdecken müßte; es war immer schon da. Man braucht nicht suchen oder den Ratschlägen anderer folgen. Lerne einfach, hier und jetzt auf deine innere Stimme zu hören. Dein Körper und dein Geist werden ganz klar werden, und du wirst die Einheit aller Dinge erkennen. Zweifle nicht an dieser Möglichkeit, weil die Lehren so einfach sind. Wenn du die Wahrheit nicht da findest, wo du bist, wo solltest du sie sonst finden?«
In den großen spirituellen Lehren findet man viele Begriffe für das Erwachen, und viele Arten des Ausdrucks für die Liebe werden beschrieben. Es gibt Ausdrucksmöglichkeiten für die Liebe im Handeln als erleuchtete Aktivität. Es gibt den Ausdruck der Erleuchtung als Stille und Liebe und Verständnis aus tiefstem Herzen. Es gibt den Ausdruck des Erwachens als Freiheit in den Bereichen der Form und als das, was jenseits aller Form ist. Im Buddhismus nennt man die Erleuchtung das »Nicht-Bedingte«, das, was natürlich durchscheint, wenn das Herz nicht in Festhalten, Haß und Ignoranz verstrickt ist. Wird das Herz frei von diesen Kräften, entfalten sich wahre Nähe und Liebe.

In Ostafrika lebt ein Stamm, in dem die Kunst der wahren Nähe schon lange vor der Geburt gepflegt wird. In diesem Stamm ist das Geburtsdatum des Kindes nicht identisch mit der körperlichen Geburt, nicht einmal mit dem Tag der Empfängnis, wie in anderen Stammeskulturen. Für sie ist der Tag der Geburt derjenige, an dem das Kind zum erstenmal als Gedanke im Geist seiner Mutter erscheint. Mit der Bereitschaft, ein Kind von einem bestimmten zukünftigen Vater zu empfangen, verläßt die Mutter ihr Dorf und setzt sich unter einen Baum. Dort lauscht sie so lange, bis sie das Lied des Kindes hört, das sie zu empfangen hofft. Sobald sie es gehört hat, geht sie nach Hause und lehrt es den Vater, so daß sie es gemeinsam singen und das Kind einladen können, wenn sie es zeugen. Ist die Mutter schwanger geworden, singt sie es für das Kind in ihrem Leib. Dann lernen auch die Frauen und Hebammen im Dorf das Lied dieses Kindes, um es während der Entbindung und im wunderbaren Augenblick der Geburt damit begrüßen zu können. Nach der Geburt lernen alle Dorfbewohner das Lied ihres neuen Stammesmitglieds; sie singen es, wenn das Kind hinfällt und sich weh tut, und sie singen es während der Rituale und Initiationen. Dieses Lied ist auch Teil der Heiratszeremonie, wenn das Kind erwachsen ist, und am Ende seines Lebens versammeln sich seine Lieben am Totenbett und singen sein Lied ein letztes Mal.

Geschichten wie diese wecken die Sehnsucht nach einer derartigen Nähe, nach einer solch tiefen Geborgenheit. Dieses aufmerksam zuhörende Gegenwärtigsein ist das Herz der Meditation und eines wahren spirituellen Lebens. Mit achtsamer Wahrnehmung ganz da sein ist an sich schon ein Akt außerordentlicher Nähe. Jede Aktivität in unserem Leben enthält diese Möglichkeit – unser Atmen und das Berühren der Welt mit unserem Körper, mit Bewegung und Stimme. Dieses einfache Gegenwärtigsein ist sowohl der Beginn als auch der Höhepunkt der spirituellen Praxis.

Unsere Fähigkeit zur Nähe beruht auf tiefer Achtung; es ist ein Gegenwärtigsein, das es uns ermöglicht, das, was wahr ist, zu entdecken und zum Ausdruck kommen zu lassen. Nähe kann in jedem Augenblick entstehen; sie ist ein Akt der Hingabe, ein Geschenk, das nichts ausschließt. Wenn ich eine buddhistische Heiratszeremonie leite, spreche ich über diese Qualität der

Nähe und wie sie wächst, wenn wir lernen, in Verbindung mit uns selbst zu bleiben und respektvoll andern gegenüber zu sein. Ich lehre die jungen Paare das Mantra der Nähe. Was immer sie gehofft haben, voneinander zu bekommen, oder wie sie sich vorgestellt haben, daß es sein sollte, oder was sie nie erwartet hätten, daß geschehen würde – immer vermittelt dieses Mantra nur eine Lehre: »Auch dies, auch dies.«

Nähe erlernen ist keine einfache Sache. Wuchs man wie wir in einer Kultur des inneren Voneinander-Getrenntseins auf, gezeichnet von Verletzungen und ungestillter Sehnsucht, ist es schwer, gegenwärtig und respektvoll zu sein. Ebenso wie das Achten auf den Atem oder das aufmerksame Gehen in der Gehmeditation, muß man es wieder und wieder lernen, Schritt um Schritt, und zwar durch das Auflösen der Ängste und Konditionierungen, die uns voneinander fernhalten. Diese Barrieren und Ängste, die Erinnerungen an früheres Leiden tauchen gerade dann auf, wenn wir einander näherkommen, wenn wir uns dem Geheimnis des Augenblicks nähern. Immer wieder sind wir mit unserem Zögern und unserer Unentschlossenheit, mit unserem Muster des Zurückhaltens konfrontiert. Doch auch dem kann man mit intimer Aufmerksamkeit begegnen. Und dann, in irgendeinem Augenblick, können wir plötzlich uns selbst loslassen, können wir offen und ganz da sein, wach und völlig gegenwärtig. Die Welt bietet sich uns ständig an, damit wir erwachen mögen, und wir haben nichts weiter zu tun, als ihr zu begegnen.

Rumi sagt:

Heute ist es wie jeden Tag, wir erwachen leer
und voller Angst. Öffne nicht die Tür zum Studierzimmer,
um zu lesen. Hol dir die Laute.

Die Schönheit, die wir lieben, soll das sein, was wir tun.
Es gibt hundert Arten, niederzuknien und die Erde zu küssen.

Wann immer wir innehalten, um die Erde zu küssen, erkennen wir, wie einzigartig alles und jedes ist, jeder Mann, jede Frau, jeder Tag, der vor uns liegt. Nie wieder werden wir ihn so sehen wie heute. In der intimen Nähe entdecken wir eine Schönheit und einen Zauber, die alle Dinge kostbar machen. Das Leben ist so wertvoll, weil es so vergänglich ist. Aber wir sollen uns nicht bei den traurigen Aspekten aufhalten, sagt Rumi:

Wenn ihr in einen Garten geht,
schaut ihr dann die Dornen an oder die Blüten?
Verbringt mehr Zeit bei den Rosen und dem Jasmin.

Wenn in uns die Fähigkeit zum Gegenwärtigsein wächst, entdecken wir die Leichtigkeit und Gelassenheit des Herzens angesichts aller Dinge.

Ein großer Lehrer in Indien pflegte seine Schüler an diese Fähigkeit zu erinnern, wann immer sie mit ihren Schwierigkeiten zu ihm kamen – mit Problemen bei der Meditation, bei der Arbeit oder in ihren Beziehungen. Er hörte sehr freundlich zu, und dann lächelte er und sagte: »Ich hoffe, du hast deine Freude daran.« Mit derselben Geisteshaltung schrieb E.B. White: »Es gibt zwei Arten, durchs Leben zu gehen. Die eine besteht darin, das Leben zu verbessern, und die andere besteht darin, sich am Leben zu freuen.« Paradoxerweise ist beides nötig, Verbesserung und Freude daran. Oft vergessen wir die Freude auf unserer Expedition zum spirituellen Erwachen. Um wahre Freude zu finden, müssen wir unser Leiden durchschritten haben und schließlich dahin gelangt sein, die Gesamtheit des Lebens aus tiefstem Herzen zu akzeptieren. Wenn wir eine intime Nähe zu allem erlangt haben, entdecken wir Ruhe, Wohlbefinden und Ganzheit. Wir erkennen, daß wir und alles Leben, das uns umgibt, am rechten Ort sind, daß wir hierher gehören, gerade so wie die Bäume und die Sonne und die Bewegungen unseres Planeten. Dann erleben wir Heilung, Öffnung und Gnade.

Als ich vor nahezu fünfundzwanzig Jahren als Mönch in den Wäldern Thailands lebte und praktizierte, lernten wir, uns beim Betreten und Verlassen des Tempels dreimal zu verbeugen. Das Verbeugen war eine ganz neue Erfahrung für mich. Ich lernte auch, mich beim Betreten und Verlassen der

Eßhalle, der Wohnung des Lehrers und meiner eigenen Hütte zu verbeugen. Und schließlich lehrte man mich, daß es sich für einen Mönch gehöre, niederzuknien und sich dreimal zu verbeugen, wenn er einem älteren Mönch begegnet. Wenn man neu ordiniert ist, bedeutet das, sich vor jedem Mönch zu verbeugen, dem man begegnet. Am Anfang war das schwierig. Es gab Mönche, die ich respektierte und verehrte, und bei ihnen fiel mir das Verbeugen leicht; aber nicht selten mußte ich niederknien und mich vor Mönchen verbeugen, die ich für ignorant, stolz oder unwürdig hielt. Daß ich mich vor ihnen verbeugen mußte, nur weil sie einen oder zwei Monate vor mir ordiniert worden waren, verletzte meinen Stolz. Dennoch verbeugte ich mich brav im Tempel, in meiner Hütte und vor allen Mönchen, die sich mir präsentierten. Nach einiger Zeit begann ich, den Schmerz an meiner eigenen Kritikfreudigkeit und das durch sie erzeugte innere Getrenntsein zu spüren. Ich richtete meinen Blick nun mehr auf das, was schön oder edel oder wertvoll an jedem war, dem ich begegnete. Und schließlich begann ich, sogar Freude am Verbeugen zu finden. Ich verbeugte mich vor allen Mönchen und Tempeln, vor allen meinen Brüdern und Schwestern, vor den Bäumen und vor den Felsen. Das Verbeugen wurde zu einer wunderschönen Art, zu sein. Wenn wir Nähe zu uns selbst gefunden haben, sind wir fähig, uns vor allem, was uns umgibt, zu verbeugen und es zu segnen. Das ist die Erleuchtung, die allem nahe ist. Es ist Freiheit und ein Glück ohne Ursache, und jeder Augenblick und alles, was wir tun, wird davon bestimmt.

Als Kalu Rinpoche, ein achtzigjähriger tibetischer Meister, einmal Boston besuchte, führte man ihn in des Aquarium von Neu England. Kalu Rinpoche freute sich an all den farbenfrohen Lebensformen, und er klopfte sanft an die Glaswand eines jeden Behälters – den englischen Hinweis, daß man das nicht tun sollte, konnte er ja nicht lesen – und rezitierte das heilige Mantra »Om Mani Padme Hum«. Nach einer Weile fragte einer seiner Schüler: »Warum tun Sie das, Rinpoche?« Der alte Meister lächelte und sagte: »Ich versuche, die Wesen da drinnen aufmerksam zu machen, und dann segne ich sie, auf daß auch sie befreit werden mögen.«

Was für eine schöne Art, in der Welt zu sein, indem man Segen über alles bringt, was man berührt. Segen zu bringen, mit Respekt zuzuhören, mit dem

Herzen willkommen zu heißen – das zu lernen ist wahrlich eine große Kunst. Wenn es geschieht, ist es niemals eine grandiose, auffällige Angelegenheit, sondern es geschieht in diesem kleinen Augenblick des Jetzt und auf die unmittelbarste und intimste Weise.

In seinen letzten Lebensjahren empfing ein anderer großer tibetischer Meister, der 16. Karmapa, ein paar amerikanische Gäste in einem königlichen Empfangsraum in seinem palastartigen Tempel in Sikkim. Bei dem Karmapa handelte es sich um den spirituellen Führer einer riesigen Gemeinschaft von Hunderttausenden von Buddhisten. Er war krank, aber nahm sich die Zeit, so viele Besucher zu empfangen, wie ihm nur möglich war. Meine Freunde, die ihn besuchten, empfanden ihn als ungeheuer warm und entgegenkommend. Er sprach mit ihnen, ermutigte sie und segnete sie. Sie fühlten sich ganz wunderbar. Als sie gingen, bemerkte er: »Ich habe das Gefühl, als hätte ich mich gerade mit meinem besten Freund unterhalten.« Für den Karmapa war jeder Besucher sein bester Freund, und in jedem Augenblick gab es für ihn nichts anderes, als sich um diejenigen, die er vor sich hatte, zu kümmern und sie zu segnen.

Es ist die Intimität eines jeden Augenblicks, in der sich das gesamte spirituelle Leben erfüllt. Sucht den Buddha nicht irgendwo anders. Ein chassidischer Rabbi sagte einmal: »Ich ging nicht zu meinem Meister, um seine Worte der Weisheit zu hören, sondern um zu sehen, wie er seine Schuhbänder schnürte und löste.«

Mein Frau, zwei Freunde, die Journalisten waren, und ich führten vor Jahren im Auftrag des National Public Radio ein Gespräch mit dem Dalai Lama. Ebenso wie der Karmapa hatte er als spiritueller Führer und als das Oberhaupt der tibetischen Exilregierung ungeheuer viel zu tun, aber dennoch empfing er uns sehr entgegenkommend und servierte uns selbst den Tee. Geduldig beantwortete er alle unsere Fragen, die sich vor allem um die Lehren über den Zusammenhang zwischen Spiritualität und sozialer Verantwortung drehten. Dann fragte er, ob er sonst noch etwas für uns tun könne. Wir verneinten es. »Wollen Sie nicht ein Foto von mir machen?« fragte er. Natürlich, das hätten wir fast vergessen. Wir hatten mehrere Fotoapparate mitgebracht, doch in der Aufregung, das Interview aufzunehmen, hatten wir nicht mehr daran gedacht. Der Dalai Lama schlug vor, unsere Fotoapparate seinem Assistenten zu geben und ihn ein Foto von uns allen machen zu lassen. Er stellte sich in unsere Mitte, je zwei von uns zu seiner Rechten und Linken, und legte die Arme um uns. Wir strahlten alle von einem Ohr zu andern, während die Aufnahmen gemacht wurden. Danach wandte er sich mir zu und ergriff meine Hand. Da er weiß, daß ich ein buddhistischer Lehrer bin – er hatte eines unserer Zentren in Massachusetts besucht und dort auch gelehrt –, erwartete ich, daß er fragen würde, wie es mit dem Lehren ging, so in der Art: »Wie gehen die Geschäfte?«, denn schließlich arbeiten wir ja sozusagen für dieselbe Gesellschaft. Doch das tat er nicht. Statt dessen drückte er meine Hand, schaute mich aufmerksam an und sagte: »Sie sind so dünn. Sie sollten mehr essen!« Das war der Segen des Dalai Lama.

Der Weg des Herzens, ein Leben, das dem Erwachen gewidmet ist, erfordert auch, daß wir uns um alles kümmern, dem wir begegnen, wie schwierig oder schön es sein mag, und daß wir eine innige Verbindung aufnehmen, völlig gegenwärtig und mit ganzem Herzen. Wir werden viel Wunderbarem begegnen auf der Suche nach unserem wahren Weg. Und wie der große Bodhisattva des Zen, der sich in die Wälder wagte, um den verlorenen Ochsen zu finden und dabei sein eigenes wahres Wesen entdeckte, werden wir, wie es heißt, mit segensreichen Händen in die Welt zurückkehren. »Ich gehe auf den Marktplatz mit meiner Weinflasche und komme heim mit meinem Stock. Ich gehe in die Schenke und auf den Markt, und jeder, den ich anschaue, wird erleuchtet.«

Ich hoffe, daß dieses Buch und die Praxis der Achtsamkeit, des Mitgefühls und der Nähe, die darin beschrieben sind, Ihrem Leben Segen bringen, daß Ihnen die Stille, das Verstehen und das Vergeben Segen bringen, und daß Ihr Herz und Ihre Hände allen, die um Sie sind, Segen bringen.

Der Zen-Poet Basho gemahnt uns:

Die Tempelglocke hat aufgehört zu läuten,
doch ihr Klang ertönt noch aus den Blumen.

Anhang

Ethischer Kodex der Meditationslehrer und -lehrerinnen der Einsichts-Meditation

Die Lehrer/Lehrerinnen der Einsichts-Meditation in Amerika und Europa halten seit 1975 regelmäßige Treffen ab. Im Lauf der Jahre sind wir uns unserer Verantwortung als Lehrer und der Sorgfalt, die diese Rolle von uns fordert, bewußter geworden. Im asiatischen Buddhismus ist das Verhalten von Lehrern, die Mönche sind, durch 227 Gelübde und festgelegte Bräuche und Formen geregelt. Doch heute gibt es im Westen viele buddhistische Gemeinschaften, die von nicht-klösterlichen Lehrern geleitet werden.

Wir wissen alle, daß die Grundlage unseres spirituellen Lebens eine achtsame und fürsorgliche Beziehung zu allem Leben ist. Wir sind uns darüber im klaren, daß wir in Ermangelung der klösterlichen Gelübde und asiatischer Bräuche und Gepflogenheiten unbedingt klare Richtlinien für westliche Laienlehrer brauchen. Wir als Lehrer sind uns darüber einig, daß wir zu unserem und unserer Gemeinschaft Wohl weiterhin die Fünf grundlegenden buddhistischen Regeln einhalten wollen, die wir schon so lange lehren. Außerdem haben wir in den Diskussionen, die zu dieser Übereinstimmung führten, diese Regeln differenziert, um sie unserer Rolle als Lehrer des Dharma in dieser geschichtlichen Zeit und in dieser speziellen kulturellen Situation anzupassen. Als Lehrer der Einsichts-Meditation im Westen haben wir für uns die folgenden Richtlinien festgelegt:

1. *Wir verpflichten uns, nicht zu töten.*
Mit dem Befolgen dieser Regel anerkennen wir das Miteinander-Verbundensein aller Wesen und geben damit unserer Achtung vor allem Leben Ausdruck. Wir stimmen darin überein, unser Verständnis des Nicht-Tötens und Nicht-Schadens in differenzierter Weise in allen unseren Handlungen zu beachten. Wir werden versuchen, die Konsequenzen zu klären, die diese Regel in problematischen Bereichen wie Abtreibung, Euthanasie und Schädlingsbekämpfung hat. Einige von uns empfehlen Vegetarismus und andere nicht; doch wir alle verpflichten uns, diese Regel im Geist der Ehrfurcht vor allem Leben einzuhalten.

2. *Wir verpflichten uns, nicht zu stehlen.*
Wir verpflichten uns, nichts zu nehmen, was uns nicht gehört, und den Besitz anderer zu respektieren. Wir wollen ganz bewußt üben, die Ressourcen der Erde in einer respektvollen Weise und mit ökologischer Rücksicht zu nutzen. Wir verpflichten uns, im Umgang mit Geld aufrichtig zu sein, und Geld, das für Dharma-Projekte bestimmt ist, nicht anderweitig zu verwenden. Wir verpflichten uns, die Lehren anzubieten, ohne jemanden im Hinblick auf seine oder ihre finanziellen Umstände zu bevorzugen.

3. *Wir verpflichten uns, keine falsche Rede zu führen.*
Wir verpflichten uns, das zu sagen, was wahr und nützlich ist, und uns in unserer Gemeinschaft der falschen Rede zu enthalten. Wir verpflichten uns, eine bewußte und klare Kommunikation zu pflegen und die Qualität der Herzenswärme und Aufrichtigkeit als Grundlage unseres Redens zu kultivieren.

4. *Wir verpflichten uns, sexuelles Fehlverhalten zu vermeiden.*
Wir verpflichten uns, niemandem durch Sexualität zu schaden und Ehebruch zu vermeiden. Lehrer, die das Zölibatsgelübde abgelegt haben, verhalten sich gemäß ihrem Gelübde. Verheiratete Lehrer berücksichtigen ihre Gelübde und enthalten sich des Ehebruchs. Alle Lehrer verpflichten sich, ihre Autorität und Position als Lehrer nicht dazu auszunützen, sexuelle Beziehungen mit Schülern einzugehen.

Da einige Lehrer/Lehrerinnen in unserer Gemeinschaft Partnerschaften und Ehen mit früheren Schülern/Schülerinnen eingegangen sind, anerkennen wir, daß solch eine gesunde Beziehung möglich ist, dabei jedoch große Sorgfalt und Sensibilität erforderlich sind. Wir sind uns einig, daß in diesem Fall folgende Richtlinien zu berücksichtigen sind:

(a) Eine sexuelle Beziehung zwischen Lehrern und Schülern ist nie angemessen.

(b) Während eines Retreats und einer formalen Lehrsituation ist jede Andeutung einer zukünftigen romantischen oder sexuellen Schüler-Lehrer-Beziehung unangemessen.

(c) Wenn sich mit der Zeit zwischen unverheirateten Lehrern und früheren Schülern das Interesse an einer echten und verantwortlichen Beziehung entwickelt, müssen die Schüler eindeutig unter der Führung eines anderen Lehrers praktizieren. Solch eine Beziehung muß mit Zurückhaltung und Sensibilität angegangen werden; in keinem Fall sollte sie unmittelbar nach einem Retreat aufgenommen werden. Eine Mindestzeit von drei Monaten oder mehr sollte seit der letzten formalen Lehrsituation vergangen sein. Beide Seiten sollten sich darüber klar sein, daß die Schüler-Lehrer-Situation beendet ist, und beide sollten die Beziehung mit der bewußten Verpflichtung aufnehmen, daß keinem von beiden dadurch geschadet wird.

5. *Wir verpflichten uns, keine Rauschmittel zu konsumieren, die den Verlust unserer Achtsamkeit bewirken.*

Es ist eindeutig, daß der Mißbrauch von bestimmten Substanzen die Ursache für ungeheueres Leiden ist. Wir sind uns einig, daß während eines Retreats oder in der Vorbereitungszeit vor einem Retreat keine Rauschmittel konsumiert werden sollen. Wir verpflichten uns, zu keiner Zeit Rauschmittel zu mißbrauchen. Wir sind uns einig, daß im Falle der Drogen- oder Alkoholsucht eines Lehrers die Gemeinschaft dieses Problem unverzüglich ansprechen soll.

Die Ethik-Kommission

Vor zweieinhalbtausend Jahren legte der Buddha im Patimokka (Disziplin-Kodex) eine Reihe von Maßnahmen fest, die zu befolgen waren, wenn Mönche oder Nonnen ihre Gelübde brachen. In weniger bedeutenden Fällen gehörte dazu eine formale Entschuldigung, das Bekenntnis des Fehlverhaltens und ein erneutes Ablegen der gebrochenen Gelübde. In ernsteren Fällen wurde eine Versammlung von zwanzig Älteren einberufen, die das Fehlverhalten besprachen und eine bestimmte Zeit des Ausschlusses und eine bestimmte Praxis für die Wiederaufnahme festsetzten. Eine weitere Versammlung war nötig, um das ausgeschlossene Mitglied wieder in die Gemeinschaft aufzunehmen. In den schlimmsten Fällen wurden Mönche oder Nonnen auf Lebenszeit aus dem Orden ausgeschlossen.

Wir erkennen die Notwendigkeit, solch einen Ältestenrat auch in unserer eigenen Gemeinschaft einzusetzen, um mit Schwierigkeiten dieser Art fertigzuwerden. Wir haben beschlossen, eine Ethik-Kommission an jeder Küste einzurichten, bestehend aus jeweils vier Mitgliedern, deren tadelloses Verhalten außer Frage steht.

(1) ein Lehrer/Lehrerin (von den Lehrern gewählt)

(2) ein Aufsichtsratsmitglied (vom Aufsichtsrat gewählt)

(3) ein Mitglied des Mitarbeiterstabs (von den Mitarbeitern gewählt)

(4) ein Mitglied der Gemeinschaft (vom Aufsichtsrat gewählt)

Wenn das ethische Verhalten eines Lehrers in Frage gestellt ist, wird folgendermaßen vorgegangen:

(1) Mitglieder der Gemeinschaft, die betroffen sind, werden gebeten, mit diesem Lehrer zu sprechen und zu versuchen, das Problem zu lösen.

(2) Wenn dies nicht zur Zufriedenheit gelingt oder wenn es sich um eine Angelegenheit handelt, die alle betrifft, werden die Mitglieder der Gemeinschaft gebeten, die Sache über das Büro des Zentrums vor die Ethik-Kommission zu bringen.

(3) Die Kommission setzt sich mit dem Lehrer und/oder der betroffenen Partei zusammen, entweder gemeinsam oder einzeln, um das Problem zu besprechen und zu lösen oder, wenn nötig, zu entscheiden, welche Schritte zu unternehmen sind, damit es gelöst werden kann.

(4) Wenn es um eine wichtige Sache geht, die vielleicht erfordert, daß der betreffende Lehrer vom Lehren in unseren Institutionen ausgeschlossen wird, wird die Ethik-Kommission den gesamten Lehrkörper der Einsichts-Meditations-Zentren konsultieren, um einen gemeinsamen Beschluß zu fassen.
(5) Die Ethik-Kommission in Verbindung mit dem Lehrkörper stellt eine Reihe von Richtlinien auf, um mit ethischen Problemen umzugehen, die auf den klösterlichen Mönchsregeln basieren. Diese Richtlinien werden dann der Gemeinschaft bekanntgegeben.
Die Ethik-Kommission empfiehlt zudem in Verbindung mit dem Lehrkörper ethische Richtlinien für die Mitarbeiter und die Mitglieder des Aufsichtsrats, damit sie ihrer Verantwortung diesen Einrichtungen gegenüber gerecht werden.
Wir hoffen mit der Schaffung und weiteren Entwicklung solcher Richtlinien unsere gesamte Gemeinschaft zu unterstützen und miteinzubeziehen, und wir wollen dabei die Aspekte eines ethischen Lebens weiter erforschen und verfeinern. Wir haben nicht die Absicht, die Ethik-Kommission zu einer Art moralistischer Institution werden zu lassen, die böse Lehrer und Schüler aufspürt, um sie zu bestrafen. Wir alle sind dafür verantwortlich, eine integre Situation zu schaffen. Wir laden alle Schüler und Mitarbeiter ein, uns dabei zu helfen, solch eine Situation zu schaffen, und hoffen, daß wir die Gefühle und Probleme, mit denen wir es zu tun haben, miteinander teilen können.
Wir hoffen und wünschen, daß die Angelegenheiten, die bis vor die Ethik-Kommission gelangen, selten und leicht zu lösen sein mögen. Indem wir die grundlegenden buddhistischen Regeln und unsere Verpflichtung als Lehrer, sie zu befolgen und zu verfeinern, aussprechen und klären, setzen wir uns für ein Leben der wahren Anständigkeit und der Befreiung aller Wesen ein.
In der buddhistischen Tradition spricht man nach der Rezitation der Regeln den folgenden Text:

Die Fünf Regeln des Nicht-Schadens
Sind ein Fahrzeug für unser Glück,
Ein Fahrzeug für unser Wohlergehen,
Ein Fahrzeug für die Befreiung aller.
Möge unser gutes Verhalten in alle Welt hinausstrahlen.

Glossar

Bodhisattva: 1. Ein Wesen, das sich dem Pfad des Erwachens verpflichtet hat, 2. ein zukünftiger Buddha, 3. eine erleuchtete Buddha-Figur, die allen Wesen dient.

Buddha-Natur: Die strahlende, reine Buddha-gleiche Qualität, die allen Wesen eigen ist; unsere wahre Natur.

Chakra: Die psycho-spirituellen Energiezentren im menschlichen Körper.

Deva: Ein Engel oder himmlisches Wesen.

Dharma: 1. Die höchste Wahrheit, Wirklichkeit und universelles Gesetz; 2. die Lehren des Buddha, die diese Wahrheit darlegen; 3. alle physischen und mentalen Elemente; 4. unser Schicksal oder spiritueller Weg.

Dhyana: Zustände meditativer Versenkung; verfeinerte Zustände des Bewußtseins, die durch meditative Konzentration erzeugt werden.

Karma: Das universelle Gesetz von Ursache und Wirkung; die willentliche Steuerung hinter jedem Handeln, die wünschenswerte oder nicht wünschenswerte Ergebnisse in der Zukunft erzeugt.

Kensho: Satori. Ein intensiver Augenblick des Erwachens oder der Erleuchtung.

Koan: Eine kontemplative Frage oder Rätsel im Zen; es kann nicht mit den Mitteln des rationalen Denkens beantwortet oder gelöst werden.

Kriyas: Spontane Bewegungen und Laute, die sich ergeben können, wenn die meditative Energie im Körper freigesetzt wird.

Lama: Ein tibetischer spiritueller Lehrer, Meister oder Weiser.

Mahamudra: 1. Das universelle erwachte Bewußtsein; 2. Praxisformen, die zum Erwachen führen.

Makyo: Illusion, die Visionen und Bilder, die während der Meditation auftauchen.

Nirvana: Jenseits des Leidens, der höchste Friede, das Nichtbedingte.

nicht-dualistisch (nondual): Die Lehren und die Wahrnehmung der grundlegenden Einheit aller Dinge.

Pseudo-Nirvana: Ein anfänglicher Verzückungszustand der Meditation, den man mit Nirvana verwechseln kann.

Rinzai: Eine Richtung des Zen, gegründet von Lin Chi, in der Koans und starke Zielstrebigkeit eingesetzt werden, um tiefe Verwirklichung und Erleuchtung zu erlangen.

Samadhi: 1. Konzentration; 2. Zustände hoher Konzentration; 3. (im Hinduismus) Erleuchtung.

Samsara: Die anfangslosen Kreisläufe von Geburt und Tod; die zyklischen Kreisläufe im gesamten Universum.

Sangha: 1. spirituelle Gemeinschaft; 2. die ordinierte Gemeinschaft von Mönchen und Nonnen; 3. eine Gemeinschaft all jener, die einen gewissen Grad der Erleuchtung erlangt haben.

Sankaras: 1. Konditionierte körperliche und mentale Tendenzen; 2. alle geschaffenen Phänomene.

Satori: Dasselbe wie Kensho.

Satsang: Spirituelle Gemeinschaft.

Shikantaza: Die Zen-Praxis des »Nur-Sitzens«, ein meditatives Gegenwärtigsein ohne Ziel.

Soto: Japanische Richtung des Zen, die das »Nur-Sitzen« ohne Ziel betont; das Erwachen zu unserer wahren Natur in diesem Augenblick.

Sufi: Die islamische mystische Tradition.

Tantra: Buddhistische und hinduistische Tradition der Praxis, mit der die Energie der Leidenschaft und Aggression direkt in spirituelles Erwachen verwandelt wird.

Tao: Das universelle Gesetz, die allesdurchdringende Lebenskraft, das innere Wesen der Natur.

Theravada-Buddhismus: Die buddhistische Tradition der »Alten«; die Richtung des Buddhismus, die heute noch in Indien und Südostasien praktiziert wird.

transpersonal: Die spirituellen Dimensionen der menschlichen Erfahrung; jenseits des Persönlichen.

Vipassana: Einsichts-Meditation; die meditative Praxis der achtsamen Aufmerksamkeit.

Yoga: Das hinduistische Meditationssystem; eine spirituelle Praxis mit vielen Formen, wie Hatha Yoga (Yoga des Körpers), Raja Yoga (Yoga des Geistes), Karma Yoga (Yoga des selbstlosen Dienens) etc.

Yogi, Yogini: Eine Person, die sich einer spirituellen Disziplin oder Praxis unterwirft.

Weitere Informationen finden sich auf der Homepage von Jack Kornfield:

www.spiritrock.org